Führung

Basistexte Personalwesen

Herausgegeben von Oswald Neuberger

Bd. 3

Oswald Neuberger

Führung

Ideologie – Struktur – Verhalten

2., durchgesehene Auflage

24 Abbildungen

Ferdinand Enke Verlag Stuttgart 1985

Prof. Dr. Oswald Neuberger

Wirtschafts- und Sozialwissenschaftliche
Fakultät der Universität Augsburg
Memminger Straße 14, 8900 Augsburg

CIP-Kurztitelaufnahme der Deutschen Bibliothek

Neuberger, Oswald:
Führung : Ideologie - Struktur - Verhalten /
Oswald Neuberger. - 2. Aufl. - Stuttgart :
Enke, 1985.
  (Basistexte Personalwesen ; Bd. 3)
  ISBN 3-432-94052-1

NE: GT

(1985 Ferdinand Enke Verlag, P.O.Box 1304, 7000 Stuttgart 1
Printed in Germany
Druck: Copy-Center 2000, Obere Karlstraße 30, 8520 Erlangen

Inhaltsverzeichnis   Seite

1. Einleitung

1.1. Drei Aspekte von Führungsdefinitionen

Führung hat seit jeher eine starke Faszination ausgeübt - sowohl auf
das praktische Handeln wie auf die theoretische Reflexion. Wie diese
Anziehungskraft zu erklären ist, kann aus abstrakten, d.h. abgehobe-
nen und damit beziehungslosen Definitionen, die ihre Herkunft vergessen haben oder verschleiern (s. die folgende Seite), nicht entschlüsselt werden. Ich mache deshalb den Versuch, zunächst unterschiedliche
Betrachtungsweisen zu erörtern, die dem Nachdenken über Führung zugrundeliegen. Drei solcher Denkansätze werde ich darstellen:
Führung kann als <u>soziales</u> Geschehen aus
                    - personalistischer
                    - sozial-dynamischer und
                    - anonym-struktureller
Sicht untersucht werden.

a) <u>Personalisierung</u>

Es ist ein uraltes mythisches Motiv, daß in Situationen der Bedräng-
nis ein Retter ersteht, der die Not wendet. Dieser Held, trete er nun
als Sagengestalt (wie der Drachentöter Siegfried) oder Filmheros (wie
der Marshal in Dodge City) auf, verkörpert den Glauben oder die Sehnsucht der Menschen, das Böse überwältigen und das Heil finden zu können. In der außeralltäglichen Verklärung, die den Helden zur Gottähn-
lichkeit stilisiert, wird der Kult des Individuums gefeiert: Der heroische Mensch hat - stellvertretend für jeden einzelnen von uns -
das Schicksal bezwungen, er war nicht Opfer, sondern Täter. Im Unterschied zu anderen mythischen Figuren des Sehers, Verkünders oder Weisen ist der Held der Mensch der Tat. Er bekräftigt die Hoffnung, daß
es auf den einzelnen ankommt und niemand dem Gang der Dinge hilflos
ausgeliefert ist. Und gleichzeitig bestraft der Mythos für diese Hy-
bris: Für den Helden gibt es kein Happy-End; seine Allmachtsphantasien verblenden und verstricken ihn, er fordert die Götter heraus
- und scheitert. Vom Nachklang der Heldensehnsucht profitiert, wer
zum Führer gemacht wurde: Er ist der Besondere, Überlegene, Auser-
wählte, dem man Gefolgschaft schuldet, der uneigennützig alle Last
der Tat und der Verantwortung auf sich lädt und tut, was getan werden muß. Er ist ein einzelner, aber er handelt im Auftrag aller.
Die "Eigenschafts-Theorie der Führung", die in der amerikanischen
Literatur bezeichnenderweise auch Great Man- oder Hero-Theory genannt
wird, ist die empirische Verflachung dieses mythischen Gedankens und
zugleich seine Ausbeutung: Weil der Führer "oben" ist, muß er anders
sein als die anderen; seine Vorrangstellung bedarf der Rechtfertigung,
er muß ein besserer Mensch sein: er ist weder "one of us" noch "most
of us", sondern "best of us" (s. KRECH u.a., 1962, S. 438). Wer zu
Recht hervorgehoben ist, kann zu Recht Unterordnung verlangen, er hat
einen <u>Anspruch</u> auf Gehorsam. An der Spitze ist es einsam; der Held
hat nur wenig "Getreue", aber viele Feinde. Die Kraft, in dieser Situation zu bestehen, leitet er her aus einem übernatürlichen Auftrag,
einer Idee, die auch die Berechtigung für seinen Anspruch ist: er handelt selbstlos für das Ganze, für die Gemeinschaft. Wie "die Kerze,
die sich aufzehrt, um anderen zu leuchten" ist der Erste nur "erster
Diener an der gemeinsamen Sache".
Diese Rechtfertigungskonstruktion wird genutzt, um den Helden-Führer

Tab. 1:

Führungsdefinitionen

"Führung ist jede zielbezogene, interpersonelle Verhaltensbeeinflussung mit Hilfe von Kommunikationsprozessen" (BAUMGARTEN 1977, S. 9).

"... organisatorische Führung besteht aus Unsicherheitsreduktion" (BAVELAS 1960, S. 492).

"Im Rahmen der Aktualisierung von Beziehungen in der Unternehmung wird durch Führung, bezogen auf einzelne Handlungssituationen, sowohl ein Handlungsan-stoß, als auch eine Verhaltenssteuerung geführter durch führende personale Elemente erreicht" (BLEICHER & MEYER 1976, S. 38).

"Führung ist richtungsweisendes und steuerndes Einwirken auf das Verhalten anderer Menschen, um eine Zielvorstellung zu verwirklichen; sie umfaßt den Einsatz materieller Mittel. Ein wesentliches Merkmal erfolgreicher Führung ist ihre Dynamik" (HEERES-DIENST-VORSCHRIFT 100/200, Nr. 101).

"Führen heißt eine Handlung vollziehen, die - als Teil eines gemeinsamen Prob-lemlösungsprozesses - Struktur in eine Interaktion bringt" (HEMPHILL 1967, S. 98).

"Führung ist eine Interaktionsbeziehung, bei welcher der eine Beteiligte (der Führer) ein auf die Erreichung eines von ihm gesetzten Zieles gerichtetes Verhalten beim anderen Beteiligten (dem Geführten) auslöst und aufrecht erhält" (LATTMANN 1982, S. 49).

"Führung ist ein Prozeß der Ursachenzuschreibung an individuelle soziale Akteure" (PFEFFER 1977, S. 104).

"Führung ist Fremd-Willensdurchsetzung i.s. einer intendierten, direkten, asymmetrischen Fremdbestimmung, die im Wege informierender, instruierender und motivierender Aktivitäten erfolgt" (SEIDEL 1978, S. 81).

"Aus einer operanten Perspektive kann Führung als der Prozeß der Vorgesetzten-strukturierung der Verstärkungskontingenzen in der Arbeitssituation betrachtet werden" (SIMS 1977, S. 134).

Führung wird verstanden "als Beeinflussung der Einstellungen und des Verhaltens von Einzelpersonen sowie der Interaktionen in und zwischen Gruppen, mit dem Zweck, gemeinsam bestimmte Ziele zu erreichen. Führung als Funktion ist eine Rolle, die von den Organisationsmitgliedern in unterschiedlichem Umfang und Ausmaß wahrgenommen wird" (STAEHLE 1980, S. 338).

"Führung wird verstanden als systematisch-strukturierter Einflußprozeß zur Realisation intendierter Leistungs-Ergebnisse; Führung ist damit im Kern ziel-orientierte und zukunftsbezogene Handlungslenkung, wobei diese Einwirkung sich auf Leistung und Zufriedenheit richtet" (STEINLE 1978, S. 27).

"Führung ... die Durchsetzung von Herrschaft auf dem Wege der Motivierung" (STÖBER, BINDIG & DERSCHKA 1974, S. 9).

Führung wird als "eine Tätigkeit definiert, die die Steuerung und Gestaltung des Handelns anderer Personen zum Gegenstand hat" (WILD 1974, S. 158).

"Führung in Organisationen: Zielorientierte soziale Einflußnahme zur Erfüllung gemeinsamer Aufgaben in/mit einer strukturierten Arbeitssituation" (WUNDERER & GRUNWALD 1980, Bd. I, S. 62).

aus dem Parteiengezänk herauszuhalten, er ist darüber erhaben, weil er an alle denkt und für alle sorgt. Während aber Märchen und Mythen den Helden tragisch scheitern lassen, wird der (institutionalisierte) Führer diesem Schicksal entzogen. Seine Überlegenheit wird auf Dauer gestellt und technisiert; gleichzeitig aber wird durch sachlich an sich entbehrliche und unsinnige Initiationsriten und die dekorative Ausstattung seines Territoriums die Assoziation an die Heldenabstammung immer wieder erneuert. Sie ist ideologisch zu verstehen, denn sie veröffentlicht andauernd die eine Botschaft: "Der Führer ist besser und will Dein Bestes, also gehorche ihm!"

b) Sozial-dynamische Perspektive

Die aristokratische Betrachtungsweise konkurriert mit einer "demokratischen". Der Führer ist nicht der fraglos Beste, sondern derjenige, der Gefolgschaft findet. Insbesondere erfolgt hier die Reduktion auf das Binnenverhältnis der kleinen Gruppe. Die Überlegenheit ist keine unbedingte, sondern eine zeitlich, sozial und sachlich begrenzte und gefährdete. Führung bekommt ein menschliches Antlitz, sie ist von Angesicht zu Angesicht durchzusetzen. Wie jeder andere in einer sozialen Beziehung übt auch der Führer Einfluß aus - er hat nur mehr Einfluß als die anderen. Sein Einfluß macht einen Unterschied: danach handeln die Geführten anders als sie es von sich aus getan hätten. Der Führer ist wie wir, aber etwas mehr von demselben. Er ist nicht anders, sondern nur (etwas) besser, stärker, klüger, erfahrener... Konfrontiert mit vielen einzelnen, deren Handlungen er auf ein Ziel hin lenken soll, handelt er nicht für sie, sondern mit ihnen an einer gemeinsamen Sache. Dabei steht er unter ständigem Bewährungsdruck, denn seine Vorrangstellung ist nicht gesichert; sie muß gegen Konkurrenz verteidigt werden: nur der Tüchtigste überlebt. Der Führer hat es mit konkreten Menschen, ihren Wünschen, Ängsten, Fähigkeiten zu tun, er muß sie "be-einflussen", lenken, steuern. Dazu gibt es ein Repertoire von Techniken, die er beherrschen muß (das optimale Führungsverhalten, den besten Führungsstil). Das hat nichts mit übersinnlichen Qualitäten oder besonderer Ausstrahlung zu tun; für jede soziale Situation kann eine Rezeptur geschrieben werden, die festhält, was zu tun ist, damit gewollte Wirkungen erzielt werden. (Fast) jeder kann Führer werden; das mystische Geheimnis des Erfolgs ist entschlüsselt und in Handbüchern und Regelwerken ist nachzulesen, "wie man Freunde gewinnt und Einfluß ausübt". Führung gerät zur Do-it-yourself-Bewegung: Jeder kann's lernen, manche werden perfekt. Eine auf diese Weise 'demokratisierte' Führung lebt von der Konkurrenz. Führerschaft ist keine gesicherte Habe, sondern eine soziale Beziehung, die täglich auf die Probe gestellt wird. Wer Führer werden oder bleiben will, darf sich nicht isolieren, muß vielmehr andere von sich abhängig machen und über begehrte Ressourcen verfügen, die er gewähren oder vorenthalten kann; er muß (darum) Koalitionen bilden und Tauschgeschäfte machen, ein feines Gespür für die Gunst der Situation, für individuelle Gefühle und soziale Spannungen haben... Ein solcher Führer ist nicht Held, sondern Makler, Virtuose, Trainer, Aufgaben- und Beziehungsspezialist usw. Er ist ein "Macher", der die Dinge in Bewegung hält und die Fäden kennt und zu ziehen weiß, an denen die Marionetten hängen.

c) Anonym-struktureller Ansatz

Bei diesem Denkansatz ist der Führer selbst nur eine Marionette. Das

System, die Organisation, der Apparat haben längst festgelegt, was zu tun ist. Das Geschehen nimmt seinen programmierten Verlauf. Jeder hat seine Stelle auszufüllen und zu tun, was ihm aufgetragen ist. Personen bekommen ihre Funktionen zugewiesen und werden so zum "Personal" gemacht, verdinglicht. Da aber der "Gang der Dinge" nicht perfekt vorhersehbar ist, müssen - um bestimmte Ergebnisse sicherzustellen - Überwachungsorgane und flexible Steuerungsglieder zwischengeschaltet werden: Vorgesetzte.

Vorgesetzte sind Funktionäre wie alle anderen auch, bloße Agenten des Systems. Sie haben nicht selbst ausführend tätig zu sein, sondern dafür zu sorgen, daß andere so handeln wie sie sollen. Das System ist als Regelkreis entworfen: Störungen beim Zielerreichungsprozeß müssen identifiziert und eliminiert werden.

Es geht - wie BLEICHER & MEYER (1976) dies formuliert haben - um "Systemharmonisation". Sie wird "ex ante" durch "Organisationsgestaltung" erstrebt und "ex post" durch "Koordination". Lediglich "derivative Führungsfunktion" ist, was oben bei der "demokratischen Führung" als die Essenz galt: sozialen Zusammenhalt herstellen und zur Leistungsabgabe animieren ("Kohäsions- und Lokomotionsfunktion").

Es geht nicht mehr um die verändernde Tat des heldischen einzelnen, sondern nur noch um "Störungsbeseitigung". Der Führer leitet die Wartungs- und Instandsetzungsabteilung des Systems, das nach anonymen Gesetzen funktioniert (z.B. den "Gesetzen des Marktes" oder den "Gesetzen der Bestandserhaltung und Zielerreichung"). Führung ist hier entheroisiert, entindividualisiert, entsozialisiert - sie ist systematisiert.

TÜRK (1981, S. 46) macht in einer Darstellung, die auf dieser Seite unten abgebildet ist, deutlich, daß durch eine Vielzahl sich ergänzender und gegenseitig kontrollierender Mechanismen sichergestellt ist, daß der einzelne sich erwartungs-konform verhält.

Abb. 1:
Prozesse und Medien sozialer Kontrolle organisationalen Handelns (K.TÜRK)

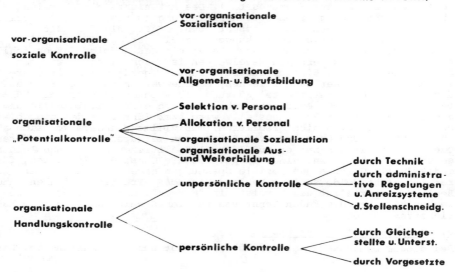

Schon bevor der einzelne in eine bestimmte Organisation eintritt, wird er entsprechend zu- oder vorbereitet ("vororganisationale" Sozialisation und Bildung). "Die Organisation" wählt sodann auch nur bestimmte Fähigkeiten aus ("Personal"), weist ihnen bestimmte Stellen zu ("Allokation"), unterwirft sie bestimmten prägenden Erfahrungen vor allem in der Einführungsphase und der Einarbeitungszeit und sorgt durch spezifische Aus- und Weiterbildung für die Vermittlung brauchbarer Fähigkeiten und Einstellungen. Im aktuellen Handlungsvollzug wird der einzelne oft weit mehr als durch Personen durch den Sachzwang technischer Anlagen oder durch organisatorische Regeln und Belohnungssysteme gesteuert und durch eine spezifische Kombination nachgefragter Fähigkeiten ("Stellenschneidung") auf ein erwartetes Verhalten festgelegt. Zusätzlich zu all diesen Vor-Kontrollen kommt schließlich noch die personale End-Kontrolle, zum einen durch die Kollegen und die Unterstellten und zuletzt: durch personale Führung von Vorgesetzten (s.dazu weiterführend: S. 121 ff.).
Führung wird damit zu einer Restkategorie, zu einem "Lückenbüßer der Organisation" (wie LUHMANN 1964 formuliert hat). Die eigentliche Führung wird durch zahlreiche funktionsgleiche "Führungssubstitute" ersetzt. KERR u. JERMIER (1978) und KERR u. SLOCUM (1981) haben als solchen "Führungsersatz" identifiziert: Organisationsregeln und spezifische Aufgaben, professionelle Orientierung (z.B. Expertentum, moralische Verpflichtung gegenüber der (Fach-)Öffentlichkeit auf Einhaltung bestimmter Standards, kollegiale Überwachung usw.), soziale Kontrolle durch die unmittelbare Arbeitsgruppe usw.
Wer in eine Organisation eintritt, hat sich ausgeliefert; den Rest (an Kontrolle) gibt ihm Führung. Sie ist notwendig, weil ganz offenkundig die totale Saint-Simonistische Versachlichung nicht möglich ist. Das Ideal, die Herrschaft von Menschen über Menschen durch die Verwaltung von Sachen zu ersetzen, führt nur zu herrschaftlicher Verwaltung von Menschen, zu einer personalen Herrschaft, die sich hinter Sachlichkeit nur versteckt (SCHLUCHTER 1972; s. dazu auch S. 126).
Ich habe die drei Betrachtungsweisen in typologisierender Absicht nebeneinander gestellt, obgleich sie meistenteils miteinander vermengt sind. Nicht zuletzt deshalb ist es so schwierig, wenn über Führung gesprochen wird, ein Einverständnis zu erzielen über das, was mit "Führung" gemeint ist, weil in Diskussionen vom einen Bedeutungsgehalt auf den anderen übergangslos gewechselt wird. Die über Jahrhunderte hinweg vorherrschende aristokratisch-personalistische Variante hat sich - nach dem Zwischenspiel der bürgerlichen Revolutionen - in der neuen Leistungselite erhalten, die den alten Personenkult nur mit einem neuen Rechtfertigungsmuster unterlegt hat. Dieses antidemokratische Erbe verschmolz auf paradoxe Weise mit dem (Chancen-)Gleichheitsideal, das sich entwickelte, als im Gefolge von Bevölkerungswachstum, Industrialisierung und Bürokratisierung ein enormer Bedarf an Führungskräften entstand, der aus den alten Ständen allein nicht mehr rekrutiert werden konnte. Jeder trug den Marschallstab im Tornister, konnte sich in unmittelbarer Konkurrenz gegen den anderen durchsetzen, einen der begehrten Plätze "dort oben" gewinnen und ihn gegen die Nachdrängenden ebenso kompromißlos verteidigen wie es vormals die früheren Herren bei der Sicherung ihrer Privilegien getan hatten. Während früher die Legitimierung der Überlegenheit im Vordergrund gestanden hatte (Gottesgnadentum, Sendung, Auftrag, Idee), ging es dann mehr um die Techniken von Machterwerb und -erhalt. Weil aber in den rasch expandierenden Volkswirtschaften machiavellistische Stra-

tegien als wichtigstes Instrument der Steuerung die notwendige Transparenz, Personunabhängigkeit und Berechenbarkeit nicht garantiert hätten, wurde nach apersonalen Formen der Lenkung gesucht, es wurden Sicherungen eingebaut, flankierende Maßnahmen ergriffen, Führungssubstitute und -surrogate geschaffen; Führung wurde verbeamtet und systematisiert. Ein Führungsfunktionär wird sich dagegen wehren, als bloßer System-Handlanger denunziert zu werden; er wird auf seine Heldengenealogie verweisen. Der erfolgreiche Taktiker wird sich mit errungenen Siegen nicht zufrieden geben, er wird sie sichern und strukturell wie ideologisch verankern wollen. Wer seine herausragende Position mit seiner "Mission" oder der selbstlosen "Förderung des Gesamtwohls" rechtfertigen wollte und dabei vergäße, die nötigen Koalitionen zu bilden, wichtige Ressourcen unter Kontrolle zu bringen und Gegner rechtzeitig auszuschalten, der würde wohl über kurz oder lang demjenigen erliegen, der die Regeln des Spiels besser beherrscht.

1.2. Führung als soziales Handeln

Mit diesen Überlegungen möchte ich verdeutlichen, daß Führung - wie jedes andere soziale Handeln auch - eine ideologische (hier: personalisierende), eine politische (hier: sozial-dynamische) und eine strukturelle (hier: anonym-strukturelle) Dimension hat. Jede einseitige Betonung nur einer dieser Funktionen muß ein unvollständiges und verzerrtes Bild der Wirklichkeit liefern. Die drei Dimensionen verhalten sich nicht antagonistisch zueinander - im Gegenteil, sie können sich gegenseitig stützen und stabilisieren. In ihrer Vereinzelung aber geraten sie leicht zur Groteske: so entstehen dann Don Quichotte, der wirklichkeitsfremd seinen Ideen lebt, Machiavelli oder Carnegie, die Handanweisungen zum beliebigen Machtgebrauch liefern oder Eichmann, der - selbst gesichtslos - ohne Ansehen der Person störungsfrei sein Soll erfüllt.
Führen hat jedoch nicht nur eine soziale (ideologische, politische und strukturelle), sondern auch eine personale und technisch-objektive Dimension. Die folgende Abb. 2 veranschaulicht, daß "Führung" mit verschiedenen "Scheinwerfern" beleuchtet werden und aus jedem Blickwinkel ein anderes Bild ergeben kann (wie wenn man z.B. das Matterhorn einmal von Süden, dann von oben und schließlich von Norden betrachten würde: es ist derselbe Berg, der aber jedesmal ganz anders aussieht).
Der technische oder instrumentelle Aspekt bezieht sich auf die Handhabung "objektiver" Gegebenheiten (z.B. rationelle Arbeits- und Zeitgestaltung, Nutzung vorhandener Prognose-, Kommunikations-, Problemlösungs- und Entscheidungstechniken usw.). Wenn Mitarbeiter wie Anlagegüter verplant, eingesetzt, beschafft, abgebaut und abgeschrieben werden, dann drückt sich in dieser Ver-Sachlichung ebenfalls ein technologisches Denken aus. Gerade unter unseren Wirtschaftsbedingungen wird vom Vorgesetzten unausweichlich eine solch "nüchterne" "objektive" Einstellung verlangt; sie macht vergessen, daß die Objekte, um die es geht, andere Menschen sind.
Nicht zuletzt,aber - worauf PREGLAU (1980) und MÜLLER (1980) hinweisen - meist übersehen, hat Führungshandeln auch eine personale Dimension. Damit ist gemeint, daß nicht eine Apparatur funktioniert, sondern ein Mensch handelt und dieses Handeln mit sich selbst in Einklang bringen muß. Dies kann auf unterschiedlichen Niveaus der Be-

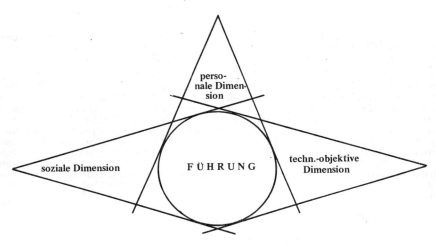

Abb. 2: Dimensionen der Führung

wußtheit erfolgen: von der automatisierten Reaktion bis hin zum Entscheidungskonflikt, der den einzelnen in seinen Grundfesten erschüttert und in seiner Identität verändert. Bevor ich nun im einzelnen die damit entwickelte Gliederung inhaltlich fülle, skizziere ich in der Art von "Axiomen" einige wichtige Annahmen, die meiner Auseinandersetzung mit Fragen der Führung zugrundeliegen: Es sind z.T. "Selbstverständlichkeiten", die aber in Erinnerung gerufen werden, weil sich zu jedem einzelnen Punkt auch Alternativen denken lassen, die dann eine andere Behandlung der Thematik erforderten:

1. Ordnung: Es gibt in den sozialen Beziehungen und Handlungen eine Ordnung, die entdeckt und in verallgemeinerter Form wiedergegeben werden kann. Diese Ordnung ist von Menschen hergestellt und veränderbar. Die behauptete Regelmäßigkeit hat sich gegenüber Abweichungen, Auffälligkeiten, Unstimmigkeiten und Widersprüchen zu bewähren.

2. Sozialität: Der einzelne Handelnde ist nie allein; er ist auf andere (seine soziale Umwelt) angewiesen. Er kann grundsätzlich nicht mit allen anderen umfassend in Verbindung treten oder bleiben.

3. Objektivität: Es gibt nicht (nur) eine objektive Situation. Der Handelnde ist grundsätzlich selektiv in seinen Wahrnehmungen und Deutungen; er kann seine Sicht der Situation nie vollständig und eindeutig kommunizieren.

4. Zeitlichkeit: Der Handelnde existiert ebenso wie die Situation, die er vorfindet oder gestaltet in der Zeit: beide verändern sich (z.T. unvorhergesehen oder unvorhersehbar).

5. Multidimensionalität: Für jede soziale Handlung lassen sich mehrere aktuelle oder historische Ursachen oder Motive finden, die vom Handelnden nicht vollständig verbalisiert werden können; jede Handlung hat mehrere (auch unintendierte) Konsequenzen. Wirkungen lassen sich im Handelnden selbst, in seinen sozialen Beziehungen und in der gegenständlichen oder vergegenständlichten Umwelt aufzeigen.

6. Reflexivität: Der Handelnde kann prinzipiell zu seinen Handlungen (ihren Motiven, Zielen und Wirkungen) Stellung nehmen. Er hat zu seiner Innenwelt einen privilegierten Zugang.

Durch diese Annahmen wird eine Prüfliste konstituiert, die auf jede Phänomenbetrachtung und auf jeden theoretischen Erklärungsversuch anzuwenden ist. Die Lückenhaftigkeit oder Einseitigkeit eines Ansatzes wird dann deutlich in den übergangenen Punkten. Da Wirklichkeit nie vollständig, sondern nur aus bestimmten Perspektiven erklärt werden kann, wird durch eine solche Prüfliste offengelegt, welche Akzentsetzungen ein bestimmter Zugang getroffen hat bzw. welche Aspekte (gewollt oder ungewollt) vernachlässigt wurden. Die Bedeutung eines solchen Fragenkatalogs wird vor allem sichtbar bei den "Führungstheorien" (s. dazu unten), die meist einen uneingeschränkten Geltungsbereich beanspruchen. Ich werde an verschiedenen Stellen auf diese Liste zurückkommen.

2. Führungsideologien

2.1. Ideologische Begründungen von Führung

Unter einer Ideologie verstehe ich eine zusammenhängende gedankliche Konstruktion, die als eine umfassende Rechtfertigung einer bestehenden Wirklichkeit angeboten wird. Bevor ich darauf eingehe, welche Funktion solche Führungsideologien haben, werde ich zunächst einige der meistgenannten Rechtfertigungen für die Existenz von Führung vorstellen. Diese Ideologien beschreiben nicht, was ist, sondern sie begründen, warum es so ist (bzw. sein muß oder sein soll).

1. Führung gibt es, weil Menschen geführt werden wollen.
"Die meisten Menschen müssen geführt werden. Nur wenige vermögen aus sich heraus ihren Weg zu gehen. Alle Kinder bedürfen der Führung, alle Schwachen und Hilflosen, alle die sich verirrt haben, alle die die Gefahr nicht kennen" (MEHLIS, 1923, S. 356).
Die meisten Menschen sind unmündig (Kinder!), sie wollen sich unterordnen, sie suchen die starke Hand und den Schutz des Stärkeren und Überlegenen. Es ist eine Art biologisches Erbe, daß sich der Schwache dem Starken fügt. Diese Argumentation ist ideologisch, weil sie einen Zustand, der durch Führung erst erzeugt wurde, zur Voraussetzung von Führung macht.

2. Führung gibt es, weil Menschen geführt werden müssen.
Ohne den "starken" Führer zerfallen Kollektive, machen sich Egoismus, Sonderinteressen und Rücksichtslosigkeit breit. Um einer solchen Zersplitterung und Zersetzung vorzubeugen, ist es nötig, die vielen "bei der Stange zu halten", zu zwingen, zu kontrollieren, gleichzuschalten.

Diese Erklärung unterstellt, daß "Geschlossenheit" und "gemeinsames Handeln" Werte an sich sind, die nicht in Frage gestellt werden sollten. Es ist jedoch möglich, daß gerade Konflikt, abweichendes Verhalten und Konkurrenz zu Motoren neuer Entwicklungen werden. Führung würde sich dann als Lust an Zwang und Uniformierung entlarven.

3. Führung gibt es, weil Menschen Führung brauchen.
Der einzelne, der nur einen beschränkten Einblick in die Zusammenhänge hat, kann sein Handeln nicht wirksam mit dem anderer koordinieren, selbst wenn er dies ernsthaft wollte. Führerlosigkeit bedeutet Kopflosigkeit, Chaos. Nur jemand, der "über der Sache" (und den Menschen)

steht, kann ihnen "einen Weg weisen".
Der Ideologieverdacht ist dann berechtigt, wenn zuvor durch Zerstücke-
lung der Arbeit und das Vorenthalten von Informationen Orientierungs-
losigkeit erzeugt wird, die dann allerdings nach "Zusammenschau" und
Zielsetzung verlangt (s.a. BRIEFS 1934, S. 118).

4. Hierarchie ist ein universales soziales Prinzip.

"Die eisernen Klammern, mit denen der einzelne im Verband des Staates und der Par-
tei gehalten wird, sind fast religiösen Pflichten ähnlich, und die hierarchischen
Gliederungen geben dem faschistischen Staat einen besonderen Charakter, den man
als eine Art modernen Feudalismus bezeichnen kann. Ordnung, Hierarchie, Disziplin
sind die Grundbegriffe, auf denen der faschistische Staat aufgebaut ist... Von besonderer Bedeutung ist die Lösung der Führerfrage, die auf dem Gedanken der Elite
beruht... Autorität, Feudalismus und Elite sind die Schlagworte, die das politische Führertum bezeichnen. Sie finden ... in der Ideologie des wirtschaftlichen
Führers, des Unternehmers, ein exaktes Spiegelbild" (REUPKE, 1931, S. 13-14).
"Eine Weltanschauung, die sich bestrebt, unter Ablehnung des demokratischen Mas-
sengedankens, dem besten Volk, also den höchsten Menschen, diese Erde zu geben,
muß logischerweise auch innerhalb dieses Volkes wieder dem gleichen aristokratischen Prinzip gehorchen und den besten Köpfen die Führung und den höchsten Einfluß im betreffenden Volk sichern" (HITLER, 1931, S. 493).
Eine derartige faschistische Ideologie fordert in menschenverachten-
der Weise bedingungslose Unterwerfung unter den Willen eines einzelnen, des "Führers". In antidemokratischem Affekt wird die Beteiligung
an der Willensbildung oder deren Kontrolle den Betroffenen verweigert.

5. Führung ist funktional notwendig.

Im Unterschied zur vorangegangenen elitär-personalistischen Argumentation werden hier technische Gründe vorgetragen: Mit steigender Größe,
Komplexität und Differenzierung von Organisationen können die Ausfüh-
renden (ähnlich wie in Punkt 3 schon erläutert) die Zusammenhänge
nicht mehr überblicken. Es ist deshalb nach sachlichen (also z.B. organisatorischen oder technologischen) Lösungen für die Koordination
zu suchen, um Menschen von willkürlich-autoritären Diktaten zu befreien. Solche Dauer- und Allgemeinregelungen erweisen sich aber angesichts der Dynamik und Komplexität der Verhältnisse oft als unzureichend oder gar hinderlich; die Führungskräfte sind deshalb als
flexible Steuerungsglieder zu sehen, die - einem vorgegebenen Ziel
verpflichtet - dafür Sorge tragen, daß auch bei Abweichungen und Störungen zielkonform gehandelt wird.
Der Ideologievorwurf leitet sich daraus her, daß das Führen als technischer Regelungsprozeß "versachlicht" wird; damit wird verschleiert,
daß es sich nicht um ein Effizienz- oder Rationalisierungsproblem handelt, sondern daß die "vorgegebenen" Ziele selbst bestimmte Eigentums-
oder Verwertungsinteressen beinhalten, die aber nicht offengelegt,
sondern dem Führungsprozeß als "äußerlich" (eben: vor-gegeben) dekla-
riert werden.

6. Die Führungshierarchie ist Abbild und Ergebnis menschlicher Fähig-keits- und Motivationsunterschiede.

Wenn ein soziales System nach dem Leistungsprinzip organisiert ist, so
müssen besondere Begabungen und überdurchschnittlicher Einsatz belohnt werden, indem "Aufstieg" ermöglicht wird (höherer Status, mehr
Macht, mehr Funktionen). Die Chance einer solchen Belohnung stimuliert
die besonders Begabten zur Konkurrenz um diese Vorrechte, so daß für
die Gemeinschaft ein höherer Gesamtnutzen resultiert, als wenn diese Anreize nicht bestünden.

Eine solche Rechtfertigung setzt voraus, daß es hierarchisch abgestufte Belohnungen gibt, denn nur dann können sie ihre Anziehungskraft entfalten. Auch hier wird das zu Erklärende also vorausgesetzt.
Nur wenn hierarchische Differenzierungen gesellschaftlich besonders
ausgezeichnet werden, können sie von anderen Motivierungen (Interesse an der Aufgabe, Fähigkeitsentfaltung, soziale Nützlichkeit etc.)
ablenken.

Wenn die angeführten Begründungen als "Ideologie" denunziert wurden,
kann dann an ihre Stelle eine weniger angreifbare Legitimation gesetzt werden?
Eine erste Möglichkeit wäre, von bestimmten Definitions- oder "Wesens"-Merkmalen von Führung auszugehen. Häufig wird unterstellt, daß
Führung nur dort erforderlich ist, wo Arbeitsteilung und damit Koope-
rationsnotwendigkeit besteht. Aber zum einen ist Führung nur _eine_
Möglichkeit, die Koordinationsaufgabe zu lösen: funktionale Äquivalente, also im Effekt gleichwertige Verfahren wären z.B. umfassende
oder gezielte Information für alle Handelnden, Verinnerlichung der
übergeordneten Zielsetzung, entsprechende Organisation des Arbeits-
ablaufs usw. Gerade moderne Formen der Arbeit mit ihrem hohen Spezia-
lisierungsgrad setzen Selbstkoordination der Experten voraus. Zum
anderen gibt es Führung auch dort, wo der Führer nur _einen_ Untergebenen leitet bei einer Arbeit, die er notfalls auch _selbst_ verrich-
ten könnte. Extremes Beispiel wäre der Sklavenhalter. Hier hat Führung primär die Funktion des Antreibens und Überwachens.
Damit wird deutlich, daß immer wenn Führung gefordert wird, bestimmte Unterstellungen über den Geführten oder die Bedingungen seiner
(Arbeits-)Situation gemacht werden. Es wird z.B. mehr oder weniger
ausdrücklich vorausgesetzt, daß _die_ Unterstellten unfähig, beschränkt,
unwillig etc. seien.
Von MARX (1983, S. 399) stammt ein klassischer Beleg. Er zitiert eine Ansprache von O'CONOR, der als Verteidiger der Sklaverei 1859 auf
einer Veranstaltung in New York folgendes sagte:
"'Now, gentlemen', sagte er unter großem Applaus, 'die Natur selbst hat den Ne-
ger zu dieser Knechtschaftslage bestimmt. Er hat die Stärke und ist kräftig zur
Arbeit; aber die Natur, die ihm diese Stärke gab, verweigerte ihm sowohl den Verstand zum Regieren wie den Willen zur Arbeit'. (Beifall) 'Beide sind ihm verweigert! Und dieselbe Natur, die ihm den Willen zur Arbeit vorenthielt, gab ihm einen Herrn, diesen Willen zu erzwingen und in dem Klima, wofür er geschaffen, zu
einem nützlichen Diener zu machen, sowohl für sich selbst, wie für den Herrn,
der ihn regiert...'"
Wenn somit bestimmte (Produktions-)Verhältnisse bestehen, wie etwa
geringes Ausbildungsniveau der Arbeiter, eine lange Tradition der Unmündigkeit, einfache Verrichtungen, die leicht überwachbar sind und
deren Effekte kurzfristig sichtbar werden, großes Arbeitskräfteange-
bot und niedrige Arbeitskosten usw., dann hat Führung tatsächlich
eine produktive Funktion (sie hat unter diesen Bedingungen zugleich
aber auch - worauf MARX (1983, S. 397 f) hinweist - Ausbeutungsfunk-
tion).
Ich möchte mit diesen Überlegungen veranschaulichen, daß die Unver-
zichtbarkeit von Führung mit sachlichen Gründen nicht vertreten werden kann. Führung hat eben neben der Sach-Funktion der Koordination,
Motivation, Kontrolle fast immer auch eine soziale Funktion der Macht-
oder Herrschaftssicherung, der es angelegen ist, Privilegien und
Ressourcen unter eigene Verfügung zu bringen bzw. darin zu halten.

Ich werde auf dieses Problem bei der Auseinandersetzung mit "Kooperativer Führung" zurückkommen. Nur weil und insoweit diese Herrschafts-
Funktion von Führung verschwiegen wird, kann bei den oben angeführten Erklärungsansätzen von "Ideologie" geredet werden.
Führung ist also keine notwendige Einrichtung, sondern bloß eine öko-
nomisch-sinnvolle: gewünschte Wirkungen können mit personaler Führung einfacher, schneller, billiger etc. erzielt werden. Damit aber
ist der Anwendungsbereich von Führung eingeengt auf die Zielsetzung
der Effizienz. Wenn man statt dieser oder zusätzlich zu ihr noch weitere (selbständige!) Aufgaben von Führung akzeptiert (z.B. Beitrag
zur Persönlichkeitsentfaltung, Durchsetzung von Werten oder Normen
usw.), würden etwa "Ausstrahlung", "Vorbildwirkung", "Charisma" Hal-
tungsveränderungen bei den Geführten bewirken, die nicht vorrangig
unter Effektivitätsgesichtspunkten zu bewerten wären, die aber auch
nicht der sozialen Institution des Vor-Gesetzten bedürfen. Die Existenz einer Priester-Bürokratie belegt, daß das Heils-Führertum zum
organisierten "Geschäft" geworden ist und nur unter Berufung auf
heilige Schriften und Zeremonien Wertevermittlung betreibt, die oft
genug zur pedantisch reglementierten Sittenkontrolle verkümmert.

2.2. Funktionen von Führungsideologien

Nachdem verschiedene "ideologische" Begründungen von Führung dargestellt wurden, ist zu fragen, welche Bedeutung oder Wirkung Ideologien haben. Sind sie lediglich nachträglich angefertigte Konstruktionen ("Überbau"), die gegenüber der konkreten "Praxis" nur eine abge-
leitete, unselbständige Existenz haben? Oder entwickeln sie eine Ei-
gendynamik, so daß sie ein Verständnis sozialen Handelns als eigenständige Wirkfaktoren anerkennen muß?
Folgende Funktionen von Ideologien scheinen mir wichtig, wobei ich
noch einmal in Erinnerung rufen möchte, daß ich unter Ideologie zusammenhängende auf die Wirklichkeit bezogene Überzeugungen verstehe.

1. Ideologien sind Wahrnehmungsfilter und Denkraster.
Wer die Welt verstehen und in ihr handeln will, muß sie ordnen, struk-
turieren, vereinfachen. Er braucht Kategorien, in die er die chaotische Ungestalt der Eindrücke sortieren kann, damit er handeln und
denken, (d.h. mit AEBLI: sein Tun ordnen) kann. Insofern haben Ideologien auch eine 'exklusive' Wirkung: sie schließen bestimmte Erfahrungen von vorneherein von der Kenntnisnahme und damit von der Wei-
terverarbeitung aus.
"Die formlose Masse muß, will sie nicht im Chaos versinken und zugrundegehen -
und das will sie nicht aus Selbsterhaltungstrieb - einen formgebenden Faktor suchen, den sie selbst nicht hat. Die Masse ist kopflos (oder ein Monstrum mit hun-
dert Köpfen) und entwickelt mit der Zeit die begreifliche Sehnsucht, ein normaler
Organismus zu werden, das will heißen, sie will ihren Kopf. Die kaiserlose, die
schreckliche Zeit ist immer nur ein Interregum". (GABRIEL, 1937, S. 42)
Wer in solch biologistischen Analogien denkt wie GABRIEL und "die
Masse" für "kopflos" hält, für den ist es selbstverständlich, daß es
immer einen Kopf (und damit einen Führer) geben muß, will der "Organismus" "normal" funktionieren!

2. Ideologien liefern Deutungsmuster.
Ideologien setzen nicht nur (Farb- oder gar Umkehr-)Brillen auf, sie
haben überdies eine narkotisierende oder halluzinatorische Wirkung:
Das "Gesehene" wird in spezifischer Weise weiterverarbeitet; es gibt

eingefahrene Denkbahnen und Kurz-Schlüsse; die differenzierte Ursachenanalyse und das Vergegenwärtigen und Ergründen von Mehrdeutigkeiten und Widersprüchen entfallen: Man weiß, warum alles so kommen
mußte wie es kam.
"Alle Welt spricht heute vom Führerproblem. Doch offenbar deswegen, weil es überall an wahrhafter Führung gebricht... Der Mensch wünscht das herbei, was er nicht
hat. Er sehnt sich nach dem, was er nicht mehr besitzt, oder was er anderswo bzw.
bei anderen als glückbringendes Besitztum wittert. So sehnen wir uns heute nach
dem 'Führer'"... (STADTLER 1924, S. 5).
Nach der Abschaffung der Monarchie und der alten ständischen Ordnung,
die dem einzelnen seinen festen Platz gab, fehlt "dem Menschen" etwas; und weil er wünscht, was er nicht hat, sehnt er sich (1924!)
nach dem "Führer":
Die "hin und her gepeitschte Masse schreit nun nach Bindung, nach Gemeinschaft,
nach organischer und gerechter Gliederung; und sie sehnt sich aus demselben Not-
erlebnis heraus nach echter, nach erlösender Führung..." (STADTLER 1924, S. 7).

3. Ideologien haben eine sinngebende, handlungsbegründende Wirkung.
Geht man davon aus, daß menschliches Handeln nicht nur als Stimulus-
Response-Koppelung oder als unbewußt triebdeterminiert zu verstehen
ist, sondern akzeptiert man (zumindest zusätzlich) die in den kognitiven Handlungstheorien vorausgesetzte Tendenz nach Stimmigkeit und
Dissonanzfreiheit, dann kann eine weitere Funktion von Ideologien
darin bestehen, dem einzelnen diese Konsistenzerfahrung zu vermitteln: Was er tut und will, ist konsequent und gerechtfertigt; er
bleibt geltenden oder eigenen Grundsätzen treu: er versteht nicht
nur die Welt, sondern auch sich selbst (besser); für ihn und andere hat "Sinn", was er getan hat oder zu tun vorhat; er kann Umwege
gehen und Opfer und Lasten tragen, weil sie um des "Höheren" oder
"Ganzen" willen gefordert sind.
"Männer an der Spitze müssen antreiben und dürfen nicht Getriebene sein. Nur die
Tüchtigsten gehören an die Spitze. Angeborene Eigenschaften, nicht Beziehungen
und Dienstalter entscheiden... Ein Führer muß das als wahr Erkannte selbst überlegt haben und dann nicht lange reden, sondern handeln. Führer sind Männer, die
das Wagnis der Entscheidung und Verantwortung übernehmen... Für den Führer gibt
es kein 'Irgendwie', kein 'Vielleicht' oder 'Möglicherweise' oder andere Aus-
reden... Jeder Mensch irrt, auch der Führer kann sich irren. Es macht nichts;
denn Schnelligkeit der Entscheidung erweist sich auf die Dauer als Vorteil. Ein
Führer ist kein Pfuscher, der überall hineinpfuscht und es allen recht machen
möchte... Für den Führer gibt es nur die Tat. Wer an der Spitze steht, auf den
sind alle Augen gerichtet. Ein Führer handelt, er überlegt in der Not nicht
lange und sitzt nicht tatenlos herum... Ein Führer streitet nicht lange über die
Spielregeln, sondern er spielt das Spiel... Es gibt keine Gleichheit in dem Sinne,
daß die Untüchtigen den Tüchtigen gleich werden. Die Führer befehlen, die Geführten handeln, wie ihnen befohlen wird. Für das Zusammenwirken vieler Menschen
gibt es keinen anderen Weg... Führer werden deshalb wortkarg, weil sie sich in
ihren Taten nicht durch Worte behindern lassen wollen... Herum- und Zerreden,
Vergleiche und Schiedssprüche gelten nur in ruhigen und gefahrlosen Zeiten. In
gefährlichen Zeiten kommt es auf die schnelle Entscheidung, den schnellen Befehl
an. Hieran ist nicht zu deuteln... Jedermann liebt den Kämpfer! Wer nichtssagend,
demütig und zaghaft vor die Masse tritt, erhält einen schlechten Empfang. Man erwartet einen Kämpfer, der wachruft und aufrüttelt. Führung muß Druck erzeugen
(TRAMM 1934, S. 33-34).
Wer sich als Führer diesem Evangelium der Tat verpflichtet fühlt,

der weiß, daß "Zaudern schimpflich ist" (so die frühere Heeres-
Dienstvorschrift), daß eine falsche Entscheidung besser ist als
gar keine Entscheidung, daß er nicht herumreden, sondern handeln
muß! Wer in einer solchen Haltung erzogen wurde (und auf ähnlich
erzogene Geführte trifft), weiß, daß er nur dann ein "guter" Führer
ist, wenn er antreibt, handelt, entscheidet, sich durch Worte nicht
behindern läßt, kämpft,Druck ausübt... Alles andere ist keine Führung!
Auf diese Weise bilden Ideologien die Selbstverständlichkeiten ab,
die dem Handeln zugrundeliegen und jeglicher Diskussion und Infra-
gestellung entzogen sind. Alternativen werden dadurch nicht nur "un-
aussprechlich", für sie besteht geradezu Denkverbot. Auf diese Weise
wird das Bestehende fortwährend neu erzeugt. JAY (1971, S. 182) hat
vorgeschlagen, die zu fraglosen Selbstverständlichkeiten geronnenen
zentralen Glaubenssätze, die in einer Organisation gelten, dadurch
herauszufinden, daß man Mitglieder die schlimmstmögliche Blasphemie
formulieren läßt. Wollte man diese ethnologische Methode, die an
Eingeborenenstämmen erprobt ist, auf Führung in Organisationen anwenden, dann würde man vielleicht folgende Blasphemien hören:
- "Vorstände sollen von den Arbeitern gewählt werden!"
- "Alle sollen gleich viel verdienen!"
- "Jeder soll nur das tun, wozu er Lust hat"
- "Jeder soll von heute auf morgen gekündigt werden können."
Die Gotteslästerungen würden sich vermutlich auf die mit starker Abwehr besetzten Fragen von Hierarchie, Aufstieg, Einkommen, Gleichheit, Kontrolle etc. beziehen.
Es soll damit nicht zum Ausdruck gebracht werden, daß man jemals
"alle(Denk-)Möglichkeiten" offenhalten oder zulassen kann. Handeln
bedeutet immer Festlegung und damit Verzicht auf und Vernichtung von
Alternativen. Diese "Komplexitätsreduktion" ist unausweichlich; etwas anderes ist es aber, sich über die Prinzipien dieser Handlungs-
regulierung klar zu werden, sie offenzulegen und damit kritisierbar
zu machen. Es erweist sich dann, ob Einverständnis über sie herbeigeführt werden kann oder ob der Dissens Entwicklungen anregen kann,
deren Ergebnisse auf breiterer Front akzeptiert werden.

4. Ideologien ergänzen Zweck- und Konditionalprogramme.

LUHMANN (1968) hat zwei Alternativen der Systemsteuerung diskutiert:
Konditionalprogrammierung, bei der jeder Handelnde gehalten ist, beim
Eintreten einer bestimmten klassifizierten Situation eine spezifische vorgeschriebene Reaktion zu zeigen (z.B.: "Wenn ein Mitarbeiter
mehr als 10 Minuten zu spät kommt, dann muß der Vorgesetzte dies der
Personalabteilung mitteilen!"). Zweckprogramme nennen demgegenüber
den zu erreichenden Zustand und überlassen es dem Handelnden weitgehend selbst, jene Vorgehensweisen zu wählen, die er zur Zielerreichung für sinnvoll hält (z.B. wenn ein Mitarbeiter entgegen den Vorschriften 10 Minuten zu spät kommt, kann der Vorgesetzte "ein Auge
zudrücken", um sich durch dieses Entgegenkommen vom Mitarbeiter die
Zusage besonderen Engagements einzuhandeln, weil es letztlich allein
um hohe Produktivität der Abteilung geht).
Bei buchstabengetreuer Ausführung können Konditionalprogramme zur
Paralysierung einer Organisation führen ("Dienst nach Vorschrift").
Zweckprogramme laufen Gefahr, daß um bestimmter Ziele willen Mittel
eingesetzt werden, die aus übergeordneten Gesichtspunkten nicht to-
lerierbar sind. In beiden Fällen kann Ideologisierung einen Ausweg

eröffnen: Wenn erreicht werden kann, daß der Handelnde einen Satz
von Werthaltungen und Überzeugungen so verinnerlicht hat, daß sie
als Maximen seines Handelns fungieren, dann kann externe Kontrolle
wegfallen, weil er von sich aus will und tut, was er soll. Wenn es
in einer Organisation z.b. als ausgemacht gilt, daß "man" die Bud-
get-Aufstellung offen und fair diskutiert, dann braucht man mikropolitische Tricks nicht durch endlose Regelwerke, moralische Appelle
oder prozentuale Kürzung aller Forderungen zu unterlaufen.

5. Ideologien stiften und kräftigen Zusammenhalt.

Ein einheitliches, von vielen geteiltes Weltbild, geht mit einer gemeinsamen Sprache zusammen. Man versteht sich und teilt diese "gleiche Wellenlänge" auch in Abkürzungen, Symbolen, Ritualen etc. mit:
Wer die Dinge so sieht, wie wir sie sehen, der ist einer von uns!
Das Wir-Gefühl gewährleistet gleichzeitig eine soziale Validierung
der Überzeugungen, die sich oft genug einer unmittelbaren empirischen Prüfung entziehen. Wenn aber viele so denken wie ich, dann
können diese vielen nicht irren - und ich habe Recht. Je vager und
unakzentuierter eine Ideologie, desto größer dürfte ihre Anhänger-
schaft sein; deswegen werden große heterogene Organisationen weniger profilierte Ideologien vertreten, um es möglichst vielen "recht
zu machen". Je pointierter, radikaler und extremer eine Ideologie,
desto kleiner ihre Klientel und desto prägnanter wird sie sich von
"Andersgläubigen" abschließen müssen, um die eigene Identität nicht
aufs Spiel zu setzen. Die stabilisierende Grenzziehung, die durch
die In-Group - Out-Group - Differenzierung erfolgt, mündet nicht
selten in die Überzeichnung des "Feindbildes". Die kontrastierende
Abhebung von den (ganz) anderen wirkt dann wiederum solidarisierend
im Innenbereich.
So können ideologische Unterschiede auch dadurch erhellt werden, daß
man nach den jeweiligen "Gegnern" und der "eigenen Gruppe" fragt:
Stellen sich die "leitenden Angestellten" den (anderen) Lohnabhängigen gegenüber oder den Gewerkschaften oder den Arbeitgebern? Erleben sich die "Leitenden" überhaupt als eine einheitliche Gruppe oder
vielmehr als je einmalige Individuen? Hat der Arbeiter als "Feindbild" den unmittelbaren Vorgesetzten, oder "die da oben" oder "die
Kapitalisten"? Sieht sich der Arbeiter als "Ausgebeuteter" oder als
"Mitarbeiter" oder als besonderer einzelner, der bei sich den Marschallstab gefunden hat?
Ideologien sind Ausdruck von Lebenserfahrungen und -tätigkeit (Praxis) und wirken stabilisierend auf diese zurück. Eine Möglichkeit
zur Veränderung der Praxis ist es, diese gegenseitige Stützung von
Praxis und Überbau zu erschüttern, indem z.B. Erfahrungen anders gedeutet oder eingeordnet werden und damit Widersprüche zwischen Ideen/
Werten und konkreter Praxis aufgezeigt werden. Solche Unstimmigkeiten (Dissonanzen) drängen nach Auflösung und Harmonisierung - entweder durch eine Veränderung der Praxis oder durch eine Anpassung der
Ideologie. Die dadurch erzeugte Unruhe und die Gefahr einer Veränderung der bestehenden Verhältnisse, lassen es denjenigen, die an der
Aufrechterhaltung des Status quo interessiert sind, ratsam erscheinen, eine stimmige Abstützung und Absicherung der Praxis durch eine
geeignete Ideologisierung zu leisten.

2.3. Führungsgrundsätze als Ideologien

Auf diesem Hintergrund sind auch die in jüngster Zeit grassierenden
Bestrebungen zu sehen, dem eigenen Unternehmen eine "Führungsphilosophie" zu geben (In seiner 1980 veröffentlichten Untersuchung
von 359 Unternehmen hat FIEDLER festgestellt, daß fast die Hälfte
(45%) bereits schriftlich formulierte Unternehmens- und/oder Führungsgrundsätze haben und daß ein weiteres Viertel (24%) sie in na-
her Zukunft einführen werden!). ZANDER (1972) und v.BECKERATH (1976)
weisen allerdings darauf hin, daß Führungsgrundsätze eine lange Tradition haben, die sich bis ins Alte Testament zurückverfolgen läßt.
Auch die frühen Fabrik- und Betriebsordnungen (s. Beispiele in
KUCZYNSKI (1962, S. 196 f und 327 f) können als Vorläufer angesehen
werden.
Solche Grundordnungen, Leitbilder, Manifeste, Leitsätze, Statuten,
Grundsätze, Prinzipien, Chartas, Verfassungen etc. sind schriftliche Fixierungen des Selbstbildes der Organisation, das die Verfasser im Auftrag (und mit Billigung des Top-Managements) nach innen und
außen kundgeben möchten. "Als festgeschriebenes Selbstverständnis
des Unternehmens sind sie dekorativ und von hohem Beruhigungswert"
(PFÜTZNER, 1983, S. 244). Sind sie mehr als das? Warum bemühen sich
immer mehr Unternehmen, ihre Identität zu charakterisieren und sogar
zu kodifizieren?
Ein Anlaß war die Notwendigkeit, im Gefolge von Studentenunruhen,
Entspannungspolitik und verstärktem Osthandel, Energie- und Wachs-
tumskrisen, Umweltzerstörung usw. deutlich zu machen, daß es zu
"freiem Unternehmertum", "sozialer Marktwirtschaft" und "privatwirt-
schaftlicher Initiative" keine akzeptable Alternative gibt. Die Unternehmen wollten in aller Öffentlichkeit dokumentieren, daß sie
sich zu verantwortungsbewußtem, freiheitlich-demokratischem und
fortschrittlichem Handeln verpflichteten. Damit traten sie zugleich
den Forderungen von "Systemveränderern" entgegen, die die westlichen
Unternehmungen als kapitalistisch-ausbeuterisch, repressiv und pro-
fitmaximierend kennzeichneten. Die Unternehmensgrundsätze stellten
demgegenüber ein Bekenntnis zur Verantwortung gegenüber Mitarbeitern,
Staat und Gesellschaft, Kapitalgebern, Kunden und Lieferanten dar.
Im vorliegenden Zusammenhang interessieren vor allem die Führungsgrundsätze, die sich auf die organisationsinterne Gestaltung der
Beziehungen zwischen dem Unternehmen und seinen Mitarbeitern kon-
zentrieren. Es ist interessant zu untersuchen, welche Bereiche oder
Inhalte die Verfasser der Führungsphilosophien für regelungs- bzw.
verkündigungsbedürftig hielten.
Einige Veröffentlichungen haben sich mit der Inhaltsanalyse von Füh-
rungsgrundsätzen beschäftigt (FIEDLER, 1976; GABELE & KRETSCHMER 1981;
GABELE, 1982 a u. b; GRUNWALD & LILGE, 1981; WISTINGHAUSEN, 1977;
LATTMANN, 1975; TSCHIRKY, 1981). Ohne auf Unterschiede im Detail
einzugehen, kann zusammenfassend festgestellt werden, daß Führungs-
grundsätze zu folgenden Themenbereichen Aussagen machen:
Zielsetzung/Delegation/Information und Kommunikation/Kooperation/
Kontrolle/Beurteilung/Entscheidung/Verantwortung/Motivation/Konflikt-
regelung/Mitarbeiterförderung.

An einigen Beispielen (A bis D) möchte ich darstellen, wie diese
Bereiche behandelt werden:

A) "1.1 Kooperative Führung, kooperatives Verhalten der Mitarbeiter.
Alle Angehörigen des Ministeriums arbeiten eng zusammen und unterstützen sich gegenseitig bei der Erfüllung der Aufgaben, damit die gemeinsamen Arbeitsziele erreicht werden. Die Vorgesetzten fördern durch ihr Verhalten bei den Mitarbeitern
den Willen zur Leistung und zur Zusammenarbeit sowie die Bereitschaft, Initiati-
ven zu ergreifen und Verantwortung zu übernehmen"(aus: "Richtlinien für die Zusammenarbeit und den Personaleinsatz im Bundesministerium des Innern", 1975).
Im ersten Satz wird das Gemeinschaftliche der Arbeit betont: alle(!),
arbeiten eng (!) zusammen, unterstützen sich gegenseitig (!), damit
die gemeinsamen (!) Ziele erreicht werden. Das Denkmodell der Familie
oder der Kleingruppe wird auf ein großes Ministerium übertragen, in
dem der einzelne viele seiner Kollegen und Vorgesetzten nicht (persönlich) kennt, oft genug mit eigenen Aufgaben überlastet ist und
in dem von "gemeinsamen" Zielen bestenfalls auf einem sehr hohen Ab-
straktionsniveau geredet werden kann. (Besonders eindrucksvoll kommt
diese Gemeinschaftsideologie in den "Leitsätzen der Zusammenarbeit"
der Plansee-Werke zum Ausdruck, die mit folgendem Satz überschrieben
sind: "Die Plansee-Familie, eine verschworene Gemeinschaft im Geist
des großen Menschen Paul Schwarzkopf" ; P. Schwarzkopf ist der Grün-
der der Plansee-Werke, O.N.). Die gewählte Indikativ-Formulierung
verschleiert zusätzlich den Wunsch- oder Appell-Charakter der Aussage und stellt als gegeben hin, was sein soll. Aufgabe der Vorgesetzten ist es, den Willen zu Leistung und Zusammenarbeit, sowie Ini-
tiative- und Verantwortungsbereitschaft zu fördern. Wenn in einer Be-
hörde Leistung, Initiative und Verantwortungsbereitschaft betont werden, zugleich aber das faktische Beförderungs- und Entgeltsystem mit
diesen Tugenden nur schwach korreliert - wie können dann Praxis und
Soll versöhnt werden? Ist es nicht eine Überforderung der Vorgesetzten, ihnen die Förderung dieser funktionsübergreifenden Qualifikationen anzulasten, die tatsächlichen organisatorischen Entscheidungspro-
zeduren aber davon abzukoppeln? Und weiter: Warum sollen Vorgesetzte
nur für Leistung und Zusammenarbeit Sorge tragen, nicht aber z.B.
dafür, daß sich die Mitarbeiter wohlfühlen und bei der Arbeit möglichst viele Fähigkeiten einsetzen können?

B) "Verantwortung übertragen.
Besser als Einzelanweisungen und Zwischenkorrekturen ist die Übertragung von Aufgaben, die der Mitarbeiter - sobald er dazu fähig ist - selbständig und in eigener Verantwortung übernimmt. Durch das gemeinsame Erarbeiten von Zielen und die
Besprechung abgeschlossener Arbeiten kann der Mitarbeiter erfolgreicher angelei-
tet werden. Das entbindet den Vorgesetzten zwar nicht von seiner Verantwortung,
entlastet ihn aber von Kleinarbeit. Er gewinnt so mehr Zeit für neue Fragen sowie
für Überlegungen über die Arbeit und die Förderung seiner Mitarbeiter. Menschen
mit Verantwortung engagieren sich stärker, gewinnen rascher Erfahrungen und erzielen bessere Leistungen. Nachwuchskräfte bereiten sich auf diese Weise auch auf
Führungsaufgaben vor" (aus: "Leitsätze für Führungskräfte", SIEMENS AG, 12/71).
Auch bei diesen Grundsätzen fällt die suggestive Indikativ-Formulierung auf. Der Mitarbeiter soll selbständig und in eigener Verantwortung arbeiten; er macht damit dem Vorgesetzten das Führen leichter,
weil der sich dann nicht mehr mit den "Kleinarbeiten", wie Mitarbeiter sie auszuführen haben, beschäftigen muß, sondern sich rastlos
"neuen Fragen" zuwenden kann. Trotz Delegation aber bleibt die Verantwortung immer beim Vorgesetzten. Die Verantwortungsübertragung

wird rein instrumentell gesehen: höheres Engagement, schnelleres
Lernen und bessere Leistungen sind die Motivation - wohl unter der
Annahme, daß, was dem Unternehmen nützt, auch gut ist für den Mitarbeiter. Oder sollte mit der verantwortlichen Übertragung von Arbeiten nicht auch der Respekt vor Persönlichkeit des Mitarbeiters zum
Ausdruck gebracht werden,der in der Lage ist, unkontrolliert ganzheitliche Aufgaben wahrzunehmen, sollte nicht auch das Vertrauen
in seine Fähigkeiten und seine Loyalität unterstrichen werden? Nachdem der (hier nicht zitierte) vorangegangene Grundsatz vom Vorgesetzten verlangte, "klare Ziele zu setzen", wird nun das "gemeinsame Erarbeiten von Zielen" empfohlen - ein Widerspruch oder nur ein moralischer Appell an den Vorgesetzten, trotz vorgegebener Ziele nicht
müde zu werden, die Unterziele als gemeinsam erarbeitete zu "verkaufen"? Auch hier wird kontrafaktisch argumentiert, indem einer für
die weitaus meisten Mitarbeiter vorbestimmten Zielstruktur die uto-
pische Möglichkeit der "gemeinsamen Erarbeitung" gegenübergestellt
wird. Für den Alltag ist Frustration programmiert - kann der Vorgesetzte dafür verantwortlich gemacht werden?

C)"1.1 Was heißt führen?
Führen heißt: Ziele setzen und dafür sorgen, daß diese Ziele wirtschaftlich und
unter Berücksichtigung der berechtigten Interessen der Mitarbeiter erreicht werden; die berechtigten Interessen leiten sich vornehmlich aus gesetzlichen Vorschriften und betrieblichen Richtlinien ab. Insbesondere geht es darum
- den Mitarbeitern Ziele zu setzen
- die Mitarbeiter - auch durch das eigene Vorbild - zu bewegen, ihre Leistungsfähigkeit und Leistungsbereitschaft zur Erreichung der Ziele voll zu entfalten
- die für eine Entscheidung notwendigen Tatsachen und denkbaren Möglichkeiten
  zusammen mit den unmittelbar unterstellten Mitarbeitern, falls erforderlich
  unter Hinzuziehung weiterer Fachkundiger, zu erarbeiten
- Entscheidungen zu treffen
- Einzelleistungen zu einer Gesamtleistung zu koordinieren
- konstruktive Kontrolle auszuüben
- Mitarbeiter zu beurteilen und zu fördern.
Dem Vorgesetzten stellen sich damit zwei wesentliche Aufgaben:
- Nach gemeinsamer Tatsachenfindung Ziel- und Sachentscheidungen zu treffen,
  durchzusetzen und deren Ausführung zu kontrollieren
- Menschen auf Dauer zur Mitarbeit zu gewinnen.
Führung ist folglich ebenso leistungs- wie mitarbeiterbezogen" (aus: Führungs-
grundsätze Allianz Leben, 1.1.1980).
Auch hier fällt auf, mit welchem Nachdruck die Zielsetzungsfunktion
betont wird: der unmittelbare Vorgesetzte ist der Transformator, der
dafür zu sorgen hat, daß die von oben kommenden Vorgaben (denn an
der Spitze findet die "Willensbildung" statt) nach unten verläßlich
durchgesetzt werden, wobei er bei der Situationsanalyse den Sachverstand der Mitarbeiter ("gemeinsame Tatsachenfindung") zu nutzen hat.
Im Gegensatz zur SIEMENS-Formulierung werden Ziele nicht "gemeinsam
erarbeitet", sondern "gesetzt", Entscheidungen werden getroffen. Der
Vorgesetzte wird in die Pflicht genommen dafür zu sorgen, daß für
diese Ziele - wie immer sie auch aussehen mögen - die Mitarbeiter
ihre Leistungsfähigkeit und -bereitschaft "voll entfalten"; daß die
Mitarbeiter dabei auch zufrieden sein wollen oder persönliche Bedürfnisse befriedigen wollen, bleibt ausgeklammert. Denn die "berechtigten Interessen" der Mitarbeiter sind in Gesetzen und Betriebsricht-
linien festgelegt! Ist in solchen Vorschriften festgelegt, daß Mit-

arbeiter sinnvolle, abwechslungsreiche, herausfordernde, qualifizie-
rende, ganzheitliche Tätigkeiten ausführen wollen - oder sind diese
Interessen nicht "berechtigt", nur weil sie nicht rechtlich fixiert
sind? Ist Führung "folglich ebenso leistungs- wie mitarbeiterbezogen",
wenn in nur einem Halbsatz die Mitarbeiterförderung erwähnt wird,
alle anderen Aussagen aber auf die Durchsetzung von Unternehmensin-
teressen zielen?

D) "Planen/Ziele setzen.
... Gemeinsam mit den Mitarbeitern erarbeitet die Führungskraft Inhalt, Umfang und
Termine der Teilziele, stellt Aufgaben und leitet Maßnahmen zu deren Verwirklichung
ein. Die Führungskraft informiert ihre Mitarbeiter über Bedeutung und Zweck der
Pläne und Ziele so, daß sich jeder mit ihnen identifizieren kann. Von den Mitarbeitern wird dabei erwartet, daß sie sich am Zielvereinbarungsprozeß aktiv beteiligen" (aus: Führungsgrundsätze, Hypo-Bank, 1978, S. 6).
Bei dieser Formulierung bleibt unklar, ob die Führungskraft neben der
gemeinsamen Teilziel-Erarbeitung auch gemeinsam (?) Aufgaben stellt
und gemeinsam (?) Maßnahmen einleitet. Eine wohl kaum erfüllbare Forderung stellt es dar, wenn dem Vorgesetzten aufgebürdet wird, für die
Identifikation der Mitarbeiter mit Plänen und Zielen (also nicht nur
mit den "gemeinsam erarbeiteten" Teil-Zielen!) zu sorgen - wobei vor
allem dunkel bleibt, was eine solche Identifikation eigentlich bedeuten soll. Von den Mitarbeitern wird (autoritativ) erwartet, daß sie
sich bei der "Zielvereinbarung" (die bestenfalls eine Modifikation
der Ziel-Vorgabe ist) aktiv beteiligen - aber erst nachdem sie sich
grundsätzlich identifiziert haben?

Diese eben skizzierten Anmerkungen treffen auch für die folgende Passage zu, die aus den "Grundsätzen für Zusammenarbeit und Führung"
der Hoechst AG (1978, S. 13), stammt:
"2.24 Zielsetzung.
Wer Mitarbeiter führt, muß aus einer Zielvorgabe Teilziele für seine Mitarbeiter
ableiten. Dabei soll er möglichst eine Übereinstimmung mit den Zielvorstellungen
der Mitarbeiter herstellen und Zielvereinbarungen treffen.
Von seinen Mitarbeitern wird erwartet, daß sie die Ziele des Unternehmens anerkennen, darin ihre eigene Aufgabe erkennen und sie erfüllen. Sie müssen wissen, daß
in den ihnen gestellten Zielen die Interessen der anderen Mitarbeiter und Partner
des Unternehmens berücksichtigt sind."
Zwar wird hier der Vorgesetzte nur darauf festgelegt, nach Möglichkeit die Übereinstimmung mit den eigenen Zielvorstellungen der Mitarbeiter zu suchen. Dennoch ist es wünschenswert, "Zielvereinbarungen"
zu treffen, d.h. eine Selbstverpflichtung des Mitarbeiters herbeizuführen, die jedoch - um die Gesamtplanung nicht zu gefährden - nicht
allzuweit von der vorgegebenen Zielformulierung entfernt sein darf,
so daß man wohl eher von erwarteter "Zielzustimmung" sprechen darf.
Die Mitarbeiter müssen ("es wird erwartet") die Ziele des Unternehmens - die sie gar nicht alle kennen (können) - blankoscheckartig
"anerkennen" und sogar darin ihre eigene zu erfüllende Aufgabe erkennen (s. dazu auch die Formulierung bei Rank Xerox: "Betrachten
Sie die Ziele des Unternehmens als Ihre eigenen und identifizieren
Sie sich mit ihnen!" (GOTTSCHALL, 1975, S. 78). "Sie müssen (!)
wissen", daß in den "gestellten Zielen die Interessen der anderen
Mitarbeiter und Partner" "berücksichtigt" sind. Imgrunde wird hier
eine Aufforderung zum Glauben (und nicht zum "Wissen") ausgesprochen:
der Mitarbeiter soll Vertrauen in die Unternehmensleitung haben, die
für eine allseitige Interessenberücksichtigung sorgt. Aber selbst

ein philanthropischer Vorstand sieht sich dem Druck zahlreicher ge-
genläufiger Interessen ausgesetzt: er wird sie jeweils in dem Umfang berücksichtigen (müssen), in dem die Interessenvertreter strategische Ressourcen kontrollieren und ihre Forderungen nachhaltig
anmelden!
Wenn ich die zitierten Führungsansätze kritisch kommentiert habe,
so wollte ich damit keine Kritik an einzelnen Inhalten (etwa an der
Forderung nach Ziel-Setzung) üben. Meine wenigen Beispiele vermitteln keinen repräsentativen Überblick über die behandelten Themen
(s. dazu die folgende Abb.3a/b aus GABELE & KRETSCHMER 1981). Es ging
mir vielmehr um die mögliche Diskrepanz zwischen organisatorischer
Wirklichkeit und deren Verbrämung in Führungsgrundsätzen, in denen
z.b. die Tatsache der Ziel-Vorgabe plötzlich in "Ziel-Vereinbarung"
oder "gemeinsame Ziel-Erarbeitung" umbenannt wird. Viele Kritiker
stellen deshalb die Frage, ob Führungsgrundsätze nicht nur "wir-
kungslose Lippenbekenntnisse" (GABELE, 1982a), "eine modische Erscheinung" (PASCHEN, 1977) oder "nur als Pflichtübungen von Perso-
nalabteilungen gegenüber Geschäftsleitungen" (GOTTSCHALL, 1975,
S. 78) anzusehen sind. Immer wieder wird vermerkt, daß zwischen
Soll-Forderungen und Ist-Zustand ein großer Abstand bestehen kann:
"Aber im Ergebnis ist ein niedergeschriebenes Wollen oder Sollen
nicht so wichtig wie das konkrete Handeln des einzelnen" (WISTING-
HAUSEN, 1975, S. 21). Die Rettung der Führungsgrundsätze kann auch
nicht darin bestehen, daß man "als Ergänzung zu den Führungsgrundsätzen in der Regel nähere Ausführungsbestimmungen bzw. erläutern-
de Richtlinien" (v.BECKERATH, 1976, S. 70) vorschlägt, dies würde
nur zu bürokratischer Reglementierung führen. Denn man müßte dann
jeden zentralen Ausdruck definieren.
Zu welchen Exzessen eine perfektionistische Auslegung führen müßte,
soll an einem Beispiel illustriert werden ("Führungsgrundsätze",
Audi, 1979):
"6. Mitarbeiter fördern.
Der Vorgesetzte hat dafür zu sorgen, daß der berufliche Kenntnis- und Leistungsstand seiner Mitarbeiter stets auf der erforderlichen Höhe ist. Bei entsprechen-
den fachlichen und persönlichen Voraussetzungen hat er sie in ihrem beruflichen
Fortkommen zu fördern, auch um die Nachfolge aus den eigenen Reihen im Rahmen
einer planmäßigen Personalförderung sicherzustellen."
Was heißt "dafür sorgen"? Welche Mittel etc. stehen dem Vorgesetzten zur Verfügung? Wie kann er Kenntnis- und Leistungsstand objektiv und zuverlässig bestimmen? Welche der unendlich vielen beruflichen Kenntnisse und Leistungen sind zu berücksichtigen? Was heißt
"stets": Immer? In der Regel? Im allgemeinen? Was ist und wer bestimmt die "erforderliche Höhe"? Wem oder was müssen die Voraussetzungen "entsprechen" - und wie genau? Was ist eigentlich mit "persönlichen Voraussetzungen" gemeint? Der Vorgesetzte "hat" zu fördern: kann der Mitarbeiter daraus einen einklagbaren Anspruch ableiten? Was ist "berufliches Fortkommen": sind damit Beförderungen,
Lehrgänge, Versetzungen, Höhergruppierungen gemeint? Soll die Nach-
frage immer aus den eigenen Reihen erfolgen? Was ist eine "planmäßi-
ge Personalförderung": heißt das, daß es konkrete Laufbahnpläne
gibt? Wer stellt sie auf? Wo sind sie einzusehen? Wie sind sie zu
beeinflussen? Wenn es "auch" um die Nachfolge geht, was ist dann
außerdem noch beabsichtigt?...

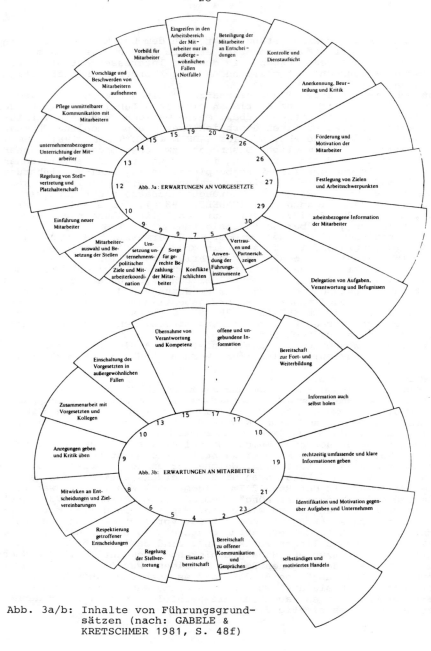

Abb. 3a : ERWARTUNGEN AN VORGESETZTE

Abb. 3b: ERWARTUNGEN AN MITARBEITER

Abb. 3a/b: Inhalte von Führungsgrundsätzen (nach: GABELE &
KRETSCHMER 1981, S. 48f)

Führungsgrundsätze können keine konkrete Handlungsanleitung bieten;
sie begründen keine Rechtsansprüche, weil sie zum einen zu "offen"
formuliert sind und weil zum anderen nirgendwo eine Berufungsinstanz
genannt wird, an die man sich bei Mißachtung der Grundsätze wenden
könnte und die abgestufte Sanktionen verhängen oder auf andere Weise
die Durchsetzung erzwingen könnte. Wenn Führungsgrundsätze tatsächlich eine Selbstbindung des Unternehmens darstellten, dann müßten
spezifische Vorgehensweisen definitiv ausgeschlossen sein. Fast alle
Führungsgrundsätze zeichnen sich durch außerordentlich interpreta-
tionsfähige Formulierungen aus. Am deutlichsten wird dies in den
Führungsgrundsätzen von VW ausgesprochen:
"Es kann dem einzelnen Vorgesetzten nicht vorgeschrieben werden, wie er in jedem
besonderem Fall seine Mitarbeiter zu führen hat. Da er es immer mit Menschen
verschiedener Wesensart zu tun hat und selbst individuell geprägt ist, sind Ver-
haltensrezepte von Übel" (GOTTSCHALL, 1975, S. 76).
Dies ist zwar einerseits eine weise Zurückhaltung, andererseits aber
auch ein Freibrief, mit dem jeder Vorgesetzte nach seiner Facon
selig werden kann.
Nach meiner Auffassung können Führungsgrundsätze die ihnen zugeschrie-
benen konkreten Funktionen nicht erfüllen:
- Öffentliche Selbstdarstellung; Reflexion der eigenen Kultur; Ent-
  lastung der Vorgesetzten von ständig erneuter Begründungs- und
  Rechenschaftspflicht
- Widerspiegelung des unternehmensspezifischen Führungsmodells
  oder -konzepts
- verbindliche Deklaration der gültigen Normen
- Orientierung über die gewollte Führungspraxis; Handlungsregulie-
  rung im konkreten Organisationsalltag; Basisdokument, auf das in
  Zweifelsfällen zurückgegriffen werden kann
- Steigerung der Motivation der Mitarbeiter und Vorgesetzten
- Vereinheitlichung der geistigen Ausrichtung (esprit de corps)
- Grundlagen für die Schulung
(s. TSCHIRKY, 1981, S. 24 ff; LATTMANN, 1975, S. 54 ff; GABELE &
KRETSCHMER, 1981).
Sie sind "zu weit weg" von der Alltagspraxis; sie bilden diese Pra-
xis auch nicht ab, sondern sie verklären sie. Führungsgrundsätze
sind in mehrfacher Hinsicht ideologische Dokumente:

1. Sie sind in aller Regel einseitige Absichtserklärungen oder Forde-
rungskataloge der Unternehmensleitungen, die sich manchmal fast nach
Landlord- oder Fabrikherren-Art anmaßen, den "Bediensteten" einen
Verhaltenskodex zu oktroyieren. Im allgemeinen werden Führungsgrundsätze "erlassen"; zwar werden häufig Führungskräfte um Stellungnah-
men oder Rückmeldungen gebeten; deren Äußerungen können jedoch nur
auf einem hohen Abstraktionsgrad berücksichtigt werden. Jene (wenigen!) Führungskräfte, die sich aktiv an der Formulierung der Grundsätze beteiligen, betrachten die Aussagen als Anstoß oder Zwischen-
ergebnis eines Reflexionsprozesses, der ihnen die Möglichkeit gibt,
sich über ihr Selbstverständnis und ihre Rolle im Unternehmen klar
zu werden. Diese Vorgesetzten sehen die Aussagen der Grundsätze oft
sehr viel facettenreicher, und können Nebensätze, Relativierungen
und bestimmte Ausdrücke als Resultat kontroverser Überlegungen identifizieren. Für die Masse der Führungskräfte und praktisch alle Mitarbeiter erschließen sich die Führungsgrundsätze in dieser Differenziertheit nicht; für sie sind sie nicht viel mehr als Papierkram:

- 22 -

hehre Sprüche, die sich gut für Sonntagspredigten eignen, aber für
die drängenden Alltagsprobleme keine Hilfestellung bieten.
2. Sie dienen als Alibi, wenn es darum geht, nach innen und außen
zu belegen, daß das Unternehmen "freiheitlich", "demokratisch",
"fortschrittlich" etc. ist. Die Führungsgrundsätze sind eine reiche
Fundgrube für Bekenntnisse zu Mündigkeit, Selbstverantwortung, Mitbeteiligung, Fairness, Leistungsprinzip, Interessenausgleich usw.
Jedem Kritiker können sie als offizielle Dokumente entgegengehal-
ten werden, in denen - mit Vorstandsunterschrift bestätigt - die
Weltanschauung des Unternehmens offengelegt wird. Organisationen
müssen jedoch Realpolitik betreiben und nicht selten scheitern moralische Prinzipien an den Umständen und den Menschen, die halt
nicht so sind!

3. Führungsgrundsätze bedeuten für die Vorgesetzten eine erhebliche
Hypothek. Sie nämlich werden zu der Instanz erklärt, die die konkreten Probleme der Zielsetzung, Motivation, Information, Kontrolle etc.
zu lösen hat - und zwar auf eine Weise, die menschlich und effizient
zugleich ist! Wenn es einem Vorgesetzten nicht gelingt, diesen Ansprüchen gerecht zu werden, so liegt der Vorwurf nahe, daß es ihm
eben an Führungsqualitäten mangele. Die Strategie der Personalisierung bürdet der Führungskraft die Hauptlast auf, ohne ihr gleichzeitig wirksamen Einflußquellen zuzurechnen. Solange eine Führungskraft
Erfolg hat, ist ihr die Personalisierung sicher angenehm; sie kehrt
sich aber gegen den Vorgesetzten, wenn es darum geht, Mißerfolge zu
vertreten.

4. Führungsgrundsätze sind auch deshalb ideologisch, weil sie aphoristisch und präskriptiv formuliert sind. Aphoristisch deshalb, weil
ihnen ein systematisches theoretisch begründetes Gerüst fehlt. Sie
begnügen sich mit Gedankenblitzen, komprimierten Lebenserfahrungen
und mehr oder weniger tiefsinnigen moralischen Reflexionen. Dabei
stützen sie sich auf wenige tragende Säulen: vor allem das Delega-
tions- und Zielsetzungsprinzip. Das Delegationsprinzip fordert, daß
Mitarbeiter in den ihnen dauerhaft übertragenen Aufgabenbereichen
(die z.B. durch Stellenbeschreibungen abgesichert sind) selbständig
und verantwortungsbewußt tätig werden und die ebenfalls im angemes-
senen Umfang übertragenen Kompetenzen auszuschöpfen. Das Management-
by-Objectives-Prinzip erstrebt eine höhere Flexibilität durch Vorgabe oder Vereinbarung von Zielen, die der Mitarbeiter eigenständig
und eigenverantwortlich zu erfüllen hat, wobei er seine Energien zu
bündeln und zielbezogen Tatkraft und Engagement zu entwickeln hat.
Beide Prinzipien betonen die Notwendigkeit der Kontrolle, sei es als
begleitende "Dienstaufsicht" bzw. "Verfahrenskontrolle" oder als ab-
schließende "Ergebnis-" oder"Zielerreichungskontrolle". In den durch
Delegation, Zielsetzung und Kontrolle markierten Grundprinzipien
spielen dann Information, Anerkennung und Kritik, Kooperation, Mit-
arbeiterbeurteilung und -entwicklung, Motivation etc. zusätzliche
Rollen.
Es ist jedoch festzuhalten, daß dem trotz beständiger Übung keiner-
lei systematisches Konzept des Führungsprozesses zugrundeliegt, das
empirisch geprüft werden könnte. Aus der unbestreitbaren Notwendigkeit von "Kommunikation und Information" folgt nicht, wie umfassende, rechtzeitige, relevante, zweiseitige etc. Information mit Führungserfolg zusammenhängt; daß sie zusammenhängt hat wohl niemand

in Frage gestellt. Man muß dann nämlich transparent machen, was eigentlich unter Führungserfolg konkret verstanden wird (mit welchen Kennzahlen er in welcher Periode von wem bestimmt wird), um dann untersuchen zu können, von welchen Einflüssen dieser so definierte Erfolg abhängt. In diesem noch wenig durchschauten Bedingungsgeflecht kommt dann unternehmensexternen (konjunkturellen, politischen, branchenspezifischen, rechtlichen) Einflüssen ebenso wie unternehmensinternen Faktoren (Organisation, Technologie, Kapitalausstattung, Mitarbeiterselektion usw.) große Bedeutung zu. Die zunächst so plausible Forderung an den Vorgesetzten, sich um gemeinsame Zielvereinbarung, vollständige Information, konstruktive Kritik etc. zu bemühen, erscheint bei einer solchen Betrachtung in einem anderen Licht: Wenn die Ziele, um Marktmacht und -chancen auszunützen, von zentralen Stellen formuliert werden, was heißt dann noch "gemeinsame Erarbeitung"? Wenn diejenigen, die den Überblick haben, Zielausmaß oder -inhalt während einer Geschäftsperiode plötzlich verändern (müssen), was bleibt dem Vorgesetzten anders als zu folgen? Wenn man bedenkt, daß "Information" ein Kostenfaktor ist, daß Vorgesetzte häufig in einer wahren Informationsflut ertrinken, daß sie die unterschiedlichsten und entlegensten Entwicklungen verfolgen, Vertraulichkeit wahren, Verdichtung sicherstellen, Termintreue garantieren sollen - was bedeutet dann "seine Mitarbeiter systematisch, umfassend und gezielt über alles informieren, was sie wissen müssen, um in ihrem Bereich sachgerecht und zielgerichtet handeln und entscheiden zu können " ("Führungsgrundsätze 70" der HEW)? Es ist nicht viel mehr als die Aufforderung, sich ständig zu bemühen, alles richtig zu machen! Diese Maxime allein könnte alle Führungsgrundsätze ersetzen.
Möglicherweise verfolgt der Aufwand mit der Formulierung und Propagierung von Führungsgrundsätzen auch das Ziel, nicht nur Public Relations nach außen, sondern auch nach innen zu treiben. Die wichtigsten Adressaten der Führungs-Grundsätze sind die Führungskräfte selbst. Ihnen soll dokumentiert werden, daß es auf sie ankommt, daß sie besonders wichtig sind - vor allem angesichts der Erfahrung täglich zunehmender Fremdsteuerung durch Vorgaben, Richtlinien, Termine, Budgets, eingezwängt zwischen Vorgesetzten, Mitarbeitern, Betriebsrat, Stabsabteilungen, Kollegen... Es werden damit einerseits Assoziationen an "urtümliche" Führung und ihre dynamische, gestaltende und heroische Komponente geweckt, andererseits aber wird auf manchmal fast kleinlich-bürokratische oberlehrerhafte Weise reglementiert, was Pflichten und Rechte sind. So betrachtet entlarven Führungsgrundsätze die Zwitterstellung des Vorgesetzten: er ist in seinem Bereich zugleich "selbständiger Unternehmer" und Befehlsempfänger, Herr und Knecht in einem.

2.4. Werthaltungen von Führungskräften

Führungsgrundsätze sind nur ein Versuch der ideologischen Stabilisierung der Vorgesetzten (und - vermutlich weniger erfolgreich - der Mitarbeiter). Die in den Führungsphilosophien verdichteten Auffassungen sind auch nicht willkürlich aufgepfropfte, sondern von der jeweiligen gesellschaftlichen Umwelt importierte Überzeugungen, Werte und Ansprüche, die in ihrer Anwendung auf Führungskräfte nur eine spezifische Veredelung erfahren. So wurde wiederholt gezeigt, daß in verschiedenen Nationen oder Kulturbereichen andere Auffassungen über

Menschenführung in wirtschaftlichen Unternehmungen bestehen:
HAIRE, GHISELLI u. PORTER (1966) z.B. untersuchten mit Fragebogen-
Erhebungen in 14 Ländern Annahmen von Managern über angemessenes
Führen. Sie fanden neben Gemeinsamkeiten auch deutliche Unterschiede, die eine Gruppierung nach Kulturkreisen (z.b. englisch-amerika-
nischer, nordeuropäischer, südeuropäischer Bereich) zuließen. Ähnlich wie CLARK & McCABE (1970) bei australischen und CUMMINGS &
SCHMIDT (1972) bei griechischen Führungskräften fanden HAIRE u.a.
fast durchgängig die Tendenz, dem durchschnittlichen Arbeiter Initiative, Engagement und Führungsfähigkeit abzusprechen - dennoch
aber für "demokratische" Führung zu plädieren.
Auch ENGLAND (1975) fand in seinen interkulturellen Studien, daß
30 bis 45% der Unterschiede in den Werthaltungen der von ihm befragten Manager (in USA, Japan, Australien, Korea und Indien) auf die
nationale Herkunft zurückzuführen seien und 55 - 70% auf die individuellen Persönlichkeiten. Im japanischen Kulturkreis waren sich
die Manager in ihren Werten untereinander am ähnlichsten, während
sich die koreanischen Führungskräfte am meisten voneinander unterschieden.
ENGLAND ließ die Befragten verschiedene Konzepte mit Hilfe von Pola-
ritätsprofilen einstufen:
- Unternehmensziele (wie z.B.:Produktivität, Effizienz, Wachstum,
  Gewinnmaximierung, Stabilität, führende Stellung, Mitarbeiter-
  wohlfahrt, allgemeine Wohlfahrt)
- individuelle Ziele (wie z.B.: Leistung, Kreativität, Erfolg, Arbeitszufriedenheit, Autonomie, Sicherheit, Individualität, Würde,
  Geld, Einfluß, Prestige, Macht, Freizeit)
- Bezugsgruppen (wie etwa: Meine Firma, Kunden, technische Angestellte, Führungskräfte, Unterstellte, Ich selbst, Facharbeiter,
  Mein Chef, meine Kollegen, Eigentümer, Angestellte, Arbeiter,
  Aktionäre, Regierung, Gewerkschaften, Ungelernte)
- Auffassungen über Menschen (wie z.B.:Fähigkeit, Fertigkeit, Kooperation, Vertrauen, Ehrgeiz, Loyalität, Aggressivität, Ehre, Toleranz, Gehorsam, Mitleid, Konformität, Vorurteil)
- Allgemeine Themen (wie: Konkurrenz, Rationalität, Autorität, Ei-
  gentum, Vorsicht, Veränderung, Risiko, Kraft, Kompromiß, Libera-
  lismus, Gleichheit, Religion, Emotionen, Konservativismus, Konflikt).
Das einzige, was dieses kunterbunte Sammelsurium von Begriffen ver-
bindet, ist, daß es sich um "Reizworte" handelt, die in der allgemeinen Diskussion über wirtschaftliche Organisationen häufig auf-
tauchen. Ich habe die einzelnen Konzepte jeweils in der Reihenfolge
notiert, in der sie von den befragten Führungskräften (ENGLAND 1975,
S. 26 f) hinsichtlich ihrer Verhaltensrelevanz eingestuft worden
waren.
Es ist im Grunde nicht verwunderlich, wenn ENGLAND bei dieser Vorgehensweise zwischen den befragten Managern erhebliche Einstufungs-
unterschiede fand: wenn so allgemeine Begriffe vorgegeben werden,
dann kann kaum kontrolliert werden, an welche konkrete Situation ein
Vorgesetzter denkt, wenn er seine Einstufung vornimmt, falls er sich
nicht - worauf ja die gefundenen nationalen Übereinstimmungen zurückzuführen sind - auf kulturelle Stereotype oder sozial erwünschte Antworten zurückzieht. Ganz abgesehen davon, daß der interkulturelle
Vergleich abstrakter Begriffe (wie Ehre, Autorität, Würde, Macht usw.)
mit semantischen Unterschieden rechnen muß.

In einer ähnlich angelegten Studie haben KIRSCH, ROSENKIND & SCHOLL
(1980) Führungskräfte und Arbeitnehmervertreter, die in "mitbestimm-
ten" Unternehmen der BRD tätig waren, befragt. Die Autoren gaben
insgesamt 36 wertbesetzte Begriffe vor, ermittelten zu jedem Wert
auf einer 7-Punkte Skala die (positive oder negative) Einstellung
und die Bedeutung, die dem "Wert" zugemessen wurde (diese "Wichtigkeit" wurde auf einer Skala von O bis 100% eingestuft). Einstellungs-
und Wichtigkeitswert wurden sodann miteinander multipliziert (es
finden sich keine Belege über die Berechtigung einer solchen Opera-
tion). In einigen Konzepten stimmten Führungskräfte (F) und Arbeitnehmervertreter (A) weitgehend überein (z.B. bei Können, Wissen,
Flexibilität, Wettbewerb, Konflikt), bei den meisten aber gibt es
mehr oder weniger ausgeprägte Unterschiede. Besonders stark gehen
die Meinungen der beiden Gruppen auseinander bei "Paritätische Mitbestimmung" (A: 32, F: 10), "Mitbestimmung am Arbeitsplatz" (A: 33,
F: 22), "Gleiche Bildungschancen" (A: 34, F: 24), "Arbeitsplatzsicherheit" (A: 37, F: 26), "Gleicher Lohn für gleiche Arbeit" und
"Soziale Sicherheit" (A: je 37, F: je 27), "Rationalisierung" (A: 17,
F: 28) usw.
Diese Befunde sind kaum angetan, besondere Überraschung auszulösen,
denn es verwundert nicht, wenn Interessenvertreter bei einer zu ver-
öffentlichenden Befragung jene Positionen beziehen, die ihre Unterschiedlichkeit ausmachen (s. auch die Ergebnisse von GABELE 1982).
Etwas vergleichbares würde sich vermutlich auch bei der inhaltsana-
lytischen Auswertung von Arbeitgeberverbands- und Gewerkschaftsli-
teratur finden lassen. Die Werte haben sich hier zu Schlagwörtern
und Kampfparolen verhärtet. Wenn man davon ausgeht, daß konkrete
Lebenssituationen auf ideologiedurchtränkte Weise sehr unterschiedlich wahrgenommen, interpretiert und behandelt werden, dann wäre
es interessant zu untersuchen, wie ein "alltägliches Problem" (wie
z.B. eine Investition, eine Gemeinkostenwertanalyse, eine Lohnver-
handlung) jenseits aller notwendigen taktischen Schachzüge bewertet wird und warum sie so be-wertet wird. Es gibt objektive Interessensgegensätze zwischen Führungskräften und "sonstigen Mitarbeitern" (wobei anzumerken ist, daß fast alle Führungskräfte auch Lohn-
abhängige sind; von den 26 Millionen Erwerbstätigen in der BRD dürf-
ten ca. 2 Millionen zum Kreis der Führungskräfte zu rechnen sein).
Diese Interessensgegensätze leiten sich aus den unterschiedlichsten
Funktionen im Produktions- und Kapitalverwertungsprozeß her: Vorgesetzte haben - hier ganz "Unteroffiziere des Kapitals" (MARX, 1979,III,
S.397ff)-die ihnen Unterstellten effektiv einzusetzen, d.h. für ein
möglichst günstiges Kosten-Nutzen-Verhältnis zu sorgen. Für jeden
Mitarbeiter entsteht ein Aufwand (Lohn, Lohnnebenkosten, Gemein-
kosten); wenn diesem Aufwand keine angemessene Wertschöpfung, die
sich monetär verwerten läßt,gegenübersteht, wird sich die Unternehmung, um ihre eigene Existenz nicht zu gefährden, über kurz oder
lang von diesem Mitarbeiter trennen müssen. Jeder Vorgesetzte muß
in diesen Kategorien denken, wenn er nach dem Wirtschaftlichkeits-
prinzip handelt (wobei dies natürlich nicht das einzige Prinzip ist,
nach dem menschliche Arbeit organisiert werden kann). Es ist somit
keine bösartige Unterdrückung, wenn ein Vorgesetzter um Arbeitsintensivierung, Effizienzsteigerung, Rationalisierung etc. bestrebt
ist: er funktioniert ganz einfach nach dem Gesetz, nach dem er an-
getreten.
Das Störende an diesen scheinbar nüchtern-technischen Überlegungen

ist nur, daß es der Vorgesetzte nicht mit Kapitalströmen oder Maschinen, sondern mit Menschen zu tun hat. Seine produktive (dispositive, kreative) Tätigkeit konfrontiert ihn unausweichlich mit der Notwendigkeit, andere Menschen als Arbeitskräfte zu benutzen und auszunutzen: ihr Einsatz muß sich lohnen! Das bedeutet, daß er seine Mitmenschen zum "Personal" machen muß, das für ihn nur noch in bestimmter Hinsicht interessant (!) ist. In dieser "bestimmten Hinsicht" muß sich der Vorgesetzte beschränken auf einzelne Fähigkeiten und Funktionen; was an Potential, Gefühlen, Ängsten, Hoffnungen usw. sonst noch in diesem Mit-Menschen ist, muß unberücksichtigt bleiben. Wenn nun durch eine bestimmte Art der Arbeitsorganisation (z.B. extreme Arbeitsteilung), der Technologie (etwa Taktabhängigkeit), der Arbeitsbedingungen (z.B. Lärm, Hitze) ein "ganzer" Mensch reduziert wird auf eine Arbeitskraft, bei der in hoher Konzentration auf eine spezifische Arbeitsaufgabe nur noch Präzision, Schnelligkeit, Augenmaß, Belastbarkeit gefragt sind, dann ist es nicht verwunderlich, wenn ein solcher Mensch (weil Einkommen und Arbeitsplatzsicherheit von seiner Leistungshöhe und -güte abhängen) sich für nicht viel mehr interessiert als diese seine Ziele rational, d.h. aufwandsminimal zu erreichen. Wenn er keine realistischen Möglichkeiten sieht, sein Einkommen wesentlich zu verbessern, aufzusteigen, seinen Arbeitsinhalt attraktiver und seine Arbeitsbedingungen angenehmer zu gestalten - warum sollte ihm dann am Wohl des Gesamt-Unternehmens gelegen sein? Kümmert dieses sich denn um sein Wohl als Gesamt-Mensch?

Damit wird der Teufelskreis freigelegt, der zwischen Ideologie und Praxis besteht: Wenn ein Manager im Gefolge der sog. Theorie X (McGREGOR, 1970) davon überzeugt ist, daß Arbeiter von Haus aus unfähig, verantwortungsscheu, initiativelos sind, dann wird er die Arbeit so organisieren, daß er mit solchen Arbeitern noch produktiv tätig sein kann: er wird die Arbeit in kleinste leicht kontrollierbare Portionen zerlegen, klare Ziele setzen, antreiben und mit Geld locken, eng überwachen - und muß sich nicht wundern, wenn die so Behandelten sie, wie er sie von Anfang an gesehen hat: desinteressiert, drückebergerisch, unselbständig. Er kann sich zu seiner guten Menschenkenntnis beglückwünschen und die bewährte Methode allgemein empfehlen.

Die Probe aufs Exempel scheint nun die umgekehrte Theorie Y zu sein: Wenn ein Manager an das Gute im Menschen glaubt, seine Unterstellten für verantwortungsvoll, initiativereich, begabt, entwicklungsmotiviert usw. hält - werden sie ihm dann in einer sich selbst erfüllenden Prophezeiung diese Gut-Gläubigkeit danken und so sein wie er sie denkt? Sein Glaube allein wird keine Berge versetzen: er müßte zuerst seine Überzeugungen Wirklichkeit werden lassen und die konkrete Arbeit so organisieren, daß viele Fähigkeiten eingesetzt und entwickelt werden können, daß selbständig und verantwortungsvoll gearbeitet werden kann, daß der erwirtschaftete Mehrwert unter Mitsprache der Produzenten verteilt oder angelegt wird... kurz: er müßte ein anderes Produktions- oder gar Wirtschaftssystem einführen.
Wenn die ins Unternehmen importierte Ideologie der Arbeitnehmer nicht mehr unter ihren "Selbstverständlichkeiten" Tugenden wie Gefügigkeit, Belastbarkeit, Pflichtgefühl, Werkstolz, Bescheidenheit, Genügsamkeit zählt, dann kann sie ein Vorgesetzter nicht herbeiwünschen, anordnen oder anerziehen. Er kann sich zwar in Klageliedern über das

verlorene Paradies der "guten alten Zeit" ergehen, aber das entlastet ihn nicht von der unausweichlichen Auseinandersetzung mit den
veränderten Gegebenheiten: höhere formale Bildung durch längere
Ausbildung, höherer Informationsgrad durch neue Medien, größere soziale Sicherheit, Verlagerung der Interessen auf Nicht-(Erwerbs-)
Arbeit begleitet von der Verkürzung der Arbeitszeit, Auflösung der
inneren Bindung an ein Unternehmen und eine Berufslaufbahn (erzwungen durch Mobilität und die rapide Veränderung der Berufslandschaft
durch neue Technologien), andere Ansprüche an materiellen Konsum...
Diese Veränderungen können von Führungskräften mit Etiketten wie
Verweichlichung, Leistungsverfall, Materialismus, Egoismus, Auf-
sässigkeit, Autoritätskrise etc. belegt werden. Damit werden sie
personalisiert, so als ob es bei den Arbeitnehmern nur der Einsicht
und eines Willensrucks bedürfte, um sich wieder auf die alten Tugenden zu besinnen. Die Verklärung einer vermeintlich besseren Vergangenheit wird meist vom Ruf nach den einfachen Rezepten, die damals
wirkten, begleitet. Naturgemäß sind dies jene Mittel, die den Arbeitnehmer am stärksten treffen: Bedrohung seiner Arbeitsplatzsicherheit (Erleichterung der Kündigung), seines Einkommens (Lohnver-
zicht, Leistungskürzungen), seiner Arbeitsbedingungen (flexible Zeiten, Lockerung der Schutzbestimmungen), seiner solidarischen Beziehungen (z.B. zu Behinderten, Älteren, Gewerkschaftlern, Ausländern).
Diese alten Mittel wirken, wenn die alten Arbeitsbedingungen hergestellt werden können (einfache, leicht überwachbare Tätigkeiten).
In dem Maße wie (oder an den Arbeitsplätzen wo) dies nicht möglich
ist, weil es auf Mitdenken, Spontaneität, Spezialfähigkeiten, Gespür etc. ankommt, werden Führungskräfte auf weniger brachiale Methoden verwiesen: sie müssen "kooperativ" führen.
Ein Vorgesetzter sieht sich keiner monolithischen Situation gegenüber, die es ihm erlaubt, simple Konditionalprogramme einzusetzen.
Aber nicht nur die Situation ist komplex, mehrdeutig und instabil,
auch die Ziele oder Zwecke, die er erreichen soll,sind es. Insofern
ist der Vorgesetzte nicht nur der souveräne "Täter", als der er oft
stilisiert wird, sondern genauso gut ein "Opfer" der Verhältnisse
und der Erwartungen, die an ihn gerichtet werden. Im Zusammenhang
mit den "Führungsgrundsätzen" habe ich solche Forderungen schon beschrieben. Im folgenden werde ich die prekäre und widersprüchliche
Situation des Vorgesetzten aus einer historischen Perspektive analysieren.

2.5. Historische Entwicklungsstadien der Management-Ideologie (BENDIX)

Führungsideologien sind nicht aus der gegenwärtigen Situation allein
zu verstehen; in ihnen sind immer auch Denk-Traditionen und Relikte
historisch bewährter oder verklärter Wirklichkeitsdefinitionen enthalten. Um die gegenwärtige Situation zu verstehen und zu ermessen,
in welchem Umfang frühere Auffassungen vererbt, neubelebt oder kom-
biniert wurden, ist es deshalb von Vorteil, sich die Entwicklung der
Managementideologien in den westlichen Zivilisationen vor Augen zu
führen. R. BENDIX hat 1956 den Versuch unternommen, diese Entwicklung nachzuzeichnen. Ich werde mich im folgenden im wesentlichen an
diesem Standardwerk orientieren. (Ähnliche Systematiken haben z.B.
WALTER-BUSCH 1977 und WERHAHN 1980 vorgelegt).
Bis zum Beginn der Industrialisierung dominierte unbestritten die

ständische Ordnung der Gesellschaft: jedem war durch Geburt sein gesellschaftlicher Platz zugewiesen; wer arm und abhängig geboren war, hatte sich mit seinem Los abzufinden; für die Höherstehenden bestand die moralische Pflicht, nach der Art des strengen und gerechten Vaters für die Unmündigen zu sorgen. Diese traditionalistische, auch durch die protestantische Ethik gefestigte Sicht begann sich zu wandeln als mit dem Aufbrechen der alten Zunft- und Standesordnungen, dem Anwachsen der Bevölkerung, dem Abbau von Hörigkeit und Leibeigenschaft, dem Beginn der Kolonialisierung, der Ausweitung der Märkte über die Stadt- und Regionalwirtschaft hinaus ein zunehmender Arbeitskräftebedarf entstand. Diese Arbeitskräfte, die die "Stadtluft frei gemacht" hatte, hatten sich aus den überkommenen Bindungen zu ihren Landherren gelöst und darum auch keinen Anspruch mehr auf - wenn auch noch so kärgliche - Versorgung. Die Unterstützung der Armen oblag den Dörfern, Gemeinden und Städten, die ein zunehmendes Interesse daran entwickelten, die Armen zu "nützlicher" Arbeit einzuspannen, um mit dem Arbeitseinkommen die Versorgungslast der Kommune zu verringern. Es mußte den Gemeinden daran gelegen sein, Armut nicht länger als gottgewolltes unabänderliches Schicksal darzustellen, sondern als "selbstverschuldet", als ein Ergebnis von Trägheit, Arbeitsscheu und Verantwortungslosigkeit.
Die traditionell-ständische Auffassung wird durch eine Predigt des Bischofs von NORWICH (1755) belegt:
"Es muß solche geben, die sich abplacken mit allerlei Arbeiten (als da sind Holzhacken, Wassertragen - so nennt es die Schrift); die da Rat erteilen den Lenkern des Staates; die allem vorstehen: Herrscher... Unsere Geburt bestimmt, zu welcher Klasse wir gehören; das gilt besonders für die niedrig Geborenen... Diese Armenkinder sind geboren, um ihr Leben lang Arbeiter zu sein - im Schweiße ihres Angesichts werden sie ihr Brot verdienen müssen" (BENDIX, 1960, S. 96).
Diese Armen, die keine Besserung ihres Loses erhoffen konnten, hatten keinen Anreiz, sich für ihre Herren und Arbeitgeber über das notwendige Maß hinaus anzustrengen. Zur Sicherung der Arbeitszucht wurden deshalb neben drakonischen Strafen vor allem religiöse Ermahnungen eingesetzt, die harte Arbeit, Gehorsam gegen die Obrigkeit und Zufriedenheit mit dem von Gott bestimmten Leben predigten. Ein Beispiel dafür sind die Unterweisungen, wie sie in den Sonntagsschulen zur Steigerung der Arbeitsdisziplin gegeben wurden (TRIMMER 1801, zit. in BENDIX 1960, S. 99):
Unterweisung: Es gibt eine von Arbeitern oft gedankenlos begangene Art von Unehrlichkeit, nämlich Verschwendung der Zeit, für die man sie bezahlt, und Verschwendung der Rohstoffe, die dem Geschäft oder Betrieb gehören, der sie beschäftigt. Derselben gedankenlosen Art sind die von Hausangestellten so oft begangenen Verfehlungen, die bei jeder sich nur bietenden Gelegenheit faul sind, Vorräte bedenkenlos vertun oder sie unerlaubt weggeben und darüber hinaus Tee, Zucker und andere Sachen mehr stehlen in der Annahme, daß man deren Verschwinden nicht bemerken werde. Aber sie alle zusammen sollten lieber daran denken, daß dem Auge Gottes nichts verborgen bleibt und daß am Tage des Jüngsten Gerichts sie für all ihre schlechten Taten werden Rechenschaft ablegen müssen.
Frage: Sind Arbeiter ehrlich, welche Rohstoffe und Werkzeuge, die sie für ihre Arbeiten benötigen, verschwenden und zerstören? (Antwort: Nein). Wem gehören diese Dinge nämlich? (Antwort: Unserem Meister). Wessen Auge sieht euch, wenn der Meister nicht in der Nähe ist? (Antwort: Gottes Auge). Heißt Gott solche Tagen gut? (Antwort: Nein). Was wird Gott mit den Dieben aller Art tun? (Antwort: Er wird sie bestrafen)... Für was bezahlen eigentlich die Herrschaften ihre Dienstboten? (Antwort: Für ihre Arbeitszeit). Angenommen, ein Mann, eine Frau, ein Knabe, ein

Mädchen vertrödelt einen Teil der Zeit, während der er zu arbeiten versprochen hatte - was tun sie damit eigentlich? (Antwort: Sie rauben ihren Herrschaften etwas). Ist das aber nicht genauso, als ob sie ihren Herrschaften Geld aus den Taschen stehlen würden? (Antwort: Ja). Ist es nicht schön, daß, wenn man seinen Lohn ausbezahlt bekommt, man sagen kann: ich habe ihn mir ehrlich und anständig verdient? (Antwort: Ja).

Da die Armen aber aus der oft mehr ausbeuterischen als fürsorglichen Obhut ihres Herrn zunehmend entlassen wurden und bei der beginnenden Industrialisierung an regelmäßiges, verläßliches und methodisches Arbeiten zu gewöhnen waren, genügten religiöse Appelle nicht länger.

Den Arbeitern mußte spürbar werden, daß sie selbst für ihr Schicksal verantwortlich waren und daß allein sie es bessern konnten. Die erforderliche Fabrikzucht sollte aus Not, Hunger und Elend entspringen: wer nicht arbeiten wollte (zu den Bedingungen, die ihm diktiert wurden), der sollte (ver-)hungern!

"Der Hunger stellt nicht bloß einen ruhigen, friedlichen und unablässigen Druck dar, sondern er ist für Fleiß und Arbeitsamkeit der natürliche Antrieb; er ist es, der die mächtigsten Anstrengungen zu bewirken vermag. Wird er durch freie Almosen eines anderen gestillt, dann ist für den guten Willen und die Dankbarkeit ein sicherer Grund ein für allemal gelegt. Einen Sklaven zwingt man mit Gewalt zur Arbeit, aber ein Freier arbeitet aus wohlüberlegtem eigenen Entschluß" (TOWNSEND 1786, zit. in BENDIX, 1960, S. 107).

Wenn der "eigene Entschluß" des "Freien" durch Hunger motiviert wurde, konnte auf Beständigkeit des Arbeitseinsatzes gehofft werden, denn wer dem Elend entkommen wollte, der mußte arbeiten:

"... Arbeit ist eine Ware. Als solche ist sie ein Handelsartikel... Für auf dem Markt angebotene Ware aber gilt, daß nicht der Verkäufer, sondern der Abnehmer den Preis steigert... Solche Fragen wie die, daß jemand, der seine Arbeitskraft auf dem Markt anbietet, vielleicht nicht in der Lage ist, dem Hungertod zu entrinnen, können für unsere Betrachtungsweise hier keine Fragen sein" (BURKE 1795, zit. in BENDIX 1960, S. 108).

Diese zynische Argumentation wurde ideologisch abgestützt durch die frühkapitalistische These, daß die Reichen, indem sie ihren Eigennutz verfolgten, gar nicht anders könnten, als das Gesamtwohl zu steigern, eine These, die in MANDEVILLEs Bienenfabel und in SMITHs "unsichtbarer Hand" ihre vielzitierten Veranschaulichungen fand.

MALTHUS schließlich tat ein übriges, die Reichen von ihrer Verantwortung für die Armen freizusprechen, indem er seine "objektiven" Bevölkerungsgesetze vorlegte, in denen er nachwies, daß die Armen durch ihre ungezügelte Vermehrung selbst daran schuld seien, daß sie in Hunger und Entbehrung leben müßten.

Die von grundbesitzenden Adel mit Verachtung und Argwohn betrachtete aufsteigende Klasse der Kaufleute und Industriellen konnte jedoch nicht an einer ausgemergelten und defaitistischen Arbeiterklasse interessiert sein, weil deren Arbeitsleistung trotz erpreßter Mitarbeit von Frauen und Kindern zu gering und schwankend war. Als aufsteigende Klasse mußten die "neuen Reichen" einen Zweifrontenkrieg führen: auf der einen Seite verbündeten sie sich mit den Arbeitern und brachen die Monopol-Macht der Grundbesitzer (indem sie den Abbau der Getreideschutzzölle durchsetzten, die den aristokratischen Landherren immense Profite gebracht hatten), auf der anderen Seite wäre durch Verbündung der Arbeiter untereinander ihre eigene Macht beschränkt worden; dies war zu verhindern. Die aufkommende Solidarisierung der Arbeiter und ihre Vereinigung zu Gewerkschaften wurde anfangs auf brutale Weise unterdrückt; als sie nicht länger zu verhindern war,

wurde eine andere ideologisch fundierte Strategie versucht: der erfolgreiche Unternehmer wurde als einer herausgestellt, der sich aufgrund seiner überlegenen Fähigkeiten, seiner Selbstdisziplin und Ausdauer emporgearbeitet habe. Jedem stünde dieser Weg offen. Wer mit seiner jetzigen Lage unzufrieden sei, brauche sich nur anzustrengen. Das einzige Heilmittel "für unsere Handwerker und gelernten Arbeiter besteht darin, unter allen Bedingungen selber Kapitalisten zu werden" (GREG, 1876; zit. in BENDIX, 1960, S. 154). Diese sog. Selbsthilfe-Doktrin, die auf breiter Front propagiert wurde, verklärte auf der einen Seite den erfolgreichen Unternehmer - hier liegt die Wurzel zu der sog. "Eigenschaftstheorie" der Führung! - auf der anderen Seite sollte sie die Arbeiterbewegung spalten, weil sie den fähigeren, geschickteren und anstrengungsbereiteren unter den Arbeitern den Aufstieg verhieß und sie davon abzuhalten suchte, sich mit der "Masse" der unbegabten und unwilligen zu solidarisieren und sich auf deren Niveau festlegen zu lassen. Die Unternehmer, die als Emporkömmlinge anfangs nur ein geringes Sozialprestige gegenüber Gutsherren und Aristokraten hatten, wurden gleichzeitig durch eine derartige personalisierende Erfolgsideologie als Klasse aufgewertet. Dazu trugen nicht zuletzt auch DARWINs und SPENCERs Evolutionstheorien bei, in denen den Unternehmern als den Erfolgreichen bestätigt wurde, daß sie sich als die Besten, Geeignetsten im Kampf um die Spitzenpositionen ausgezeichnet hätten und daß ihre Vormachtstellung Beleg für ihre Überlegenheit sei. Damit war dieser Gruppe auch ein Selbstverständnis verliehen, das ihr die Abgrenzung von den anderen gesellschaftlichen Gruppen erlaubte: von den kraftlos-überlebten Resten der alten Führungsschichten und der dumpf-unfähigen Masse der zum Dienen bestimmten Arbeiterklasse.
Insbesondere in den USA, die mit Beginn des 20. Jahrhunderts zur wirtschaftlichen Führungsmacht aufstiegen, wurde ein rücksichtslos-hemdsärmeliger Sozialdarwinismus zur herrschenden Ideologie. In immer neuen Traktaten wurden die unbegrenzten Möglichkeiten verherrlicht, die es jedem erlaubten, vom Tellerwäscher zum Millionär zu werden, wenn er nur eisernen Willen, Begabung und Tüchtigkeit besäße. In der Bewegung des "Neuen Denkens", die zwischen 1895 und 1915 in den USA eine ungewöhnliche publizistische Verbreitung fand, wurde dem einzelnen eingeimpft, daß es auf ihn selbst ankäme, daß er, wenn er nur an sich selbst glaube, den zündenden Gedanken und die neue Idee habe und mit zäher Beharrlichkeit verfolge, Erfolg habe: "Der Geschäftserfolg hängt von bestimmten Eigenschaften des Geistes ab. Wenn Wünschen und Wollen nur hinreichend groß sind, kannst Du alles erreichen! Überlege Dir das nur. ALLES! Versuche es nur. Versuch es ernstlich und Du wirst Erfolg haben. Ein mächtiges Gesetz steht dahinter" (ATKINSON 1901, zit. in BENDIX, 1960, S. 348).
Diese bis in unsere Tage propagierten Erfolgs-Lehren[1] bewirken ein zweifaches: Dem, der siegt, bestätigen sie, daß er zurecht siegte, dem der es nicht schaffte, machen sie deutlich, daß er sich eben zu wenig anstrengte, nicht von sich überzeugt war, nicht die richtige Idee hatte usw. Wer eine Führungsstellung errungen hatte, war ausgewiesen als ein Überlegener und Besserer. Nur der hatte ein Recht, ihm diese Stellung streitig zu machen, der noch besser oder erfolgreicher war. Alle anderen aber hatten ihre Erfolglosigkeit als Be-

---

1) Siehe z.B. in der Bundesrepublik die Großmann-, Mewes-, Hirth-Techniken, die RÜHLE 1982 zusammenfassend diskutiert)

weis ihrer Inferiorität zu akzeptieren und sich mit dem gerechten
Urteil der sozialen Auslese abzufinden. Wer erwiesenermaßen höher-
wertig ist, hat das Recht und die Pflicht, die erwiesenermaßen Unfähigen zu führen und über ihren Weg zu entscheiden.

Mit der zunehmenden Vergrößerung, Technisierung und Rationalisierung
der Unternehmen wuchs jedoch der Bedarf an Führungskräften. In den
expandierten Bürokratien mußte die auf die Unternehmensspitze zuge-
schnittene Erfolgsideologie so umgeformt werden, daß sie auch für
jene taugte, die auf dem Weg nach oben steckenblieben. Eine Zeit-
lang konnte man sie natürlich mit dem Fernziel des "1. Mannes"
locken, das prinzipiell jedem offenstünde - doch im Verlaufe ihrer
Karriere konnte es den meisten nicht verborgen bleiben, daß die
Spitze der Pyramide eben nur für sehr wenige Platz hatte, alle anderen aber sich mit Unter-Führer-Positionen abzufinden hatten. Um
die permanent geschürte Aufstiegshoffnung und ihren unermüdlich
leistungsstimulierenden Effekt nicht in Resignation oder gar Ent-
täuschung zu verkehren, bot sich ein durch die Verwissenschaftlichung der Produktion nahegelegter Ausweg an. Das "Scientific Management" TAYLORs hatte zum Programm, die Mysterien des Erfolgs zu
entschleiern, um ihn planbar und berechenbar zu machen. Das betraf
gleichermaßen Arbeiter wie Führungskräfte. Die beginnende Psychotechnik und Industriepsychologie versprachen zudem Verfahren, das
Potential des einzelnen zu identifizieren, damit er dort eingesetzt
werden könne, wo er den optimalen Beitrag zur Gesamtleistung erbringen würde. Das "Geheimnis des Erfolgs" entpuppte sich als das wissenschaftlich lösbare Problem von Messung und Prognose, Auswahl und
Plazierung; fast jeder könne schließlich den rein wissenschaftlich
ermittelten und verbindlich vorgeschriebenen "one best way" der Ar-
beitsausführung erlernen. Trotz ihrer rationalistischen Haltung
war die wissenschaftliche Betriebsführung festgelegt auf die ideologische Position, daß erfolgreiche Unternehmensführung eine Sache
entweder der perfekten Organisation ist - dann wäre die Suche nach
besonderen persönlichen Qualitäten überflüssig - oder aber die Frage
nach der frühzeitigen Erkenntnis der "geeigneten Person" ist. Dieser sollte man dann den irrationalen Umweg über Durchsetzungskämpfe
ersparen können, indem man sie von vorneherein für die Position vor-
sah, für die sie am besten geeignet war. Damit aber verengte sich der
Blick von der Vielzahl der erfolgsbestimmenden Einflußgrößen auf
einen einzigen Faktor: das mit geradezu heroischen Fähigkeiten aus-
gestattete Individuum.
Beide Wege, die der wissenschaftlichen Organisation und der der Eig-
nungsdiagnostik konnten ihre Versprechen nicht einlösen, weil sie
von viel zu einfachen Annahmen über die organisatorische Wirklichkeit als einer rein naturwissenschaftlich gestaltbaren ausgegangen
waren. Der Versuch, persönliche Herrschaft zu beseitigen, indem an
ihre Stelle die Herrschaft des rationalen (Natur-)Gesetzes aufge-
richtet wurde, traf Führer wie Geführte gleichermaßen. Gerade von
den Managern wurde TAYLOR der heftigste Widerstand entgegengesetzt.
Die Fiktion einer Wirtschaft, die nach wissenschaftlichen Gesetzen
rational funktionierte, bedrohte alle überkommenen sozialen Privilegien und entmündigte zum ersten Male auch die Herrschenden, die
deshalb den 'Taylorismus' nur so weit anwandten, wie er durch Zeit-
und Bewegungsstudien, Werkzeug- und Lohngestaltung konkrete Möglichkeiten der Arbeitsintensivierung bot. Der Kerngedanke der Verwissenschaftlichung wurde aber als unrealistisch "erkannt". Das Schei-

tern galt als ein weiteres Indiz dafür, daß Führungserfolg von einer geheimnisvollen rational nicht erklärbaren Aura umgeben war und außeralltägliche, unmeßbare Qualitäten erfordere. Denn darauf lief es hinaus: die Stellung der Person wurde nach jedem Angriff, der Versachlichung und Objektivierung erstrebte, stärker. Diejenigen, die bereits in Führungspositionen waren, wurden durch die Abwehr szientifischer Ansätze in ihrer numinosen Überlegenheit bestätigt und für diejenigen, die "unterwegs nach oben" waren, wurden die Irrationalitäten von Auslese, Beförderung und Erfolg als persönliche, selbstverdiente oder -verschuldete Auszeichnungen oder Niederlagen verständlich und erklärbar.

Die zunehmende Vergrößerung und Bürokratisierung der Unternehmungen beschwor jedoch für diese in der westlichen Kulturtradition liegende Tendenz zur Verherrlichung des Individuums eine Gefahr herauf: Immer mehr kam es darauf an, sich nicht (nur) mit Ellbogen als der Überlegene durchzusetzen, sondern auch mit den anderen zusammenzuarbeiten, um den "gemeinsamen" Erfolg zu sichern.

Die Forderung nach "Kooperation" und die Ernennung des Arbeiters zum "Mitarbeiter" - beides wurde nach dem ersten Weltkrieg fast weltweit Mode - lagen aber nur zur einen Hälfte in der sachlich geforderten Notwendigkeit der Koordination der Spezialisten in einer immer komplexer werdenden Arbeitsteilung. Zur anderen Hälfte ist sie ein Versuch, den erstarkten Einfluß der Gewerkschaften einzudämmen, indem als Partner der Arbeitnehmer nicht die Gewerkschaften, sondern die eigenen Vorgesetzten empfohlen wurden: wenn jeder im Betrieb vertrauensvoll mit seinen Vorgesetzten zusammenarbeitet, dann können unnötige Konflikte vermieden und der gemeinsame Erfolg, der allen zugute käme, gesteigert werden. Kapital, Arbeit und Management sollten sich vereinigen und zusammen das Beste erreichen!

Aus dieser so begründeten Notwendigkeit zur "kooperativen Führung" erklärt sich auch die Resonanz, die die von MAYO inspirierte Human-Relations-Bewegung fand. MAYO interpretierte seine berühmten Studien in den Hawthorne-Werken der Western Electric als Beleg für die bislang weit unterschätzte Bedeutung der unmittelbaren Sozialbeziehungen am Arbeitsplatz. Wenn es den Vorgesetzten nicht gelänge, durch verständnis- und rücksichtsvolles Verhalten das Vertrauen und die Achtung der Mit-Arbeiter zu gewinnen, dann würden sich diese in destruktiver Weise gegen ihn und das Unternehmen solidarisieren, ihre Leistung normieren und seine Bemühungen um Quantität und Qualität sabotieren. Die durch Wachstum und Spezialisierung erzwungene Teamarbeit forderte somit eine neue Führungsqualität: nicht den machiavellistischen Manager, der es mit an sich unfähigen und widerspenstigen Arbeiternehmern zu tun hatte, die er als bloße Instrumente seines eigenen Erfolgsstrebens gebrauchen konnte und auch nicht den sachlich-neutralen Führungs-Ingenieur, sondern den sozial aufgeschlossenen Manager, der es verstand, das in den Mit-Arbeitern liegende Potential so zu aktivieren, daß er die ihm übertragenen Ziele optimal erfüllen konnte. Diese Entwicklung mündete jedoch in die immer wieder beklagte Gefahr des "Kollektivismus": Führungskräfte verlieren ihre auszeichnende Individualität, werden zu Gruppen-Mitgliedern, die das Risiko eigener Entscheidungen scheuen und die Verantwortung auf andere abzuschieben lernen. Aus "Männern der Tat" werden "Männer des Worts", die sich in endlosen Sitzungen über Nebensächlichkeiten ereifern, aber nicht mehr den Mut (oder die Möglichkeit?) haben, sich durch zupackende Entschlüsse zu profilieren. Der "organization man", den WHYTE (1958) so plastisch beschreibt, ist geboren. Das Wehklagen über den Verlust alter Führer-Tugenden personalisiert jedoch·wiederum ein Problem, das im Grunde nicht den Managern anzulasten ist: Im Bestreben, das Handeln in Organisationen berechenbarer und perfekter zu gestalten, wurden zahlreiche organisatorische Sicherungen eingebaut, die gegen die schädlichen Konsequenzen von individueller Willkür, Uniformiertheit, einseitiger Bereichsziel- maximierung, Abhängigkeit vom Expertentum und Wissenstand einzel- ner Personen etc. gerichtet waren. Die Kehrseite der Medaille war jedoch "group think", das eine die Individualität erstickende Kon- formitätstendenz in Gruppen, Verantwortungsdiffusion und "Meetingi- tis" bedeutete. Führer war nicht länger der überlegene oder auch ge- rissene Einzelkämpfer, sondern der wendige Taktiker, der es verstand, Beziehungen zu knüpfen und zu pflegen, der Geschäftsordnungs- und Protokollformulierungs-Tricks souverän beherrschte, sich gewandt aus- drücken und eigene bzw. fremde Ideen gut "verkaufen" konnte, nirgend- wo aneckte...

Die historische Entwicklung der Managementideologie in den westlichen Industrienationen, die ich in Anlehnung an BENDIX zusammenfassend nachgezeichnet habe, läßt sich bis zum Jahr 1950 in den folgenden 5 Phasen skizzieren. Um deutlich zu machen, daß sich Ideen nicht spontan in den Köpfen der Herrschenden bilden und dann die Wirklich- keit prägen, sondern umgekehrt Reflex gesellschaftlicher Entwicklun- gen sind, werde ich jeweils auch die ökonomisch-organisatorischen Veränderungen rekapitulieren:

1. In einer Zeit stabiler Besitz- und Machtverhältnisse dominierte eine ständische Ordnung. Zum Führer war man ebenso geboren wie zum Geführten. Das gesellschaftliche Oben und Unten wurde als gottge- wollt akzeptiert; es gab keine historisch bewährte Alternative zu dieser fixierten Schichtung.

2. Durch die "Befreiung der Arbeit" aufgrund verschiedener gesell- schaftlicher Entwicklung entstand ein Arbeitskräftepotential, das zur verläßlich-konstanten, methodischen und regelmäßigen (Fabrik-) Arbeit "erzogen" werden mußte. Für die "faulen" und zu "Höherem" un- fähigen Arbeiter bestand keine Fürsorgepflicht mehr: sie konnten nur durch Hunger und Verelendung dazu gezwungen werden, sich der Dis- ziplin ihrer Herren unterzuordnen, die - weil sie in Konkurrenz mit anderen Herren standen - die Produktionskosten, um ihren Profit zu sichern, möglichst niedrig hielten.

3. Die Ansammlung von wirtschaftlicher Macht bei Kaufleuten und Un- ternehmern ließ die überkommene ständische Ordnung veralten; im Bündnis zwischen Bürgern und Proletariern wurde sie z.T. revolu- tionär beseitigt. Die neue Herrschaft legitimierte sich mit den bür- gerlichen Idealen der Freiheit und Gleichheit: Jeder hat die Mög- lichkeit, sich hochzuarbeiten; wer nach oben gekommen ist, hat da- mit bewiesen, daß er überlegen ist.

4. Mit zunehmender Expansion und Technisierung wurden Möglichkeiten der Rationalisierung gesucht. Die Erfolge der Naturwissenschaften gaben dazu Anlaß, ihre Denkprinzipien auch auf wirtschaftliche Or- ganisationen anzuwenden: Persönliche Herrschaft mit all ihren Zu- fälligkeiten und Irrationalitäten sollte durch wissenschaftlich-ra- tionales Vorgehen ersetzt werden. Führer wie Geführte hatten sich den gleichen objektiven Gesetzen unterzuordnen, beide sollten sich gleichermaßen als   ̄ ̄ner der gemeinsamen Sache sehen.

5. Der wachsende Wohlstand und vor allem die steigende rechtliche und gewerkschaftliche Absicherung der Arbeitnehmer schränkten die Möglichkeiten, durch Druck und Zwang zu führen, ein. Die komplexer werdende Produktion hing zudem immer mehr von der Bereitschaft der Arbeitnehmer ab, nicht unmittelbar kontrollierbare Handlungsbereitschaften zu entwickeln und konstruktiv einzusetzen (Zusammenarbeit, Loyalität, Mitdenken usw.). Durch eine Intensivierung der sozialen Beziehungen, durch Rücksichtnahme und Respektierung sollte sich die Führungskraft das Vertrauen der Mit-Arbeiter gewinnen und erhalten. Führung wurde Teamwork, der Führer zum Koordinator von sachverständigen und selbstbewußten Menschen.

Wenn damit die Entwicklung bis in die 50-er Jahre gekennzeichnet ist - welche Veränderungen haben sich dann seitdem ergeben? Diese jüngste Vergangenheit läßt sich nicht mit dem nötigen Abstand betrachten, der einer Diagnose einen hohen Grad an Sicherheit geben könnte. Um mich nicht vorschnell auf _eine_ Möglichkeit einzuengen, möchte ich drei verschiedene Zugangswege erörtern, die jeweils zugleich eine Validierung der schon besprochenen Entwicklungsstufen darstellen:

2.6. Menschenbilder (SCHEIN)

In der Organisationstheorie und -psychologie wird auf das Bild vom Menschen vor allem deshalb eingegangen, weil sich in diesen Auffassungen (der Führungskräfte über die Geführten) typische Handlungsmaximen widerspiegeln: wer z.B. Arbeitnehmer für grundsätzlich faul und inkompetent hält, wird sich in seinem Verhalten entsprechend darauf einstellen. Vor allem SCHEIN (1965, 1974) hat die verschiedenen Auffassungen über den arbeitenden Menschen systematisiert (s. aber auch STAEHLE 1980 a und b, LILGE 1981):
a) Der rationale Mensch
Mit dieser Konstruktion eines "homo oeconomicus" wird Bezug genommen auf den "wissenschaftlich" kalkulierenden, seine (individualistischen) Ziele konsequent und rational verfolgenden Menschen. TAYLORs Konzept der "wissenschaftlichen Betriebsführung" liegt eine solch technisch-nüchterne Haltung zugrunde.

b) Der soziale Mensch
Die von MAYO inspirierte Human-Relations-Bewegung propagierte die soziale Determiniertheit menschlichen Handelns: der einzelne fügt sich den Normen seiner Gruppe und strebt nach Anerkennung, Nähe, Zugehörigkeit. "Sage mir, zu welcher Gruppe Du gehörst, und ich sage Dir, wer Du bist!"

c) Der selbstaktualisierende Mensch
Dieses Menschenbild führt die bisher skizzierte Entwicklungslinie fort zu einem neuen "Typ". Auffällig ist die Konzentration auf das _Individuum_: Selbstverwirklichung und psychologisches Wachstum, Ichbedürfnisse und Autonomie sind die zentralen Begriffe, die z.B. in MASLOWs Bedürfnishierarchie die obersten Plätze einnehmen.

d) Der komplexe Mensch
Hier wird - im Unterschied zu den drei genannten Auffassungen, die jeweils _inhaltliche_ Akzente setzen - einer Dynamisierung das Wort geredet: Der Mensch ist flexibel, plastisch, lern- und wandlungsfähig, er kann nicht auf eine bestimmte Eigenart festgeschrieben

werden, sondern verändert sich je nach den Anforderungen der Situation, in der er handeln muß. Imgrunde ist der 'komplexe Mensch' das Plädoyer für einen Menschen, der ein gefügiges Produkt seiner Umwelt ist: er wird so,wie sie ihn haben will!

Welche gesellschaftlichen Veränderungen korrespondieren diesen letztlich beiden Menschenbildern? Es stellt sich (s. HARTFIEL 1968, S. 10f) die Frage,

"ob es sich bei der Vorstellung solcher künstlicher 'Menschen' nicht um Apologien bestimmter gesellschaftlicher Entwicklungsstufen oder Ordnungsprinzipien, oder mehr noch, um Apologien spezifischer sozialer Gruppeninteressen in einer bestimmten gesellschaftlichen Ordnung handelt."

Eine bürokratisierte und technisierte Welt nimmt dem einzelnen immer mehr die Chance, seine persönliche Einmaligkeit und Unverwechselbarkeit zum Ausdruck zu bringen, ja überhaupt zu entfalten. Er wird zur "Charaktermaske" der gesellschaftlichen Verhältnisse: er ist wie sie genormt, berechenbar, rationalisiert, funktionsfähig... Die unterdrückte Sehnsucht, die eigene Identität zu entfalten, soll vom Manager gestillt werden, durch eine Individualisierung der Arbeitsbedingungen, durch Bereitstellung 'intrinsischer Motivation' (durch herausfordernde Aufgaben, Erfolgserlebnisse, Selbstbestätigung, Kompetenzerweiterung, Verantwortungsübertragung usw.), durch Anerkennung und Hervorhebung des einzelnen (Auszeichnungen, Statussymbole, Einkommensdifferenzierung u.ä.). Entgegen all der erdrückenden Alltagserfahrung, doch nur ein auswechselbares Rädchen im Getriebe zu sein, soll symbolisiert werden, daß es auf den einzelnen ankommt und daß dieser einzelne in sich selbst die Erlösung findet. Wenn es um ihn selbst geht, ist jeder sich selbst der nächste, er braucht keine solidarische Unterstützung durch andere.

Die Verherrlichung des Individuums ist auch eine zeittypische Reaktion auf die Verabsolutierung des Führergedankens im Faschismus. Durch Krisen des Kapitalismus ausgelöst, konzentrierte sich der geradezu messianische Hoffnungsglaube der verunsicherten, ratlosen und enttäuschten Massen auf das uralte Bild vom (personalen) Retter, Helden, Vater, der das Heil bringt. Die vom "Führer" geforderte bedingungslose Unterwerfung resultierte in der Auflösung jeglicher Individualität, der einzelne bedeutete nichts mehr. Die "Selbstverwirklichungs-Bewegung" knüpft an die schon erwähnte "Selbsthilfe-Doktrin" der Jahrhundertwende an und suggeriert dem Individuum, sein eigener "Führer" zu sein, anders zu sein als die gesichtslosen anderen, unabhängig zu werden und nicht mehr verraten, verlassen und verkauft zu werden. Damit stehen die elitären Ansprüche im Einklang, die z.B. MASLOW an die selbstverwirklichte Person stellt und die ihn schätzen lassen, daß vielleicht nur 1% der Bevölkerung wahrhaft dieses Ziel erreicht. Insofern ist der nach Selbstentfaltung strebende Mensch wohl eher ein Leitbild der Führungskräfte selbst, als daß er die Arbeitnehmerschaft insgesamt charakterisiert. Und für die Manager, deren Aufstiegshoffnungen unerfüllt blieben, hält der Selbstaktualisierungsgedanke die Tröstung bereit, sich nicht nur an äußeren Erfolgen zu messen. Auch der "komplexe" Mensch ist nicht (nur) Ergebnis der Einsicht in die Beschränktheit und Einseitigkeit der vorausgegangenen Konzeptionen. Der "komplexe" Mensch ist nicht die endlich erlangte Wahrheit über das eigentliche Wesen des Menschen, sondern der in einer konkreten historischen Situation geforderte Mensch: Wenn sich durch rasanten technologischen und wissenschaftlichen Fortschritt Arbeitsbedingungen, Berufsbilder und Lebensplanung fortwährend ändern, wenn man durch Zusammenbrüche oder Fusionen gezwungen oder durch neue Chancen verlockt den Arbeitsplatz wechseln muß, wenn man sich ständig auf neue Arbeitsinhalte und -kollegen einstellen muß - dann kann in einer solch dynamischen Umwelt natürlich ein traditionsverhafteter, auf Bewahrung und Stabilität fixierter Menschenschlag nicht reüssieren. Es ist vielmehr derjenige gefragt, der den ständigen Wandel nicht nur hinnimmt oder mitmacht, sondern sogar braucht und aktiv betreibt. Wenn sich Organisationen fortwährend "entwickeln" müssen, dann mit ihnen auch die Menschen! Im Grunde ist der "complex man" nicht die Fortführung des "self-actualizing man", sondern die Gegenbewegung dazu: der einzelne hat sich dem System und seinen Veränderungen bereitwillig und aktiv unterzuordnen. Angesichts der unüberschaubaren Komplexität von Organisationen und Technologien, von Unternehmensverflechtungen und der Internationalisierung der Märkte, von staatlicher Einflußnahme und 'konzertierten Aktionen' hat sich der einzelne dem Gang der Dinge zu fügen - nicht fatalistisch, sondern überzeugt vom Glauben in die Selbstheilungs- und -steuerungskräfte des Systems. Wer mitmacht stört nicht und Störung der Funktionsfähigkeit ist das schlimmste Delikt, dessen einer beschuldigt werden kann; etwa dann, wenn er in engstirnig-fundamentalistisch-egozentrischer Weise nach Selbstbestimmung, Emanzipation und dem menschlichen Maß fragte.

2.7. 4 Manager-Typen (MACCOBY)

Eine andere Möglichkeit, gegenwärtige Führungsideologien zu identifizieren, bietet eine sozialpsychologisch-psychoanalytische Untersuchung, die MACCOBY (1976 bzw. 1979) an Managern in Großunternehmen durchgeführt hat. Aufgrund von Tiefeninterviews mit drei- bis zwanzigstündiger Dauer (1979, S. 15), die sich auf die "Gesamtorientierung zur Arbeit, zu Wertvorstellungen und zu Eigenidentität" bezogen (1979, S. 33), konnte MACCOBY vier Typen von Managern kontrastierend gegenüberstellen:

a) den Fachmann
Es ist der Typ des rational denkenden, um Qualität und Sparsamkeit bemühten, ruhigen, bescheidenen, praktischen und aufrichtigen Menschen (S. 34) - also jener Typus, der oben schon als objektiv-nüchterner und sachlich-wissenschaftlicher Mensch beschrieben wurde und den M. WEBER (1972) den für die rationale Herrschaft notwendigen "Fachmenschen" genannt hat.

b) der Dschungelkämpfer
Sein Ziel ist Macht. "Er erfährt das Leben und die Arbeit als einen Dschungel (nicht als Spiel), in dem es heißt, friß oder werde gefressen und in dem die Sieger die Verlierer vernichten. Ein Großteil seiner Kräfte ist dem Budget des inneren Verteidigungsministeriums zugewiesen" (S. 35). Er "ist stolz darauf, gefürchtet zu werden" (S. 65). MACCOBY sieht z.B. CARNEGIE als einen Prototyp eines solchen Dschungelkämpfers:
"Wie viele Dschungelkämpfer, denen ich begegnet bin, liebte es Carnegie, sich als ein guter Mensch zu sehen, besorgt um den Fortschritt und das Wohl der Arbeiter. Ja, er hielt sich sogar für einen Radikalen. Als junger Mann war er Jacksonscher Demokrat und religiöser Skeptiker gewesen. Als Industrieller schrieb er später Traktate zur Unterstützung des Tarif- und Koalitionsrechts der Arbeiter. Aber seine eigenen industriellen Ziele waren Macht und Profit, gewonnen durch die neue

Technologie, die kostensenkende Massenproduktion und neue Managementtechniken,
um die Löhne zu senken. Unter der Führung von Carnegie wurde die Stahlindustrie
zur fortgeschrittensten ihrer Zeit. Ein Modell für andere Industrien - dafür,
die Zünfte unabhängiger Handwerker zu zerschlagen und Taylorsche Managementmetho-
den einzuführen, die die Arbeiter ihrer Würde beraubten und die Arbeitsplätze so
umgestalteten, daß sie von ungelernten und angelernten Kräften besetzt werden
konnten. Die Handwerker, die in Homestead gegen den industriellen 'Fortschritt'
kämpften, wurden, trotz der Versicherungen Carnegies und der Unterstützung durch
die Öffentlichkeit, von Polizisten und Soldaten zusammengeschlagen, verletzt
und umgebracht. Als das Management erst einmal die Kontrolle über den Produk-
tionsprozeß gewonnen hatte und die Handwerks-Union vernichtet worden war, bot
Carnegie eine Verkürzung der Arbeitszeit und andere Vorteile an, die die Beschäf-
tigten besänftigen würden. In späteren Jahren schrieb und dozierte Carnegie, daß
die amerikanische Demokratie die Zukunft sei, zum Teil weil sie dem außergewöhn-
lichen Individuum wie ihm selbst das Hochkommen ermöglichte, dem armen Jungen,
der zum Führer der Gesellschaft aufstieg (was er war), der 'wilden Blume... in
den Wäldern einsam aufgefunden, keiner Hilfe der Gesellschaft bedürfend'." (S.63f)
Bezogen auf die oben dargestellte historische Analyse repräsentiert
der "Dschungelkämpfer" das Bild des Unternehmers der Gründerzeit,
der seinen eigenen Erfolg sozialdarwinistisch rechtfertigt und die
Unterlegenen für minderwertig hält.

c) der Firmenmensch
Er ist der "Mann der Organisation oder Funktionär, dessen Identitäts-
gefühl sich darauf gründet, daß er Teil einer mächtigen, schützen-
den Firma ist. Sein stärkster Zug ist die Sorge um die menschliche
Seite des Unternehmens, sein Interesse an den Gefühlen der Menschen
in seiner Umgebung." (S. 35) Was WHYTE den "organization man" und
FROMM den "Marketing-Charakter" (s.u.) genannt hat, ist auf der negativen Seite gekennzeichnet durch "unterwürfige Kapitulation vor
der Organisation und der Autorität, sentimentale Idealisierung der
Machthabenden, eine Tendenz, das Ich zu verraten, um Sicherheit,
Komfort und Luxus zu gewinnen" (S. 78). Es liegt nahe, diesen Typ
in die Genealogie der durch die Human-Relations-Bewegung gezeugten
Homunkuli einzuordnen.

d) der Spielmacher (Gamesman)
Diesen letzten Typ, den MACCOBY beschreibt, nennt er den "neuen Menschen" und den in seiner Studie "führenden Charakter".
"Sein Hauptinteresse gilt der Herausforderung, der auf Konkurrenz beruhenden Tätigkeit, in der er sich als Sieger beweisen kann... Er reagiert auf Arbeit und
Leben wie auf ein Spiel. Wettbewerb putscht ihn auf... ihm gefallen neue Ideen,
neue Techniken, frische Methoden und Abkürzungen... Sein Hauptziel im Leben ist,
Sieger zu sein" (S. 36). "Er sieht ein sich entwickelndes Projekt sowie menschliche Beziehungen und seine eigene Karriere in der Form von Optionen und Möglichkeiten, wie ein Spiel. Sein Charakter ist eine Kollektion von Beinahe-Paradoxien,
die nur zu verstehen sind, durch seine Anpassungsfähigkeit an organisatorische
Erfordernisse. Er ist kooperativ, aber auf Wettbewerb eingestellt; gelöst und
ausgelassen, aber zwanghaft zum Erfolg getrieben; ein Mannschaftsspieler zwar,
aber gern wäre er Superstar; ein Teamleiter, aber häufig ein Rebell gegen die
bürokratische Hierarchie; fair und unvoreingenommen, aber er verachtet Schwäche;
zäh und beherrschend, aber nicht destruktiv. Zum Unterschied von anderen Berufs-
typen ist seine Energie darauf gerichtet zu konkurrieren, jedoch nicht darauf,
ein Imperium aufzubauen" (S. 83).
Die Ideologie, aus der heraus der "Spieler" handelt, läßt sich wohl
am besten im deutschen Ausdruck des "Machers" verdeutlichen: Am Ent-

wurf oder der moralischen Bewertung von Zielen ist er nicht interessiert, er investiert vielmehr seine ganze Kraft darin, die Dinge
am Laufen zu halten, andere zu übertrumpfen in dem Wettbewerb, dessen Kriterien Schnelligkeit, Wirtschaftlichkeit, Durchsetzung,
Marktanteil usw. sind. Anders als der biedere und seriöse "Fachmann",
anders als der entscheidungsscheue und gruppenorientierte "Firmenmensch" und anders auch als der machiavellistisch-rücksichtslose
"Dschungelkämpfer" ist der "Macher" nicht nur ein idealer Krisen-
manager, sondern auch ein treuer, aber zugleich vifer und dynami-
scher Diener seines Herren: welchen Auftrag er auch immer erhält,
er setzt seinen Ergeiz daran, ihn besser auszuführen als alle anderen - er will ein Sieger sein, der sich zudem auf seinen Lorbeeren
nicht ausruht, sondern die nächste Herausforderung sucht.
Damit ist der Spieler ein fungibles Instrument: in seiner Ziellosig-
keit beliebig einsetzbar. Wenn die Verhältnisse durch Intransparenz,
Wettbewerb, fortwährende Innovationen, wechselnde Koalitionen, Instabilität und kurze Reaktionszeiten charakterisiert sind, dann liefert die Macher-Ideologie (bzw. -Pragmatik) die besten Grundlagen
für Erfolg und Überleben. Der "Spielmacher" MACCOBYs ähnelt dem "komplexen Menschen" von SCHEIN: er vereinigt in sich die anderen drei
Typen und ergänzt sie durch die Fähigkeit zu flexibel-angepaßtem
Einsatz.

2.8. Theorie der Subjektivität (DANIEL)

In "Theorien der Subjektivität" versucht DANIEL (1981) durch Gegenüberstellung von Theorien zum Verhältnis von Individuum und Gesellschaft "etwas von der Veränderung von Individualität im Verlauf der
bürgerlichen Entwicklung deutlich werden" zu lassen (S. 8). Da der
Führer als ausgezeichnete Gestalt bürgerlicher Individualität angesehen werden kann, versprechen die Analysen DANIELs auch Einsichten
in die Entwicklungen der Führungsideologie, zumindest aber in die
Veränderungen der Subjekte, mit denen Führungskräfte umzugehen haben.
Denn - wie ich oben schon festgestellt habe - Ideen werden "von außen"
in die Organisationen importiert und in ihren Ideologien, die zugleich Handlungsbegründung, Wirklichkeitsverständnis und Selbstüber-
zeugung sind, spiegeln Führungskräfte die gesellschaftlichen Verhältnisse wider, in denen sie tätig sind und die sie nicht nur leben,
die sie sind. Anders als bei SCHEINs "Menschenbildern" (in denen es
darum ging, wie die Führungskraft andere sieht) und mehr als in
MACCOBYs Typologie erschließt sich aus den Überlegungen DANIELs die
Möglichkeit, das Selbst-Bild der Führungskraft als eine Inkarnation
des autonomen bürgerlichen Subjekts zu erörtern.
Wie sich der einzelne als Selbst (Subjekt, Persönlichkeit, Ich, Charakter, Individuum) gegenüber dem überwältigenden Druck der Gesellschaft (der Verhältnisse, des Systems, der Welt) entwickeln, behaupten und darstellen kann, ist eines der Probleme, die DANIEL diskutiert.
Das "heroische" Subjekt des Bürgertums in seiner Aufstiegsphase war
angesichts der Zumutungen und Beschränkungen der Welt durch Unabhängigkeit, Freiheit und Selbstbestimmung charakterisiert. Anhand
FICHTEs Unterscheidung zwischen "Dogmatismus" und "Idealismus" illustriert DANIEL diese Position. Der "Dogmatismus" unterstellt eine
außerhalb des Individuums und unabhängig von ihm existierende Welt
der Dinge, die sein Erleben und Handeln bestimmen (eine solche Auf-

- 39 -

fassung würde heute wohl eher als "Situationismus", behavioristi-
sches S-R-Denken, vulgärmarxistischer Determinismus etc. bezeichnet werden). Die "idealistische" Konzeption stellt sich demgegenüber die Frage, ob und wie der einzelne sich von dieser Gegen-Ständlichkeit und Abhängigkeit befreien, emanzipieren und "Ich" sein kann.
Die unmittelbare Erfahrung der Selbst-Tätigkeit im "Denken des Ich"
- wobei das "Ich" nicht eine Tat-Sache, sondern eine Tat(-Handlung)
ist - verweist darauf, daß es jenseits aller Gegen-Ständlichkeit auch
Selb-Ständigkeit (Selbst-Tätigkeit, Selbst-Erfahrung) gibt - als eine denknotwendige Voraussetzung, wenn wir das Ich der Welt (das Subjekt den Objekten) gegenüberstellen.
Als eine mögliche Verkörperung dieses "Subjekts" kann der Idealty-
pus des (früh-)kapitalistischen Unternehmers gesehen werden. Dieser Typus ist nicht nur durch Unternehmungsgeist ausgezeichnet (wie
er auch viele herausragende Gestalten früherer Epochen schon charak-
terisierte), sondern zusätzlich durch einen hoch entwickelten und
gesellschaftlich-religiös akzeptierten Erwerbstrieb und spezifische
Tugenden (v.a. Sparsamkeit, Fleiß, Ordnungsliebe, Beständigkeit, So-
lidität und vor allem "Rechenhaftigkeit", d.h. ein durch rationales
Kalkül planmäßiges und methodisch gesteuertes Handeln). Dieser ideal-
typische einzelne, dem zwar nicht das Streben nach Besitz, wohl aber
das Ausruhen auf (und der Genuß von) Besitz sittlich verwerflich war,
hat nicht durch Rückzug von der "Welt", sondern im Gegenteil durch
"innerweltliches" Handeln ein pflichtgemäßes und darum gottgefälli-
ges Leben geführt. Die erfolggekrönte Beherrschung der Wechselfälle
hat ihn als souveränes Ich ausgewiesen.
Die zunehmende Rationalisierung der Weltbeherrschung (durch Verwissenschaftlichung, Technisierung und Organisation) läßt die Figur des
autonomen Subjekts zu einer historischen Reminiszenz werden. Das
"Gehäuse der Hörigkeit" legt sich immer enger um die Menschen, die
sich "wie die Fellachen im altägyptischen Staat, ohnmächtig zu fügen
gezwungen sein werden" (M.WEBER 1972, zit. in DANIEL 1981, S. 118).
Damit wird das andere Extrem sichtbar: die totale (totalitäre?) Ein-
ebnung des Subjekts, seine Vereinnahmung durch den Zwang der Verhältnisse, der es zur bloßen Marionette degradiert.
Diese Gegenposition entwickelt DANIEL am charakterologischen System
E. FROMMs und - in Weiterführung - an den Gegenwartsdiagnosen von
MARCUSE und ADORNO. Wenn es um das "Wesen" des Menschen geht, so
lassen sich nach FROMM zwei (gleichermaßen falsche) Auffassungen
gegenüberstellen: die eine ("konservative") stattet ihn mit einer
unveränderlichen menschlichen Natur aus, während die andere ("pro-
gressive") die unbegrenzte Wandelbarkeit und Entwicklungsfähigkeit
behauptet. Die "konservative" Auffassung muß mit dem Problem fertig
werden, daß es in unterschiedlichen historischen Epochen sehr verschiedene Bestimmungen des "eigentlichen" Wesens des Menschen gegeben hat; wäre der Mensch aber ein "unbeschriebenes Blatt", dann müßten die "Progressiven" zugeben, daß man Menschen auf jedwede gesellschaftliche Ordnung abrichten könne:
"Wäre der Mensch also nur ein Reflex kultureller Typen, dann könnte faktisch keine
Sozialordnung vom Standpunkt des menschlichen Wohlergehens kritisiert oder beurteilt werden, weil es keine Konzeption des Menschen geben würde" (FROMM 1954,
zit. nach DANIEL, 1981, S. 76).
In seinem Lösungsversuch geht FROMM von dem "anthropologischen Dilemma" aus, in dem sich der Mensch befindet: auf der einen Seite ist
er ein Natur-Wesen, das in dieser Welt zu existieren hat, auf der

anderen Seite muß er diesen Naturzusammenhang verlassen, um die Bedingungen seines Überlebens selbst herzustellen. Dieser Grundwiderspruch zwischen Weltanpassung und Weltveränderung manifestiert sich
in den "existentiellen" Bedürfnissen der Assimilation (Aneignung
der natürlichen Umwelt, um die Bedingungen des physischen Überlebens zu sichern), der Assoziation (Vergesellschaftung; soziale
Beziehungen mit anderen Menschen), der Sinngebung (als der Interpretation und Orientierung in der Welt) und der Identität (der Sicherung von Selbstsein und Selbsttätigkeit). Wie jedoch diese existentiellen, d.h. unterschiedslos allen Menschen gestellten Aufgaben gelöst werden, ist historisch bedingt: jede Gesellschaft findet
darauf typische Antworten. Diese gesellschaftlichen Vorgaben (die
sich in Werten, Normen, Strukturen, Institutionen usw. konkretisie-
ren) schränken die Handlungsmöglichkeiten des einzelnen ein, prägen - zusammen mit den je individuellen Erfahrungen - seinen "Charakter". Je "fester" der Charakter eines Menschen ist, desto ein-
deutiger ist sein Handeln vorhersagbar und desto schwieriger ist
es, seinem Verhalten einen anderen Inhalt oder eine andere Richtung
zu geben.
FROMM konzentriert seine Untersuchungen nicht so sehr auf den individuellen, sondern auf den Sozial-Charakter, den er als den
"Wesenskern der Charakterstruktur der meisten Gruppenmitglieder, welcher sich als
Ergebnis der dieser Gruppe gemeinsamen Lebensweise und Grunderlebnisse entwickelt
hat" (FROMM 1966, zit. in DANIEL 1981, S. 89) definiert. "Es ist die Funktion des
Sozialcharakters, die seelischen Kräfte der Mitglieder der Gesellschaft so zu
beeinflussen, daß ihr Verhalten in der Gesellschaft nicht eine bewußte Entscheidung ist, ob sie den gesellschaftlichen Regeln folgen wollen oder nicht, vielmehr eine Haltung, die sie wünschen läßt, so zu handeln, wie sie zu handeln haben, und sie zugleich Befriedigung darin finden läßt, den Erfordernissen der jeweiligen Gesellschaft gemäß zu handeln. Anders gesagt, die Funktion des Sozialcharakters besteht darin, die menschlichen Energien innerhalb einer gegebenen
Gesellschaft so zu formen und zu kanalisieren, daß sie das kontinuierliche Funktionieren eben dieser Gesellschaft verbürgen (FROMM 1960, zit. in DANIEL 1981,
S. 91).
FROMM analysiert verschiedene "Sozialcharaktere", u.a.
a) den "analen" Charakter
FROMM differenziert hier FREUDs "anale Trias" (Ordnungsliebe, Sparsamkeit, Eigensinn) und die pathologische Zuspitzung dieser (oben
schon erwähnten) Merkmale des "Geistes des Kapitalismus" zu zwangs-
hafter Sauberkeit, Kontrolle, Pedanterie, Starrsinn, Geiz. Im engen
Zusammenhang mit dem analen Charakter steht der sado-masochistische
Komplex, der durch den Drang nach Beherrschung oder Unterwerfung
gekennzeichnet ist:
Masochismus "bedeutet übertriebenes Minderwertigkeitsgefühl, ein Selbstbild der
Ohnmacht und Belanglosigkeit, den Willen, sich möglichst "kleinzumachen", den Eindruck, von übermächtigen äußeren Gewalten abhängig, ihnen ausgeliefert zu sein.
Masochismus ist die Tendenz, sich äußeren Mächten widerstandslos zu überlassen,
sich zu unterwerfen - bis hin zur Perversität der Selbstquälerei mit sexuellem
Lustgewinn.
'Sadismus', das ist die Tendenz, andere zum Werkzeug herabzusetzen, sie wie ein
totes Ding zu behandeln, sie körperlich und seelisch leiden zu lassen und leiden
zu sehen. Der Sadist ist so abhängig von den Objekten wie der Masochist. Er braucht
das beherrschte Objekt dringend; ohne es käme seine Selbstverlassenheit zum Ausdruck" (DANIEL 1981, S. 94).

Der "autoritäre Charakter" ist Sado-Masochismus bezogen auf das Verhältnis der Individuen zur Autorität, sei es daß Herrschaft selbst
ausgeübt wird (dann wäre die sadistische Komponente betont) oder/und
daß sie hingenommen werden muß.
Bei der Konstruktion der F(aschismus-)-Skala zur Untersuchung der
"autoritären Persönlichkeit" hat ADORNO (1973, S. 45) relevante Per-
sönlichkeitsdimensionen beschrieben:
"a) Konventionalismus: Starre Bindung an die konventionellen Werte des Mittel-
   standes;
 b) Autoritäre Unterwürfigkeit: Unkritische Unterwerfung unter idealisierte Autoritäten der Eigengruppe;
 c) Autoritäre Aggression: Tendenz, nach Menschen Ausschau zu halten, die kon-
   ventionelle Werte mißachten, um sie verurteilen, ablehnen und bestrafen zu
   können;
 d) Anti-Intrazeption: Abwehr des Subjektiven, des Phantasievollen, Sensiblen.
 e) Aberglaube und Stereotypie: Glaube an die mystische Bestimmung des eigenen
   Schicksals; die Disposition, in rigiden Kategorien zu denken.
 f) Machtdenken und Kraftmeierei: Denken in Dimensionen wie Herrschaft - Unterwerfung, stark - schwach, Führer - Gefolgschaft: Identifizierung mit Macht-
   gestalten: Überbetonung der konventionalisierten Attribute des Ich; übertriebene Zurschaustellung von Stärke und Robustheit;
 g) Destruktivität und Zynismus: Allgemeine Feindseligkeit, Diffamierung des
   Menschlichen.
 h) Projektivität: Disposition, an wüste und gefährliche Vorgänge in der Welt
   zu glauben; die Projektion unbewußter Triebimpulse auf die Außenwelt.
 i) Sexualität: Übertriebene Beschäftigung mit sexuellen Vorgängen".

b) die "automatische Anpassung"
Für die Mitte des 20. Jahrhunderts macht FROMM in den liberalen westlichen Gesellschaften einen anderen vorherrschenden Charaktertyp aus,
den er "automaton conformity" nennt:
"Das Individuum gibt es auf, es selber zu sein und übernimmt zur Gänze die Sorte
Persönlichkeit, die sich ihm in Form einer Zivilisationsschablone darbietet, und
auf Grund derer es genau so wird, wie man es von ihm erwartet, genau so, wie
alle andern sind. Der Zwiespalt zwischem dem Ich und der Welt verschwindet und
mit ihm zugleich die bewußte Furcht vor Alleinsein und Machtlosigkeit" (FROMM 1966,
zit. in DANIEL 1981, S. 96).
Im Unterschied zu personalen äußeren Autoritäten (Eltern, Lehrer, Vorgesetzte) und deren innerer Repräsentanz (im Über-Ich oder Gewissen)
wirken dabei eher
"anonyme Autoritäten und tragen die Masken: Wissenschaft, Normalität, Öffentliche
Meinung, Gesunder Menschenverstand, Bequemes Leben... usw. Sie verlangen nichts,
was nicht selbstverständlich erschiene - da herrscht kein Druck, nur sanfte Über-
redung" (FROMM 1966, zit. in DANIEL 1981, S. 97).
Dieser "Marketing-Charakter" korrespondiert mit der Herausbildung der modernen Konsumgesellschaft, in deren Mittelpunkt der Markt steht und
der alles - auch die Person - zur Ware wird, die möglichst vorteilhaft angeboten und verwertet werden soll. Deshalb kommt es zur Perfektionierung des Pseudo-Selbst, bei dem die Verpackung, das Aussehen
und Ankommen wichtiger sind als der Inhalt.

c) den"nekrophilen"Charakter
Unter diesem aus der Psychopathologie entlehnten Begriff versteht
FROMM
"die Leidenschaft, das, was lebendig ist, in etwas Unlebendiges umzuwandeln; zu
zerstören, um der Zerstörung willen; das ausschließliche Interesse an allem, was
rein mechanisch ist" (FROMM 1974, zit. in DANIEL 1981, S. 98).

Ein Merkmal der Nekrophilie, die FROMM für den vorherrschenden Charak-
terzug der Menschen in der zweiten Hälfte des 20. Jahrhunderts hält,
ist die "Vergötterung der Technik", die Liebe zu künstlichen Gebil-
den und Geräten, die das Interesse für das Lebendige verdrängt. Der
Mensch im technischen Zeitalter
"wendet sein Interesse ab vom Leben, von den Menschen, von der Natur und den
Ideen - kurz, von allem, was lebendig ist; er verwandelt alles Leben in Dinge,
einschließlich sich selbst (FROMM 1974). Symbole des Todes sind nun saubere,
glänzende Mechanismen, Apparaturen, Strukturen der Leblosigkeit. Das Verhalten
des Nekrophilen ist stereotyp, mechanisch, bürokratisch, wie die Welt, die er
hervorgebracht hat und der er sich dennoch anpassen muß" (DANIEL 1981, S. 100).
Als Gegenbegriff zur Nekrophilie diskutiert FROMM die "Biophilie",
die als der "produktive Charakter" die Selbst-Tätigkeit, die Selbst-
Produktion des genetisch nicht festgelegten Menschen beschreibt
und nicht - wie etwa autoritärer und nekrophiler Charakter - Flucht
vor der Freiheit, sondern Suche nach der Freiheit ist. Freiheit besteht in der Wahrnehmung der Möglichkeit, die genannten "existentiellen Bedürfnisse" (Assimilation, Assoziation, Sinngebung und Identität) selbständig und selbsttätig zu erfüllen.
FROMM steht mit seiner akzentuierenden und überzeichnenden Zeitdiagnose (des autoritären, des automatisch angepaßten (Marketing-) und
des nekrophilen Sozialcharakters) nicht allein. Auch MARCUSE, HORK-
HEIMER und ADORNO erkennen auf die Übermacht der Verhältnisse, die
Unterwerfung des einzelnen unter die Sachzwänge des Apparats, die
durchgängige Tendenz zur Rationalisierung und Technisierung des Le-
bens, die lediglich "instrumentelle Vernunft"(HORKHEIMER) gelten läßt
und den "eindimensionalen Menschen" (MARCUSE) erzeugt, der techno-
kratisch nur noch das Machbare und Verwertbare denken kann. Soziale
Beziehungen und selbst Personen werden "objektiviert" d.h. zum Ob-
jekt gemacht, verdinglicht und angesichts dieser "überwältigenden
Objektivität" (ADORNO) löst sich das Subjekt auf: es bleiben keine
Schlupflöcher mehr offen, "in denen eine nicht gesellschaftlich prä-
parierte, irgend unabhängige Subjektivität sich verstecken könnte"
(ADORNO 1973, zit. in DANIEL 1981, S. 127). Die Unentrinnbarkeit der
Fremdbestimmung in der verwalteten Welt läßt dem einzelnen keine
Chance, sich produktiv selbst zu verwirklichen. Das Individuum wird
auf sich selbst zurückgeworfen: es richtet seine Energien narzißtisch
auf sich selbst, etabliert die Fiktion einer unbeschädigten Binnenwelt, die aber zur "Pseudoindividualität" gerät, weil sie nur die
vorgegebenen Muster wiederholt und Subjektivität ins Unbewußte ab-
drängt. Eine Konzeption von Individualität, die den "einzelnen" nur
in seiner Gegenüberstellung zur "Gesellschaft" denkt, ist ein Produkt eben dieser Gesellschaft, sie hat die Fiktion vom souveränen
Individuum errichtet (das auf dem Tauschmarkt seine partikulären
privaten Interessen verfolgt), nur um den einzelnen, vereinzelten
umso perfekter zu vereinnahmen, denn sowohl seine Interessen wie
seine Möglichkeiten sind ihm vorgeschrieben. Wie ist Selbstsein möglich, wenn das bürgerliche "autonome Subjekt" angesichts des gesellschaftlichen Zwangsapparats bloßer Schein und Täuschung ist? Nur dadurch, daß die "äußeren" Widersprüche dieser Gesellschaft verinnerlicht, reflektiert werden und darin Möglichkeiten selbstbestimmten
Handelns erkannt und genutzt werden.
Ich werde darauf näher eingehen, wenn ich (s.u.) Dilemmata des Führungsverhaltens diskutieren werde.

Was FROMM "Marketing-Charakter" nennt und was ADORNO mit der Auflösung der Subjektivität durch die "Übermacht der Verhältnisse" meint,
wird bei RIESMAN u.a. (1958), COHEN & TAYLOR (1977) und GOFFMAN (1969)
in ähnlicher Weise beschrieben.
RIESMAN u.a. zeichnen eine Entwicklungslinie, die nun schon des öfte-
ren skizziert wurde: von der "Traditionsleitung" (der fraglosen Respektierung überkommener Ordnungen) über die "Innenleitung" (der Verinnerlichung von handlungsleitenden Prinzipien, wie sie etwa für den
'Geist des Kapitalismus' typisch sind) zur "Außenleitung", bei der
das Individuum die Erwartungen, die an es gerichtet werden, sensibel
registriert, um sich mit Konformität (d.h. sozial erwünschtem und an-
gemessenem Verhalten) Bestätigung durch die bedeutsamen andereren zu
sichern. Die Leitfrage für den Außengeleiteten ist nicht: 'Was kann
ich tun oder erreichen?', sondern: 'Was denken die anderen von mir?'
Seine "Identität" erhält der Außengeleitete durch die Abhebung von
den anderen, indem er "kleine Besonderheiten" kultiviert. In ähnlicher Weise geht es dem "Identitätsarbeiter" COHEN & TAYLORs darum,
der monotonen Routine der Alltagswelt dadurch (scheinbar) zu ent-
fliehen, daß er durch "kleine Unterschiede auf dem Markt der guten
Eindrücke" imponiert, eine unverwechselbare Fassade in den alltäglichen Routinen aufbaut und auf diese Weise letztlich zum Scheitern
verurteilte Ausbruchsversuche aus seiner schematisierten Welt unternimmt (s. DANIEL 1981, S. 177 ff). Analog betont GOFFMAN, daß Individualität heutzutage primär als dramaturgische Inszenierung zu betrachten sei, bei der sich der einzelne durch "impression management"
eine besondere Note gibt; es geht um die Pflege des Image durch "Iden-
titätsaufhänger", kleine Signale der Einzigartigkeit, mit denen sich
der einzelne angesichts festgezurrter Rollenvorschriften begnügen
muß.
Die letztgenannten Ansätze stimmen darin überein, daß in den entwickelten westlichen Zivilisationen Individualität letztlich nur noch
als Geste möglich ist, durch die der einzelne sich selbst und die anderen darüber hinwegbetrügt, daß er im Grunde "programmiert" ist. Individualität gerät zum schönen Schein, zur Fassadenkosmetik. Diese
soll vergessen machen, daß eigentlich kein relevanter persönlicher
Handlungsspielraum verblieben ist, weil jeder (und das gilt für Führer und Geführte gleichermaßen) nach dem Plan, nach dem er angetre-
ten ist, zu funktionieren hat. Die zugestandene kleine Abweichung ist
nichts als "repressive Toleranz", die die Bitterkeit der Erkenntnis
verdrängen soll, daß wer glaubt zu schieben, doch nur geschoben wird.
Ein Vorgesetzter, der diese Sicht der Dinge teilt (oder der es mit
Mitarbeitern zu tun hat, die zu dieser "Erkenntnis" gelangt sind),
wird sich nur schwerlich mit einer Ideologie anfreunden können, die
ihn zum Gestalter, Entscheider, Innovator und zur Schlüsselfigur stilisiert. Statt eines Impresarios ist der Vorgesetzte vor allem Im-
pressario! Ihm bleiben nur - je nach Temperament - Resignation oder
innere Emigration, zynische Doppelmoral, die gute Miene zum bösen
Spiel bzw. MACCOBYs "gamesmanship": die zielindifferente sportliche
Haltung dessen, dem nur daran liegt, besser zu sein als die anderen.

Noch eine weitere Reaktion ist denkbar, die von einigen Autoren - be-
ginnend mit ADORNO - als zeittypischer modernster Sozialcharakter beschrieben wird: die narzißtische Regression. Der NST (der "Neue So-
zialisations-Typ" bzw. "narzißtisch-spätkapitalistische Typ") will
es im Unterschied zum außengeleiteten Fassadenarbeiter nicht mehr

den anderen recht zu machen - er will es selbst gut haben; er richtet sich nicht nach den anderen, sondern bezieht die anderen ego-
zentrisch auf sich. Auf der phänomenologischen Ebene werden für den
NST - vor allem für Jugendliche - folgende Beschreibungen angeboten: (s. dazu DANIEL 1981, S. 194 ff, der Diagnosen von HÄSING u.a.
1979, ZIEHE 1975 und vor allem LASCH 1980, zusammengetragen hat:
- Motivationsschwäche, mangelnde Konzentrationsfähigkeit; Unfähigkeit, ein Ziel langfristig und konsequent zu verfolgen

- lähmende Apathie und plötzliche Aufwallungen von Zerstörungs-
  wut und Aggressivität

- sinkende Unlusttoleranz, Unfähigkeit zum Aufschub von Bedürfnisbefriedigung

- zerfallende Zeitstruktur, Planungsunfähigkeit

- Allmachtsphantasien, die in dumpfe Gleichgültigkeit umschlagen
  können

- Unfähigkeit, Beziehungen einzugehen und andererseits der starke
  Wunsch nach Geborgenheit und Zugehörigkeit

- Zerstörung der Sprache (keine präzisen strukturierten Aussagen,
  sondern einsilbig-affektive Zustandsbeschreibungen)

- der Wunsch nach Selbstfindung, Nabelschau("Was hat das mit mir
  zu tun?")
Solche Diagnosen der "heutigen Jugend" erinnern an die seit HAMMURABI
und SOKRATES regelmäßig erneuerten Klagelieder der älteren Generation über den drohenden Verfall der Sitten. Das Neue am NST ist, daß
statt der früheren Betonung von Auflehnung, Trotz, Sturm und Drang,
verstärkt Desinteresse, Abwendung und desorientierte Selbstbezüglich-
keit attestiert werden. Insofern ist der NST der Gegentyp zum "autoritären Charakter", der oben anhand der Merkmalsliste ADORNOs
skizziert und für die erste Phase des Spätkapitalismus als typisch
angesehen wurde. Welche gesellschaftlichen Veränderungen begleiten
die Entstehung des NST und warum entspricht der NST diesen Bedingungen eher als der "autoritäre" Charakter, der durch Triebverzicht,
Ordnungsliebe, Unterwerfungsbereitschaft etc. charakterisiert ist?
Während in der Expansionsphase des Spätkapitalismus die Zuversicht
in grenzenloses Wirtschaftswachstum, der stumme Zwang der Verhältnisse und die Verstrickung in das Netz undurchschauter Abhängigkeiten als unvermeidlicher Preis für die fortwährende materielle Besser-
stellung in Kauf genommen wurden, erwies sich die Fortschrittsgaran-
tie mit Beginn der 70-er Jahre plötzlich als unhaltbar: die "Grenzen
des Wachstums" wurden sichtbar, die Ausbeutung und Zerstörung der
Umwelt wurde in ihrem erschreckenden Ausmaß offenkundig, der globale Vernichtungskrieg wurde als reale Gefahr bewußt - und all dem
schien "man" hilflos ausgeliefert, weil das Gesetz des Handelns
längst an irgendwelche anonymen Systeme übergegangen war. Hinzu kamen rapide Veränderungen der Arbeitswelt durch neue Technologien,
die dem einzelnen eine stabile Planung seiner Berufslaufbahn unmöglich machten und zu breiter struktureller Arbeitslosigkeit beitru-
gen, die insbesondere Jugendliche besonders hart traf; die zunehmende Reglementierung und Standardisierung nicht nur der Arbeits-, sondern auch der "Freizeit"-Welt, die Aushändigung von persönlicher
Kompetenz an Experten und Institutionen, die den einzelnen Bürger

immer mehr versorgen, überwachen und entmündigen; die Rationalisierung und damit Kommunikations- und Gefühlsentleerung der Arbeits-
und Sozialbeziehungen, die zu einer Konzentration der emotionalen
Bedürfnisse auf die Familie, kleine Gruppen und Zweierbeziehungen
führten und diese heillos überforderten...
In einer solchen Situation wirkte der "klassische" bürgerliche In-
dividualist, der in autonomer Willensanstrengung der Gesellschaft
seine Erfolge abtrotzt und sich als überlegener und kompetenter
bestätigt, deplaziert.
Der "NST paßt auf widersprüchliche Weise in die bürgerliche Spätphase schwinden-
der Erwartungen und sinkender Hoffnungen. Er blickt in einen trüben Tümpel, in
dem sich nichts mehr spiegelt" (DANIEL 1981, S. 212).
Wer hier gerade von den "führenden" Persönlichkeiten die begeistern-
de Vision eines Zielentwurfs verlangt, der den vielen wieder ein le-
benswertes Leben verspricht, der drängt sie folgerichtig wiederum in
die Expertenrolle und übersieht, daß man die jahrzehntelang systematisch organisierte Bevormundung des Individuums nicht durch einen
Appell an Willensruck und Mut zum Dennoch ungeschehen machen kann.
Wenn für den einzelnen das menschliche Maß, Souveränität und Verantwortung zurückgefordert (oder zum ersten Mal gefordert?) werden,
dann bedeutet dies notwendig den Verzicht auf die hilflos machende
Perfektionierung, Objektivierung und Zentralisierung. Dem in Unmündigkeit trainierten einzelnen bleibt unter den gegebenen Bedingungen
die diffuse Ahnung der Sinnlosigkeit und Vergeblichkeit, auf die er
mit Gleichgültigkeit, "oralen" Versorgungswünschen und privatisti-
schem Rückzug reagiert. Die Flucht endet bei sich selbst: Narzißmus.
Es ist wahrhaftig eine Rückwendung zum "heroischen" bürgerlichen
Subjekt, wenn nun dem einzelnen aufgebürdet wird, er solle sich
selbst verwirklichen und sich wie der legendäre Münchhausen an den
eigenen Haaren aus dem Sumpf ziehen. Einer Gesellschaft, der die
herkömmliche Erwerbsarbeit ausgeht, ist vermutlich nicht allein mit
Ratschlägen zur "Humanisierung der Arbeit" beizukommen. Wenn wir für
ein "menschliches" Leben Ganzheitlichkeit der Aufgaben statt Zer-
stückelung, Möglichkeit der unmittelbaren Zusammenarbeit statt Isolierung, Mitentscheidung statt Fremdbestimmung, Überschaubarkeit
statt überwältigender Komplexität usw. fordern, dann extrapolieren
wir von unseren jetzigen Defiziten. Es ist aber nicht möglich, die
technisch perfekte Planskizze der zukünftigen Gesellschaft zu entwerfen ohne zugleich den alten Fehler der Abtretung von Aufgaben,
Fähigkeiten und Verantwortung an die selbsternannten Experten zu
begehen. Das menschliche "Wesen" formt sich in der Auseinandersetzung mit den Bedingungen, die es selbst geschaffen hat. Diese Bedingungen sind unkontrollierbar komplex, vernetzt und zugleich widersprüchlich. Darin liegt die Chance, weil sich in den Undetermi-
niertheiten und Widersprüchen Handlungsspielräume öffnen, die der
einzelne nutzen kann, nicht als Nischen, in denen er seine exklusive
Privatheit einrichten kann, sondern die er nutzen muß, wenn er das
Gehäuse der Hörigkeit sprengen möchte. Das kann er nicht tun, wenn
er "aussteigt"; er muß das Kunststück vollbringen, "drinnen" zu bleiben und sich dennoch nicht vereinnahmen zu lassen. Bevor ich diese
Überlegungen vertiefe, fasse ich die bisherigen Ausführungen zu den
Entwicklungsstadien der Managementideologie in einer tabellarischen
Aufstellung zusammen. Die Zeitangaben verstehen sich als ungefähre
Anhaltspunkte; es ist ja darauf hingewiesen worden, daß "alte" Ideo-
logien nicht verschwinden, sondern weiterbestehen, periodisch reak-

Zeiten besonderer Dominanz	Entwicklung der Managementideologien (BENDIX)	Menschenbilder (SCHEIN)	Management-typen (MACCOBY)	Theorien der Subjektivität (DANIEL)	MASLOW
bis 1750	ständische Ordnung; stabile Über- und Unterordnung				
1750-1850	Ablehnung der Verantwortung für die Arbeiter: Motivation durch Hunger und Elend				Physiologische Bedürfnisse
1830-1920	Sozialdarwinismus; Erfolgsversprechen für jeden Fähigen	self-actualizing man$_1$	Dschungel-kämpfer	Autonomes heroisches bürgerliches Subjekt	Ich-Bedürfnisse$_1$
1900-1940	Wissenschaftlich-rationale Unternehmensführung	rational man	Fachmann	analer, autoritärer, nekrophiler Charakter (FROMM); instrumentelle Vernunft (HORKHEIMER); Eindimensionalität (MARCUSE); "überwältigende Objektivität" (ADORNO)	Sicherheits-Bedürfnisse
1920-1970	Kooperative Führung; Betonung der sozialen Beziehungen Vorherrschaft der Organisation	social man	Firmen-mensch	automatische Anpassung, Marketing-Charakter (FROMM); Außenleitung (RIESMAN u.a.); Identitätsarbeiter (COHEN & TAYLOR); Fassaden-Ich (GOFFMAN)	Soziale Bedürfnisse Ich-Bedürfnisse$_2$
1950-1980		self-actualizing man$_2$		Biophilie, produktiver Charakter (FROMM)	Selbstverwirklichung
1960-1980		complex man	(Spiel-Macher)		
1970-1980				narzißtisch-spätkapitalistischer Typ (LASCH)	

Tab. 2 : Aspekte von Management-Ideologien

tiviert oder lediglich durch neue überlagert werden. Dies erklärt
auch, warum manche Eintragungen doppelt erfolgen mußten.

2.9. MASLOWs Bedürfnishierarchie

In der letzten Spalte habe ich noch - wegen seines Bekanntheits-
grades - ein "konservatives" Menschenbild berücksichtigt: MASLOW
(1954) geht in seiner Bedürfnishierarchie davon aus, daß die (wesen-
haften) menschlichen Bedürfnisse hierarchisch angeordnet seien: das
"nächsthöhere" Bedürfnis wird erst aktiviert, wenn das darunterlie-
gende befriedigt ist. Man kann zeigen, daß sich in dieser Aktual-
und/oder Ontogenese die Phylogenese wiederholt: die "physiologischen"
Bedürfnisse,die der Sicherung der leiblichen Existenz dienen, domi-
nierten in den Zeiten frühkapitalistischer Ausbeutung; mit gewerk-
schaftlicher Organisation, Verrechtlichung, Verwissenschaftlichung
und organisatorischer Rationalisierung wurden die "Sicherheitsmotive"
befriedigt; die Beachtung der sozialen Beziehungen in den anonymi-
sierten Großorganisationen weist auf die "sozialen Bedürfnisse" hin.
Bei wachsender Rationalisierung und Technisierung meldeten sich dann
die Bedürfnisse nach Achtung, Auszeichnung, Erfolgserlebnis und Anerkennung an (die für den kapitalistischen Unternehmer schon früher
relevant waren). Als letzte offene Bedürfnisklasse schließlich ist
die Gruppe der Wachstums- oder Selbstverwirklichungsmotive anzusehen,
bei denen es darum geht, in der verwalteten Welt die personale Einmaligkeit und Einzigartigkeit zur Geltung zu bringen oder durchzusetzen. Die Unterschiede und Leerstellen gegenüber den anderen Ein-
teilungen weisen darauf hin, daß die Entwicklungsabfolge, die MASLOW
postuliert, nicht zwingend ist und daß vor, nach oder neben den
"Selbstverwirklichungs-Motiven" auch andere Weiterentwicklungen denkbar sind.

3. Eine strukturelle Betrachtung von Führung

Ein Vorgesetzter ist - wie der Name ja schon sagt - einer, der von jemand einem anderen vor-gesetzt wurde. Damit ist eine Beziehung etabliert, in der es zumindest drei Positionen gibt: den Vorsetzenden, den Vorgesetzten und den Unterstellten. Der Vorgesetzte ist nicht frei, seine Position so auszufüllen wie er möchte; er hat vielmehr den Erwartungen zu entsprechen, die von beiden Seiten an ihn gerichtet werden. Diese Minimalsituation veranschaulicht ein Thema, das in den vorangegangenen Ausführungen im Mittelpunkt stand: wie es nämlich dem einzelnen gelingen könne, angesichts der Vor-Bestimmungen, denen er in geregelten Sozialbeziehungen unterworfen ist, seine Identität zu bewahren oder auszudrücken. Die Auffassung, daß der Vorgesetzte weniger ein souveräner Entscheider und Lenker sei, sondern vielmehr der Vollstrecker eines Programms oder der Agent eines Systems, hat zu der Zeit ihre Hochblüte erlebt, als auch in der Zeitdiagnose die Vorstellung von der Organisation als einer perfekten Maschine vorherrschte und "Außengeleitetheit", "verwaltete Welt", "Zwang der Verhältnisse", "organization man" usw. die Schlagworte zur Charakterisierung umfassender und unentrinnbarer Fremdbestimmung waren. Nicht von ungefähr hat in dieser Periode auch die Rollentheorie ihre größte Verbreitung gefunden.

Unter Rolle wird - in einer ersten Annäherung - das Insgesamt der Erwartungen verstanden, die an den Inhaber einer Position gerichtet werden. Eine Rolle charakterisiert somit keinen Menschen, sondern einen Positionsinhaber. Die Position legt fest, welche Erwartungen legitimerweise zu hegen sind. Die Position aber ist als eine Leerstelle in einem sozialen System der Ort, der durch eine Person zu besetzen und auszufüllen ist. Die Beziehungen, die eine Position zu den anderen Positionen des sozialen Verbandes hat, sind auf zumindest zwei Dimensionen zu bestimmen: einmal auf der Dimension der Über-Unter-Ordnung (oder Herrschaft) und zum anderen auf einer funktionalen Dimension, bei der es um den Beitrag zur Lösung eines Systemproblems geht (in wirtschaftlichen Organisationen: Zielerreichung, Zusammenhangssicherung, Aufgabenerfüllung usw.). Nach der Art eines Drehbuchs oder Skripts ist dem Positionsinhaber sein Tun und Lassen vorgeschrieben. "Vorgeschrieben" heißt nicht notwendig, daß die Handlungsanweisungen schriftlich fixiert sind (wie etwa in einer Stellenbeschreibung), sondern daß durch explizite Anweisung oder indirektes - durch positive oder negative Verstärkung vermitteltes - Lernen eine soziale Übereinkunft hergestellt wurde. Sie erlaubt den Handlungspartnern, die es miteinander zu tun haben, mit ziemlicher Sicherheit vorherzusagen, wie sich der Positionsinhaber in "typischen" oder "relevanten" Situationen verhalten wird. Rollen sind also keine allumfassenden Handlungsvorschriften, sondern nur positionsspezifische Festlegungen. Ein und derselben Person können in verschiedenen sozialen Bezügen gleichzeitig verschiedene Erwartungsträger gegenüberstehen, wie das in der folgenden Abbildung 4 veranschaulicht wird (s. S. 49).

Als "Führungskraft" nimmt eine Person eine Position im System "Organisation" ein, als "Vater" eine im System "Familie", als "Staatsbürger" im System "Staat", als "Verkehrsteilnehmer" im System "Straßenverkehr" usw. In der Abb. 4 richten sich alle Erwartungen (= Pfeile) auf den Positionsinhaber; damit ist auch grafisch verdeutlicht, daß er geradezu überwältigt wird von den Ansprüchen, die

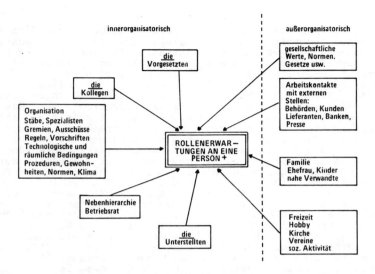

innerorganisatorisch | außerorganisatorisch

die Vorgesetzten

gesellschaftliche Werte, Normen. Gesetze usw.

die Kollegen

Arbeitskontakte mit externen Stellen: Behörden, Kunden Lieferanten, Banken, Presse

Organisation Stäbe, Spezialisten Gremien, Ausschüsse Regeln, Vorschriften Technologische und räumliche Bedingungen Prozeduren, Gewohn- heiten, Normen, Klima

ROLLENERWAR- TUNGEN AN EINE PERSON +

Familie Ehefrau, Kinder nahe Verwandte

Nebenhierarchie Betriebsrat

die Unterstellten

Freizeit Hobby Kirche Vereine soz. Aktivität

+ z.B.: als Unterstellter, Kollege, Fachmann, Arbeitgebervertreter, Vorgesetzter, 'Privatmann", Vater, Ehemann, als Geschäftspartner, Staatsbürger

Abb. 4 : Die Person im Zentrum von Rollenerwartungen

"von außen" kommen. In ähnlicher Weise wird dies in den sog. Zwie- belschalen-Modellen symbolisiert, bei denen ein Individuum von kon- zentrischen Kreisen umringt ist: aus diesem hermetischen Gehäuse gibt es kein Entrinnen:

Abb. 5

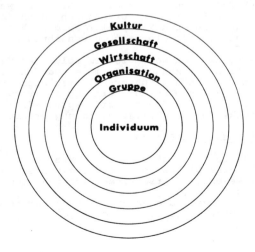

Kultur
Gesellschaft
Wirtschaft
Organisation
Gruppe

Individuum

Auf sinnfällige Weise ist damit der einzelne als Opfer und Gefangener dargestellt. Damit wird aber zugleich der Eindruck erweckt, die Forderungen würden von externen Instanzen an einen Empfänger gerichtet, der sie - wenn auch mit Schwierigkeiten - prinzipiell auch verwerfen könnte. Die Suggestion der Darstellungsweise, die auch im Begriff der Rolle liegt, läßt übersehen, daß Rollenforderungen nicht äußerliche, beliebig akzeptierbare Zumutungen sind, sondern daß der einzelne mit ihnen geradezu durchtränkt ist. Was FROMM in einem viel umfassenderen Zusammenhang mit seinem Begriff des "Sozialcharakters" meint, bringt die Verinnerlichung der nur ursprünglich äußeren Erwartungen ebenso zum Ausdruck wie FREUDs "Über-Ich", welches das Insgesamt der internalisierten (ursprünglich elterlichen) Ge- und Verbote bezeichnet. Damit ist die Rolle aber nicht als eine Maske anzusehen, die der Rollen-Schauspieler einfach ablegen und mit einer anderen vertauschen kann, sie ist ihm vielmehr ins Fleisch gewachsen - zur "Charaktermaske" (MARX) geworden. Die Rollenmetapher legt die Möglichkeit eines spielerischen Umgangs mit der Außengeleitetheit nahe und verharmlost dadurch die persönlichkeitsprägende Wirkung der "äußeren Verhältnisse". Das Bild des "homo sociologicus" (DAHRENDORF, 1965), den man sich als Bündel von Rollen vorstellt, die er ebenso gut auch ersetzen könnte, lädt im Extrem dazu ein, sich einen rollenlosen Menschen vorzustellen, einen Menschen, dem die "ärgerliche Tatsache der Gesellschaft" noch nicht die Unschuld des Naturzustands geraubt hat. Ohne seine Rollen ist der Mensch ein unbeschriebenes Blatt, frei für alle nur möglichen Eintragungen?
Damit ist an das oben schon erwähnte "anthropologische Dilemma" zu erinnern: der Mensch ist Täter und Opfer; indem er handelt und behandelt wird, prägt er seine Einmaligkeit aus. Er ist zu keinem Zeitpunkt nur reine Möglichkeit, sondern immer schon "geprägte Form, die lebend sich entwickelt". Durch diese je individuelle unumkehrbare Geschichte seiner (Ver-)Formungen konstituiert sich Subjektivität, Persönlichkeit, Charakter. Ein "fester" Charakter, eine "ausgeprägte" Persönlichkeit sind Verhärtungen, in denen die Plastizität von Entwicklungsmöglichkeiten ihren (vorläufigen) Abschluß gefunden hat. Es ist dann nicht einfach, die Szene zu wechseln und ein ganz anderes Stück ins Repertoire aufzunehmen, dann dann müßten gleichzeitig alle Kulissen und Mitspieler ausgewechselt werden - was deshalb nicht geht, weil die meisten von ihnen verinnerlicht sind.
Unter diesen Voraussetzungen werde ich im folgenden das Gerüst der Rollentheorie benutzen, um zunächst formale und dann inhaltliche Konfliktkonstellationen in der Führer-Rolle zu erörtern. Es geht mir darum zu zeigen, daß die Fremdbestimmung des Vorgesetzten nicht lückenlos, nicht eindeutig und nicht widerspruchsfrei ist - und daß sich daraus Möglichkeiten der Selbstbestimmung ergeben.

3.1. Über die Offenheit von Rollen

In der Abb. 6 habe ich versucht, jene Aspekte grafisch hervorzuheben, die mir für eine Diskussion der Gestaltungs-Freiräume eines Positionsinhabers wesentlich erscheinen. Ich gehe von folgender Rollen-Definition aus:
a) Rollen sind Erwartungen, die an eine Person gerichtet werden, die bereits in ihrer Subjektivität geprägt ist.

b) Diese Erwartungen sind
   - positionsspezifisch
   - mehr oder weniger verbindlich
   - und mehr oder weniger eindeutig

c) Innerhalb eines Systems (z.B. einer Unternehmung) werden von
   verschiedenen "Rollensendern" Erwartungen an ein und dieselbe
   Person gerichtet.

d) Die Person ist Mitglied mehrerer Systeme, damit gleichzeitig
   Inhaber verschiedener Positionen bzw. Träger mehrerer Rollen.

Die Konsequenzen, die sich daraus ergeben, werde ich - ausgehend
von der Nummerierung in Abb. 6 - im folgenden erörtern, wobei
ich mich in der Terminologie an einer Einteilung von KAHN u.a.
(1964) orientiere (siehe dazu auch die Überlegungen von VORWERG
1971 und MOREL 1980). Mögliche Konflikt-Situationen habe ich
dabei durch ein Blitz-Symbol (⚡) gekennzeichnet.

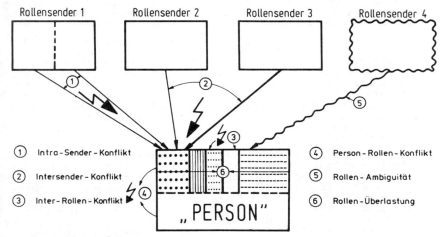

Abb. 6: Rolle und Person

zu 1.: Mit "Intra-Sender-Konflikt" ist eine Situation gemeint, bei
       der ein und dieselbe Bezugsperson gegenüber dem Positions-
       inhaber in sich widersprüchliche Forderungen stellt (z.B.
       gleichzeitig schnelle, fehlerfreie und kostenminimale Auf-
       gabenerledigung). Der Konflikt ist kein "äußerlicher" (etwa
       ein Selbstwiderspruch des Senders), sondern manifestiert
       sich "innerhalb" der Fokalperson. Auch die folgenden Überle-
       gungen sind auf das Geschehen in der Person zu beziehen.

zu 2.: Der "Inter-Sender-Konflikt" bezieht sich auf die Möglichkeit,
       daß zwei verschiedene Bezugs-Positionen unvereinbare Erwar-
       tungen an die Fokal-Position richten (Unterstellte erwarten
       von ihrem Vorgesetzten z.B. Rücksichtnahme, Geduld und Mit-
       beteiligung, während ein höherer Vorgesetzter energische
       Durchsetzung fordert).

Ich habe einen der beiden "Erwartungspfeile" etwas stärker
gezeichnet, um damit zum Ausdruck zu bringen, daß die Erwartungen einen unterschiedlichen Verbindlichkeitsgrad haben
können: es kann sein, daß einer der Rollensender praktische
Priorität für sich beanspruchen kann, so daß seine Forderungen als "Muß-Erwartungen" zu betrachten sind, während andere
lediglich als "Soll"- oder gar nur "Kann-Erwartungen" gelten
(s. dazu DAHRENDORF, 1965). Wenn man die zu Positionen ver-
dinglichten Rollensender abstrakter als verinnerlichte Normen oder Werte betrachtet (statt dem personalisierenden "Rollen-Sender" also allgemeiner von "Anspruchsquelle" spricht),
wird mit der Strichstärke die Hierarchie solcher gleichzeitig
gültigen Ansprüche ausgedrückt.

zu 3.: Beim Inter-Rollen-Konflikt geht es um die Tatsache, daß eine
Person gleichzeitig in mehreren Systemen Positionsinhaber
ist (z.B. Vorgesetzter, Ehemann, Katholik, Parteimitglied
usf.). Als Person steht sie sozusagen im Schnittpunkt mehrerer Systeme und hat die gegebenenfalls unterschiedlichen Forderungen auszubalancieren. Die Möglichkeit, daß die verschiedenen Systeme für die Person unterschiedliches Gewicht haben,
ist durch die verschieden großen Felder symbolisiert.

zu 4.: Mit dieser Konstellation, dem "Person-Rollen-Konflikt", the-
matisiere ich den schon wiederholt erwähnten Innen-Außen-
Unterschied. Ein Vorgesetzter kann z.B. das Gefühl haben,
durch das, was ihm in einem Unternehmen tagtäglich abver-
langt wird, in seinem Innersten (!) überhaupt nicht tangiert
zu werden. Derartige Entfremdungserlebnisse können virulent
werden, wenn "äußere" Forderungen grundlegenden Wertorientie-
rungen widersprechen (wenn etwa ein überzeugter Pazifist in
einer Werbeagentur gezwungen wird, ein PR-Programm für einen
Rüstungsbetrieb zu entwerfen).

zu 5.: Die unscharfen Konturen dieser Anspruchsquelle sollen die
"Rollen-Ambiguität" symbolisieren, die Möglichkeit also, daß
Forderungen an den Positionsinhaber in unterschiedlicher Präzision oder Eindeutigkeit gestellt werden können. Die Spannweite erstreckt sich von präziser, ausdrücklicher, evtl. sogar schriftlicher Fixierung der Erwartungen bis zum still-
schweigenden, nur in Umrissen skizzierten Einverständnis über
das, worum es "eigentlich" geht. Im zweiten Fall eröffnen
sich natürlich für subjektive Gestaltungsleistungen wesentlich größere Spielräume. Mit den "fließenden" Rändern soll
auch angedeutet werden, daß die Anspruchsformulierung als
plastische und entwicklungsfähige noch nicht zu einer end-
gültigen Form erstarrt ist.

zu 6.: Die "Rollen-Überlastung" schließlich soll den Tatbestand beschreiben, daß die schiere Anhäufung von positionsspezifi-
schen Erwartungen bei einer Person - auch wenn sie sich nicht
widersprechen - sie dazu zwingen kann, selbst Prioritäten zu
setzen, Abstriche zu machen oder durch sequentielles Abar-
beiten einer möglichen Überforderung zu entgehen.

Mit dieser Analyse ist - so hoffe ich - deutlich geworden, daß die
"Außensteuerung durch Verinnerlichung" (rollengeleitetes Handeln)
keineswegs so perfekt ist, daß der einzelne Positionsinhaber zur

Marionette erniedrigt wird. Dabei beziehe ich mich nicht auf die Möglichkeit, daß sich ein willensstarkes Individuum durch heldenhafte Anstrengung aus den angelegten Fesseln befreien kann; ich gehe davon aus, daß die Fremdsteuerung aus strukturellen (personunabhängigen) Gründen unvollkommen sein muß und daß deshalb neben der Steuerung durch Rollen weitere Einflußmöglichkeiten bereitzuhalten sind (s. dazu das eingangs schon abgebildete Schema von TÜRK auf S. 3). Für die Vorgesetzten-Rolle heißt das, daß sie prinzipiell (und nicht etwa aus Unfähigkeit der Rollen-Sender) nie so eindeutig, konfliktfrei und starr gefaßt werden kann, daß keine subjektiven Deutungs- und Gestaltungsmöglichkeiten bleiben. Man kann sogar allgemein formulieren, daß eine Vorgesetzten-Position nur dann als solche zu bezeichnen ist, wenn besondere Ermessens-, Interpretations- und Handlungsspielräume bestehen. Wenn es gelänge, die Vorgesetzten-Position völlig zu rationalisieren, hätte man damit die Existenzberechtigung dieser Position beseitigt.
Diese zunächst nur formalen Überlegungen möchte ich im folgenden durch eine Diskussion der inhaltlichen Dilemmata der Führungsrolle vertiefen.

3.2. Dilemmata der Führung[1)]

Ich gehe von der These aus, daß ein Vorgesetzter notwendig in Widersprüchen leben muß, aus denen es keinen eindeutigen und gesicherten Ausweg gibt. Die innere Zwiespältigkeit des Führens fordert Kompromisse zwischen Alternativen, die jeweils beide unverzichtbar sind. Die völlige Vernachlässigung eines Aspekts würde mit Sicherheit das Scheitern als Vorgesetzter bedeuten. Ohne erschöpfend sein zu wollen, werde ich im folgenden 14 solcher Dilemmata nennen und kommentieren. Möglicherweise sind diese Polaritäten nicht jeweils Endpunkte eines Kontinuums, sondern voneinander unabhängige Dimensionen, wie das ja auch von dem berühmten Dimensionspaar "Mitarbeiter-Orientierung" und "Leistungs-Orientierung" behauptet wird (s. etwa die Ohio-Dimensionen "Consideration" und "Initiating Structure" und - daraus abgeleitet - die Modelle von BLAKE & MOUTON, 1968, REDDIN, 1970, HERSEY & BLANCHARD, 1977). Demzufolge kann ein Vorgesetzter, der ein hohes Maß an Mitarbeiter-Orientierung zeigt, durchaus ebenfalls stark leistungsorientiert sein.
Ich glaube, daß in diesem Dimensionspaar sehr viele begrifflich unterschiedliche Aspekte des Führungsverhaltens vermengt sind. Das Ergebnis ist eine Abstraktion, in der die konkrete Vielfalt des Führungshandelns nicht mehr wiedererkannt werden kann. Ich möchte deshalb - in der Tradition von MORRIS & SEEMAN (1951), ARAM (1976) und NEUBERGER (1976) - Aporien, also Ausweglosigkeiten der Führung zu bedenken geben:

1 Objekt und Subjekt
Hier geht es um die Frage, ob der Vorgesetzte den Unterstellten als Mittel oder Zweck, als Kostenfaktor (Einsatzgröße, Leistungsträger, Stelleninhaber, Instrument) oder als Mitmenschen und Partner betrachtet, ob er ihn verplant, berechnet, gängelt, fremdbestimmt oder ihm Entscheidungsfreiheit, Eigeninitiative und Selbstbestimmung

---

1) Im folgenden greife ich z.T. auf Ausführungen zurück, die ich an anderer Stelle (NEUBERGER 1983) schon veröffentlicht habe.

zuerkennt. Ich bin der Überzeugung, daß unter den bei uns gültigen
Systembedingungen (Arbeitsteilung, Zielvorgabe, Mittelknappheit,
Marktkonkurrenz, intransparente Mehrwertaneignung, Kooperations-
sicherung, öffentlicher Rechtfertigungsdruck) keiner der beiden
Pole vernachlässigt werden kann, wenn die wichtigsten Systemwir-
kungen gewährleistet sein sollen.

2 Einzigartigkeit und Gleichartigkeit

Jeder Vorgesetzte hat es mit Menschen zu tun, von denen keiner dem
anderen gleicht. Er hat diese Individualität zu respektieren, zu
fördern und evtl. sogar zu nutzen. Er wird mit Einfühlungsvermögen
auf die Besonderheiten des Einzelfalls einzugehen und die Würde des
"ganzen" Menschen zu achten haben. Andererseits aber ist dieser
"ganze" Mensch in Organisationen nicht gefragt - nur ein Teil von
ihm interessiert: die Arbeitskraft, die für die Leistungserfüllung
benötigt wird. Hier wie ansonsten gilt, daß Arbeitskräfte gerufen,
aber Menschen gekommen sind. Sie wollen zwar mit Fairneß und Gerechtigkeit gleich behandelt werden, aber eben nicht ohne Ansehen der
Person, sondern im Hinblick auf ihre individuellen Stärken, Schwächen, Vorlieben, Abneigungen, Gewohnheiten, Wünsche ... Übertreibt
der Vorgesetzte das Eingehen auf den einzelnen, so kann ihm leicht
der Vorwurf der Parteilichkeit und Günstlingswirtschaft gemacht
werden.

3 Bewahrung und Veränderung

Für abgestimmtes Handeln in Organisationen muß man sich aufeinander
verlassen und aus der Gegenwart in die Zukunft extrapolieren können.
Dies bedeutet, daß handlungsbestimmende Regeln, Werte, Einstellungen, Strukturen erhalten und verankert werden müssen. Konstanz,
Stabilität, Tradition schaffen Verhaltenssicherheit und Transparenz
- aber sie gefährden dann Bestand und Entwicklung, wenn Menschen
und Umwelten sich ändern und das Festhalten am Bewährten zur Ver-
krustung führt und zur Anpassung unfähig macht. Deshalb ist es
gleichzeitige Aufgabe des Vorgesetzten zu erneuern, Veränderungen
auch gegen Widerstand durchzusetzen und Entwicklungen einzuleiten,
die Bestehendes entwerten - ganz im Sinne der Maxime der "schöpfe-
rischen Zerstörung", die SCHUMPETER (1980) für den kapitalistischen
Unternehmer geprägt hat.

4 Ordnung und Freiheit

Korrektere Gegensatzpositionen wären vermutlich "Ordnung und Chaos"
oder "Freiheit und Zwang", ich schließe mich hier aber einer verbreiteten Sprachgewohnheit an. Ein Vorgesetzter wird für das Herstellen von Ordnung, Durchschaubarkeit, Berechenbarkeit und Regel-
haftigkeit verantwortlich gemacht. Dies heißt, er muß seinen Unterstellten Beschränkungen auferlegen, weil nur bestimmte Fähigkeiten
zu bestimmten Zeiten gefragt sind. Eine solche Reduzierung und Ein-
schränkung läuft Gefahr, sowohl Leistungspotentiale wie Einsatzfreu-
de verkümmern zu lassen. Es ist nicht wünschenswert, Vorschriften,
Regeln, Programme zu eng zu fassen, weil dann Kreativität, Impul-
sivität, Handlungsbereitschaft und Identifikation stranguliert werden können. An die Stelle von Mitdenken, Selbständigkeit und Selbst-
bewußtsein würden dann Linientreue, Abhängigkeit und Unmündigkeit
gesetzt werden.

5 Herausforderung und Fürsorge

Ein strategisches Ziel von Führung ist Zufriedenheit der Mitarbeiter, ihr Wohlbefinden und ihre Bedürfnisbefriedigung. Wenn Zufrie-

denheit jedoch den Beigeschmack von Sattheit, Sich-Zufrieden-Geben, Sich-Abfinden und Desinteresse bekommt, dann ist es auch Führungsaufgabe, herauszufordern, zu belasten, vorübergehend unzufrieden zu machen. Durch die Erfahrung der eigenen Kompetenz und die Steigerung des persönlichen Anspruchsniveaus soll der Unterstellte angeregt werden, seine Fähigkeiten und Neigungen zu entwickeln, statt sie bloß zu vermarkten. Der Vorgesetzte wirkt auf der einen Seite als Helfer, Berater, Trainer; auf der anderen Seite aber hat er die Möglichkeit, Gehaltserhöhungen, Beförderungen, Höhergruppierungen, Arbeitszuweisung usw. zu beeinflussen - und dabei wird er dasjenige Wissen nutzen (mißbrauchen?), das er in der Trainerfunktion erhalten hat.

6 Zurückhaltung und Offenheit

Eines der Ziele gruppendynamischer Trainings ist es, unnötige Fassaden und Panzerungen abzubauen und die Beteiligten instand zu setzen, authentisch, unverstellt, frei und offen miteinander zu reden. Für den Vorgesetzten kann dies bedeuten, eigene Unwissenheit, Ratlosigkeit, Wünsche und Ängste zuzugeben. Er soll die ohnehin meist löcherige Maske des Starken, Allwissenden, Unfehlbaren ablegen und ein spontaneres, ungekünsteltes und partnerschaftliches Verhältnis zu seinen Unterstellten herstellen. Auf der anderen Seite läuft er dabei Gefahr, sich auszuliefern, erpreßbar zu werden, und - weil er den verbreiteten Kult der heroischen Selbstdarstellung nicht mitmacht - abgewertet zu werden. Hinzu kommt, daß Offenheit wie Verbergen Tauschgeschäfte sind: wer viel gibt, bekommt viel vom gleichen. Es kann auch belastend sein, Privates oder zu viel Privates vom Unterstellten zu erfahren.

7 Sachlichkeit und Emotionalität

Nach verbreiteter Auffassung geht es in Wirtschaftsorganisationen rational und sachlich zu: Aufgaben, Ziele, Probleme stehen im Vordergrund, Emotionalität ist tabuisiert. Manche Vorgesetzte verbreiten eine Aura der Unnahbarkeit und Entrücktheit, aus der alle menschlichen Schwächen, Fehler, Eigenheiten verbannt sind. Wie ihre normierte Umwelt sind sie selbst versachlicht: cool, beherrscht, distanziert, neutral, sie leben die Fiktion des "organization man", der seine Person hinter der Funktion zum Verschwinden gebracht hat. Die andere Variante wird durch Vorgesetzte repräsentiert, die den Männlichkeitswahn nicht mehr zelebrieren und Wärme, Nähe, Herzlichkeit und Aggressivität unmittelbar ausdrücken, auf einer persönlichen Ebene Kontakt pflegen, Stimmungen haben und tolerieren. Die Inszenierung von Sachlichkeit ist Selbstschutz und Imagefaktor in einem; spontane Emotionalität entlastet und schafft zugleich Verpflichtungen, weil sie nicht instrumentell eingesetzt werden kann. Unter dem Schlagwort des "Führungsduals" ist die Personalisierung dieses Dilemmas bekannt geworden: in jeder Gruppe gäbe es einen "Tüchtigen" (formellen Führer) und einen "Beliebten" (informellen Führer). (Siehe dazu auch S.94).

8 Spezialisierung und Generalisierung

Von einem Vorgesetzten wird üblicherweise nicht verlangt, daß er das, was seine Mitarbeiter tun und können ebenso gut kann - er soll ihre Leistungen aber kompetent bewerten können. Dies setzt voraus, daß er Einzelheiten, Schwierigkeiten und Möglichkeiten kennt, wenn er seiner Beratungs- und Beurteilungsaufgabe gerecht

werden möchte. Es genügt also nicht, nur die "großen Linien zu sehen" oder nur ein "guter Menschenführer" zu sein, es werden auch
Sachverstand und Detailwissen vorausgesetzt. Vertieft sich ein Vorgesetzter aber zu sehr in die Einzelheiten, verliert er Überblick
und Integrationsfähigkeit.

9 Einzelverantwortung und Gesamtverantwortung
Insbesondere bei der Verwirklichung des Delegationsprinzips (als
Organisationsprinzip) wird unterstellt, der Unterstellte sei für
die übertragenen Aufgaben selbst voll verantwortlich, der Vorgesetzte habe lediglich die Führungsverantwortung. In der Praxis läßt
sich eine derart säuberliche Trennung nicht vollziehen. Hier wird
der Vorgesetzte (zumindest indirekt und langfristig) für ein Ver-
sagen seiner Unterstellten zur Rechenschaft gezogen; es wird erwartet, daß er sich für alle zu seinem Bereich gehörigen Entwicklungen
und Ergebnisse verantwortlich fühlt.

10 Kontrolle und Vertrauen
Diese plakative Gegenüberstellung ist zwar altehrwürdig, aber nicht
ganz korrekt; sie müßte entweder heißen: "Mißtrauen und Vertrauen"
oder "Kontrolle und Selbständigkeit". Gemeint ist: ein Vorgesetzter
prüft im Vertrauen auf Fähigkeiten, Einsatz und Loyalität seiner Unterstellten lediglich die vorgelegten Ergebnisse, ansonsten aber
führt er Kontrollen nur auf Wunsch des Mitarbeiters zu dessen Ent-
lastung und Beratung durch. Dieses Vorgehen setzt selbständige,
kompetente und verläßliche Unterstellte voraus, die sich selbst koordinieren oder vereinbarte Pläne zuverlässig einhalten. Solche Bedingungen sind für viele Vorgesetzte eine Utopie, weshalb sie häufiger und eingehender - auch im Prozeß der Leistungserstellung -
kontrollieren. Dabei darf nicht übersehen werden, daß Kontrolle
auch ein Instrument der Disziplinierung und der Selbstbestätigung
der Vorgesetztenmacht sein kann. Die Notwendigkeit der Kontrolle
bringt den Vorgesetzten in ein weiteres Dilemma: Er sollte alles
sehen - und er darf vieles nicht gesehen haben.

11 Individuelle und kollektive Entscheidung
Diese Gegenüberstellung wird oft zum alleinigen, meist aber zum
wichtigsten Unterscheidungsmerkmal von "kooperativer" und "autoritärer" Führung herangezogen. Ich möchte hier nicht darüber diskutieren, ob es sinnvoll ist, den Prozeß der Willensbildung auf den
Akt der Entscheidung zu verkürzen (s. dazu IRLE 1971; WITTE 1973),
ich wende mich hier auch gegen das Entweder-Oder und plädiere für
das Sowohl-Als auch. Als allgemeine Empfehlungen sind beide Extrem-
fälle unrealistisch, vor allem in Großorganisationen. Ihre Bedeutung erhält diese Polarisierung aus den Lenkungsprinzipien, die
ihnen zugrundeliegen: Während die Allein-Entscheidung dem Modell
des Great Man verpflichtet ist, verabsolutiert die Kollektiv-Ent-
scheidung basisdemokratische Überzeugungen.

12 Extrinsische und Intrinsische Motivation
Auch diese populäre Unterscheidung ist problematisch. "Extrinsische"
Motivation soll jene Handlungsantriebe bezeichnen, die durch äußere
Anreize und Belohnungen aktiviert werden (z.B. Geld, Lob, Aufstieg,
Statussymbole usw.). Die Person wird als Nutzensrechner (sie wählt
aus den möglichen Handlungsalternativen jene aus, die am meisten
Nutzen bringen) oder als Dressurprodukt gesehen (das wird getan,
was erfahrungsgemäß mit den angenehmsten Konsequenzen verbunden ist).

Im Grunde wird Handeln als Tausch erklärt: Leistung gegen Gegenleistung. "Intrinsische" Motivation dagegen wird als abgelöst von äußeren Belohnungen vorgestellt: die Person handelt, weil sie die "Sache selbst" fasziniert oder weil sie im Prozeß Erziehung Werthaltungen oder Normen verinnerlicht hat, die sie - ohne Hinschielen auf unmittelbare (!) Belohnung - veranlassen zu tun, was sie soll bzw. gelernt hat zu tun. Wenn es nur auf den Verkauf der "Ware Arbeitskraft" ankäme, wäre eine strikte Belohnungsorientierung durchaus systemkonform, aber recht schwierig zu handhaben (der Vorgesetzte müßte Handlungen registrieren, Belohnungen zur Verfügung haben und sie aufwands- und ergebnisentsprechend verteilen). Deshalb besteht - nicht zuletzt bei Vorgesetzten - ein großes Interesse daran, sich auf Werte, Grundhaltungen, Normen usw. beziehen zu können, die eine stabilere (und vor allem ökonomischere!) Grundlage bieten als das Tauschprinzip, das leicht zur Krämergesinnung verkommt. Den geregelten Leistungstausch aber unter Hinweis auf Grundwerte und Pflichten zu unterlaufen, wäre ein im wahrsten Sinn des Wortes billiger Trick, um die faire Verteilung der Wertschöpfung zu umgehen.

13 Konkurrenz und Kooperation
In der Formel vom "kooperativen Tiger", der ein Manager sein soll, hat PACKARD (1966) die Symbiose dieser antagonistischen Prinzipien treffend ausgedrückt: In einer wettbewerbsorientierten, um knappe Güter und Vorteile rivalisierenden Wirtschaft wird derjenige mehr erhalten, der schneller, klüger, gerissener ist. Wettbewerb ist der Motor des Wachstums, der Krieg ist der Vater aller Dinge, Konflikte treiben neue Lösungen hervor, Konkurrenz sondert die Spreu vom Weizen ... Den olympischen Mehr-Werten (schneller, höher, weiter) kann man auch andere Werte gegenüberstellen: Freundlichkeit, Genügsamkeit, Geduld, Genuß, Besinnlichkeit, Mitleid, Hilfsbereitschaft ... Diese oft als "weiblich" charakterisierten Werte (s.z.B. SCHUBART 1978) sind für das Überleben und die Leistungsfähigkeit eines Systems genauso unentbehrlich wie die "männlichen" Werte der Aggressivität, Dynamik und Durchsetzung. Man sollte den Fehler vermeiden, nur die guten Seiten der Kooperation nur den schlechten Seiten der Konkurrenz (und umgekehrt) gegenüberzustellen (s. WIMMER & NEUBERGER 1981).

14 Eigennutz und Gemeinnutz
Diese oft zum Entweder-Oder stilisierten Handlungsmotive bezeichnen - auf die unmittelbare Situation des Vorgesetzten angewandt - die polare Spannung zwischen egoistischer Vorteilssicherung und selbstlosem Beitrag für das Ganze. Die liberale These, im Verfolg des Eigennutzes schaffe eine unsichtbare Hand zugleich das größte Gemeinwohl, ist weder im gesamtwirtschaftlichen Bereich unumstritten (Ausbeutung durch Monopole, Umweltzerstörung, Enthumanisierung der Arbeit) noch kann sie im innerorganisatorischen Bereich als bewährt unterstellt werden. Natürlich, oder besser gesagt: systembedingt wird ein Vorgesetzter im Interesse der eigenen Karriere bemüht sein, für sich selbst Vorteile zu erringen (z.B.: "den eigenen Delegationsbereich intensivieren"). Aber er darf dies aus taktischen und grundsätzlichen Überlegungen nicht zu weit treiben, weil er sonst Mißgunst und Gegenstrategien auf sich lenkt. Er wird nicht nur nach seinen vorzeigbaren Ergebnissen bewertet, sondern - gerade von den Konkurrenten und den Abhängigen - auch nach den Mitteln, die er für seine Zwecke einsetzt.

- 58 -

Ich behaupte nicht, mit dieser Aufzählung alle möglichen Widersprüche der Führungsrolle genannt zu haben. Eine Analyse organisationstheoretischer Gestaltungsvorschläge könnte weitere Anregungen bringen, etwa die Unterscheidung von BURNS & STALKER (1961) zwischen "organischen" und "mechanistischen" Systemen; BOSETZKYs (1970) Gegenüberstellung von "assoziativer" und "bürokratischer" Organisation; LIKERTs (1967) Klassifizierung von "System 1" bis "System 4". Ebenso fruchtbar könnten sich die Differenzierungen erweisen, die in der Führungsstil- und Führerverhaltensforschung untersucht wurden, s. etwa WUNDERER u. GRUNWALD (1980), NEUBERGER (1972), NACHREINER (1978). Auch in den "Kriterien zur Humanisierung der Arbeitswelt" werden Anforderungen genannt, die in sich widersprüchlich sein können (z.b. Vielfalt, Abwechslung, Rückmeldung, Ganzheitlichkeit, sozialer Kontakt usw.).

Ich möchte die Dilemmata auch nicht auf einen Grundwiderspruch zurückführen, weder auf den Konflikt zwischen den gesellschaftlichen Produktivkräften Arbeit, Wissenschaft, Organisation und dem Privateigentum an den Produktionsmitteln sowie der privaten Aneignung des Mehrwerts (s. dazu HOCHSTRASSER, 1981), noch auf den existentiellen Widerspruch zwischen dem einzelnen und seiner geschichtlich geprägten (natürlichen und sozialen) Umwelt, die ihn fremdbestimmt.

Die dargestellten Dilemmata sind Konsequenz oder Begleiterscheinung einer kontingenten, d.h. nicht notwendigen, sondern historisch spezifischen Form organisierten Wirtschaftens, die durch folgende Merkmale gekennzeichnet ist:
- Dominanz des Wirtschaftlichkeitsprinzips, demzufolge Güter und Dienstleistungen so produziert und abgesetzt werden müssen, daß die Aufwands-Ertrags-Beziehung optimiert wird;

- Kapitalrentabilität als oberster Bewertungsmaßstab, der allerdings durch eine Reihe von Nebenbedingungen (besser: aufoktroyierte konkurrierende Ziele) modifiziert wird (etwa: Gesetze, Tarif- und Betriebsvereinbarungen, Gewohnheitsrechte);

- Arbeitsteilung und die Notwendigkeit der Integration bzw. Koordination;
- Formalisierung und Standardisierung: Ver-Regelung, die als Führungssubstitut und -konkurrenz wirkt;

- hierarchischer Aufbau mit dauerhaft fixierten Einfluß- bzw. Herrschaftsrechten;
- "Partialinklusion" (LUHMANN) der Organisationsmitglieder, die neben ihrer Organisations-Rolle noch in weiteren Lebensbereichen engagiert sind; Trennung von Arbeit und "Freizeit";

- Vorhandensein eines Arbeitsmarktes mit der Möglichkeit der Abwanderung von Mitgliedern bzw. ihrer Ersetzung;

- individuelle Zurechnung von Leistungen und vorwiegend individualisierte Belohnungen.

Es erzeugt Widersprüche, wenn z.B.
- eine Leistung im koordinierten Verbund kollektiv erstellt wird, zugleich aber individuell zugerechnet und angeeignet wird;
- Organisationsmitglieder, die eine Vielzahl inhaltlich unterschiedlicher Ziele verfolgen und nur zum Teil in der Organisation "aufgehen", auf ein abstraktes Ziel (z.B. ökonomische Kapitalverwertung) festgelegt werden;

- durch Spezialisierung die Leistungsvorteile einzelner genutzt
  werden sollen, gleichzeitig aber durch Verrechtlichung und Formalisierung allgemeingültige Regelungen angestrebt werden;
- auf Positionen dauerhaft fixierte Machtvorsprünge bestehen, gleichzeitig aber das durch Arbeitsteilung hergestellte Expertentum eine
  funktionale je sachbezogene Entscheidung fordert ...

Diese Widersprüchlichkeit und Unschärfe ist - es wurde bereits gesagt - die Existenzvoraussetzung für die Vorgesetztenrolle. Das
"mikropolitische" Verhalten in Organisationen (s. dazu unten) wäre
nicht rational erklärbar, wenn man es nicht als einen Versuch verstehen würde, diese ungeklärte und gegensätzliche Situation zu bewältigen. Weil die Führer-Rolle die Verantwortung für diese Bewältigung personalisiert, ist es nicht verwunderlich, wenn sich die
Träger dieser Rolle unter einem besonderen psychischen Streß erleben.

3.3. Ein empirischer Beleg

Der dilemmatische Charakter der Führungssituation kommt auch zum
Vorschein, wenn Führungskräfte gebeten werden, von den konkreten
Bedingungen ihrer Tätigkeit abzusehen und allgemeine Aussagen über
ihre Vorgehensweisen und Ziele zu machen. Eine solche Universalisie-
rung zeigt sehr deutlich, daß Führung in Organisationen weit mehr
als ein geschicktes Balancieren und Improvisieren beschrieben werden kann, als daß es die bloße Durchsetzung eines "oben" gebildeten
Willens oder die Koordination aller Kräfte für ein gemeinsames Ziel
ist. Als Beleg dafür zitiere ich eine Repräsentativ-Umfrage unter
Führungskräften in der BRD aus dem Jahr 1975. Die Befragten (Unternehmer und Manager) wurden gebeten, zu vorgegebenen Formulierungen
den Grad ihrer Zustimmung ("Akzeptiere ich voll und ganz") oder Ablehnung ("Halte ich für falsch") abgestuft anzugeben. Die Ergebnisse für die Gesamtstichprobe von 844 Führungskräften habe ich in
Tab. 3 zusammengestellt. Der Vorteil dieser Angaben für unser Problem ist, daß nicht - wie meist üblich - die Mittelwerte der Antworten berichtet werden, sondern daß die Antwort-Verteilungen abgedruckt sind, so daß das Meinungs-Spektrum in der Population erkennbar wird (UNTERNEHMER & MANAGER,1975).
Die Tabelle zeigt, daß bei einigen Vorgaben ein relativ hoher Grad
der Übereinstimmung besteht: daß Führungskräfte "zuhören können"
müssen (Nr. 3), daß man sich "flexibel der Situation anpassen" muß
(Nr. 12), daß man "durch sein persönliches Beispiel motivieren" muß
(Nr. 13) und daß man "Schläge einstecken können" muß (Nr. 17) gilt
fast allen,jedoch nie einhellig allen) als ausgemacht.

Es gibt aber auch Inhalte, bei denen sich annähernd eine Gleichver-
teilung der Antworten auf die fünf Zustimmungsgrade zeigt: etwa die
Aussagen Nr. 6: "Die Verantwortung muß so weit wie möglich nach unten delegiert werden" oder Nr. 11 (bestimmter systematischer konse-
quenter Führungsstil) und Nr. 15 (die Mitarbeiter am langen Zügel
laufen lassen). Machen die Organisation oder die Sozialisation zu
diesem Thema keine Vorgaben, so daß jeder frei für sich entscheiden
kann? Oder kann hier keine hohe Übereinstimmung erzielt werden, weil
jeder Befragte etwas anderes versteht (unter "bestimmte Führungsstil", "langer Zügel", "Verantwortungsdelegation") oder stellen die
verschiedenen Organisationen, Branchen, Bereiche und hierarchischen

Tab. 3:	Akzeptiere ich voll und ganz			Halte ich für falsch	
	5	4	3	2	1
1. Man muß letztlich die gesamte Verantwortung allein zu tragen bereit sein; kein Mitarbeiter kann einem wirklich Verantwortung abnehmen	42	24	14	9	10
2. Man muß sich in den meisten Situationen einfach durchsetzen können, wenn nötig auch mit autoritären Mitteln.	25	27	24	12	11
3. Man muß zuhören können, ein offenes Ohr für die Probleme der Mitarbeiter haben.	59	26	11	3	0
4. Bei allen Entscheidungen ist wichtigstes Kriterium Gewinnerzielung und Absicherung der wirtschaftlichen Situation der Firma.	31	28	22	11	7
5. Das Wohl der Mitarbeiter, also Zufriedenheit und soziale Ausgeglichenheit, hat Vorrang vor anderen Zielen.	20	30	34	11	3
6. Die Verantwortung muß so weit wie möglich nach unten delegiert werden.	18	20	22	15	22
7. Entscheidungen müssen grundsätzlich mit den Mitarbeitern diskutiert werden.	20	23	25	16	13
8. Das wichtigste ist eine deutliche Entscheidungsfreudigkeit; lieber mal eine falsche als gar keine Entscheidung treffen.	27	22	21	12	15
9. Es ist für ein Unternehmen von Nachteil, wenn auf die individuellen Stärken und Schwächen der Mitarbeiter Rücksicht genommen wird.	10	17	28	23	21
10. Für Entscheidungen müssen grundsätzlich Experten-Urteile herangezogen werden.	12	17	25	21	23
11. Man muß seinen Führungsstil nach einem bestimmten System aufbauen und das muß konsequent durchgehalten werden.	18	21	26	18	16
12. Der Führungsstil darf nicht nach bestimmten Systemen ablaufen, sondern muß sich flexibel der jeweiligen Situation anpassen.	48	28	14	6	3
13. Man kann Mitarbeiter nur durch sein persönliches Beispiel motivieren.	44	29	18	6	3
14. Man muß ein bestimmtes hierarchisches System konsequent durchhalten, wenn die innere Ordnung der Firma erhalten bleiben soll.	13	14	28	19	25
15. Am besten ist es, die Mitarbeiter nach ihren Fähigkeiten am langen Zügel laufen zu lassen; das meiste erledigt sich auf diese Weise ohne Eingriff von oben.	15	21	28	16	20
16. Einer allein kann heute gar nicht mehr alles entscheiden und kontrollieren; Führung ist in jedem Falle Teamwork.	38	30	16	9	5
17. Wer heute Verantwortung in einem Unternehmen trägt, muß auch Schläge einstecken können und nicht gleich umkippen.	52	29	13	4	1
18. Eine robuste Gesundheit ist die allerwichtigste Voraussetzung für jemanden, der in seinem Beruf weiterkommen will.	37	28	21	8	5
19. Man muß von seinen Mitarbeitern verlangen, daß sie ständig Möglichkeiten der Fortbildung wahrnehmen.	33	30	24	8	3
20. Intuition und Fingerspitzengefühl spielen letztlich bei Entscheidungen im Unternehmen die ausschlaggebende Rolle.	38	30	20	7	3

Positionen, aus denen die Befragten stammen, je andere Forderungen? (Diese letzte Interpretationsmöglichkeit kann aufgrund der in
der Dokumentation abgedruckten Sonderauswertungen als unwahrschein-
lich gelten).Es läßt sich auch nicht ausschließen, daß neben un-
klarer Item-Formulierung und spezifischen Arbeitsumständen auch un-
bekümmert-unsorgfältiges Antworten eine Rolle gespielt haben kann.
Vielleicht aber äußert sich in der kollektiven Verteilung auch die
individuelle Unsicherheit, sich auf eine Antwort festzulegen, weil
eigentlich alle Antworten in Frage kämen, weil man genauso gut auch
das Gegenteil bejahen könnte! Einen Hinweis auf diese Deutung, die
ich als Beleg für die strukturelle Mehrdeutigkeit der Führungssituation sehe, geben jene Aussagen in der Tabelle, die sich (scheinbar oder anscheinend) widersprechen. Zu vielen der Formulierungen
gibt es einige Zeilen später Feststellungen, die das vorher Gesagte
in sein Gegenteil verkehren (s. etwa die Aussagen Nr. 1 ("gesamte
Verantwortung allein tragen") und Nr. 6 ("Verantwortung so weit wie
möglich nach unten delegieren"); oder Nr. 2 (sich "einfach durchsetzen können", nötigenfalls autoritär) und Nr. 7 ("Entscheidungen
müssen grundsätzlich mit den Mitarbeitern diskutiert werden") bzw.
Nr. 16 ("Einer kann heute gar nicht mehr alles entscheiden und kontrollieren; Führung ist in jedem Falle Teamwork"); oder Nr. 11 und
12 (der Führungsstil muß bzw. darf nicht ein bestimmtes System haben); oder 10 und 20 (Entscheidungen durch Experten oder mit Intui-
tion und Fingerspitzengefühl); oder Nr. 4 und 5 (wichtigstes Kriterium ist Gewinnerzielung bzw. das Wohl der Mitarbeiter hat Vorrang
vor anderen Zielen). Sieht man sich die Antwortverteilungen zu den
jeweils korrespondierenden Fragen an, so finden sich keinesfalls
spiegelbildliche Resultate:

	++	+	+/-	-	--
Zum Beispiel:					
Item 4 (Gewinn hat Vorrang):	31	28	22	11	07
Item 5 (Wohl der Mitarbeiter hat Vorrang)	20	30	34	11	03
oder					
Item 1 (Verantwortung allein tragen)	42	24	14	09	10
Item 6 (Verantwortung delegieren)	18	20	22	15	22

Wenn die eine Aussage (A) das Gegenteil der anderen (B) beinhaltet,
dann müßten diejenigen, die A bejahen, B verneinen. Die Verteilun-
gen erweisen, daß viele, die A bejahen auch B bejahen oder die A
bejahen, B nicht verneinen, sondern sich gehäuft zu der nicht festgelegten Mittelkategorie der Antwort entschließen.

Ich habe in mehreren Seminaren mit Führungskräften diese Befragung
(mit ähnlichen Resultaten) wiederholt und die Teilnehmer gebeten,
ihre Ergebnisse und die der Repräsentativ-Erhebung zu kommentieren.
Die Argumente ließen sich zumeist in eine der folgenden Gruppen
einordnen:
1. Die verwendeten Begriffe sind unscharf. Was heißt schon "grundsätzlich", was ist ein "Führungssystem"? Zum Teil sind die Aussagen suggestiv formuliert: "nicht gleich umkippen", "man muß
   zuhören können" usw. Man kreuzt bei solchen Befragungen schnell
   irgendeine Möglichkeit an, ohne sich das intensiv zu überlegen.
2. Was ein Widerspruch zu sein scheint, ist gar keiner: Man kann
   sehr wohl die gesamte Verantwortung zu tragen bereit sein und
   dennoch delegieren; man kann sich immer durchsetzen und trotz-
   dem mit den Mitarbeitern diskutieren; auch wenn man Expertenur-
   teile für Entscheidungen heranzieht, geht es doch ganz ohne Intui-
   tion nie ab...

3. Die Behauptungen sind zum Teil "unvollständig" formuliert: Wenn
   es nur um die Erhaltung der "Ordnung" in der Firma geht, ist ein
   konsequentes Führungssystem gut - aber es geht ja noch um mehr
   als um Ordnung allein. Wenn man nur die Gewinnerzielung anspricht,
   reagieren die Leute auf diese Frage in stereotyper Weise; hätte
   man ihnen aber gleich alle verschiedenen Ziele vor Augen geführt,
   dann hätten sie fair abwägen können ...

4. Die Aussagen sind viel zu abstrakt; man kann das nie so allgemein sagen; "in Wirklichkeit" läuft alles doch ganz anders (da
   muß man an seine konkreten Mitarbeiter denken; an den Zeitdruck;
   an die Gewohnheiten und Forderungen der Vorgesetzten; an die jeweiligen Aufgaben, die "reine Routine" sein können oder "ganz
   neuartig" ...).

Ich halte alle diese Argumente für zutreffend. Besonderes Gewicht
scheint mir die letzte Begründung zu haben, weil sie das "allgemeine Reden" über Führung mit der "Wirklichkeit" kontrastiert. Sie erweckt den Eindruck, als ob Führungskräfte "je nach Lage" handelten
und damit sehr stark aufgaben- oder situationsorientiert seien. Sie
selbst, ihre persönliche Note, ihr ureigenster Führungsstil treten
demgegenüber zurück. Ich werde auf diese Selbstdeutung bei der Diskussion von Führungsverhalten und Führungsstil näher eingehen. Im
Zusammenhang mit der gegenwärtigen Diskussion der "Führungs-Dilem-
mata" möchte ich festhalten, daß sich damit ein neues Dilemma auf-
tut: In der konkreten Alltagssituation verflüchtigt sich das, was
ich bedeutungsschwanger als Aporien, d.h. Ausweglosigkeiten der
Führungsrolle identifiziert habe. Der Vorgesetzte ist nicht mehr ein
Entscheider zwischen zwei Möglichkeiten, sondern ein Opfer, das nur
noch re-agieren kann, je nach Lage der Dinge. Er steht hier, kann
gar nicht anders und definiert sich mit den genannten Begründungen
als Werkzeug, als Aus-Führungs-Organ situativer Forderungen.

Gleichzeitig aber beanspruchen Führungskräfte für sich Autonomie.
Ist dies lediglich grandiose Selbsttäuschung, in der um der Aufrechterhaltung eines tradierten Selbstbildes willen eine ansonsten
ernüchternde Situation verklärt wird? Ich bin überzeugt, daß es
trotz und neben der erzwungenen Gleichförmigkeit in der (natürlich
unterschiedlichen) Offenheit der Alltagssituationen die Möglichkeit
der Akzentsetzung gibt, die die persönliche Handschrift verrät. Jeder Vorgesetzte hat für sein Alltagshandeln fraglose Entscheidungs-
prämissen, die ihm zur Selbstverständlichkeit geronnen sind, und
die er nur noch exekutiert, aber nicht mehr reflektiert. Es kann
ihm auf zwei Arten "zu Bewußtsein kommen", daß er einen spezifischen Führungsstil, d.h. einen höchstpersönlichen Weg durch die
Führungsdilemmata hat: einmal, wenn er selbst "unter sonst gleichen
Umständen" anders handelt und zum anderen, wenn er erfährt, daß andere "unter sonst gleichen Umständen" unterschiedlich vorgehen. Solange er selbst und andere "konditional programmiert" sind, d.h.
in einer definierten Situation eine vorbestimmte Re-Aktion zeigen
(müssen), erhält das Führungsgeschehen den Anschein von Naturge-
setzlichkeit und unausweichlicher Verbindlichkeit, die durch die
Wiederholung des immer Gleichen fortwährend aufs Neue stabilisiert
werden. Erst wenn sich ein Vorgesetzter klarmacht, daß
- die Umstände nie völlig gleich sind,
- es verschiedene Wege zum Ziel gibt und
- es immer mehrere konkurrierende Ziele gibt,

vermag er die Bandbreiten des Handelns, die für ihn bestehen (oder die er herbeiführen kann) bewußt in seinem Sinn zu nutzen. Dadurch, daß Situationen gleich genannt werden, werden sie gleich behandelt. Man könnte Art und Inhalt der Situationsklassifikation eines Vorgesetzten seinen "Führungsstil" nennen. Führungsstil wäre dann ein Wahrnehmungsprodukt nicht nur der Beurteiler des Vorgesetzten (seine unterstellten Mitarbeiter oder höhere Vorgesetzte), sondern in einem ganz unmittelbaren Sinn des Vorgesetzten selbst. Ein Vorgesetzter braucht wie jeder andere Mensch zur Stabilisierung seines Handelns Konstanzen, er kann nicht jede Situation als völlig neue betrachten, sie in ihren Verästelungen und Weiterungen durchdenken, um dann jeweils original zu handeln. Die überlebensnotwendige Handlungsentlastung besteht darin, daß die an sich unüberschaubare Komplexität reduziert wird. (An den Unsicherheiten des Führungs-Neulings wird deutlich, daß bei ihm dieser Stabilisierungsprozeß, den man "Erfahrung" nennt, noch nicht zum Abschluß gekommen ist.) Wenn aus dem vielschichtigen Handeln eines Unterstellten ein einfacher Schluß gezogen wird (etwa: "faul" oder "umständlich" oder "unkooperativ"), dann ist mit dieser Wirklichkeitsdefinition schon weitgehend festgelegt, wie der Vorgesetzte zu handeln (vor)hat. Bei der Diskussion der Attributionstheorie der Führung werde ich auf dieses Problem näher eingehen (s.S.174ff). An dieser Stelle wollte ich deutlich machen, daß das Alltagshandeln eines Vorgesetzten rekonstruierbar ist in den Dilemma-Kategorien, die ich dargestellt habe, daß es aber normalerweise diese nicht bewußt präsent hält. Würde ein Vorgesetzter ständig an die Dilemmata denken, würde er ebenso neurotisch werden wie einer, der ängstlich darauf achtet, ob sein Herz noch schlägt. Wenn er aber gar nicht daran denkt, überantwortet er sich blind dem Geschehen und verkümmert zum Funktionär, der andere am Funktionieren hält. Ein weiteres Dilemma: Stets daran denken immobilisiert, das Problem ausblenden inhumanisiert. Natürlich kann man sich nicht reflektierend über Handlungszwänge hinwegsetzen und alle Möglichkeiten offenhalten. Handeln bedeutet immer eine Festlegung und damit den Ausschluß von Alternativen. Die Reflexion erweist das eigene Handeln als "kontingent"; weil es "bedingt" ist, kann es der Vorgesetzte meist durch ein souveränes Fiat nicht verändern - er müßte schon (auch) die Bedingungen verändern! Das erspart ihm aber nicht die persönliche Stellungnahme zu seinem Tun. Sie begleitet ihn auf jeden Fall - sei es als diffuses Unbehagen oder als Glücksgefühl, als Magengeschwür oder als der Wunsch, "den ganzen Krempel hinzuschmeißen", als erhebendes Erfolgserlebnis oder protzige Selbstbestätigung. PREGLAU (1980, S. 149) spricht in diesem Zusammenhang plastisch von "Schattenerwartungen", nämlich "'exkommunizierten' Werte(n), Bedürfnisse(n) und Interesse(n)", die bei der Ziel- und Strukturbildung allein durch die Kapitaleigner keine Berücksichtigung finden. Solche unmittelbaren, nicht-instrumentellen Bedürfnisse sind z.B. Selbständigkeit, Entscheidungsfreiheit und Verantwortung. In einer auf "Leistung" eingeschworenen Organisation gilt jede Reflexion, die nicht in eine Optimierung des finanziell bewertbaren Ergebnisses mündet, als Luxus. Würde man sich dieser Denkweise anschließen, so bedeutet sie die Bereitschaft, sich "im Dienste der Sache" voll vereinnahmen zu lassen. Wenn man sich aber das Nach-Denken, Über-Denken, Be-Denken erlaubt: führt es zu etwas anderem als der Einsicht in die unabweisbare Notwendigkeit, die dann - welch ein Taschenspielertrick - Freiheit genannt wird? Nur weil man dann weiß, daß man gegen die ehernen Gesetze der Geschich-

te und der Situation keine Chance hat, sie aber dennoch nutzen soll?
Ich glaube, daß dieser Standpunkt, wie jede universalisierende Ethik
an den spezifischen menschlichen Handlungsbedingungen vorbeigeht,
die durch Ungereimtheiten, Widersprüchlichkeiten, Informationsman-
gel, Unsicherheiten usw. ausgezeichnet (!) sind. Natürlich kann man
kategorisch imperativ fordern, nur so zu handeln, daß die Maxime des
eigenen Handelns zugleich Grundlage einer allgemeinen Gesetzgebung
sein könnte - wenn einem bewußt ist, daß jedes allgemeine Gesetz
seiner situativen Interpretation bedarf und gegen andere gleichermaßen gültige Gesetze abgewogen werden muß. Das Grundsatz-Handeln
führt in Dilemmata (die durch Prioritätensetzung praktisch nicht
aufgehoben werden); Das reflektierte Alltags-Handeln zeigt die Ge-
staltungsspielräume, die bestehen oder hergestellt werden können.
Nur wenn dies geschieht, kann ein Vorgesetzter dem Anspruch gerecht
werden, der üblicherweise mit einer Führungsposition verbunden ist:
sie soll mehr als andere Positionen durch persönliche Handlungs-
Freiräume gekennzeichnet sein. Wenn sie tatsächlich genutzt werden,
kann ein Vorgesetzter von sich behaupten, nicht nur "executive" zu
sein (wie bezeichnenderweise Führungskräfte in den USA genannt werden; aber vielleicht gehen die pragmatischen Amerikaner davon aus,
daß die Exekutive und die Jurisdiktion immer auch legislative Funktion haben?).

3.4. Führung und Identität

Die eben erörterte Thematik der stets gefährdeten Balance zwischen
Fremd- und Selbstbestimmung steht im Mittelpunkt zweier bemerkens-
werter Veröffentlichungen, die ich im folgenden kurz darstellen werde: der Habilitationsschrift "Führung und Identität" von W.R. MÜLLER
(1980) und dem Aufsatz "Organisation, Führung und Identität" von
M. PREGLAU (1980).

- MÜLLER

  MÜLLER diagnostiziert in der üblichen Führungsforschung eine "es-
  sentialistische" Orientierung, die Führung wie einen objektiven
  Sachverhalt betrachtet, dessen naturgesetzliche Ordnung durch zu-
  verlässige Messung und Zusammenhangsanalyse ermittelt werden könne
  (s. S. 35). Dieser verdinglichenden Auffassung stellt er eine
  "existentialistische" Orientierung gegenüber, die auf das Reflektieren von Erfahrungen und das Ergründen individueller Eigengesetz-
  lichkeiten aus ist und die Versuche des Menschen, sich in seiner
  Umwelt zu behaupten, seine Identität zu gewährleisten und sein Potential zu verwirklichen, in den Mittelpunkt rückt (s.s. 5). MÜLLER
  plädiert für einen gewissermaßen "gemäßigten" Existenzialismus,
  der über-individuelle Regelmäßigkeiten anerkennt, aber sich auf
  das konzentriert, was ("psychologisch gegenwärtig") "im Kognitionsfeld" (S. 7) liegt, in dem selektive Wahrnehmungen zu sinn-vollen
  Bedeutungen transformiert werden (S. 37). "Führungsphänomene wären
  damit nicht durch eine Führungstheorie, sondern durch die kognitive Sozialpsychologie zu erklären" (S. 36). Aus einer solch individualistischen und kognitiven Perspektive analysiert MÜLLER das
  "Epiphänomen" Führung (S. 36). Unter diesem Blickwinkel kritisiert
  er die gegenwärtig meistdiskutierten Führungstheorien und weist
  ihnen ihre objektivistische Befangenheit nach. Nach einer fundier-
  ten und zugleich radikalen Kritik des Bedürfniskonzepts, das er

als wissenschaftlich völlig unbrauchbar erkennt, postuliert er als
existentielle Grundthematik die "Suche nach Identität", in der es
um das polare Spannungsverhältnis von Fremd- und Selbstbestimmung,
Determinismus und Freiheit geht: "Identität ist das durch die menschliche
Fähigkeit der Reflexivität ermöglichte und durch die soziale Interaktion geprägte
individuelle Konzept der eigenen Existenz als Voraussetzung der Lebensgestaltung"
(S. 62). "Identitätssuche heißt also nicht unbedingt ständiges Reflektieren in der Selbstanalyse, sondern Lernen, Bewirken und das Wahrnehmen und Bewerten von Wirkungen, die von einem selbst ausgehen, im sozialen Kontext" (S. 65).
Die Inhalte, die meist unter dem Stichwort der "Intrinsischen Motivation" diskutiert werden (das Aufsuchen und das Auflösen von "Inkongruenzen" – etwa der Erkundungstrieb, das Bedürfnis nach Reduktion von Langeweile, der Manipulationstrieb, der Beherrschungsin-
stinkt) und die von anderen Autoren unterstellte menschliche Tendenz nach "Kompetenz", "Meisterschaft" und "Selbstbestimmung" identifiziert er als "Grundthematik menschlichen Handelns" (S. 111):
"Der Mensch erfährt sich durch seine Wirkungen in der Welt. Um sein Selbst zu
finden, muß er sich als Ursache erfahren, und die Ursache beweist sich erst in
ihren Wirkungen. Durch sein Handeln erforscht der Mensch seine Welt, seinen Platz
in dieser Welt und seine Möglichkeiten" (S. 111). Die Aufgabe von Führung
besteht nicht darin, objektivistisch "Leistung" oder "Zufriedenheit"
zu sichern, sondern "die Emanzipation der Mitarbeiter, d.h. ihre Fähigkeit,
informierte, freie und mit dem Selbstkonzept in Übereinstimmung stehende Ent-
scheide zu fällen über das Eingehen (oder Auflösen) von Verpflichtungen und das
Einlösen dieser Verpflichtungen durch qualifiziertes Handeln" (S. 154) zu ermöglichen. Der Vorgesetzte erfüllt dann seine Führungsaufgabe, wenn
er seine Mitarbeiter in ihrer Identitätssuche unterstützt. MÜLLER
wendet sich hier entschieden gegen die vielzitierte Differenzierung
zwischen "Mitarbeiter"- und "Aufgabenorientierung" als den beiden
Grundfunktionen der Führung: "Eine Führung, die auf der einen Seite vom Mitarbeiter Selbstverleugnung (d.h. Handlungen in Abweichung oder losgelöst von seinem Selbstkonzept) verlangt und diese auf der anderen Seite durch "Mitarbeiter-
orientierung" entschädigt, realisiert genau diesen Konflikt und überwindet ihn
nicht" (S. 147). Die Bewältigung des individuellen Konfliktes zwischen
Fremd- und Selbstorientierung führt zur Identitätsfindung. "Die Forderung nach einer gleichzeitig mitarbeiter- und aufgabenorientierten Führung exter-
nalisiert diesen Konflikt, überträgt seine Lösung dem Führer und beraubt den Mitarbeiter mithin seiner Möglichkeit, Identitätspolitik zu betreiben ... Führung in
diesem Sinn bedeutet eigentlich Entmündigung" (S. 148). Der Vorgesetzte hat
dafür zu sorgen, daß sich der "Identitätssucher" als wirkmächtig,
als Ursache erlebt, als einer, der Probleme und Unstimmigkeiten erkennen und bewältigen kann. Im Unterschied zur quantitativ-objekti-
vistischen Definition wird "Leistung" bestimmt als die "Wahrnehmung
von Wirkungen, deren Ursächlichkeit in der eigenen Person lokalisiert
werden kann" (S. 187) und "Arbeitszufriedenheit" ist die "positive
Einstellung zur eigenen Identität, die sich in der Arbeitstätigkeit
ausdrückt" (S. 187), einer Arbeitstätigkeit, in der (s.S. 112)
- es "Inkongruenzen" geben muß (d.h. der Mitarbeiter soll seine Welt
  nicht als stabil, sicher, problemlos, durchsichtig etc. erleben);
- der Mitarbeiter die Erfahrungen von Wirkungen machen kann; in der
  "Inkongruenzen" erfolgreich bearbeitet werden können;
- er sich diesen Erfolg selbst zuschreiben kann.

Als Folge einer solchen Auffassung widmet MÜLLER der Diskussion der
"Attributionstheorie" (s. dazu ausführlich unten, S.174 ff) besondere
Aufmerksamkeit. In diesem kognitiven Ansatz geht es ja um die Bedin-

gungen und Prozesse, die darüber entscheiden, ob eine Person Zustände und Wirkungen sich selbst oder situativen Faktoren zuschreibt.

In seinem konsequent durchgehaltenen einseitig individualistischen
und kognitiven, allein auf die Thematik der Identitätssuche fixierten Ansatz gelingt MÜLLER ein Perspektivenwechsel, der eine Distanzierung von der instrumentell-pragmatischen Indienstnahme der Führungsforschung vollzieht. Sein Vorgehen ist insofern psychologistisch
als externe Variable (z.B. Technik, Organisation, Normen) allenfalls
erwähnt werden, aber nur soweit berücksichtigt werden, als sie sich
im (bewußten?) "Kognitionsfeld" des Individuums (!) abbilden. Durch
seine extreme kognitive Akzentsetzung ("Die Welt wird so, wie wir
sie uns vorstellen", S. 186) führt MÜLLER kontrastierend vor Augen,
mit welcher Selbstverständlichkeit das andere Extrem der "objektiven Wirklichkeit", in der es um die Erfüllung der "Sachaufgaben"
geht, hingenommen wurde. Das Individuum wurde dabei selbst zur Sache
gemacht, die berechnet und vermessen wurde, damit sie optimal für
"die Sache" eingesetzt werden könne; die scheinbar unveräußerlichen
menschlichen Ansprüche, sich selbst als wichtig, fähig und wirksam
zu erleben, blieben dabei auf der Strecke. Führung als Beitrag zur
Identitätssuche heißt, daß ein Vorgesetzter nur dann "erfolgreich"
genannt werden darf, wenn er seinen Untergebenen in einer "inkon-
gruenten" Welt Erfahrungen der Selbsttäterschaft vermittelt. Dies
ist ein im besten Sinn utopischer Entwurf, der sich souverän über
die konkreten Zwänge, Prägungen und externen Wirkungen hinwegsetzt
und in der Tradition der Aufklärung dem "mündigen Bürger" die Selbst-
befreiung zumutet und zutraut.

- PREGLAU

  In dieser rationalistisch-optimistischen Tradition steht auch
  PREGLAU mit seinem Aufsatz über "Organisation, Führung und Identität" (1980). Er bezeichnet als sein Ziel die "Erklärung und Auf-
  klärung ideologisch befangenen Bewußtseins" (S. 134), weil eine
  undurchschaute und unbenannte soziale Wirklichkeit nicht bewältig-
  bar ist.
  Zentrales Problem der PREGLAUschen Analyse ist die Möglichkeit,
  in einer Organisation "Ich" zu sein.
  Ähnlich wie oben schon bei der Diskussion von MARCUSE, ADORNO und
  HORKHEIMER skizziert, differenziert PREGLAU zwischen der "Welt der
  Organisation" mit ihren Identitätszumutungen und der "Welt der
  Mitglieder" mit ihren Identitätsentwürfen. Die "offizielle" Or-
  ganisationswelt ist tendenziell rigide und repressiv, und das umso
  mehr, je mehr sie ihre Forderungen und Normen definitiv festschreibt
  d.h. nicht interpretierbar hält. Damit erzeugt sie beim Individuum
  "Identitätsangst", weil dessen Chancen sinken, sich in seiner Einmaligkeit und Besonderheit zu entfalten.
  Bei der Diskussion des Identitätskonzepts geht PREGLAU zurück auf
  MEADs Unterscheidung zwischen "Me" und "I", der im Deutschen kein
  analoges Begriffspaar entspricht. Unter "Me" (ICH) wird "Rollen-
  Identität" (S. 135) verstanden: das Insgesamt der Erwartungen, die
  von "signifikanten Anderen" an die Person gerichtet und von ihr
  als verpflichtend verinnerlicht werden.
  "I" (Ich) steht für "Ich-Identität", die "eigene Haltung", in der
  ein Mensch als "stellungbeziehendes, von Konformitätszwängen eman-
  zipiertes Wesen" (S. 135) erscheint. Das "Ich" muß einerseits in
  der sozialen Dimension die Balance halten zwischen Konformität und

Abgrenzung. Es handelt sich um die persönliche Unverwechselbarkeit; der einzelne erlebt sich als "anders als die anderen" - ohne aber "ganz anders" zu sein. Dies wird erreicht durch die "Übernahme der Erwartungen und Standards anderer und gleichzeitiger Andeutung des Umstandes, daß nicht erwartet werden kann, daß diese Erwartungen und Standards vollständig erfüllt werden (können): für eine solche 'Schein-Akzeptierung' wird dem Individuum eine 'Schein-Normalität' zugestanden" (S. 138). Diese erfordert also gleichzeitig die Fähigkeit zur "Rollenübernahme" wie zur "Rollendistanz": bloße konformistische Unterwerfung unter die Rollenerwartungen würde jede individuelle Eigenleistung eliminieren, zwanghafte Rollendistanz aber würde den einzelnen gerade in der Ablehnung wiederum an die Rolle fesseln.
In der zweiten (Zeit-)Dimension geht es um die Kontinuität der persönlichen Biografie; das Individuum erlebt sich trotz aller Veränderungen als dasselbe: Ich bin derselbe, der vor Jahren existierte und dennoch bin ich ein anderer geworden!
Die Bedingung für die Ich-Identität ist es, die Balance in beiden Dimensionen aufrechtzuerhalten. Im Unterschied zur Rollen-Identität, die sich den sozialen Erwartungen ausliefert, ist Ich-Identität die Fähigkeit zur Distanz und zum stets gefährdeten Ausgleich widerstreitender Ansprüche: sie ist - nach HABERMAS - die "Fähigkeit zu prinzipiengeleitetem flexiblen Handeln" (S. 144). Die Kompetenz zu diesem Balance-Akt wird sowohl durch die jeweiligen Sozialisationsbedingungen wie durch die aktuelle Sozialstruktur gefährdet oder gefördert.
Ich-Identität (als an Prinzipien ausgerichtetes Handeln) ist nicht nur psychologisch relevant, sondern auch aus drei Gründen für das Rollensystem wichtig (S. 143):
1. Sie macht das gegebene Rollensystem spielbar, weil generelle Regeln ziel- und situationsangemessen interpretiert werden müssen (der "Dienst nach Vorschrift" würde jede Organisation lahmlegen), weil außerdem bei Inter-Sender- und Intra-Sender-Konflikten eine Auswahl gesichert ist, die verhindert, daß das Individuum zwischen widersprüchlichen Erwartungen "zerrissen" wird und weil schließlich bei Interrollenkonflikten persönliche Kontinuität (und damit Berechenbarkeit für andere) gewahrt werden kann durch den subjektiven Maßstab, der jenseits antagonistischer Rollenforderungen eine verläßliche Handlungswahl sichert.

2. Ich-Identität als die Fähigkeit zu grundsatzorientiertem, aber selbstverantwortetem Handeln ermöglicht die Anpassung der Individuen an veränderte gesellschaftliche Bedingungen. Bei den allfälligen Veränderungen und Entwicklungen muß nicht jeweils der gesamte Rollensatz umgeschrieben werden und das Individuum dem System neu "angepaßt" werden.

3. "Schließlich ermöglicht Ich-Identität, verstanden als die Fähigkeit, eigene Bedürfnisse zu artikulieren, die Kontrolle und Steuerung des Systemwandels nach Maßgabe der Bedürfnisse und moralischen Standards der Systemmitglieder" (S. 144). Damit geht es um die Anpassung des Systems an das Individuum, die nicht möglich wäre, wenn es lediglich und vollständig Produkt externer (System-)Erwartungen wäre.

PREGLAU beklagt, daß die Führungsforschung zu sehr "personalisiert" worden sei, d.h. sich fast ausschließlich auf Person und Verhalten von Vorgesetzten konzentriert habe und dabei völlig aus dem Blick verloren habe, daß von "Technik" und "Organisation" in erheblichem

Umfang Identitätsbedrohungen ausgehen. Da die Anpassung an die
"offizielle Welt" nicht immer gelingt, werden flankierende stabilisierende Mechanismen eingesetzt (S. 156 f.), nämlich "Kontrolle
durch die Technostruktur" (sie läßt Abhängigkeiten als neutrale
Sachzwänge erscheinen), "Macht und Gegenmacht" (sie gewährleistet
im Sinne der Organisationsleitung, daß sich die unteren Ebenen gegenseitig 'in Schach halten'), "systemkonforme Entschädigungen zur
Motivationssteuerung" (durch Entlohnungs- und Karrieresysteme wird
dafür gesorgt, daß die Handlungsbereitschaften der Mitglieder in
die erwünschte Richtung gelenkt werden), "Umleitung von Erwartungen
und Bedürfnissen" (während der Arbeit unbefriedigende Bedürfnisse -
z.B. nach herausfordernder Tätigkeit - werden umgelenkt, z.B. auf
Pflege der human-relations) und "Ideologieproduktion" (wodurch die
Organisation ihre Ziele und Strukturen zu rechtfertigen sucht;
PREGLAU nennt hier im einzelnen
- die "Zweckformel": dadurch, daß alles Handeln im Mittel-Zweck-
  Schema interpretiert wird und die Ziele vorgegeben werden, können
  bestimmte Ziele oder Werte ignoriert werden: unter dem Deckmantel
  der Rationalität wird eine "nur begrenzte Rücksichtnahme" (LUHMANN)
  verborgen (s.S. 157)
- der "Sachzwang": "etwas, das auf Entscheidungen von und Beziehungen zwischen Menschen zurückgeht, (wird) als Natureigenschaft von
  Sachen erklärt" (S. 157)
- das "Leistungsprinzip": neben seiner motivierenden Wirkung dient
  es zur Rechtfertigung bestehender Status- und Einkommensunter-
  schiede, die - in Verdrehung der tatsächlichen Verhältnisse - als
  (allein) leistungsbedingt erklärt werden.

Durch "unrealistische theoretische Annahmen" begibt sich die "tra-
ditionelle Führungsforschung" (S. 162) der Möglichkeit, Ich-Identität zu fördern. PREGLAU nennt fünf solcher unrealistischer Annahmen:
1. Legitimitätsannahme: die ungleiche Beziehung zwischen Führer und
   Geführten sei legitim.
2. Harmonieannahme: die Geführten akzeptieren explizit oder implizit
   ihre untergeordnete Rolle.
3. Reziprozitätsannahme: die Geführten erhalten für ihre freiwilli-
   ge Gefolgschaft faire ökonomische und psychologische Gegenlei-
   stungen
4. Personalisierung: Es wird nach dem "richtigen" Führungsverhalten
   einer "Führungsperson" gesucht.
5. Das Reiz-Reaktionsmodell der Vorgesetzten-Mitarbeiter-Beziehung[1]:
   spontane Aktivität der Geführten und durch Interaktionsdynamik
   veränderte Führer-Geführten-Beziehungen bleiben gegenüber der
   einseitigen Kausalthese, die die Geführten zu Objekten des Vorgesetztenwillens erklärt, unberücksichtigt.

---

1) An dieser Stelle möchte es PREGLAU "nicht unterlassen, darauf hinzuweisen,
   daß der Begriff 'Vorgesetzter-Mitarbeiter-Beziehung' ... ideologisch ist.
   Das zeigt sich schon daran, daß er logisch widersprüchlich ist (logisch konsistent wären die Begriffspaare Vorgesetzter-Untergebener und Mitarbeiter-
   Mitarbeiter). Offensichtlich entstammt auch dieser Begriff dem 'Weltbild der
   Organisation', und zwar der Ideologie der Partnerschaft, in der es Mode ist,
   faktische Ungleichheitsbeziehungen durch die egalitäre Floskel vom 'Mitarbeiter' wegzuinterpretieren" (S. 163).

Der Vorgesetzte hat "die 'inoffizielle' Funktion, die Welt bzw. Identitätszumutungen der Organisation gegenüber den Untergebenen durchzusetzen. In seinem
Bemühen, 'mitarbeiterorientiert' zu sein, das heißt hier: den Identitätsentwürfen der Untergebenen Rechnung zu tragen, ist (er) tendenziell überfordert, weil
- das Problem auf struktureller Ebene liegt und nicht auf der Ebene seines
  strukturell begrenzten Handlungsspielraums lösbar ist;
- (er) selbst von der Organisation abhängig ist, daher tendenziell gezwungen
  ist, sich anzupassen, d.h. autonome Ich-Identität in heteronome Rollenidenti-
  tät zu transformieren" (S. 166).

Weil die Führungsforschung sozialtechnisch auf "Effizienz" fixiert
ist und Fragen der Organisations-Struktur ausklammert, kann sie
das Problem der Identitäts-Entwicklung nicht lösen.
Die "schlechte" Realität kann nach Meinung PREGLAUs dann in eine
"bessere" überführt werden, wenn
1. die Theorie den organisatorischen Kontext im Ganzen berücksichtigt und sich nicht auf den Teilbereich "Führung" beschränkt
   (s. dazu die vergleichbare Forderung TÜRKs 1981)
2. die Theorie von einfachen Reiz-Reaktions-Schemata abgeht, um
   pathologische Störungen der Identitätsbalance diagnostizieren
   zu können
3. die Ergebnisse der Führungsforschung den Betroffenen zurückge-
   spielt werden, um dazu beizutragen, sie von "aufgezwungenen Rollen und undurchschauten Handlungszwängen" (S. 167) zu emanzipieren.
PREGLAUs Arbeit ist ein engagiertes Plädoyer für die Rettung der
Person angesichts des identitätsbedrohenden Zugriffs der "offiziellen Welt der Organisation". Wie MÜLLER wendet er sich gegen die
Servilität der Führungsforschung, die sich durch technisch brauch-
bare Empfehlungen anbiedert und vergißt, daß sie die stummen uner-
kannten und benannten Zwänge, die sich als das Normale verkleidet
haben, zu entlarven hat, damit "Individualität" (Identität) wieder-
gewonnen werden kann. PREGLAU verfällt dabei nicht in humanistische
Technik- und Organisationsverdammung; er weist auf die Unentbehr-
lichkeit von Stabilisierung und Struktur hin, wendet sich aber dagegen, daß - ohne viel zu reden (!) - Unterwerfung und Bevormundung
praktiziert werden. Er erkennt an, daß Identität nicht gewährt oder
garantiert werden kann, sondern eine ständig zu erneuernde Eigen-
Leistung des Individuums ist, die sowohl gegen privatistische Absonderung wie gegen Auflösung in Konformität durchzusetzen ist. In
der Diagnose des Problems ist PREGLAU scharfsichtig; sein Therapie-
vorschlag aber scheint vor der Übermacht der Verhältnisse zu kapi-
tulieren, wenn er sich letztlich von der Aktionsforschung eine
"bessere Realität" erhofft.

Ich glaube, daß MÜLLER und PREGLAU, wie auch die anderen diskutierten Autoren, die sich mit der Tatsache der unausweichlichen und überwältigenden Fremdbestimmung auseinandergesetzt haben, zur Konturie-
rung ihrer Lagebeschreibung das Bild überzeichnet haben: Sie neigen
dazu, die äußeren (und verinnerlichten) Zwänge als lückenlos, her-
metisch, in sich stimmig und sich verstärkend zu betrachten. Ihre
Metaphern sind Marionette, Opfer, Gefangener, Fessel, Objekt, Produkt, Sache, Ding, Massenware, Schablone; sie betonen Passivität
und hilfloses Ausgeliefertsein. Führungskräfte werden als Agenten
des Systems denunziert, denen zum Ausgleich für die Disziplinie-
rungs- und Anpassungsleistungen, die sie vollbringen, eine ideologische Verbrämung ihrer Situation zuteil wird: sie werden hofiert

als nicht nur übergeordnete, sondern als überlegene und souveräne
Menschen. Damit wird auch ihnen der Blick auf die Wirklichkeit ver-
stellt, in der sie wie alle anderen fest eingeplant sind und funktionieren wie das Gesetz es befiehlt.
Wenn man - um einen Überblick zu geben - nur die großen Umrisse
zeichnet, entgeht bei einer solch plakativen Darstellung leicht
das Detail. Auch Führung ist Einflußnahme bzw. Fremdsteuerung.
Aber bei einem Kolossalgemälde der Überwältigung des einzelnen
durch Gesellschaft, Technik und Organisation gerät Führung zum Detail. Nimmt man es unter die Lupe, dann zeigt sich, daß es auf eine
höchst widersprüchliche Weise wirkt. Selbst wenn durch Vernetzung
stützender Maßnahmen vollständige Kontrolle gewährleistet und sogar Ungeplant-Spontanes beherrscht würde, so daß - aus der Distanz
betrachtet - alles beim Alten bliebe, so kann <u>nur</u> eine Momentauf-
nahme darüber hinwegtäuschen, daß alles im Fluß ist und daß Überwachung, Stabilisierung, Ordnung und Planung nicht perfekt sind.
Aus der Weltallperspektive betrachtet zieht der Planet Erde seit
Jahrmillionen auf einen unveränderten Punkt reduziert seine immer
gleiche Bahn, aus der Nähe gesehen aber gab es nichts als (biolo-
gische, politische, soziale, technische, wirtschaftliche ...) Veränderungen. Diese Evolutionen sind zustandegekommen, weil die De-
terminierung nie eine vollständige war, weil Abweichungen immer ihre
Nische gefunden haben und sich trotz der Ausmerzung der meisten
einige durchsetzen konnten. Auch im sozialstrukturellen Bereich der
Führung gibt es Unvollkommenheiten, Widersprüchlichkeiten, Abweichungen und Mehrdeutigkeiten, die bedingen, daß die Kontrolle keine
totale ist. Aus der Tatsache der beständig produzierten Varietät,
die allen gleichmacherischen Bestrebungen trotzt, leitet sich die
Hoffnung auf Entwicklung ab, eine Entwicklung, die nicht notwendig
"zum Besseren", sondern lediglich "zum Anderen" führt.

Auf Führung gewendet heißt das, daß lückenlose Überwachung und to-
leranzlose Steuerung nur dann erreichbar sind, wenn Menschen durch
Technologie ersetzt werden. In den Bereichen, in denen das nicht geschehen kann, führt die Tatsache der Abweichung und Veränderung zur
Dauergefährdung durch rigorose Kontrollabsichten, auf der anderen
Seite aber auch zur Aussicht auf Erneuerung und zum Überleben. Wer
nur das Bewährte zuläßt und konserviert, übersieht, daß jede Konser-
ve ihr Verfallsdatum hat. Es ist nicht nur eine moralische Forderung, Menschen Freiräume zur Eigengestaltung zu ermöglichen, damit
sie in einer nicht perfekt vorgeordneten Welt sich selbst als wichtig und wirksam erleben können. Es liegt darin auch eine <u>Chance</u> der
Selektion geeigneter Varietäten; aber nur eine Chance. Wer dieses
Risiko nicht eingeht, flüchtet sich in die "nekrophile" Illusion
totaler Beherrschbarkeit, deren letzte Konsequenz Unmenschlichkeit
bedeutet - weil Menschlichkeit eben Unberechenbarkeit, Undurchschau-
barkeit, Vieldimensionalität, Widersprüchlichkeit, kurz: Unsachlich-
keit ist. Führung, die Menschen zur Sache macht, ist unmenschlich.
In seiner Enzyklika "Laborem exercens" betont Papst Johannes Paul II.
(1981), daß der Mensch "Subjekt der Arbeit" zu sein habe; er hat
aber auch Subjekt gegenüber anderen Subjekten zu sein. Sache ist er
dann, wenn ihm die Möglichkeit zum Anderssein genommen wird.

Jede Führungsideologie, die eine einseitige Dominanz rechtfertigt,
ist nicht nur autoritär, sondern auch unmenschlich. Da Führung ein
<u>soziales</u> Phänomen ist, das sich auf <u>kollektives</u> Handeln bezieht,

kann - es sei denn im anarchistischen Extrem der Abschaffung aller Führung - nicht die Autonomie des (ja nur fiktiv) einzelnen gefordert werden. Es geht also nicht darum, ob Unterordnung, Beschränkung und Fremdbestimmung hinzunehmen sind, sondern "nur" darum, in welcher Form sie zu akzeptieren und wie sie zu legitimieren sind.

Der historische Rückblick hat verschiedene Legitimationsfiguren für Herrschaftsansprüche gezeigt:
- die Einsetzung durch Übergeordnete (letztinstanzlich: Gott)
- das Recht des Stärkeren (Besseren, Leistungsfähigeren)
- die Berufung auf Eigentumsrechte über Sachen
- die (technische) Notwendigkeit der Koordination vieler einzelner Spezialisierter.

In all diesen Fällen ist die Tendenz von Herrschaft, sich zu stabilisieren und zu generalisieren, außer Betracht geblieben. Strukturelle Bedingungen, die für eine "menschliche" Führung gegeben sein müssen, sind ihre zeitliche und sachliche Begrenzung: sie darf sich nicht lückenlos auf die gesamte Zeit und alle Lebensbereiche erstrecken, es muß die Möglichkeit geben, sich dem Führungsanspruch zu entziehen (was z.B. in totalitären Systemen nicht möglich ist). Die Unterordnung muß freiwillig und faktisch widerrufbar sein: wenn es ein Monopol der Unterordnung gibt, ist diese Wahlfreiheit vertan. Mit einem Quasimonopol haben es die meisten lohnabhängigen Arbeitnehmer zu tun, weil sie nur die Wahl zwischen strukturell äquivalenten Alternativen haben. In dieser Situation bleibt dem einzelnen das Defensivinstrument des "passiven Widerstands" (Dienst nach Vorschrift, Schweijkismus), womit er aber unter Umständen nur zur Verstärkung der Kontrollspirale beiträgt. Auf kollektiver und struktureller Ebene ist es deshalb wichtig, daß "Gegenmacht" vorhanden ist: In unserer gesellschaftlichen und historischen Situation kann die Konkurrenz der Ansprüche in einem starken Unternehmertum und starken Gewerkschaften und einem starken parlamentarischen Staat institutionalisiert sein. Damit würde verhindert, daß es zur Dominanz einer Interessenssphäre kommt, die die anderen kolonisiert. Wegen der erwähnten Tendenz, Machtansprüche auf Dauer zu stellen und auszudehnen, müssen die strategischen Entscheidungen einer öffentlichen Kontrolle zugänglich sein, d.h. grundsätzlich kritisierbar sein; dies gilt selbstverständlich auch für den innerorganisatorischen Bereich. Auch hier muß - um koordiniertes kollektives Handeln zu ermöglichen - Kritik zeitweilig ausgeblendet werden, aber die strategischen Entscheidungen müssen der Revision durch unabhängige Instanzen (z.B. Arbeitnehmervertreter, Staat) zugänglich sein, wenn "strukturelle Gewalt" (GALTUNG, 1981) verhindert werden soll. Die Führungsideologie einer Organisation muß die prinzipielle Bereitschaft zur Begrenzung ihres eigenen Machtanspruchs beinhalten; das schließt nicht aus, daß in der alltäglichen Führungspolitik versucht wird, die eigene Einflußzone so weit wie möglich auszudehnen, begrenzt nur durch Regeln und Politik der Gegenmacht.

Wenn ich im folgenden auf die Führungspolitik und damit auf das konkrete Führungshandeln näher eingehe, dann geschieht dies auf dem Hintergrund der Erkenntnisse, die in den bisherigen Ausführungen erarbeitet wurden.
Führung hat eine
- historische Perspektive: Die Vorstellungen über Führung haben

sich mit der Veränderung der politischen, wirtschaftlichen und technischen Lebensbedingungen gewandelt;
- gesellschaftliche Perspektive: Führung muß legitimiert werden, d.h. in den Zusammenhang der geltenden Werte, Normen und Institutionen integrierbar sein;
- organisatorische Perspektive: Führung ist ein Mechanismus unter vielen, mit denen Kontrolle und Dauerregelung menschlichen Handelns in strukturierten zielorientierten Sozialsystemen gesichert werden sollen;
- humanistische Perspektive: Führung soll gewährleisten, daß trotz notwendiger Fremdbestimmung die Erhaltung und Entwicklung menschlicher Identität möglich wird.

4. Zur Beschreibung von Führungsverhalten und Führungsstilen

4.1. "Empirisches" und "theoretisches" Vorgehen

Um das Instanzenmodell der Psychoanalyse zu strapazieren: Während sich die Führungsideologie mit den "Über-Ich"-Anteilen beschäftigt, werden die "Ich"-Komponenten bei der Analyse des rationalen, sach- und mitarbeiterorientierten Führungsverhaltens in den Mittelpunkt gerückt. Weitgehend tabuisiert bleiben dagegen die "Es"-Impulse: hier geht es um Mikropolitik, Machiavellismus, Intrigen, Beziehungspflege - gern verdrängte Inhalte des Führungsalltags.

Ich werde mich im folgenden zuerst den Ich-Leistungen widmen und später auf das "Verdrängte und Unbewußte" zu sprechen kommen.

Bevor ich auf Einzelheiten eingehe, zähle ich einige meist stillschweigend übergangene Voraussetzungen auf, die eine Einordnung des Themas und damit seine Relativierung erlauben:
1. Das Reden über Führer-Verhalten ist personalisierend. Verhaltensmerkmale des Vorgesetzten werden untersucht, meist unter Vernachlässigung aber z.B. struktureller Momente der Führungssituation. Die Festlegung auf den Vorgesetzten vermeidet auch die Schwierigkeit, die entstünde, wenn man Führungsverhalten im Nicht-Vorgesetzten (z.B. den sog. "informellen Führern") untersuchen wollte.
2. Das Verhalten wird isolierend dem Führer zugerechnet; es ist nicht "bedingt" oder "hervorgerufen" durch die Situation oder die Geführten, sondern eigenständiger Ausdruck der "Bewegungswirkung" (DAHMS), die vom Vorgesetzten als einem autonom Handelnden ausgeht.
3. Das Verhalten wird nicht "unvoreingenommen", sozusagen fotografisch neutral betrachtet, sondern im Hinblick auf sinnvolle und beabsichtigte Konsequenzen. Aus der Konsequenzenmenge interessieren vor allem jene Folgen, die unter "Effizienz" subsumiert werden können.
4. Führungsverhalten läßt sich objektivieren und quantifizieren. Es ist beobachtbar und äußerlich registrierbar. Dabei kann von der Einmaligkeit einer konkreten Person oder Situation abstrahiert werden, so daß Personen verglichen werden können.
5. Als Führungsverhalten wird im allgemeinen jenes Verhalten thematisiert, das auf die Geführten bezogen ist. Verhalten gegenüber Vorgesetzten oder Kollegen, Verhalten bei der Lösung von Sachaufgaben wird in der Regel vernachlässigt.

6. Meist werden keine Prozeß- oder Verlaufsanalysen durchgeführt, sondern Querschnittsuntersuchungen, die sich mit Häufigkeitsaus- zählungen begnügen. Es wird also ermittelt, wie oft ein Vorge- setzter z.B. kritisiert, antreibt, berät usw. und nicht, wann er kritisiert (anstatt zu beraten) und was auf seine Kritik folgt. Hinzu kommt, daß in der Regel eine Bezugnahme auf Durch- schnittswerte der Population der Führungskräfte erfolgt oder daß Verhaltens- mit Erfolgsmerkmalen korreliert sind.

Hält man sich zudem vor Augen, daß primär der vorzeigbare, sachlich- rationale Anteil des Führungsverhaltens Untersuchungsgegenstand ist, dann wird das hohe Ausmaß an Selektivität erkennbar, das mit der üblichen Erfassung von Vorgesetztenverhalten einhergeht. Warum aber interessiert man sich trotz dieser Einschränkungen für das Verhal- ten von Führungskräften?
Vielleicht hat man zeitweilig geglaubt, damit dem "Erfolgsgeheim- nis" großer oder zumindest bewährter Führer auf die Spur kommen zu können. Führerbiografien haben vor allem dann einen Nutzen, wenn aus ihnen Lehren für die Gegenwart gezogen werden können. Man muß also davon ausgehen, daß "erfolgreiches" Verhalten erlernbar und trainierbar ist. Wenn in einer expandierenden Wirtschaft ein großer Bedarf an Führungskräften besteht, kann man nicht hoffen, auf lau- ter "geborene Führer" zurückgreifen zu können: man wird dem Roh- material nachhelfen und ihm den letzten Schliff geben müssen. Und warum sollten Nachwuchskräfte (und im allgemeinen werden nur diese trainiert) nicht aus den Fehlern und von den Erfahrungen derjeni- gen lernen, die schon viele Bewährungsproben bestanden haben? Wenn sich eine Organisation auf eine bestimmte Führungsphilosophie fest- gelegt hat, kann sie zudem herausfinden wollen, ob sich alle ihre Führungskräfte entsprechend den Grundsätzen verhalten (oder ob die Grundsätze bzw. das Verhalten korrigiert werden müssen).

Ein erstes Problem der Verhaltensanalyse ist festzulegen, _was_ über- haupt erfaßt werden soll. Mit einer Videoaufzeichnung des Vorgesetz- tenverhaltens ist niemandem gedient, weil sie ja nur eine bestimmte Wirklichkeit wiederholt. Es sind also Prinzipien der Auswahl aus die- ser Unmenge von Urdaten zu entwickeln und zu begründen.

Nehmen wir an, ein Untersucher hielte das Verhaltensmerkmal "Dynamik" (Vitalität, Schwung, Energie) für wichtig. Er steht nun vor der Fra- ge, wie er aus Verhaltensbeobachtungen den Ausprägungsgrad dieses Merkmals bei verschiedenen Führungskräften einschätzen kann. Mög- liche Indikatoren könnten z.B. sein:
- Schnelligkeit des Redens, der Gestik, des Gangs
- Lautstärke des Sprechens
- Dauer des Arbeitstags; Pausenlänge und -häufigkeit
- Zeitbedarf für eine Standardaufgabe (z.B. Leitung einer Routine-
  sitzung)
- Verhältnis seiner angenommenen zu seinen abgelehnten Vorschlägen
usw.
Einige dieser Merkmale sind sehr leicht zu bestimmen (z.B. Dauer des Arbeitstags), andere erfordern zunächst Definitionsarbeit (Was ist und wie erkennt man eine "Pause"?), wieder andere können nur mit großem Aufwand exakt bestimmt werden (z.B. Schnelligkeit der Bewe- gungen). Wenn nun alle diese Meßprobleme gelöst werden könnten, so daß eine _objektive_ Erfassung gelingt, warteten neue Schwierigkeiten auf den Untersucher:

Es kann sein, daß
a) die fünf genannten Indikatoren kaum miteinander zusammenhängen
   (Wer lange arbeitet, macht nicht unbedingt hektische Bewegungen):
   mangelnde Homogenität
b) daß bei Meßwiederholung an einem anderen Tag ganz andere Werte
   gefunden werden: mangelnde Stabilität des Verhaltens (wenn die
   Arbeitssituation weitgehend gleich geblieben ist) oder hohe
   Situationsabhängigkeit (wenn sich die Aufgabensituation gewandelt hat).

Ich möchte das Problem noch ins Grundsätzliche wenden: Bislang ging
es allein um die Frage, ob von "Indikatoren" auf ein "Merkmal" ge-
schlossen werden kann. Davon unabhängig ist jedoch eine weitere mindestens ebenso wichtige Frage: Ob ein "Merkmal" relevant ist, also
z.B. mit Führungs-Erfolg zusammenhängt. Unser Untersucher müßte
belegen, wieso er zu der Vermutung kommt, "Dynamik" hätte etwas mit
"Führungserfolg" zu tun. Ein Kritiker könnte ihm ja entgegenhalten,
"bedächtiges Verhalten" sei viel erfolgsträchtiger als "dynamisches"!

Dem Untersucher stehen zwei Strategien zur Auswahl, um seine Vermutung zu begründen:
1. die empirische: Er versucht nachzuweisen, daß sich der Verhal-
   tenszug "Dynamik" sehr viel öfter (oder stärker ausgeprägt) bei
   erfolgreichen als bei erfolglosen Führungskräften findet.
   Kann er diesen Nachweis nicht führen, so ist seine Vermutung dennoch nicht widerlegt, denn es könnte sein, daß
   a) die Dynamik-Unterschiede in der von ihm untersuchten Stich-
      probe nicht groß genug waren oder daß
   b) Dynamik ein gutes Merkmal ist, um zwischen Führern und Geführ-
      ten, nicht aber innerhalb der Gruppe der Führer zu differen-
      zieren.
   c) Es ist weiterhin möglich, daß "Dynamik" nur dann Erfolgswirk-
      samkeit entfaltet, wenn weitere Bedingungen vorliegen (z.B.:
      Dynamik muß mit Ausdauer oder Sachverstand gekoppelt sein
      oder Dynamik wirkt nur bei trägen Mitarbeitern; sind diese
      selbst sehr dynamisch, ist evtl. ein Vorgesetzter erfolgreich,
      der diesen Schwung dämpft ...). Er muß auch ausschließen, daß
      eine "Scheinkorrelation" vorliegt: Dynamik kommt evtl. häufig
      mit anderen Variablen zusammen vor, die eigentlich erfolgsre-
      levant sind (z.B. Größe, Finanzkraft und Technologie der Fir-
      ma). Diese Variablen müßten also kontrolliert oder konstant
      gehalten werden.
   d) Nicht zuletzt könnte ein Kritiker in Frage stellen, ob das
      gewählte Erfolgskriterium (z.B. Marktanteil, Kostensenkung,
      Krankenstand, Beförderungsgeschwindigkeit) selbst objektiv,
      homogen, stabil, relevant etc. ist. Wenn Dynamik zum Erfolgs-
      merkmal erklärt wird, ist eine Validitätsautomatik in Gang
      gesetzt, weil nur der erfolgreich genannt werden darf, der
      (auch) dynamisch ist!
      Wenn dem Untersucher das empirische Vorgehen unbefriedigend
      erscheint, kann er auf die andere Strategie ausweichen,
2. die normative: Die relevanten Verhaltensmerkmale werden aus einem
   Modell oder einer Theorie abgeleitet.

Schon das "rein empirische" Verfahren ist immer hypothesengeleitet,
auch wenn die Vermutungen unausgesprochen bleiben. Denn - wie oben
schon gesagt - es könnte buchstäblich "alles mögliche" als erfolgs-
relevant angesehen werden: "wie er sich räuspert, wie er spuckt",

wie er ißt und trinkt, wie er sich kleidet, wie er schreibt, welche Witze er erzählt, wie oft er sich wäscht ... - all dies kann als Selektionskriterium dienen. Wenn z.b. bei der Führungskräfte-Auslese Bewerber während eines Essens daraufhin beobachtet werden, ob sie die "Kulturtechniken" beherrschen, dann drückt sich darin eine bestimmte Hypothese über den Zusammenhang dieses Verhaltens mit Führungseignung bzw. -erfolg aus: Wer sich "richtig" benehmen kann, wird Kunden, Vorgesetzte und Mitarbeiter für sich einnehmen können; oder: der stammt aus einem Elternhaus, in dem ihm neben äußeren Formen auch noch bestimmte Wert- und Leistungshaltungen anerzogen wurden, die für Führungserfolg unverzichtbar sind ...

Wenn immer solche Vorannahmen über das erfolgreiche Verhalten gemacht werden, so müßte <u>versucht</u> werden sie offenzulegen, damit sie überprüfbar und kritisierbar werden (s.a. SCHUMACHER 1980).

4.1.1. VORWERGs Kybernetisches Modell

Als mögliches Beispiel stelle ich im folgenden das "kybernetische System der Führungsfunktion" von Gisela VORWERG (1971) dar:

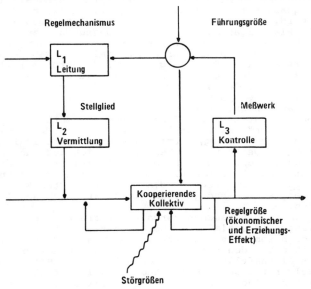

Abb. 7 : Vereinfachte Darstellung des kybernetischen Modells von Gisela VORWERG (1971, S. 57)

Der Führungsprozeß wird hier abstrakt als ein geregelter Ablauf verstanden, bei dem ein "kooperierendes Kollektiv" Ergebnisse zeitigt (ökonomisch-sachliche und erzieherische Effekte), die durch das "Meßwerk" erfaßt und mit einem vorgegebenen Soll ("Führungsgröße") verglichen werden. Im Falle von Abweichungen wird durch den "Regel-

mechanismus" über das "Stellglied" auf das "Kollektiv" eingewirkt,
um ein zielkonformes Ergebnis herbeizuführen. Die drei Teilfunktionen der Führung (L$_1$ = Leitung, L$_2$ = Vermittlung und L$_3$ = Kontrolle) leitet VORWERG (1971, S. 54) aus einer Passage im "Kapital" ab,
in der MARX von Leitung, Überwachung und Vermittlung spricht. Diese drei Aspekte werden in ein Regelkreis-Modell integriert und -
auf nicht näher begründete Weise - inhaltlich differenziert: "Leitung" beinhaltet Zielbestimmung, Disposition und Initiative. "Dieser Teilfunktion obliegt also die Vorausschau über die Aktion auf das Ziel. Sie
ist deshalb die übergreifende Teilfunktion: Auch Vermittlung und Überwachung
werden geplant. Wir sind der Meinung, daß darin der neue, für sozialistische
Verhältnisse zutreffende Inhalt des Führungsbegriffs liegt" (VORWERG, 1971,
S. 56).
"Vermittlung meint nichts anderes als Arbeitsorganisation, die "unmittelbare Koordination der Einzelkräfte" (S. 56). "Kontrolle" schließlich bezieht sich auf
die "Überwachung des Verhaltens und die Aufsicht und Registrierung des Arbeitsprozesses und -resultates" (S. 57).
Das Führungsmodell VORWERGs ist ein Beleg dafür, wie die in einer
bestimmten Gesellschaftsform existierende Gestaltung der Produk-
tionsverhältnisse durch Einbettung in ein formales Modell (den Regelkreis) als quasi-naturgesetzlich ("objektiv notwendig", S. 61)
sanktioniert wird. Die Praxis der Lenkung von Betrieben in der DDR
(z.B. zentrale Planvorgaben, die als "Führungsgröße" zu akzeptieren
sind; die starke Stellung der "Leitung"; die Anstrengungen zur optimalen "Organisation" und die für den sozialistischen Menschen
nicht selbstverständliche Notwendigkeit der "Kontrolle") wird so -
nach der obligatorischen Berufung auf MARX, die die Weihe der Or-
thodoxie sichert - ideologisch legitimiert. Die Problematik des
abstrakt-formalen Regelkreismodells (s. dazu ausführlich HOCHSTRAS-
SER 1981) wird auch nicht ansatzweise erörtert.
Das in der Abb. 7 dargestellte Funktionsmodell enthält zwei Regel-
kreise, einen "oberen" und einen "unteren". Der "obere", der über
die Führungsfunktionen Leitung, Vermittlung und Kontrolle läuft, wurde
bereits besprochen. Der "untere" beschränkt sich auf das kooperieren-
de Kollektiv: Da ihm die Führungsgröße bzw. Zielvorgabe unmittelbar
bekannt gemacht wird (s. den Pfeil von der Führungsgröße zum Kollektiv), kann es sich selbst regeln, d.h. die erreichten Ergebnisse mit
den Vorgaben vergleichen und gegebenenfalls auf sich selbst verän-
dernd einwirken.
Damit erhält ein Problem seinen formalen Ausdruck, das nicht nur
unter den Bedingungen sozialistischer Produktion von Bedeutung ist,
hier aber einer besonderen Rechtfertigung bedarf: Wenn nämlich von
allen Werktätigen als den kollektiven Eigentümern der Produktions-
mittel die gesellschaftlich (also auch unter ihrer Beteiligung) erarbeiteten Zielvorstellungen selbständig realisiert würden, dann
müßte die Existenz eines übergeordneten Regelkreises (oder anders:
einer Führungshierarchie) gesondert begründet werden. Zur Verteidigung des "Prinzips der Einzelleitung" führt VORWERG (1971, S. 88)
zwei LENIN-Zitate an:
"Das Kollegialitätsprinzip hat bestenfalls eine ungeheure Kraftverschwendung zur
Folge und wird den Anforderungen, die die zentralisierte Großindustrie an Schnelligkeit und Übersichtlichkeit der Arbeit stellt, nicht gerecht" (LENIN, 1960,
S. 300) und
Es geht um die Verbindung "des stürmischen, wie Hochwasser im Frühjahr über
alle Ufer brandenden Versammlungsdemokratismus der werktätigen Massen mit eiser-
ner Disziplin während der Arbeit, mit der unbedingten Unterordnung unter den
Willen einer Einzelperson des sowjetischen Leiters" (LENIN, 1960, S. 262).

Das dialektische Kategorienpaar des "demokratischen Zentralismus" wird als ein Prinzip bezeichnet, in dem sich die Einheit der Gegensätze der Kollektivität und der Einzelleitung zum Ausdruck bringt.

"Mit welcher Technik jedoch dieses Prinzip zur Gestaltung gebracht wird, wie der einzelne Leiter es versteht, es zu realisieren und welche Seite dieser dialektischen Einheit jeweils im Vordergrund steht, ist von verschiedenen Faktoren abhängig. Diese sind aber in erster Linie objektiver Natur. Das Überwiegen der einen oder anderen Seite muß in bestimmten Grenzen erfolgen, sonst kommt es zu Störungen im Führungsprozeß. Die konkrete Situation entscheidet, welches Wechselspiel zu einem hohen Effekt führt" (VORWERG, 1971, S. 89/90).

Wie in der "kapitalistischen" Führungsstil-Diskussion wird auch hier von der Möglichkeit des Überwiegens der einen (partizipativen) oder anderen (autoritativen) Strategie geredet. Wie dort wird eine neutrale Entscheidungsinstanz angerufen: "die konkrete Situation" - also ob jemals die Situation entscheiden würde! Entscheidungen werden von Menschen getroffen oder programmiert und durch bestimmte Ideologien gerechtfertigt: diese entscheiden und nicht "die Situation" (die allenfalls Auslöser sein kann). Das Prinzip des demokratischen Zentralismus beschreibt das Dilemma von Fremd- und Selbstbestimmung, ohne dafür eine Lösung anzubieten, denn es kann keine endgültige Lösung dieses Widerspruchs geben, er kann "nur" im dreifachen Sinn aufgehoben werden:
- aufgehoben im Sinne von aufbewahren, speichern: indem er vertagt oder zurückgestellt wird; es wird unter dem Vorbehalt, "als ob" der Konflikt gelöst sei oder in Bälde gelöst werden könne, eine bestimmte Handlungsweise akzeptiert
- aufgehoben im Sinne von "auf eine höhere Stufe heben": indem der Konflikt auf einer höheren gesellschaftlichen Ebene ausgetragen oder in allgemeinerer bzw. grundsätzlicherer Form behandelt wird; die unteren Ebenen aber erhalten konfliktfreie definitive Anweisungen
- aufgehoben im Sinne von beseitigt, gelöst: indem in einer konkreten Maßnahme oder Situation eine Lösung oder ein Kompromiß gelingen, die aber den Grundwiderspruch nicht aus der Welt schaffen können, so daß er sich bei veränderter Situation aufs Neue einstellt.

Da trotz des unaufgelösten Widerspruchs (des demokratischen Zentralismus) Handlungsdruck besteht, muß die Bearbeitung des Dilemmas einer sozialen Instanz überantwortet werden: entweder dem Führer oder dem Kollektiv. Die Lösung des "realen Sozialismus" ist eindeutig: um dem überbordenden Versammlungsdemokratismus zu begegnen, wird dem Leiter das letzte Wort und die Verantwortung gegeben - allerdings unter der Maßgabe, gegenüber dem Kollektiv (und der Ober-Leitung) Rechenschaft ablegen zu müssen. Die westlich-kapitalistische Lösung ist analog: auch hier wird der Primat der Einzel-Leitung gefordert und die Kontrolle durch höhere Führungsebenen vorgesehen; an die Stelle des "Kollektivs", demgegenüber sich der sozialistische Manager zu verantworten hat, tritt im Westen die ebenso abstrakte Figur des "Marktes" (als der ökonomischen Verkörperung des Kollektivs), die das letzte Wort sprechen soll.

Für unseren Zusammenhang ist festzuhalten, daß wegen der dialektischen Situation der Führung, die in den beiden Regelkreisen formalisiert ist, für den sozialistischen Leiter verschiedene "Führungs-

stile" in Frage kommen (s. VORWERG 1971, S. 85 ff.):
- der leiterzentrierte (alle Teilfunktionen liegen in der Hand des Leiters);
- der gruppenzentrierte ("ein optimales Verhältnis der Anteilnahme zwischen Leiter und Gruppe beim Vollzug der Führungsfunktionen");
- die (spontane oder bewußte) Selbstentscheidung der Gruppe; hier ist der Gruppe die Entscheidungsbefugnis übertragen, der Leiter übt nur noch Kontrollfunktionen aus.

Damit wird in anderen Worten ausgedrückt, was bei "bürgerlichen Wissenschaftlern" imperative, kooperative und demokratische Führung heißt (s. dazu unten).
Um auf die Bestimmung erfolgsrelevanten Führungsverhaltens zurück-zukommen: Wie kann aus dieser Analyse des Führungsgeschehens gefolgert werden, welche Verhaltensweisen bedeutsam sind?
Wäre VORWERG konsequent geblieben, so hätte sie aus den Teilfunktionen LEITUNG (Disposition, Zielbestimmung, Initiative), VERMITT-LUNG (Informationsverarbeitung, Organisation) und KONTROLLE (Beaufsichtigung der Arbeitsprozesse und Ergebnisse, Überwachung des Mitarbeiterverhaltens) spezifische notwendige Verhaltensweisen ableiten müssen.
Um z.B. die Initiativfunktion herauszugreifen: Hier schreibt VORWERG, daß damit das "Festsetzen von Beginn und Ablauf eines Arbeitsprozesses, das selbständige Eingreifen zur Realisierung des Zieles verstanden" werden soll (1971, S. 56). Welches beobachtbare Handeln aber entspricht dieser Umschreibung? Mögliche Operationalisierungen wären:
- Der Leiter setzt präzise Termine für jeden Arbeitsauftrag.
- Der Leiter setzt Beschlüsse verzögerungsfrei in Aktionen um.
- Der Leiter greift durch spezifische Anweisungen in die Arbeit ein, wenn die Zielrealisierung gefährdet erscheint ...

Über eine solche Ableitung wird jedoch nichts berichtet. Stattdessen referiert VORWERG empirische Studien, die sie und ihre Mitarbeiter durchgeführt haben und bei denen neben soziometrischen Wahlen vor allem strukturierte Fragebogen eingesetzt worden waren.

Bei den Partnerwahlversuchen (welcher Kooperationspartner bei Führungsaufgaben gewählt würde und warum er gewählt würde) zeigte sich, daß in einer Faktorenanalyse zwei große Gruppen von "persönlichen Funktionspotenzen" entscheidend waren:
- die Fähigkeit zur Lösung sachlicher Kooperationsaufgaben
- die Fähigkeit zur Lösung mitmenschlicher Kooperationsaufgaben.

Diese beiden Hauptfaktoren wurden auch bei einer Befragung von 2800 Belegschaftsmitgliedern in ihrer Bedeutung bestätigt. Hinzu kamen bei der faktorenanalytischen Auswertung noch vier weitere "Funktionspotenzen":
- "Aktivität und Initiative"
- "Überlegenheit" (neben "subjektivistischem Machtstreben" (S. 81) vor allem "Autorität/Durchsetzungsvermögen" und "Charakterfestigkeit")
- "aufgabenengagierte Sachsteuerung" und
- "aufgabenengagierte Selbststeuerung"

PRAWITZ, dessen Fragebogen-Studie an 100 Wissenschaftlern VORWERG auf S. 79 ff. darstellt, fand, daß von den 177 Merkmalen, die sein Fragebogen enthielt, beim Bereich "Aktivität und Initiative fol-

gende einzelne Merkmale besonders in den Vordergrund (traten):
62. Ideen klar und überzeugend darlegen
63. wertvolle Ideen verwirklichen
64. aktive Aufgeschlossenheit für neue Anregungen
65. wissenschaftlichen Meinungsstreit fördern
66. in Drucksituationen die Lage beherrschen
69. hohe Anforderungen an sich selbst stellen
71. Initiative und Aktivität zur Aufgabenerfüllung wecken
78. Verantwortungsbewußtsein der unterstellten Mitarbeiter stärken"
(VORWERG 1971, S. 81).

Es ist intuitiv einsichtig, daß die genannten Merkmale etwas mit
"Aktivität und Initiative" zu tun haben. Dennoch werden an diesen
Beispielen einige strukturelle Probleme deutlich, auf die ich -
weil sie gleichermaßen auch bei den "bürgerlichen Autoren" zu finden sind - kurz eingehen möchte:
VORWERG war aufgrund ihrer theoretischen Analyse zu drei hauptsächlichen Führungsfunktionen gekommen (Leitung, Vermittlung, Kontrolle).
Es ist nicht klar, ob sie und ihre Mitarbeiter orientiert an dieser
theoretischen Einsicht Fragebogenitems entwickelten. Es scheint eher
so gewesen zu sein, daß auf der Basis von Praxiserfahrungen, Lite-
raturanalyse und allgemeiner Plausibilität Beschreibungen von Führungsverhalten zusammengestellt worden sind.
Wenn man eine große Menge von Beschreibungsaussagen vorgibt, ist zu
erwarten, daß sich auf der Basis der Antworten der Befragten Bün-
delungen ergeben, die aus der inhaltlichen Nähe der einzelnen Aussagen resultieren. Um es an einem Beispiel zu illustrieren: Von den
folgenden Aussagen
A Er treibt uns fortwährend zu Höchstleistungen an
B Er geht auf unsere persönlichen Sorgen ein
C Er hilft uns geduldig bei Schwierigkeiten
D Er besteht auf der Einhaltung von Terminen
E Er sagt genau, was wir zu tun haben
beziehen sich die Feststellungen B und C auf "Mitmenschlichkeit,
Rücksichtnahme", während A, D und E unter dem Oberbegriff "aktivie-
rende Strukturierung" zusammengefaßt werden können. Wenn man nun in
einem 100-Item-Fragebogen 20 B/C-Fragen und 80 A/D/E-Fragen berück-
sichtigt, wird man als "Hauptfaktoren" einen B/C- und einen A/D/E-
Faktor erhalten, wobei jedenfalls der A/D/E-Faktor höchstwahrscheinlich in weitere Subfaktoren aufgeteilt werden wird. Wenn man überhaupt keine Fragen zu "Kontrolle, Beaufsichtigung" oder "Rückgrat,
Zivilcourage" aufnimmt, kann selbstredend auch kein entsprechender
Faktor "empirisch bestätigt" werden. In Fragebogenanalysen wird
somit notwendigerweise immer nur (neu) geordnet, was vorgegeben
wurde. Wenn die Vorgaben aber nicht theoretisch begründet oder her-
geleitet wurden, kann man grundsätzlich nicht davon ausgehen, "alles Relevante" oder "das Wichtigste" erfaßt zu haben, weil ja nicht
offengelegt wurde, wie die Grundgesamtheit des Relevanten eigentlich
definiert wurde. Solche Fragebogenstudien sind immer "selbstvali-
dierend", weil sie dasjenige, wofür sie gültig (valide) sind, selbst
definieren. Sie gleichen Schrotschüssen, die irgendetwas vom Ziel
treffen; wie das Ziel aber eigentlich aussieht, vermögen sie nicht
zu sagen. Durch dieses Bild wird der Gedanke nahegelegt, bei Führung handele es sich um einen Gegenstand, den man treffen oder ver-
fehlen könne. Genau genommen ist dies irreführend, denn Führung
ist kein Objekt, sondern ein Konstrukt, d.h. ein (sozialwissenschaft-

licher) Begriff, der nur in einem bestimmten Erklärungszusammenhang
Bedeutung besitzt. Was z.B. unter "charismatischer" Führung verstanden wird (die einmalige Ausstrahlungskraft einer begeisternden Führerpersönlichkeit), ist etwas ganz anderes als das, was VORWERG
"kybernetische" Führung nennt. Das Alltagsverständnis von Führung
ist viel zu facettenreich (s. dazu die anfangs aufgeführten Definitionen), als daß man stillschweigend davon ausgehen könnte, dasselbe
be zu meinen wie ein anderer, der ebenfalls von Führung spricht.
Wenn VORWERG also ein "kybernetisches" Führungsmodell entwickelt,
dann müßte sie ihre Führer-Verhaltens-Beschreibung auch nach dieser
Konzeption ausrichten und nicht - wie das typisch ist für die amerikanische Ohio-Schule - in blinden Empirismus zurückfallen (s. dazu
unten).
Der "normative" Ansatz, den ich dem "empirischen" gegenübergestellt
habe, beschränkt und bezieht sich bei der Analyse des Vorgesetztenverhaltens allein auf diejenigen sinnvollen Ausschnitte aus dem
menschlichen Aktivitätskontinuum - um eine bekannte Motivationsde-
finition von THOMAE (1965) zu paraphrasieren -, die auf der Grundlage einer bestimmten Führungskonzeption als Führer-Verhalten gefordert sind. Alle anderen Handlungen müssen unbeachtet bleiben.
Hält man sich nicht an diese Regel, dann gibt es praktisch keine
menschliche Verhaltensweise, die sich nicht als Führerverhalten
qualifizieren würde. Wenn Empiriker ihren Befragten ein breites und
(scheinbar) unausgelesenes Repertoire von Führer-Verhaltensweisen
zur Beurteilung vorlegen, dann machen sie die Befragten zu Experten
und hoffen, aus den Antwortverteilungen die Führungskonzeption de-
stillieren zu können, die Laien haben.
Ich möchte in zwei Beispielen versuchen, eine solche "Beurteiler-
Theorie" zu rekonstruieren.
Als erstes Beispiel wähle ich eine Arbeit von HEYSE, die VORWERG
(1971, S. 82 f.) zitiert. HEYSE hatte insgesamt 175 Merkmale aus
6 Verhaltensbereichen von 80 "Experten" (es ist nicht näher ausgeführt, wodurch sie als solche ausgewiesen waren) im Hinblick auf die
Wichtigkeit für einen "sozialistischen Leiter" bewerten lassen. Die
16 Verhaltensweisen, die weitgehend übereinstimmend als die wichtigsten angesehen wurden, sind:
1. ist einfallsreich und treibt die Arbeit schöpferisch voran;
2. tritt stets offen auf, hat keine zwei Gesichter;
3. erfaßt schnell neue Problemsituationen und kann daraus präzise
   Aufgaben für das Kollektiv stellen;
4. ruht nicht auf Erfolgen aus, sondern unternimmt weitere Anstrengungen für eine Verbesserung der Arbeit;
5. tritt mit einer eigenen, festen politischen Meinung auf;
6. tadelt auch ihm persönlich nahestehende Kollegen, wenn sie durch
   ihr Verhalten die Arbeitsatmosphäre des Kollektivs beeinträch-
   tigen;
7. ist konkret bei der Vorgabe von Aufgaben, vermeidet Unklarhei-
   ten;
8. begeistert seine Mitarbeiter auch für die Lösung schwieriger
   Aufgaben;
9. bildet sich kontinuierlich fachlich weiter;
10. besitzt Anerkennung und Autorität im Kollektiv;
11. versteht es, die Arbeit effektiv zu verteilen;
12. gibt Anleitung und erkennt dabei die Meinung anderer an;

13. entwickelt aus eigenem Antrieb heraus ständig sein politisches
    Wissen weiter;
14. lernt aus Fehlern;
15. verfügt über eine gute Menschenkenntnis;
16. kann sich schnell umstellen und ist in verschiedenen Arbeits-
    bereichen einsetzbar.

Zunächst fällt bei fast der Hälfte der Aussagen auf, daß der eindeutige Bezug zur Führungsaufgabe nicht offenkundig ist: diese Merkmale können im Grunde von jedem Mitarbeiter erwartet werden:
- offenes Auftreten (2)
- ständiges Bemühen um Verbesserungen (4)
- feste politische Meinung (5)
- kontinuierliche fachliche Weiterbildung (9)
- entwickelt sein politisches Wissen weiter (13)
- lernt aus Fehlern (14)
- umstellungsfähig und breit einsetzbar (16)

Es kann aus diesen Merkmalen nur entnommen werden, daß ein Vorgesetzter ein besonders engagiertes Mitglied der Gruppe sein soll.

Bei den "eigentlichen" Führungsaufgaben wird anscheinend davon ausgegangen, daß der Vorgesetzte einem Kollektiv vorsteht, das eher
desinteressiert im Arbeitstrott befangen ist und inspiriert bzw.
energetisiert werden muß:
- treibt die Arbeit einfallsreich und schöpferisch voran (1)
- stellt präzise Aufgaben für das Kollektiv in neuen Problemsituationen (3)
- ist konkret und klar in der Aufgabenvorgabe (7)
- begeistert Mitarbeiter auch für schwierige Aufgaben (8)
- verteilt Arbeit effektiv (11)
- gibt Anleitung (12)

Es handelt sich hier um "leiterzentriertes" sachorientiertes Handeln; der Vorgesetzte organisiert die Arbeit (neu) und motiviert
die Gruppe.
Es bleibt noch eine Gruppe von drei Aussagen:
- tadelt ohne Ansehen der Person bei Beeinträchtigung der Arbeitsatmosphäre (6)
- besitzt Anerkennung und Autorität (10)
- gute Menschenkenntnis (15)

Um seine "Kollegen" aufgabenorientiert führen zu können, muß sie
der Vorgesetzte zutreffend einschätzen (15) und sich Akzeptanz und
Autorität (10) durch authentisches (2) und unparteiisch-kritisches
(6) Verhalten erwerben.

Da über Willensbildungs- und Entscheidungsverhalten (z.B. Grad der
Mitbeteiligung der Mitarbeiter) ebenso Aussagen fehlen wie über Kontrolle, Information und Förderung der Mitarbeiter, muß angenommen
werden, daß diese Bereiche entweder
- problemlos sind oder
- für unwichtig gehalten werden oder
- nicht im Verantwortungsbereich des Vorgesetzten liegen (weil sie
  z.B. von anderen Stellen wahrgenommen werden) oder
- unter den Vorgaben fehlten bzw. so unterrepräsentiert waren, daß
  sie keine Chance hatten, in die Gruppe der 16 "wichtigsten" Merkmale aufgenommen zu werden.

Das Bild der Führung ist jedenfalls stark personbezogen; der Vorgesetzte führt durch die Autorität der fachlichen Überlegenheit. Die
Aufgabenerfüllung steht im Mittelpunkt. Das von VORWERG skizzierte
"kybernetische Führungsmodell" ist in Vorgaben wie Antworten nicht
wiederzuerkennen.

4.1.2. Der Fragebogen zur Vorgesetzten-Verhaltens-Beschreibung (FVVB)

Als zweites Demonstrationsbeispiel wähle ich den in der Tradition
der "Ohio State Leadership Questionnaires" stehenden "Fragebogen
zur Vorgesetzten-Verhaltens-Beschreibung (FVVB)" von FITTKAU-GARTHE
und FITTKAU (1971) (s. den Abdruck auf S. 86 u. 87). In den Ohio-
Studies wurde im Rahmen eines interdisziplinären Forschungsprojekts
zur Erfassung des Führungsverhaltens eine Vorgehensweise gewählt,
die über Jahrzehnte hinweg Vorbild für zahlreiche andere Untersuchungen war. Man kann wohl ohne Übertreibung feststellen, daß kaum ein
anderes Erhebungsinstrument und die mit ihm gefundenen Ergebnisse
die Führungsforschung so nachhaltig beeinflußt haben wie der "LBDQ"
(Leader Behavior Description Questionnaire) und seine verschiede-
denen Nachfolger.
In der Veröffentlichung, in der der LBDQ zum ersten Mal vorgestellt
wurde (HEMPHILL & COONS 1957), berichten die Autoren über die Ent-
wicklungsschritte:
Zuerst wurde eine große Anzahl von Episoden-Schilderungen zusammengetragen, in denen Betroffene über eine Führungsepisode berichteten, die sie selbst erlebt hatten. In einer Inhaltsanalyse der 1790
"Kurzgeschichten" wurden dann 9 Dimensionen des Führungsverhaltens
extrahiert (Integration, Initiative, Mitgliedschaft, Repräsentation,
Organisation, Domination, Kommunikation, Anerkennung und Leistungs-
betonung). Für diese Hauptaspekte wurden dann aus dem Material der
Episoden 150 Kurzaussagen formuliert. Diese wurden verschiedenen
Stichproben zur Beurteilung aktuellen Führungsverhaltens vorgegeben,
wobei der Umfang des Fragebogens sukzessiv reduziert wurde.

Die Kürzung des Fragebogens (auf schließlich 48 Items in der US-
Fassung; beim FVVB nochmals auf 32 verringert) wurde mit Ergebnissen verschiedener Faktorenanalysen begründet. Wegen der drastischen
inhaltlichen Konsequenzen, die der Einsatz der Faktorenanalyse (FA)
hat, gehe ich kurz auf das Prinzip dieser Methode ein:

Wenn man in einer großen Anzahl von Aussagen zum Führungsverhalten
die Erfahrungen von vielen Leuten einholt, ist man verständlicher-
weise daran interessiert, die enorme Datenmenge so zu komprimieren,
daß mit möglichst wenig Kennwerten möglichst viel der erhaltenen
Information zum Ausdruck gebracht werden kann. Eine verdichtende
Darstellungsmethode ist z.B. die Verwendung des arithmetischen Mit-
tels, um einen Anhaltspunkt für die zentrale Tendenz der Antworten
zu haben. Der Mittelwert verschenkt Information (die Vielzahl der
individuellen Ausprägungen), was zum Teil dadurch aufgefangen wird,
daß zusätzlich ein Streuungswert berichtet wird, der Auskunft darüber gibt, wie stark im Mittel(!) die Abweichungen vom Zentralwert
sind.
Aber nicht nur die Antwortenden werden sozusagen auf ein Durch-
schnittsexemplar vereinfacht, auch die Vielfalt der Aussagen wird
unter die Lupe genommen. Es besteht die Möglichkeit, daß sich (in
den Augen der Befragten!) die verschiedenen Fragen nicht auf jeweils
unterschiedliche Sachverhalte beziehen, sondern zum Teil das gleiche

oder ähnliches beschreiben. Um eine Analogie zu geben: Wenn man
Körpergröße, Armlänge, Beinlänge, Schuhgröße und Handschuhgröße,
Körpergewicht, Bauchumfang, Halsweite und Oberschenkelweite in
einer großen Population messen würde, fände man, daß im Regelfall
die großen Leute auch lange Arme und Beine sowie eine große Schuh-
nummer etc. haben. Man würde auch entdecken, daß große Leute häufiger auch ein höheres Körpergewicht, eine größere Halsweite etc.
haben. Aber man würde auch auf die nicht seltenen Fälle stoßen,
daß Großgewachsene dürr und Kleine dick sein können. Man könnte
deshalb - für praktische Zwecke - die in den 9 genannten Maßen ent-
haltene Information in zwei hypothetischen "Faktoren" ausdrücken:
den einen könnte man evtl. "Längenwachstum" nennen, den anderen -
davon unabhängigen - "Konstitution". Jedes der 9 Ausgangsmaße
könnte auch als eine spezifische Kombination der beiden Faktor-Wer-
te ausgedrückt werden. Die Faktorenanalyse ist eine Methode herauszufinden, ob eine Vielzahl von Meßwerten ohne zu großen Informa-
tionsverlust in einer geringeren Anzahl von Dimensionen oder hypothetischen "Faktoren" abgebildet werden kann. Zu diesem Zweck wird
der statistische Zusammenhang zwischen allen einzelnen Aussagen bestimmt, um Gruppen gleichsinnig beantworter Aussagen zu identifizieren. Wenn z.B. alle Befragten, die von ihrem Vorgesetzten sagen,
er "treibe sie stets zu Höchstleistungen an" (A), ebenfalls von ihm
sagen, daß er "strikt auf der Einhaltung von Terminen besteht" (B),
dann kann bei Kenntnis von A der Wert von B vorhergesagt werden -
und wenn man ökonomisch vorgehen möchte, kann man auf eines der
beiden Items verzichten. Es ist möglich, daß sehr komplexe Merkmale
aus 4, 5 oder noch mehr Faktoren rekonstruiert werden können, je
nachdem wieviele voneinander relativ unabhängige Merkmalsaspekte
bei den "Urdaten" vorhanden sind. Da die Korrelation selbstverständlich fast nie perfekt ist, muß man Gruppenbildungen aufgrund niedri-
gerer Korrelationswerte vornehmen: es besteht dann nur eine gewisse
anzugebende Wahrscheinlichkeit, daß, wer A sagt, auch B sagen wird.

Um zusammenzufassen: Items werden aufgrund empirischer Befunde (der
Antworten einer bestimmten Population) entsprechend ihrer Interkor-
relationen zu Gruppen gebündelt, die allesamt auf einen hypothetischen "Faktor", der ihnen gemeinsam ist, laden.
Abgesehen von der Großzügigkeit, mit der man bereit ist, auch bei
mäßigen Zusammenhängen noch von "Ähnlichkeit" zu sprechen, entstehen verschiedene Probleme:
1. Die Gruppierung hängt ab von der Stichprobe der Befragten. Würde man z.B. nur in militärischen Organisationen fragen, könnten
   ganz andere Inter-Item-Zusammenhänge resultieren, als wenn man
   die Antworten von militärischen, religiösen und wirtschaftlichen
   Organisationen zusammen auswertete.
2. Die Ergebnisse werden auch durch die Vorgaben determiniert: Wenn
   in einem Fragebogen überhaupt keine Aussagen zu "Kontrolle" berücksichtigt sind, dann kann selbstverständlich auch kein Bündel
   von Aussagen gefunden werden, deren gemeinsames Merkmal ("Faktor")
   der Bezug zur Kontrolle ist! Die Zusammenstellung der Ausgangs-
   daten legt also in erheblichem Umfang fest, welche und wie viele
   "Faktoren" gefunden werden (können).
3. Als weiteres methodisches Problem ist anzumerken, daß - weil das
   Interkorrelationsmaß auf der Streuung der Antworten fußt - Aussagen, die von allen Befragten übereinstimmend bejaht oder ver-
   neint werden, nichts zur Gruppenbildung beitragen können. Das

könnte im Extrem zu der paradoxen Konsequenz führen, daß Aussagen, die für <u>alle</u> Führungskräfte zutreffen, eliminiert würden, weil nur jene Merkmale berücksichtigt werden, in denen sich die Vorgesetzten <u>unterscheiden.</u> Man braucht also Items, bei denen möglichst das ganze Spektrum der Antwortmöglichkeiten (von der Zustimmung bis zu Ablehnung) genutzt wird.

Um wieder auf den LBDQ zurückzukommen: Schon nach den ersten Faktorenanalysen hatte sich gezeigt, daß der größte Teil der Aussagen auf zwei Faktoren lud; die anderen noch extrahierten Faktoren hatten bedeutend weniger Erklärungskraft, so daß sie als weniger relevant vernachlässigt wurden. Dies hatte die folgenschwere Konsequenz, daß letztlich nur noch Items in den Endformen der Fragebogen zurückbehalten wurden, die mit den beiden Hauptfaktoren "Consideration" (Rücksichtnahme, praktische Besorgtheit) und "Initiating Structure" (Planungsinitiative, strukturierende Aktivität) in Zusammenhang standen. Es wurden also immer "reinere" Befragungsinstrumente hergestellt, bei denen durch die Item-Vorauswahl dafür gesorgt war, daß die Verhaltensbeschreibungen in zwei (und nur zwei) Hauptdimensionen konvergierten. Man kann natürlich <u>innerhalb</u> der Hauptdimensionen nochmals differenzieren und Subfaktoren ermitteln (wie das z.B. beim FVVB geschehen) ist, aber das resultiert lediglich in einer feiner gegliederten Binnenstruktur, der keine grundsätzlich andersartigen Inhalte hinzugefügt werden.

Aus den bisherigen Ausführungen ist deutlich geworden, daß <u>nach der Itemzusammenstellung</u> ein rein empirisches Suchverfahren in Gang gesetzt wird, das allein zu einer Umgruppierung bzw. sparsameren Beschreibung (durch Rückgriff auf eine latente oder hypothetische Struktur) führen kann, aber keine neue theoretische Einsicht bringt. Die theoretische Konzeption ist unausgesprochen in der Item-Vorauswahl enthalten, alles folgende kann die Vorannahmen vereinfachen oder differenzieren, aber nicht mehr erweitern. Diese wesentliche Schlußfolgerung ist zu beachten, wenn man die weitreichenden Spekulationen würdigen will, die sich an die "Entdeckung" der Zweidimensionalität des Führungsverhaltens in der Ohio-Schule anschlossen (s. dazu unten).

Um zu illustrieren, welch hohes Maß an Verdichtung bei einer "zweifaktoriellen Lösung" eines 32-Item-Fragebogens resultiert, werde ich den FVVB, der auf den folgenden Seiten abgedruckt ist,
- zuerst "intuitiv" analysieren, um Vermutungen darüber anzustellen, welchen unausgesprochenen Begriff von Führung die Fragebogenkonstrukteure ihrer Itemauswahl zugrunde legten
- und dann die Ergebnisse von Faktorenanalysen zu diesem Instrument berichten.

Bei meiner "persönlichen 'Faktoren'-Analyse" habe ich die Items nach ihren Kernaussagen, <u>wie ich sie interpretiere,</u> neu gruppiert:
1. Diese erste Gruppe wird durch Aussagen gebildet, bei denen ein unmittelbarer Bezug zur Arbeitsaufgabe oder situativen Problemen nicht erkennbar ist. Es geht allein um die Art und Weise, wie der Vorgesetzte die sozialen Beziehungen zu seinen Untergebenen gestaltet:
   - Kritik vor anderen (1) (F-C) [1]

---

[1] (Hinter die Item-Nummern habe ich jeweils die Faktorenzuordnung FITTKAU-GARTHEs und FITTKAUs (1971) angegeben, die ich unten näher erläutern werde; die nach dem Bindestrich stehenden Buchstaben C oder IS beziehen sich auf die "Zweifaktorenlösung"; s. dazu unten.)

- hilft bei persönlichen Problemen (7) (F/A)
- schafft eine gelöste Stimmung (14) (F-C)
- ist freundlich und zugänglich (18) (F-C)
- ist auch bei Fehlern freundlich (24) (F-C)
- ist am persönlichen Wohlergehen interessiert (27) (F/A)
- läßt persönlichen Ärger an Mitarbeitern aus (23) (F-C)
- verstößt gegen Takt und Höflichkeit (29) (F-C)
- ist nachtragend (32) (F-C)

Hier wird eine Dimension beschrieben, die auf dem einen Pol
durch Achtung, Respektierung, Freundlichkeit und Ausgeglichen-
heit, auf dem anderen Pol durch Rücksichtslosigkeit, Unbe-
herrschtheit, Desinteresse und Unfreundlichkeit gekennzeichnet
ist.

2. In der zweiten Gruppe habe ich Aussagen versammelt, die auf Auf-
gabenverteilung und Mitarbeiterbeteiligung konzentriert sind:
- er weist Änderungsvorschläge zurück (4) (M-C)
- er weist spezifische Aufgaben zu (5) (A-IS)
- er ändert ohne Rücksprache Aufgabengebiete (6) (M-C)
- er entscheidet und handelt ohne Absprache (13) (M-C)
- bei Entscheidungen von Mitarbeitern fühlt er sich übergangen (15) (F-C)
- er gibt Aufgaben ohne Ausführungshinweise (16) (K-IS)
- bei wichtigen Entscheidungen holt er die Zustimmung der Mitarbeiter ein (21) (M-C)
- er wartet auf Ideen der Mitarbeiter, bevor er selbst es tut
(25) (K-IS)
- er paßt Aufgabengebiete den Fähigkeiten an (28) (A-IS)
- er regt zu Selbständigkeit an (30) (A-IS)

Diese Aussagen drehen sich um das "Organisationsmonopol", das
der Vorgesetzte für sich beansprucht und seinen Umgang mit der
Kompetenz und Initiative der Mitarbeiter. Als Extrempositionen
lassen sich gegenüberstellen: Der Herr-Im-Hause-Standpunkt eines
Vorgesetzten, der sich alle organisatorischen Entscheidungen
vorbehält und der "kooperative" Vorgesetzte, der die Eigeninitiative der Mitarbeiter achtet und fördert.

3. Diese Fragebogen-Vorgaben kreisen um das Problem der Aktivierung
und Bewertung der Mitarbeiter:
- er erkennt gute Arbeit an (2) (F/A)
- er treibt langsame Mitarbeiter an (3) (A-IS)
- er reißt durch seine Aktivität mit (19) (A-IS)
- er schikaniert fehlermachende Mitarbeiter (11) (F-C)
- er freut sich über fleißige und ehrgeizige Mitarbeiter (22)
(A-IS)
- in Flauten ist er optimistisch und regt zur Aktivität an (31)
(A-IS)

Im Unterschied zur Organisator-Rolle (Gruppe 2) geht es hier um
die Motivator-Rolle, um die Reaktion des Vorgesetzten auf Mit-
arbeiter-Leistungen: der energetisierende anspornende Vorgesetzte wird hier dem zurückhaltend-unengagierten gegenübergestellt.

4. Die verbliebenen Aussagen konnte ich zu keiner größeren Gruppierung zusammenfassen. Folgende Thematik aber scheint mir im Unterschied zu den vorangegangenen Gruppen eine eigenständige Beachtung zu rechtfertigen:

1. Er kritisiert seine unterstellten Mitarbeiter auch in Gegenwart anderer.
   1. oft   2. relativ häufig   3. hin u. wieder   4. selten   5. fast nie
   $\quad$ 1 2 3 4 5

2. Er zeigt Anerkennung, wenn einer von uns gute Arbeit leistet.
   1. fast nie   2. selten   3. manchmal   4. häufig   5. fast immer
   $\quad$ 1 2 3 4 5

3. Er bemüht sich, langsam arbeitende unterstellte Mitarbeiter zu größeren Leistungen zu ermuntern.
   1. sehr selten   2. selten   3. hin u. wieder   4. relativ häufig   5. oft
   $\quad$ 1 2 3 4 5

4. Er weist Änderungsvorschläge zurück.
   1. fast immer   2. häufig   3. manchmal   4. selten   5. fast nie
   $\quad$ 1 2 3 4 5

5. Er weist seinen unterstellten Mitarbeitern spezifische Arbeitsaufgaben zu.
   1. fast nie   2. selten   3. manchmal   4. häufig   5. fast immer
   $\quad$ 1 2 3 4 5

6. Er ändert Arbeitsgebiete und Aufgaben seiner unterstellten Mitarbeiter, ohne es mit ihnen vorher besprochen zu haben.
   1. oft   2. relativ häufig   3. hin u. wieder   4. selten   5. sehr selten
   $\quad$ 1 2 3 4 5

7. Hat man persönliche Probleme, so hilft er einem.
   1. sehr selten   2. selten   3. hin u. wieder   4. relativ häufig   5. oft
   $\quad$ 1 2 3 4 5

8. Er steht für seine unterstellten Mitarbeiter und ihre Handlungen ein.
   1. fast nie   2. selten   3. manchmal   4. häufig   5. fast immer
   $\quad$ 1 2 3 4 5

9. Er behandelt seine unterstellten Mitarbeiter als gleichberechtigte Partner.
   1. fast nie   2. selten   3. manchmal   4. häufig   5. fast immer
   $\quad$ 1 2 3 4 5

10. Er überläßt seine unterstellten Mitarbeiter sich selbst, ohne sich nach dem Stand ihrer Arbeit zu erkundigen.
    1. fast immer   2. häufig   3. manchmal   4. selten   5. fast nie
    $\quad$ 1 2 3 4 5

11. Er „schikaniert" den unterstellten Mitarbeiter, der einen Fehler macht.
    1. fast immer   2. häufig   3. manchmal   4. selten   5. fast nie
    $\quad$ 1 2 3 4 5

12. Er legt Wert darauf, daß Termine genau eingehalten werden.
    1. überhaupt nicht   2. wenig   3. zu einem gewissen Grad   4. relativ stark   5. sehr stark
    $\quad$ 1 2 3 4 5

13. Er entscheidet und handelt, ohne es vorher mit seinen unterstellten Mitarbeitern abzusprechen.
    1. oft   2. relativ häufig   3. hin u. wieder   4. selten   5. sehr selten
    $\quad$ 1 2 3 4 5

14. In Gesprächen mit seinen unterstellten Mitarbeitern schafft er eine gelöste Stimmung, so daß sie sich frei und entspannt fühlen.
    1. fast nie   2. selten   3. manchmal   4. häufig   5. fast immer
    $\quad$ 1 2 3 4 5

15. Treffen seine unterstellten Mitarbeiter selbständig Entscheidungen, so fühlt er sich übergangen und ist verärgert.
    1. oft   2. relativ häufig   3. manchmal   4. selten   5. fast nie
    $\quad$ 1 2 3 4 5

16. Er gibt seinen unterstellten Mitarbeitern Aufgaben, ohne ihnen zu sagen, wie sie sie ausführen sollen.
    1. fast immer   2. häufig   3. manchmal   4. selten   5. fast nie
    $\quad$ 1 2 3 4 5

17. Er achtet auf Pünktlichkeit und Einhaltung von Pausenzeiten.
    1. fast gar nicht   2. kaum   3. etwas   4. relativ stark   5. sehr stark
    $\quad$ 1 2 3 4 5

18. Er ist freundlich, und man hat leicht Zugang zu ihm.
    1. fast nie   2. selten   3. manchmal   4. häufig   5. fast immer
    $\quad$ 1 2 3 4 5

Fittkau-Garthe, H. u. Fittkau, B.:
FVVB Fragebogen zur Vorgesetzten-Verhaltens-
Beschreibung
Göttingen (Verlag Hogrefe) 1971

ΣI : ☐ ☐ ☐ ☐ ☐ →

F   A   M   K   F/A

19. Er reißt durch seine Aktivität seine unterstellten Mitarbeiter mit.
    1. überhaupt nicht 2. kaum 3. etwas 4. stark 5. sehr stark   1 2 3 4 5

20. Seine Anweisungen gibt er in Befehlsform.
    1. oft 2. relativ häufig 3. manchmal 4. selten 5. sehr selten   1 2 3 4 5

21. Bei wichtigen Entscheidungen holt er erst die Zustimmung seiner unterstellten Mitarbeiter ein.
    1. fast nie 2. selten 3. manchmal 4. häufig 5. fast immer   1 2 3 4 5

22. Er freut sich besonders über fleißige und ehrgeizige unterstellte Mitarbeiter.
    1. überhaupt nicht 2. kaum 3. etwas 4. stark 5. sehr stark   1 2 3 4 5

23. Persönlichen Ärger oder Ärger mit der Geschäftsleitung läßt er an seinen unterstellten Mitarbeitern aus.
    1. oft 2. relativ häufig 3. manchmal 4. selten 5. fast nie   1 2 3 4 5

24. Auch wenn er Fehler entdeckt, bleibt er freundlich.
    1. fast nie 2. selten 3. manchmal 4. häufig 5. fast immer   1 2 3 4 5

25. Er wartet, bis seine unterstellten Mitarbeiter neue Ideen vorantreiben, bevor er es tut.
    1. fast immer 2. häufig 3. manchmal 4. selten 5. fast nie   1 2 3 4 5

26. Er versucht, seinen unterstellten Mitarbeitern das Gefühl zu geben, daß er der „Chef" ist und sie unter ihm stehen.
    1. sehr stark 2. stark 3. etwas 4. kaum 5. überhaupt nicht   1 2 3 4 5

27. Er ist am persönlichen Wohlergehen seiner unterstellten Mitarbeiter interessiert.
    1. überhaupt nicht 2. wenig 3. etwas 4. relativ stark 5. sehr stark   1 2 3 4 5

28. Er paßt die Arbeitsgebiete genau den Fähigkeiten und Leistungsmöglichkeiten seiner unterstellten Mitarbeiter an.
    1. fast nie 2. selten 3. manchmal 4. häufig 5. fast immer   1 2 3 4 5

29. Der Umgangston mit seinen unterstellten Mitarbeitern verstößt gegen Takt und Höflichkeit.
    1. oft 2. relativ häufig 3. manchmal 4. selten 5. niemals   1 2 3 4 5

30. Er regt seine unterstellten Mitarbeiter zur Selbständigkeit an.
    1. überhaupt nicht 2. kaum 3. etwas 4. stark 5. sehr stark   1 2 3 4 5

31. In „Geschäftsflauten" zeigt er eine optimistische Haltung und regt zu größerer Aktivität an.
    1. überhaupt nicht 2. wenig 3. zu einem gewissen Grad 4. relativ stark 5. sehr stark   1 2 3 4 5

32. Nach Auseinandersetzungen mit seinen unterstellten Mitarbeitern ist er nachtragend.
    1. oft 2. relativ häufig 3. manchmal 4. selten 5. fast nie   1 2 3 4 5

Auswertung:

ΣI: ΣII: Skalen-Σ   ΣII: Mittelwert

F	+	=	: 12	= Freundliche Zuwendung	F	A	M	K	F/A	→ F .
A	+	=	: 7	= mitreißende Aktivität						→ A .
M	+	=	: 4	= Mitbestimmung, Beteiligg.						→ M .
K	+	=	: 5	= Kontrolle - Laissez-faire						→ K .
F/A	+	=	: 4	= Kombination aus F u. A						→ F/A .

a) Einhaltung von Ordnung vs. laissez-faire:
 - er erkundigt sich nicht nach dem Stand der Arbeit (10) /K-IS)
 - legt Wert auf Termineinhaltung (12) (K-IS)
 - besteht auf Pünktlichkeit und Pauseneinhaltung (17) (K-IS)

b) hierarchische Distanzierung:
 - behandelt Mitarbeiter als Partner (9) (F-C)
 - gibt Anweisungen im Befehlston (20) (F-C)
 - er ist der "Chef" (26) (F-C)

c) "Beschützer", "Puffer":
 - er steht für "seine" Mitarbeiter ein (8) (F/A)

Zusammengefaßt auf je einen Leitbegriff stellt sich der Vorgesetzte
dar als 1. Partner   4. a) Aufpasser
        2. Organisator   b) Chef
        3. Antreiber   c) Puffer

Ich habe in dem auf S. 86 f abgedruckten FVVB durch grafische Symbole
vor den Item-Nummern kenntlich gemacht, zu welchem Faktor jedes
Item zu rechnen ist. Die Faktorenanalyse FITTKAU-GARTHEs und FITT-
KAUs (1971) basiert auf der Auswertung von über 1200 Fragebogen,
durch die 228 Vorgesetzte in 9 Hamburger Firmen beschrieben worden
waren.
Die Autoren legten sich auf eine 4-Faktoren-Lösung fest:
- F (Freundliche Zuwendung; mit 12 Items repräsentiert)
- A (mitreißende Aktivität; 7 Items)
- M (Mitbestimmung, Beteiligung; 4 Items)
- K (Kontrolle vs. Laissez-faire; 5 Items)
Ferner wurden noch 4 Items beibehalten, die etwa gleichstark auf
F und A luden (F/A).

In Nachanalysen der Daten von FITTKAU-GARTHE und FITTKAU konnte
NACHREINER (1978) zeigen, daß die übliche 2-Faktorenlösung angemes-
sener ist (ein ähnliches Ergebnis berichtet ALLERBECK, 1977, bei
der Analyse ihrer FVVB-Daten). Demzufolge kombinieren sich F und M
zu einem Hauptfaktor, der dem in den amerikanischen Studien immer
wieder bestätigten Mitarbeiter-Orientierungs-Faktor "Consideration"
äquivalent ist; A und K vereinigen sich zum Aufgaben-Orientierungs-
Faktor "Initiating Structure".
Consideration steht für Wärme, Vertrauen, Freundlichkeit, Achtung,
Ermöglichung zweiseitiger Kommunikation und Mitsprache. Initiating
Structure erstreckt sich auf aufgabenbezogene Organisation, Aktivierung und Kontrolle (s. dazu auch FLEISHMAN 1953 und 1973).

Die in den Ohio-Studien entdeckte (oder erfundene?) Zweidimensionalität des Führungsverhaltens hat in zahlreiche Führungstheorien
(z.B. BLAKE und MOUTON, REDDIN, HERSEY & BLANCHARD - s. dazu ausführlich unten) als tragender Bestandteil Eingang gefunden.
Aber welches Bild von Führung steht hinter einer solchen (Fragebo-
gen-)Konzeption?
In der von mir abgegrenzten 1. Gruppe von Items (die nur - aber nicht
alle - F-Items in FITTKAU-GARTHE und FITTKAU enthält) wird der Vorgesetzte als Partner oder Mitmensch beschrieben. Das mutet zunächst
wie eine Selbstverständlichkeit an und die hohen Mittelwerte, die
übereinstimmend von dieser Dimension berichtet werden (bei einer
Höchstpunktzahl von 5 liegen die Mittel(!)werte nahe bei 4), deuten
darauf hin, daß die meisten Vorgesetzten von ihren unterstellten

Mitarbeitern als freundlich, höflich und gesprächsbereit geschildert werden. Bedeutsam wird diese Gruppe von Aussagen aber vor allem, wenn man den negativen Pol betrachtet; hier kommt eine Auffassung vom Mitarbeiter zum Ausdruck, die diesen als Ding oder Untertan traktiert oder verachtet. Daß sich Unterstellte eine solche Behandlung gefallen lassen (müssen) - und daß ernsthaft danach gefragt werden kann - läßt erkennen, daß in der Führer-Geführten-Beziehung hinter allen Human-Relations, die im Faktor "Consideration" thematisiert sind, die unleugbare Tatsache der Abhängigkeit und Unterordnung steht. Die respektvoll-akzeptierende "Behandlung" durch den Vorgesetzten kann auch verweigert werden. Daraus nährt sich der Verdacht, daß Menschenfreundlichkeit und Klimapflege möglicherweise Taktiken sind, sich den "goodwill" der Mitarbeiter zu sichern - sie sind damit aber auch ein Eingeständnis der Abhängigkeit des Vorgesetzten von den Unterstellten. Sind nämlich die gegenseitigen Beziehungen durch Feindseligkeit und Mißtrauen charakterisiert, dann muß der Vorgesetzte damit rechnen, daß sich die Unterstellten nicht zu jener spontanen Kooperation bereitfinden, die eine wesentliche Voraussetzung für reibungslose und verantwortungsvolle Aufgabenerledigung ist und deren Fehlen nur durch ein unökonomisch hohes Ausmaß an Reglementierung und Kontrolle (unvollkommen) wettgemacht werden kann. Was so unverfänglich "Mitarbeiter-Orientierung" bzw. "freundliche Rücksichtnahme" genannt wird, ist somit ein Indiz für die Bedeutung der Bewältigung jener Spannungen, die aus der Verfügungsgewalt über den Mitarbeiter bei gleichzeitiger Abhängigkeit von ihm resultieren. Consideration ist eine Tauschwährung, die hoch im Kurs steht: durch Freundlichkeit vergilt es der Vorgesetzte seinen Unterstellten, daß und wenn sie die kaum einklagbare und nicht zu befehlende (loyale und konstruktive) Mit-Arbeit praktizieren. Wenn ein Mitarbeiter seinen Chef als "freundlich, gelöst, hilfsbereit etc." beschreibt, attestiert er sich zugleich selbst, daß es ihm gelungen ist, eine prinzipiell spannungsgeladene Beziehung positiv zu gestalten. Das "Zueinanderpassen", "miteinander warm werden", "sich sympathisch finden" ist für jede soziale Beziehung von erstrangiger Bedeutung; aus Untersuchungen zur Eindrucksbildung und sozialen Wahrnehmung ist bekannt, daß "Wärme, Liebe, Vertrauen, Sympathie" als wichtigste Basiskategorie einer interpersonellen Beziehung eingeschätzt werden. In einer Beziehung, die überdies durch Abhängigkeit und Unterordnung ausgezeichnet ist, gewinnt die Sicherung von (aggressionshemmender und auf Gegenseitigkeit verpflichtender) Wertschätzung einen besonderen Stellenwert.

In der zweiten von mir zusammengestellten Item-Gruppe finden sich Aussagen, die allen 4 Faktoren der empirischen Analyse von FITTKAU-GARTHE & FITTKAU zugeordnet werden können. Der empirische Befund ist jedoch nicht als "objektive" Klassifikation zu akzeptieren: Was empirisch zusammen vorkommt, muß noch lange nicht theoretisch homogen sein! Es mag sein, daß Vorgesetzte, die "langsame Mitarbeiter zu höheren Leistungen antreiben", häufig auch "spezifische Aufgaben zuweisen" - das heißt aber nicht, daß "antreiben" und "umorganisieren" derselben Verhaltensklasse zuzurechnen sind. Wer ißt, wird regelmäßig auch atmen - was nicht bedeutet, daß Atmen und Essen das gleiche sind! Für solche Differenzierungen ist die Faktorenanalyse blind, sie konstatiert nur das Zusammenvorkommen, ohne das Zustandekommen aufhellen zu können. Da ich aber nicht das (empirische) Ergebnis, sondern die Führungsvorstellungen der Fra-

gebogenkonstrukteure deuten möchte, beziehe ich mich auf die von
mir umgruppierten Items. In der zweiten Gruppe von Feststellungen
geht es um den Vorgesetzten als "Manager" oder "Macher": er organisiert die Arbeit, ändert Aufgabengebiete, läßt sich vor Entscheidungen, die er allein trifft, beraten ... Es wird hier das Bild
des souverän Handelnden entworfen, so als ob es keine stabile for-
malisierte Organisation gäbe, durch die Dauerregelungen fixiert
sind - und die auch den Spielraum des Vorgesetzten einengen. Der
Vorgesetzte ist bei dieser Betrachtungsweise nicht Koordinator
selbständig handelnder Spezialisten und somit gleichsam Dirigent
eines eingespielten Orchesters, sondern er schreibt die Partitur
um und ändert die Besetzung. Ein solches Vorgesetztenbild mag typisch sein für Kleinbetriebe; in Großorganisationen ist die Konkurrenz für den Vorgesetzten wesentlich härter: hier machen ihm Organi-
sations-, Personal-, Rechtsabteilung, die Fertigungssteuerung und
die Arbeitsvorbereitung, der Betriebsrat und die hochspezialisier-
te Technologie das Ändern der Aufgabengebiete und das Umsetzen der
Unterstellten schwer. Es fehlt in den Vorgaben des Fragebogens jeder Hinweis, wie groß der Organisationsspielraum der Führungskraft
ist; umso leichter kann das Bild vom autonomen Gestalter wiederbelebt werden. Wenn er nun in souveräner Willkür entscheidet, ohne
die Mitarbeiter vorher zu fragen oder gar mitreden zu lassen, dann
hat er es entweder mit unfähigen, desinteressierten Mitarbeitern
und/oder einer rudimentären Organisation und/oder mit Aufgabenver-
änderungen "im Rahmen seiner Befugnisse" zu tun. Dieser letzte Aspekt scheint mir besonders wichtig angesichts der oben erörterten
Führungsdilemmata: Der Vorgesetzte ist als "Lückenbüßer der Organisation" verantwortlich für die Anpassungsmaßnahmen, die sich aus
nicht vorhersehbaren Lage- und Zielveränderungen ergeben; dafür hat
er eine mehr oder weniger große Bandbreite eigener Gestaltung zur
Verfügung. Er kann diesen Spielraum autoritär-monopolistisch nutzen
oder sich auf die Initiative und Kompetenz seiner Unterstellten
verlassen.
In der dritten Itemgruppe geht es um die Antreiberfunktion. Das
Bild vom Mitarbeiter, das der Vorgesetzte hat, kann nach der Art
der "Theorie X" gezeichnet sein, die McGREGOR (1970, S. 47 f.)
durch folgende Auffassungen charakterisiert:
"1. Der Durchschnittsmensch hat eine angeborene Abneigung gegen Arbeit und ver-
    sucht, ihr aus dem Weg zu gehen, wo er nur kann ...
 2. Weil der Mensch durch Arbeitsunlust gekennzeichnet ist, muß er zumeist ge-
    zwungen, gelenkt, geführt und mit Strafe bedroht werden, um ihn mit Nach-
    druck dazu zu bewegen, das vom Unternehmen gesetzte Soll zu erreichen ...
 3. Der Durchschnittsmensch zieht es vor, an die Hand genommen zu werden, möchte
    sich vor Verantwortung drücken, besitzt verhältnismäßig wenig Ehrgeiz und
    ist vor allem auf Sicherheit aus".

Wenn ein Vorgesetzter glaubt, daß seine Unterstellten zu diesem
Menschenschlag gehören, wird er natürlich aufrichtig überzeugt sein,
daß "man" sie antreiben, bevormunden und überwachen muß, um "das
gesetzte Soll zu erreichen". Wer die Mitarbeiter mit einer solchen
Brille sieht, der läßt die Erfahrung nicht zu, daß sie selbstdiszi-
pliniert und engagiert Verantwortung suchen ("Theory Y") - und
sorgt überdies durch sein eigenes Verhalten dafür, daß seine pessi-
mistischen Erwartungen bestätigt werden: er immunisiert sich selbst
gegen das Differenzieren und Dazulernen.
Der Vorgesetzte muß also die Sache nicht nur "in die Hand nehmen"
(Macher, Manager), er muß sie auch zum Laufen bringen und für den

nötigen Schwung sorgen!
Dazu paßt auch die Aufpasser-Funktion, die in der vierten Gruppe
zum Vorschein kommt. Wenn nicht jemand da wäre, der für "law and
order" sorgte, würde binnen kurzem alles drunter und drüber gehen:
der Vorgesetzte ist Garant der Ordnung, der sie vor der Auflösung
durch die chaotisch-desinteressierten Mitarbeiter schützt. In einer
eigenartigen Mischung aus Vater, Dompteur und Bürokrat entmündigt,
zähmt und reglementiert er die Unterstellten; für die Kanalisation
des freien Flusses der Kräfte und Ideen erhält er Berechenbarkeit,
aber er bezahlt dafür den Preis des Ausbleibens jener periodischen
Überschwemmungen, die eine verkrustete Landschaft mit fruchtbar-
lebendigem Schlamm überziehen. Vorgesetzte, die diese Ordner-Kon-
trolleur-Rolle mit derjenigen des Beraters, Koordinators, Monitors
tauschen, müssen gleichzeitig ihr Bild vom Unterstellten umzeich-
nen, denn sie gehen dann vom informierten, loyalen und motivierten
Mit-Arbeiter aus.
Die Unnahbarkeit und hierarchische Distanzierung, die in der nächsten Itemgruppe (4 b) beurteilt wird, ruft in Erinnerung, daß Führen nicht nur Koordinieren und Aktivieren bedeutet, sondern auch
rangmäßige Über- und Unterordnung. Um dem Vorgesetzten die Möglichkeit zu geben, in Zweifelsfragen und bei ungeplanten Entwicklungen
zielgetreu lenken zu können, muß er mit "ungebundenem" Einflußüber-
schuß ausgestattet werden. Die zugestandene Überlegenheit generalisiert sich nun leicht übers Amt hinaus ins Persönliche. Die Aura
der Unnahbarkeit wird stilisiert und diese "Entrückung" gibt zugleich die wertvolle Chance, unverstrickt in allzu menschliche Beziehungen rigorose schmerzende Maßnahmen durchzusetzen. Die "Entfernung" des Vorgesetzten fungiert somit als ein Schutzmechanismus gegen Verwicklung in emotionale Bande und gibt Handlungsfreiheit zurück - nicht zuletzt dadurch, daß der Vorgesetzte durch seine Distanzierung unberechenbarer wird und genau dies (das eigene Verhalten unvorhersehbar halten) ist nach CROZIER u. FRIEDBERG (1979)
Macht. Welche Machtbasen der Vorgesetzte aber zusätzlich aktivieren
kann, wird in den üblichen Verhaltensbeschreibungen nicht untersucht.
Zu denken wäre etwa an die von RAVEN u. KRUGLANSKI (1970) differenzierten Formen: Ressourcenkontrolle und damit Belohnungs- und Bestrafungsmöglichkeiten, Expertentum, Informationsvorsprünge, Vor-
bildfunktion, ideologisch-normative bzw. institutionelle Legitimierung.
Die letzte Gruppe (4 c) enthält nur das eine Item "Er steht für
seine unterstellten Mitarbeiter und ihre Handlungen ein" (in der
Originalversion des LBDQ - siehe die deutsche Fassung von TSCHEULIN
und RAUSCHE 1970 - sind zwei Aussagen diesem Bereich zuzuordnen:
"5. Er bemüht sich um ein gutes Verhältnis zwischen ihm unterstellten Mitarbeitern und den höheren Vorgesetzten" und "7. Er tritt für
seine Mitarbeiter ein, auch wenn er deswegen von anderen schief angesehen wird").
Der Vorgesetzte kann also einerseits als Puffer oder Beschützer und
andererseits als Vermittler wirken. Die erste Möglichkeit wird von
HOUSE (1974) zutreffend als "Schirm-Funktion" beschrieben: der Vorgesetzte "läßt seine Mitarbeiter nicht im Regen stehen". Damit kommt
ein sehr bedeutender Aspekt der innerorganisatorischen Führungsre-
lationen zum Ausdruck: über dem unmittelbaren Vorgesetzten baut
sich eine weitere Hierarchie von Führung auf, die oft genug für den
Unterstellten nicht mehr personal identifizierbar ist, sondern sich
zu "denen da oben" anonymisiert. Wie in der griechischen Mythologie

sind es die Götter, die in den Wolken thronen und deren unergründliche Maßnahmen Schuldige wie Unschuldige treffen können. Ein Vorgesetzter, der Rückgrat und Zivilcourage zeigt, der für seine Leute den "Kopf hinhält", stellt sich den blinden Schicksalsmächten entgegen und macht sich selbst zum Sündenbock anstatt die Blitze an sich vorbei nach unten zu lenken.

Dieser Winkelried-Vorgesetzte, der die Speere auf die eigene Brust zieht, ist eine heroische Verklärung einer der Möglichkeiten, die sich aus der Grundsituation der Unterordnung ergeben. Eine andere wäre, daß der Vorgesetzte alles Gute, das von oben kommt, an seine Unterstellten weiterleitet und schließlich, daß er nicht nur Filter, sondern auch Vermittler wird: er kann den Weg von unten nach oben öffnen und - um im religiösen Bild zu bleiben - wie ein Priester den Göttern die Sorgen und Wünsche der Menschen vortragen.

Wenn in einem 32-Item-Fragebogen die Tatsache der Mehrebenen-Hierarchie mit nur einer einzigen Aussage thematisiert wird, versteht es sich, daß diese wichtige Bestimmung der Untergebenen-Situation sich nicht als eigenständiger "Faktor" etablieren kann, sondern unter einen Hauptfaktor subsumiert wird. Es ist in diesem Zusammenhang bemerkenswert, daß die empirische Faktorenanalyse des FVVB gezeigt hat, daß das relevante Item (Nr. 8, s. S. 86) nicht eindeutig zugeordnet werden konnte, sondern als F/A-Item sozusagen zwischen die Fronten zu liegen kam.

Mit der inhaltlichen Analyse der "16 wichtigsten Verhaltensmerkmale des sozialistischen Leiters" und des "Fragebogens zur Vorgesetzten-Verhaltens-Beschreibung" wollte ich an zwei Beispielen aufzeigen, daß Führungsverhalten nicht durch elementaristische unverbundene Bestimmungs-"Stücke" beschrieben wird, sondern daß in den Item-Zusammenstellungen sinnvolle, d.h. theoriegeleitete Ausschnitte aus dem Aktivitätskontinuum des Menschen "Vorgesetzter" erfaßt werden.

Die Fragebogen-Inhalte werden durch eine (meist unausgesprochene) Vorstellung über das "Wesen der Führung" und das "Bild vom Mitarbeiter" geprägt.

Aus den "Verhaltensmerkmalen" von HEYSE habe ich drei Merkmalsgruppierungen abstrahiert:
- vorbildlicher idealer Mitarbeiter
- sachbezogen motivierender Organisator
- respektierter Sozialingenieur.

Den FVVB habe ich in folgende "Dimensionen" zerlegt:
- freundlicher Mitmensch vs. Sachwalter
- Allein-Macher vs. Mit-Macher
- antreiben - loslassen
- Ordner-Kontrolleur vs. Monitor-Koordinator
- Chef vs. Partner
- Beschützer vs. Vermittler

Die Unterschiedlichkeit der beiden Ansätze animiert zu der Frage, ob denn noch weitere, von beiden Ansätzen nicht berücksichtigte Aspekte des Führungsverhaltens relevant sind. Diese Frage kann - wie oben schon erläutert - auf zwei Arten beantwortet werden: einmal durch die Entwicklung einer theoretischen Konzeption, die - wie etwa VORWERGs kybernetisches Modell - a priori bestimmte Führungsfunktionen behauptet. Ich möchte am Beispiel einer zweiten, von VORWERGs "technizistischer" Konstruktion radikal verschiedener Theorie Inhalte einer möglichen Führer-Verhaltens-Beschreibung skizzieren.

Zu diesem Zweck werde ich die Grundlinien des gruppendynamischen
Ansatzes zeichnen, nicht um diesen erschöpfend darzustellen, sondern
um an diesem Beispiel völlig andere Frage-Inhalte zu rechtfertigen.
Auf diese Demonstration folgen dann weitere empirische Belege für
den Versuch, den Umkreis des Führungsverhaltens möglichst umfassend
zu beschreiben.

4.2. Exkurs: Gruppendynamische Ansätze

"Die" gruppendynamische Führungstheorie gibt es nicht, es sei denn,
man begnügte sich mit dem allgemeinen Definitionsmerkmal, daß in
dieser Theoriengruppe nicht die Person des Führers, sondern die
(Dynamik der) Interaktion in einer Gruppe die herausragende Rolle
spielt (wobei die Führer-Geführten-Beziehung nur eine Untermenge
der Gesamtmenge der gruppeninternen Beziehungen ist). Ich möchte
mich speziell auf jene Darstellungen konzentrieren, bei denen die
Qualität der affektiven Beziehungen in einer Gruppe im Mittelpunkt
steht. Damit rückt ein Merkmal ins Zentrum der Aufmerksamkeit, das
bei den üblichen sachrationalen Führungskonzeptionen fast gänzlich
vernachlässigt wird: die Tatsache, daß Menschen neben Fähigkeiten
und Werten auch noch "irrationale" Ängste, Wünsche und Bedürfnisse
haben.
Als einer der ersten hat FREUD (1921) in seiner kurzen Schrift
"Massenpsychologie und Ich-Analyse" die dynamische Führer-Geführten-
Konstellation untersucht. FREUD geht davon aus, daß die früheste
Form der Gefühlsbeziehung die "Identifizierung" ist: es wird keine
Triebenergie (Libido) auf Objekte "verschwendet", die Libido wird
narzißtisch auf das eigene Ich konzentriert. In einer normalen Entwicklung wird diese Frühphase durch die Wendung der Libido nach außen
abgelöst, andere "Objekte" (Aufgaben, Personen) werden "besetzt".
Wenn aber die Möglichkeit vereitelt wird, Libido auf Objekte zu
richten, so kehrt sich die verfügbare affektive Energie auf die
Person: das Objekt wird "introjeziert" und als "Ich-Ideal" mit Libido besetzt, die Objektwahl fällt auf die genetisch frühere Stufe
der Identifizierung zurück. Bei der Massen- oder Gruppenbildung ist
nun typisch, daß alle Individuen ein gemeinsames Liebesobjekt haben:
den Führer. Die Erfüllung der sexuellen Triebansprüche wird versagt
und muß unterdrückt werden, so daß die zielgehemmte Sexualität sich
nicht in der Objektwahl manifestieren kann - sie regrediert auf eine
Identifizierung mit dem Führer, der als Ich-Ideal verinnerlicht wird.
Der Führer ersetzt das Über-Ich: das Individuum ist fremdbestimmt
und übernimmt die normativen Regeln seines Verhaltens vom Führer.
Die aufgestauten libidinösen und aggressiven Impulse müssen verarbeitet werden, entweder indem sie sich gegen die Person selbst wenden (Selbstbeschuldigung, Unterwerfung) oder gegen Außenstehende
gerichtet werden (Aggression gegen Minoritäten, "Feinde").
Der hohe affektive Zusammenhalt in einer Gruppe ist als eine "Reak-
tionsbildung" aufzufassen, durch welche die zugrunde liegende Aggressivität, der "Bodensatz an Haßbereitschaft" (FREUD, 1971, S. 40) unterdrückt wird.
Es ist wichtig festzuhalten, daß für FREUD die libidinöse Beziehung
zwischen Führer und Geführten ein Ergebnis vereitelter Objektwahl
und damit der Triebunterdrückung ist. In dem Maße, wie sich die Geführten durch "Hingabe" an eine Sache oder Aufgabe auf Objekte der
Außenwelt beziehen können, sinkt die affektive Fixierung auf den

Führer. Daraus würde sich die interessante These ableiten, daß ein Führer, der sich als emotionaler Brennpunkt kristallieren und erhalten möchte, nicht sachorientiert sein darf - er muß geradezu verhindern, daß die Unterstellten in ihren Aufgaben "aufgehen". Das Gegensatzpaar "Mitarbeiter"- und "Aufgaben-Orientierung" gewinnt hier eine ganz neue Deutung: die Mitarbeiter-Orientierung wird umso bedeutungsloser, je höher das sachlich bezogene Engagement der Unterstellten ist!
HOFSTÄTTER hat (1963, S. 356) die Gedankengänge FREUDs weiterführend interpretiert, indem er darauf hingewiesen hat, daß der Führer in einer spannungsgeladenen Beziehung zu den Geführten stehen muß: er ist einerseits Identifikations-Objekt und darf deshalb nicht "ganz anders" sein, der Geführte soll sich in ihm wiederfinden können; andererseits aber muß der Führer Projektions-Objekt sein: die eigenen unerledigten Wünsche nach Größe, Allmacht, Liebe, Aggression usw. soll der Führer stellvertretend erfüllen (s.a. HORKHEIMER & ADORNO 1972, S. 211 f.). Der Führer soll - wie KRECH u.a. (1962) es einmal ausgedrückt haben, zugleich "one of us", "most of us" und "best of us" sein! Die Dynamik der Führungssituation ergibt sich aus der "Verschränkung" von Projektion und Identifikation (s. Abb. 8):

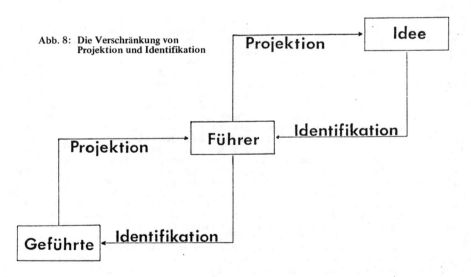

Abb. 8: Die Verschränkung von Projektion und Identifikation

Wenn der Führer als Projektionsfigur versagt (weil er z.B. Gegnern unterliegt, Versprechen nicht einhalten kann, sich nicht als Idol erhält, sondern als kleinlich, mittelmäßig, schwach entlarvt wird), dann kehrt sich die gesamte Wut der enttäuschten Hoffnungen gegen ihn: die Kündigung des glücklosen "Erfolgs"-Trainers wäre das vergleichsweise harmlose Gegenstück zum rituellen Königsmord früherer Zeiten, durch den sich das Kollektiv von quälenden Zweifeln an der eigenen Unzulänglichkeit reinigte.

Die Gruppendynamik der Führung manifestiert sich am deutlichsten
in sog. "unstrukturierten" Gruppen, in denen das gewohnte, Ängste
absorbierende Gerüst von etablierten Rollen, akzeptierten Normen
und fixierter Aufgabenzuweisung noch nicht errichtet ist. Es besteht in einer solchen Situation extreme Verunsicherung, die massiven Ängste lösen eine oft hektische Suche nach Orientierung und
Halt aus (umgekehrt ist es ein probates Mittel, den Ruf nach der
"starken Hand" durch künstliche Inszenierung einer Krise herauszufordern!). Wie BION (1971) und TUCKMAN (1965) gezeigt haben, lösen sich unter diesen Bedingungen charakteristische Entwicklungs-
phasen ab: das Erlebnis der Unsicherheit führt zunächst zu Flucht-
und Aggressionsverhalten, dann zu Subgruppenbildung und schließlich, wenn eine gemeinsame normierte Ordnung gefunden werden kann,
zur Hinwendung an die Lösung von Sachaufgaben.
In diesem Zusammenhang spielt auch die interne Differenzierung der
Gruppe eine wichtige Rolle. Im üblichen organisationspsychologischen Gruppenbegriff wird dem Führer die in sich homogene Menge
der Geführten gegenübergestellt. In einigen gruppendynamischen Ansätzen (s. etwa HEIGL-EVERS, 1973, S. 41) wird dagegen ein stabi-
les immer wiederkehrendes Muster unterschiedlicher Rangpositionen
identifiziert:
- die prominente Alpha-Position (Führer, Sprecher, Repräsentant)
- die ebenfalls herausgehobene Beta-Position (als des Sprechers,
  Schiedsrichters, Experten, Kritikers)
- die Gamma-Position (das 'normale' Mitglied, der Mitläufer, Nor-
  menhüter, Helfer etc.)
- die rangniedere Omega-Position (Außenseiter, Sündenbock, Prügel-
  knabe).
SCHINDLER (1973, S. 31) führt dazu folgendes aus:
"Gegenüber einem Gegner (G) liebt sich die Gruppe narzißtisch in dem in Alpha-
Position befindlichen Individuum. Mit diesem identifizieren sich die in Gamma-
Position befindlichen Gruppenmitglieder, die sich ihrerseits zum Ranglertzen
der Gruppe, Omega, so verhalten, wie die Gruppe in ihren Fantasien träumt, daß
Alpha sich zum Gegner der Gruppe verhalten werde. Dies hat zur Folge, daß Omega
sich mit G identifiziert, was gleichzeitig eine provokativ wirkende Ursache für
den geschilderten dynamischen Ablauf ist. In diesem emotionellen Kreis bleibt
die Beta-Position abseits. Die sich da ansiedelnden Individuen verdanken ihre
gute Rangposition ihrem direkten Verhältnis zu Alpha, dem sie sich meist durch
Leistung wertvoll machen".
Eine solche Betrachtungsweise - auch wenn man sie im einzelnen nicht
nachzuvollziehen bereit ist - akzentuiert in besonderer Weise die
Bedeutung   der affektiven Dynamik: Haß und Ablehnung, Buhlen um
Gunst und Liebedienerei, Zuneigung und Hilfesuchen, Isolierung und
Wir-Gefühl sind Realitäten, die keinem Gruppenmitglied - auch in
strukturierten Gruppen - fremd sind. Ein Führer kann sich aus diesem Beziehungsgeflecht nicht herauslösen, er ist darin im Gegenteil
eine Zentralperson (s. REDL 1942).
In einem solchen Ansatz ist Führung - wie TAFERTSHOFER (1980, S. 11)
anmerkt - "nicht als Ursache des Verhaltens der Geführten, sondern
als dessen Ergebnis anzusehen", Führen ist statt einer "Einflußnahme
auf andere" eher eine "Repräsentation des Gruppenwunsches" (S. 25),
der Führer verleiht den Bedürfnissen, Ängsten, Erwartungen und
Hoffnungen der Gruppe sichtbaren Ausdruck, in diesem Sinn "ist" der
Führer die Gruppe, anstatt sie zu beeinflussen!

Legt man eine solche gruppendynamische Auffassung von Führung zugrunde, dann werden am Führungsverhalten ganz andere Aspekte wichtig
als diejenigen, die etwa beim FVVB erfaßt werden. Es müßten dann -
um einige Beispiele zu nennen - etwa folgende Fragen gestellt werden:
- Ermuntert der Vorgesetzte zu spontanem Ausdruck der Gefühle?
- Eignet sich der Führer als Projektionsfigur? Erfüllt er die Grup-
  penwünsche nach Allmacht,(Aufgaben-)Erfolg , Aggression (baut er
  ein "Feindbild" auf), Liebe (schafft er ein solidarisches Wir-
  Gefühl)?
- Wie geht der Führer mit den "Übertragungen" der Gruppenmitglieder
  um, in denen Rollen und Erfahrungen in einer frühkindlichen Sozialbeziehung am Führer wiederbelebt werden (der Führer als strafen-
  der oder liebevoller Vater usw.) (s.a. KUTTER 1973).
- Wie fördert oder unterbindet er Subgruppenbildungen?
- Deutet er Leistungsabfall oder -verweigerung als Widerstands-
  phänomen (Aufbau einer Abwehr, die gegen eine mögliche Persön-
  lichkeitsveränderung errichtet wird)?
- Fungiert der Führer als Ich-Ideal (Vorbild) der Gruppe?
- Nimmt er die Funktion eines Über-Ich der Gruppe wahr, indem er
  Werte, Normen, Haltungen vermittelt und durchsetzt?
- Ist der Führer Symbol der Gruppe? Kommen in ihm Eigenart und Kon-
  tinuität der Gruppe zum Ausdruck (z.B. ihre Zerrissenheit, ihr
  Verfall, ihr Leistungswille etc.)?
- Trägt der Führer zur Polarisierung der Gruppe bei (wieviel Beta-
  und Omega-Position gibt es)?
- Macht der Führer die Gruppe von sich abhängig oder lenkt er die
  Triebenergie auf "Objekte" (Aufgaben, Personen)?
- Welche Mitglieder-Bedürfnisse kann der Führer nicht befriedigen
  (Notwendigkeit eines "Schatten"- oder "Ersatz"-Führers)?

4.3. STOGDILLs LBDQ-XII

Mit diesen Überlegungen zur Gruppendynamik wollte ich veranschaulichen, daß mit einem anderen theoretischen Fundament ganz andere
Verhaltensweisen des Führers relevant werden. Damit sollte auch die
Perspektivität und Lückenhaftigkeit von Fragebogen, die "das" Führungsverhalten zu messen vorgeben, vor Augen geführt werden. In diesem Versuch werde ich im folgenden fortfahren, indem ich weitere
empirische Ansätze (bei denen eine explizite Theorie nicht formuliert wurde) zusammenstelle, um auf Verhaltensbereiche aufmerksam
zu machen, die bei einer "2-Faktoren-Lösung" unbeachtet bleiben.
Einer der ersten, die Unzufriedenheit mit der restriktiven Sichtweise der Ohio-Studien artikuliert haben, war STOGDILL, der selbst
zu den Begründern der Ohio-Schule gehört. Er hat 1964 seinen LBDQ-
XII vorgelegt, einen Führer-Beschreibungs-Bogen, der insgesamt 12
verschiedene Aspekte erfassen soll:
1. Repräsentation - spricht und handelt als Repräsentant der Gruppe
2. Versöhnung von Ansprüchen - bringt widersprüchliche organisatorische Ansprüche in Einklang und verringert oder beseitigt Störungen
3. Unsicherheitstoleranz - ist fähig, Ungewißheit und Verzögerun-
   gen ohne Angst oder Aufregung zu tolerieren
4. Überzeugungskraft - setzt Überzeugung und Argumentation effektiv ein; zeigt starke Überzeugungen

5. Einführung von Struktur - definiert seine eigene Rolle klar
   und läßt die Geführten wissen, was von ihnen erwartet wird
6. Zugestehen von Handlungsfreiheit - gesteht den Geführten Spielraum für Initiative, Entscheidung und Handlung zu
7. Festhalten an der Führerrolle - nimmt aktiv seine Führerrolle
   wahr, anstatt die Führung anderen zu überlassen
8. Praktische Besorgtheit - achtet auf Wohlbefinden, Status und
   Beteiligung der Geführten
9. Betonung der Produktion - dringt auf produktive Leistung
10. Präzise Vorausschau - zeigt Weitblick und die Fähigkeit, Er-
    gebnisse genau vorherzusagen
11. Integration - sorgt für eine verschworene Gemeinschaft; löst
    Konflikte zwischen den Mitgliedern
12. Einfluß bei Vorgesetzten - hält freundliche Beziehungen zu
    höheren Vorgesetzten; findet Gehör bei ihnen; strebt nach
    höherem Status.

Zur Beschreibung des Vorgesetztenverhaltens stehen bei jeder Dimension 5 - 15 Items zur Verfügung (insgesamt 100). Die 12 Dimensionen
überlappen sich zum Teil.

Den Aspekten, die ich im FVVB identifiziert habe, lassen sich fol-
gende LBDQ XII-Dimensionen zuordnen:
Freundliche Zuwendung: "praktische Besorgtheit" (8)
Organisation und Beteiligung: "Einführung von Struktur" (5)
und "Zugestehen von Handlungsfreiheit" (6).
Energetisierung: "Betonung der Produktion" (9)
Kontrolle und Ordnung: "Unsicherheitstoleranz" (3)
Hierarchische Distanz: "Festhalten an der Führerrolle" (7)
Pufferfunktion: z.T. "Versöhnung von Ansprüchen" (2) und
"Einfluß bei Vorgesetzten" (12).

Die folgenden Aspekte sind neu im LBDQ-XII:
- Repräsentation (1)
- z.T. Versöhnung von Ansprüchen (2)
- Überzeugungskraft und eigene Überzeugtheit (4)
- Präzise Vorausschau (10)
- Integration (11).

Mit Ausnahme der Planungsaktivitäten, die in der Dimension 10 erfaßt werden, lassen sich die anderen Verhaltensweisen durchaus in
eine Beziehung zu den Aspekten bringen, die bei der "gruppendynamischen" Perspektive hervorgehoben wurden:
- "Repräsentation" steht für die Außendarstellung und Symbolisierung der Gruppe
- "Versöhnung von Ansprüchen" hängt mit der Aufgabe zusammen, die
  oft recht heterogenen Bedürfnisse und Erwartungen in Einklang
  bringen
- "Überzeugungskraft" erweist den Vorgesetzten als Generator und
  Vermittler von Werthaltungen und Normen
- "Integration" schließlich hebt auf die Tendenzen zum Zerfall der
  Gruppe ab und bezeichnet die Fähigkeit, Spannungen und Konflikte
  zu bewältigen und die gruppeninternen Beziehungen konstruktiv zu
  gestalten.

Am LBDQ-XII wird offenkundig, daß die Berücksichtigung zusätzlicher
Verhaltensbereiche (gegenüber dem LBDQ oder FVVB) zwar eine wertvolle Bereicherung darstellt, aber dennoch dem Vorwurf der Willkür

und Beliebigkeit nicht entgehen kann. Es wird kein systematisches
Argument geliefert, warum gerade diese und keine weiteren oder anderen Führer-Handlungen berücksichtigt werden. Ganz besonders deutlich wird der Sammelsuriums-Charakter solcher Aufstellungen an einer
Prüfliste, die LIKERT (1975) zur Differenzierung zwischen vier verschiedenen Organisations-Führungssystemen (System 1 - 4) anbietet.
LIKERT gliedert 7 Hauptdimensionen (Motivation, Kommunikation, Interaktion, Entscheidungsbildung, Zielsetzung, Kontrolle und Leistung) in insgesamt 43 Einzelmerkmale auf. Nicht alle Einzelaussagen beziehen sich auf Führungsverhalten, z.t. werden auch Zufrieden-
heits- und Leistungsmaße von Organisationsprozeduren behandelt.

4.4. Prüflisten für Führungsstile (LATTMANN, BAUMGARTEN, BLEICHER und MEYER)

Nach dem Vorbild LIKERTs haben zahlreiche Autoren, die sich um eine
differenzierte Analyse von Führungsstilen bemüht haben, ähnliche
Merkmalskataloge entwickelt. Sie führen darin jene Dimensionen oder
Aspekte des Führungsverhaltens (im weitesten Sinn) auf, die nach
ihrer Meinung berücksichtigt werden müssen, wenn globale Führungs-
stil-Etikette (wie "autoritär", "kooperativ" usw.) auf ihre grundlegenden Komponenten hin untersucht werden sollen (s. dazu unten).

Ich gebe auf den folgenden drei Seiten (s.S. 99 bis 101) Prüflisten
deutschsprachiger Autoren wieder. Dabei habe ich die Reihenfolge
gegenüber der Originalliteratur verändert, um auf diese Weise die
Gemeinsamkeiten und Unterschiede deutlicher hervortreten zu lassen.
Aus meiner Neugliederung ist ersichtlich, daß alle drei Autoren
Aussagen machen über
1. Willensbildung
2. Willensdurchsetzung
3. Kontrolle
4. Das Bild vom Mitarbeiter
6. Strukturelle, organisatorische Aspekte.

Allerdings werden diese einzelnen Merkmale in unterschiedlicher
Differenziertheit untersucht: BLEICHER & MEYER z.B. unterscheiden
in ihrer Tabelle 3 Aspekte der Willensbildung, bei LATTMANN und
BAUMGARTEN werden nur zwei berücksichtigt.
Es fällt auf, daß der Aspekt der Information/Kommunikation, der bei
BAUMGARTEN in drei Unterpunkte gegliedert ist, bei LATTMANN[1] ex-
plizit überhaupt nicht berücksichtigt wird, während demgegenüber
LATTMANN der "Führungsphilosophie" große Bedeutung zumißt (s. seine
Punkte 7 a-c), dieser Aspekt aber bei BAUMGARTEN keine ausdrückliche
Erwähnung findet.

---

[1] In einer späteren Veröffentlichung (1982, S. 351 ff.) hat LATT-
    MANN 6 weitere Merkmale berücksichtigt:
    - Soziale Distanz zum Mitarbeiter
    - Kommunikation mit dem Mitarbeiter
    - aufgabenbezogene Information
    - der Befriedigung sozio-emotionaler Bedürfnisse dienende Infor-
      mation
    - rückkoppelnde Information
    - Beständigkeit des Führungsstils
    Dafür sind die Merkmale 2a und 7a weggefallen.

Merkmale	autoritative Aus-prägung	kooperative Aus-prägung
1. Willensbildung: Entscheidungsvorbereitung	Vorgesetzter weiß alles besser, auf Besprechungen und Beratungen kann verzichtet werden	Mitwirkung der Mitarbeiter wird angestrebt (z.B. Stäbe, Kollegien)
1b Willensbildung: Entscheidungsbildung	Koordination durch Einzelentscheidung, Direktorialprinzip	Mitarbeiter werden in Entscheidungsprozeß eingeschaltet (Kollegialprinzip)
1c Willensbildung: Entscheidungspartizipation	nur Ausführungsaufgaben; keine Planungs-, Kontroll-, Entscheidungs-Aufgaben werden delegiert	neben Ausführungs-, werden auch Planungs-, Entscheidungs-, Kontroll-Aufgaben delegiert
2. Willensdurchsetzung: Entscheidungsdurchsetzung	durch Befehl, Einwendungen nicht statthaft	durch Auftrag; Einwendungen statthaft, führt evtl. zu Änderungen
3. Willenssicherung: Kontrollformen	ausgeprägte sachliche Kontrolle, keine Führungskontrolle	sachliche und führungsbezogene Kontrolle
4. Unterstellungen über Mitarbeiter	arbeitsscheu und unintelligent	interessiert und kompetent
5. Arbeitsbeziehungen (Kommunikation)	Information nur über das Notwendigste ("Tagesbefehl")	umfassende, durch Delegation erzwungene Information
6a Organisationsstruktur: Organisations- und Konkretisierungsgrad	hohe Konkretisierung und Detaillierung der Aufgaben(erfüllung)	geringe Konkretisierung; Rahmenregelungen
6b Organisationsstruktur: Formalisierungsgrad	klare hierarchische Unterstellung, Isolierung der Mitarbeiter, strikter Gehorsam erwartet	Auflockerung der hierarchischen Beziehungen durch informelle Beziehungen, Abweichungstoleranz
7a Führungsphilosophie: Art des Führungs-Leitbild	Vorgesetzter ist Herr, Mitarbeiter sind Untergebene	Vorgesetzter ist Lenker, Koordinator, Mitarbeiter sind Partner
7b Willensdurchsetzung: Autoritätsbasis	Institutionelle Autorität; hoher sittlicher Eigenwert der Autorität	Funktionelle Autorität, sachrational aus Kooperation und Fähigkeit abgeleitet

Tab. 5: Aspekte des Führungsverhaltens nach BLEICHER & MEYER (1976, S.155-156)

Merkmale	"extrem autoritäre" Ausprägung	"extrem kooperative" Ausprägung
1a Art der Willens-bildung	Vorgesetzter trifft alle komplexen Ent-scheidungen allein	alle komplexen Entschei-dungen werden von der Gruppe getroffen
1b Verteilung von Ent-scheidungsaufgaben	Der Vorgesetzte entschei-det, die Mitarbeiter führen aus	in ihren Bereichen ent-scheiden und handeln die Mitarbeiter selbständig
2. Art der Willens-durchsetzung	Vorgesetzter verkehrt mit jedem Mitarbeiter iso-liert und individuell; keine Gruppenbesprechungen	Entscheidungen, Anweisun-gen und Ausführungen fal-len tendenziell im
3. Art der Kontrolle	Vorgesetzter betreibt aus-schließlich Fremdkontrolle	Mitarbeiter kontrollieren sich selbst und z.T. ihren Vorgesetzten als Koordinator
4a Einstellung des Vor-gesetzten zum Mit-arbeiter	Vorgesetzter fühlt sich als fachlich überlegener zu Anleitung, Kontrolle veranlaßt	Vorgesetzter sucht Partner-schaft, Offenheit, Selb-ständigkeit, Initiative
4b Handlungsmotive des Vorgesetzten	Pflichterfüllung und Leistungsmotivation	Integration: die Mitarbei-ter erreichen ihre Ziele, wenn sie die Organisations-Ziele erreichen
5a Informationsbezie-hungen	nur Dienstweg; keine hori-zontale und diagonale Kommunikation	möglichst umfassende Infor-mation auf allen Kommuni-kationswegen
5b Grundlage des Kontakt-tes zwischen Vorge-setztem und Mitar-beiter	Distanz, Betonung von Amtsautorität und Status-symbolen	potentielle Gleichstel-lung, keine Förmlichkeit und Statussymbole
5c Häufigkeit des Kon-taktes zwischen Vorge-setztem und Mit-arbeiter	eher selten	ständiger und intensiver Kontakt
6. Formalisierungs- und Organisationsgrad	viele organisatorische Regeln und schriftlich fixierte Anweisungen und Prozeduren	möglichst wenig Regeln und Fixierungen, um selb-ständiges Handeln zu sichern
7. Einstellung des Mit-arbeiters zum Vorge-setzten	entweder fachlich und per-sönlich respektvolle oder gleichgültig/feindselige Einstellung	fachliche und persönliche Achtung, Vertrauen
8. Handlungsmotive der Mitarbeiter	Befriedigung des Sicher-heitsmotivs oder Erleb-nis von Zwang	selbständige Aufgabenerfül-lung, Einsicht, Verantwor-tungsfreude
9. Bindung der Mitarbei-ter an das Führungs-system	gering; bei Akzeptanz der Unterordnung evtl. hoch; änderungsresistent	enge Verbundenheit, Anteil-nahme und Identifikation
10. Soziales Klima	Spannung, Mißtrauen; Cliquenbildung und Iso-lierung des Vorgesetzten	Vertrauen, Offenheit; Cliquenbildung, Isolierung u. Desinteresse fehlen

Tab.6: Aspekte des Führungsverhaltens nach BAUMGARTEN (1977, S. 27-29 und 38-42)

Merkmale	"despotischer" Führungsstil	"partizipativer" Führungsstil
1a Setzung der Zwecke und Grundziele der Unternehmung	Völlige Alleinbestimmung der obersten Unternehmens-Leitung	Paritätische Mitbestimmung der Arbeitnehmer
1b Anteil der Mitarbeiter an der Setzung seiner Arbeitsziele	Vorgesetzter entscheidet allein und teilt Ziele als Befehle mit	
2a Durchsetzung der Zielerreichung 2b Aufgabenvollzug	rücksichtsloser Zwang; auf den Einzelfall bezogene Arbeitsanweisung, keine Autonomie	Ziele werden vom Vorgesetzten und Mitarbeiter gemeinsam erarbeitet; Durchsetzung im Einvernehmen mit dem Mitarbeiter; Autonome Aufgabenerfüllung aufgrund der Ausrichtung auf Ziele
3. Kontrolle	ständige und vollständige Überwachung	Selbstkontrolle
4. Wertung des Mitarbeiters	Mitarbeiter ist nur Mittel der Unternehmung	Mitarbeiter ist gleichwertiger Partner
5. Information/ Kommunikation	k.A.	k.A.
6. Behandlung von Gruppen	jede informale Beziehung unerwünscht; Gruppenbildung unterdrückt	entstandene Gruppen werden in Führungsgefüge integriert
7a Stellung der Mitarbeiter-Interessen im Zielsystem	Mitarbeiter-Interessen werden außer Acht gelassen	Mitarbeiter wird Anrecht auf Wahrung seiner Interessen zuerkannt
7b Legitimation des Führungsanspruchs	Privateigentum an Sachwerten	Annahme der Führung durch die Mitarbeiter
7c Gewichtung von Arbeitszufriedenheit und Betriebsklima	Wohlbefinden der Mitarbeiter interessiert überhaupt nicht	Wohlbefinden der Mitarbeiter gilt als gleichwertig den Leistungszielen
8. Anspruchsniveau der Ziele und Aufgaben	sehr niedrige Anforderungen, die anstrengungslos erfüllt werden können	hohe Anforderungen, die starke Motivation und Dauereinsatz verlangen

Tab. 7: Aspekte des Führungsverhaltens nach LATTMANN (1975, S. 18-19)

Bei BAUMGARTEN tauchen überdies mehrere Merkmale (8 - 11) auf, die
mit Führungs-Verhalten nichts zu tun haben, sondern Mitarbeiter-
Einstellungen, -Motive und Führungskonsequenzen betreffen.
LATTMANN hebt als einziger die Bedeutung eines hohen Anspruchsniveaus für Ziele und Aufgaben hervor.
Wenn man über wichtige Details hinwegsieht (wie z.B. die Tatsache,
daß "Gruppen" unmittelbar nur bei LATTMANN erwähnt werden, damit -
ähnlich wie bei den beiden anderen Autoren - eigentlich nur die Unterscheidung zwischen "formellen" und "informellen" Beziehungen gemeint ist), so fällt auf, daß beim Vergleich mit den bisher analy-
sierten Ansätzen der Verhaltensbeschreibung (HEYSE, FVVB, Gruppendynamik, LBDQ-XII) zwar neue Merkmale hinzukommen (oder alte differenzierter dargestellt werden), daß aber zugleich charakteristische Lücken festzustellen sind. Die zuletzt vorgestellten deutsch-
sprachigen Autoren sind stark betriebswirtschaftlich orientiert,
sie betonen in der Tradition der rationalen Entscheidungsanalyse
die Phasen der Entscheidung (Willensbildung), Durchsetzung (Ausführung) und Kontrolle (Willenssicherung) und berücksichtigen dabei
Werthaltungen, Organisationsstrukturen und Kommunikationsbeziehungen.
Demgegenüber wird in den vorher besprochenen Ansätzen, welche durch
die sozialwissenschaftlich orientierte empirische Forschung geprägt
sind, sehr viel stärker die unmittelbare Sozialbeziehung herausge-
arbeitet: Dies zeigt sich am augenfälligsten in der großen Bedeutung des Faktors "Consideration", der bei den Fragebogenanalysen
regelmäßig den größten Varianzanteil erklärt. Was mit Consideration
gemeint ist (freundliche Zuwendung, Wärme, Vertrauen, Eingehen auf
den Einzelfall, Gesprächsbereitschaft), wird in den normativ-ratio-
nalen (betriebswirtschaftlichen) Klassifikationen nur stark reduziert erfaßt, wenn - von System zu System unterschiedlich - von
"Einstellung zum Mitarbeiter", "informellen Beziehungen", "gleich-
wertigen Partnern" und "Betonung des Wohlbefindens" geredet wird.
Auch die in den Fragebogen stark betonte energetisierende aktivie-
rende Komponente wird in den eher formalen Ansätzen unter dem Stichwort "Willensdurchsetzung" nur verwässert in Rechnung gestellt.
Die "Puffer- und Vermittler-Rolle" bleibt ebenso unbeachtet wie die
Bedeutung der Repräsentation oder Symbolisierung der Gruppe und
insbesondere die affektive und triebhafte Dynamik innerhalb der
Gruppe. Andererseits widmen die entscheidungslogischen Ansätze den
Fragen der Zielbildung, Führungslegitimation und organisationsstruk-
turellen Determination weit mehr Aufmerksamkeit.
Auch dieser Vergleich erhellt somit, daß das zugrunde gelegte Modell
(einerseits die Logik der Handlung, andererseits die sozio-emotionalen Begleiterscheinungen von Einflußausübung in strukturierten
Sozialsystemen) unausgesprochen und unbemerkt vorwegnimmt, was in
einer nur scheinbar unvoreingenommenen Betrachtung schließlich berücksichtigt wird.
Die eklektische Sammlung von Bestimmungs-Stücken ist nie abgeschlossen; es gibt auch keine Möglichkeit zu prüfen, ob man Vollständig-
keit erreicht hat. Den genannten Beschreibungsaspekten wären z.B.
durchaus noch weitere hinzuzufügen, z.B.
- Wie geht ein Vorgesetzter mit der Notwendigkeit von Wandel, Veränderung, Innovation etc. um?
- Welche Rolle spielt - jenseits aller Einzelverantwortung für dele-
  gierte Aufgaben - die Gesamt-Verantwortung?

- Wie steht der Vorgesetzte zu Rivalität, Konkurrenz, Wettstreit
  in und zwischen den Gruppen?
- In welchem Umfang dürfen/sollen/müssen auch vertrauliche Mitar-
  beiter- oder Gruppenprobleme offen erörtert werden?
usw.
Eine menschliche Hand kann man z.b. unter physikalischen (Statik,
Mechanik, Kraftübertragung), chemischen (Stoffwechselprozesse und
-produkte), physiologischen (Sinnesrezeptoren, Schweißabsonderung,
Muskelermüdung), bakteriologischen etc. Aspekten beschreiben. Niemand wird einem Virologen, der sich auf sein Fachgebiet beschränkt,
vorwerfen, er habe es leider versäumt, die ganze Wirklichkeit über
die Hand zu sagen. Von Führungsforschern aber verlangt man, daß sie
die ganze Wahrheit über Führung aussprechen (und oft genug tun sie
so, als könnten sie das tatsächlich). Im Unterschied zu einer Hand
ist - wie bereits ausgeführt - "Führung" jedoch kein Objekt, sondern ein Konstrukt, das in einem bestimmten Erklärungszusammenhang
benutzt wird. Es macht aber einen großen Unterschied, ob man das
Zustandekommen einer Handlung oder eines Ergebnisses oder einer
Beziehung oder einer Struktur erklären möchte. Ein und derselbe
Satz von Begriffen und Hypothesen dürfte kaum hinreichen, um all
diesen sehr unterschiedlichen Bezugsproblemen gerecht zu werden.
Dies läuft darauf hinaus, daß man eigentlich nur dann abkürzend
über "die" Führung reden kann, wenn man zuvor klargemacht hat, daß
es im vorliegenden Fall auf einen bestimmten Aspekt eines sozialen
Phänomens abgesehen hat. Einen hohen Krankenstand durch Rückgriff
auf "Führung" zu erhellen, ist eine andere Sache als die Existenz
von Rang- und Rollenstrukturen, blinde willenlose Folgebereitschaft
oder das taktische Durchsetzen einer bevorzugten Entscheidungsal-
ternative mit eben demselben Begriff zu "erklären".
An sich wäre es nach dem derzeitigen Stand der Erkenntnis seriöser,
den Joker-Begriff der Führung abzulegen. Allerdings sind die Karten
der Sozialwissenschaftler, die sich als Sozialtechnologen verstehen,
nicht besonders gut. Da ist es verständlich, wenn sie sich zur Wah-
rung (?) ihres Rufes nicht genauer in die Karten schauen lassen und
stattdessen ein Passepartout aus dem Ärmel ziehen: Führung. Je häufiger er praktiziert wird, desto eher wird der Taschenspielertrick
durchschaut - und der Sozialwissenschaftler nicht mehr zum Weiter-
spielen eingeladen. Eine großsprecherische Art   mag da, wo keiner
Einblick und Überblick hat, fürs erste weiterhelfen. Damit handeln
all jene systemkonform, die ihre Führungs-Auffassung kommerziell
verwerten (müssen), denn hier zählt nur, daß der Kunde zufrieden-
gestellt wird. Und da kann man - wie noch zu zeigen sein wird - mit
den eigenartigsten Produkten den Geschmack treffen. Für einen Sozialwissenschaftler geht aber den Vorhersagen und Gestaltungsempfeh-
lungen das Verstehen voraus (so fordert es wenigstens die reine
Lehre, die offensichtlich auch hier verschämt ihren Blick von der
Wirklichkeit abwendet). Mit"Verstehen"ist kein unreproduzierbares
Aha-Erlebnis eines einzelnen gemeint (sonst müßte man die Bekehrun-
gen jedes Gurus dazurechnen), sondern eine Einsicht, die fachlich
informierten, zumindest verständigen Partnern übermittelt werden kann
und die Chance hat, ihrer vernünftigen Kritik (vorläufig) standzu-
halten. Diese kritische Öffentlichkeit kann aktuell natürlich ge-
blendet werden (und verblendet sein), aber auf lange Sicht wird sie
Fassade und Substanz zu unterscheiden wissen.
Dies ist kein Vorschlag, auf den Begriff der Führung wegen seiner
proteushaften Natur ganz zu verzichten; im Gegenteil: er soll be-

wußter, d.h. differenzierter, nämlich in einem je spezifischen Erklärungszusammenhang gebraucht werden und nicht mehr als Omnibus-
Begriff kursieren. Dazu muß er in theoretische Modelle eingebettet
werden (s. unten).

4.5. Zur Unmöglichkeit einer "objektiven" Erfassung von Führungs-verhalten

Zunächst aber möchte ich als eine Demonstration gegen die "objektivistische Täuschung" untersuchen, ob Führungsverhalten überhaupt
zuverlässig und zutreffend erfaßt werden kann. Ich stütze mich dabei
auf Überlegungen und Befunde, die von NACHREINER (1974 bzw. 1978)
und Mechthild ALLERBECK (1977) vorgetragen wurden.
Dabei gehe ich von Untersuchungen des Führungsverhaltens mit Hilfe
des FVVB aus, weil zu diesem Fragebogen (und seinen Varianten) zahlreiche empirische Untersuchungen vorliegen und weil die entscheidungslogischen Differenzierungen bislang Entwürfe ohne Test geblieben sind. Außerdem ist der FVVB in Gänze abgedruckt, so daß die inhaltliche Argumentation nachprüfbar ist. Selbst wenn Systeme wie
das von BLEICHER und MEYER (1976), die im Anhang zu ihrem Buch 80
Einzelskalen zur Bestimmung führungsrelevanter Merkmale vorschla-
gen, in empirisch prüfbare Form übertragen würden, müßten sie sich
wohl in den Grundzügen an das Verfahren anschließen, das bei den
Führer-Verhaltens-Beschreibungen vorexerziert wurde.
Will man herausfinden, ob bei den Fragebogenerhebungen tatsächlich
Führer-Verhalten beschrieben wurde, so wird im Regelfall folgender
Forschungsplan zugrunde gelegt: Zu einem bestimmten Zeitpunkt t_x
werden von jeweils mehreren Mitarbeitern verschiedener Vorgesetzter
Beschreibungen von deren Verhalten mit Hilfe einer bestimmten (glei-
chen) Menge von Fragebogen-Items eingeholt:

Abb. 9:

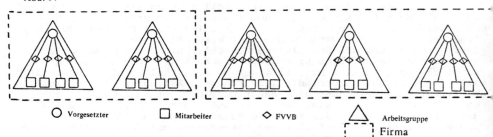

⃝ Vorgesetzter   ☐ Mitarbeiter   ◇ FVVB   △ Arbeitsgruppe
       ⌐ ¬ Firma

Komplizierungen dieses Designs können vorsehen, daß die Arbeitsgruppen z.T. aus verschiedenen Firmen, Branchen, Regionen, hierarchischen Ebenen etc. stammen und/oder zu unterschiedlichen Zeitpunkten
untersucht werden.
Für den einfachen Fall, den ich hier zur Illustration benutze, wird
für die Auswertung der erhobenen Daten folgende Annahme gemacht:
1. Die Mitarbeiter beschreiben das reale, objektiv existierende
   Verhalten ihres Vorgesetzten.
2. Jeder Vorgesetzte hat ein typisches, ihn charakterisierendes
   Verhaltensmuster; somit unterscheiden sich die verschiedenen
   Vorgesetzten voneinander.

3. Der verwendete Fragebogen ist in der Lage, die spezifische
   Eigenart (und damit die Unterschiedlichkeit) des Führungsverhaltens abzubilden.

Treffen diese drei Annahmen zu, dann leitet sich daraus die Schlußfolgerung ab, daß die Unterschiede der Beschreibungen zwischen den
Arbeitsgruppen größer sein müssen als die Unterschiede innerhalb
der Arbeitsgruppen. Dies kann auf relativ einfache Weise durch eine
Varianzanalyse geprüft werden. Regelmäßiges Ergebnis zahlreicher
Untersuchungen, die bei NACHREINER und ALLERBECK referiert werden,
ist, daß die Binnengruppenvarianz erheblich größer ist als die
Zwischengruppenvarianz, d.h., daß die obige Schlußfolgerung nicht
bestätigt werden kann: im allgemeinen entfällt auf den Vorgesetzten etwa ein Drittel der Varianz, die restlichen zwei Drittel sind
als Fehlervarianz anzusehen (ALLERBECK 1977, S. 183). Mitarbeiter
ein und desselben Vorgesetzten beschreiben diesen ihren Vorgesetzten also sehr unterschiedlich: über dasselbe "Objekt" (den Vorgesetzten) liegen weit auseinandergehende Auskünfte vor.
Dieser Befund hat für die klassische Führungsforschung schwerwie-
gende Konsequenzen. Es war - wie dargestellt - ja immer davon ausgegangen worden, daß sich Vorgesetzte auf eine charakteristische
Weise verhalten, daß dieses Verhalten mit irgendwelchen Ergebnissen
in Verbindung steht, angemessenes bzw. erfolgreiches Verhalten identifiziert und gegebenenfalls trainiert oder gefördert bzw. begünstigt werden könne. Natürlich hat man die unvermeidlichen Unschärfen einzelner Aussagen über Vorgesetzte in Rechnung gestellt und
deshalb zum Fehlerausgleich jeweils mehrere Beobachter um ihr Urteil gebeten, deren Aussagen gemittelt wurden. Nun aber wird festgestellt, daß die Durchschnittsbildung ungerechtfertigt und sinnlos
ist, weil die zugrunde liegenden Einzelaussagen kaum übereinstimmen
(ähnlich wie bei der vielzitierten indischen Fabel, bei der ein
Fürst mehrere Blinde zu verschiedenen Stellen eines Elefanten führen und sich dann berichten ließ, wie ein Elefant aussehe; der eine
fand: "Wie eine Säule", ein anderer: "Wie ein biegsames Rohr", ein
dritter: "Wie ein gespitzter Holzpflock", ein weiterer: "Wie ein
Stück dickes faltiges Leder"...).
Nun haben ja nicht Blinde, sondern Sehende ihre langbekannten Vorgesetzten beschrieben. Wie kann der unerwartete Befund erklärt werden?
ALLERBECK (1977, S. 185 f.) resümiert die drei meistgenannten Begründungen:
1. "Varianzschwäche der Vorgesetztenstichprobe".
   Damit ist gemeint, daß das Führungsverhalten der Vorgesetzten
   (z.B. durch Auslese oder Training) so sehr einander angeglichen
   wurde, daß kaum noch markante Unterschiede bestehen. Wenn dem
   so ist, dann traf die zweite der obigen Annahmen nicht zu: die
   Vorgesetzten haben kein typisches Verhalten, sie gleichen sich
   wie Kopien derselben Vorlage.
   Dieses Argument ist für Untersuchungen innerhalb von Firmen, die
   besonderen Wert auf einen einheitlichen Führungsstil legen, nicht
   ohne weiteres zurückzuweisen; es verliert aber an Überzeugungskraft, wenn gezeigt werden kann, daß sich am generellen Ergebnis auch dann nichts ändert, wenn man Vorgesetzte aus verschiedenen Firmen mit (vermutlich) unterschiedlichen Führungsphilosophien untersucht. Dies hat NACHREINER in einer Sekundäranalyse
   der Daten von Heide FITTKAU-GARTHE getan, die Daten in 9 Firmen
   erhoben hatte. Er fand das gewohnte Resultat!

2. "Vorgesetzte sind flexibel, sie verhalten sich gegenüber den einzelnen Mitarbeitern unterschiedlich".
Auf den ersten Blick ist dieses Argument plausibel: Wenn einer seiner Mitarbeiter leistungsstark und zuverlässig ist, wird der Vorgesetzte zu ihm freundlich sein, ihn wenig kontrollieren und ihm freie Bahn geben - und ein gegenteiliges Verhalten wird er zeigen, wenn er einen anderen seiner Mitarbeiter, der faul und unfähig ist, "auf Vordermann bringen" möchte. Die beiden Mitarbeiter würden ihren Chef sicher sehr unterschiedlich beschreiben, und doch hätten beide recht. Auch hier wäre die zweite der oben angeführten Annahmen verletzt, denn der Vorgesetzte hat nicht ein typisches Verhaltensmuster, sondern viele verschiedene, je nach Interaktionspartner. Trifft das zu, dann ergibt die Rede vom "Führungsstil" keinen Sinn mehr, denn Führungs-Stil ist eine im Zeitablauf konstante und gegenüber Situationsunterschieden unempfindliche charakteristische (d.h. geprägte!) Eigen-Art des Vorgesetzten. Man könnte den Stil-Begriff dann nur noch in einem abgeschwächten Sinn beibehalten, nämlich als eine stabile Tendenz, in bestimmten Klassen von Situationen bzw. gegenüber bestimmten Typen von Mitarbeitern in vorhersagbarer und je unterschiedlicher Weise zu reagieren.
Mit Hilfe von Fragebogen-Daten à la FVVB kann (wegen Nichterfüllung der Annahme 3) das Flexibilitätsargument nicht zurückgewiesen werden. Man müßte auf andere Weise Kontrolldaten erheben - z.B. durch Beobachtung in experimentellen Studien, in denen Vorgesetztenverhalten in relevanten Standardsituationen provoziert wird.

3. "Es handelt sich nicht um Verhaltens-Beschreibungen, sondern um Bewertungen".
Damit wäre die Annahme 1 nicht aufrechtzuerhalten. Der Mitarbeiter beschreibt nicht die objektiven Merkmale eines externen "Gegenstandes" (des Vorgesetzten), sondern im Grunde sich selbst: er vermag die Brille, durch die er seine Welt gefärbt sieht, nicht abzulegen. ALLERBECK wie NACHREINER (1978) verweisen in diesem Zusammenhang auf Ergebnisse der Sozialen-Wahrnehmungs-Forschung. Eines ihrer gesicherten Ergebnisse ist, daß Beurteilungen und Aussagen über andere Menschen
1. eine dreidimensionale Struktur haben und in den Dimensionen "Bewertung" (gut - schlecht), "Aktivität" (dynamisch - träge) und "Potenz" (stark - kraftlos) erfolgen. Es ist offenkundig, daß "Consideration" dem Bewertungs- und "Initiating Structure" dem Aktivitätsfaktor gleichkommen (der Machtfaktor ist durch die einheitliche Untergebenen-Beziehung im Fragebogen nicht thematisiert);
2. mehr aussagen über den Beurteiler als über den Beurteilten (s. die Forschungsergebnisse, die ALLERBECK auf den S. 252 ff. berichtet). Wenn Personen verschiedene andere Menschen beschreiben (vertraute oder auch vor kurzem kennengelernte), dann findet sich in ihren Aussagen immer wieder dieselbe Struktur (und Begrifflichkeit).
Die meisten Aussagen im FVVB sind so gehalten, daß sie der subjektiven (Um-)Interpretation Raum lassen.
Um nur einige Beispiele zu geben:
Wenn es heißt "Er zeigt Anerkennung, wenn einer von uns gute Arbeit leistet" (Item 2), was bedeutet dann "Anerkennung"?

Es hängt vom Bezugssystem und den Erfahrungen des Mitarbeiters ab, ob er ein bestätigendes Zunicken, ein ausdrückliches Lob, eine auszeichnende Geste, eine Einkommenssteigerung etc. als "Anerkennung" erlebt oder würdigt. Und was ein Mitarbeiter für eine "gute Leistung" hält, muß nicht auch für seinen Vorgesetzten als solche gelten.
"Er ist freundlich und man hat leicht Zugang zu ihm" (Item 18): Wer bislang unter einem extrem autoritären Vorgesetzten arbeitete, wird vielleicht ein kurzes Lächeln schon als "Freundlichkeit" empfinden, während ein anderer, der verwöhnt oder grundsätzlich sehr mißtrauisch ist, sehr viel stärkere Beweise von freundlichem Verhalten fordern würde.
"Er regt seine unterstellten Mitarbeiter zu Selbständigkeit an" (Item 30). Wie massiv darf eine "Anregung" sein, um noch eine Anregung zu sein (im sog. Harzburger Führungsmodell ist eine "Anregung" als ein "rückäußerungspflichtiger Tatbestand" definiert: wenn ihr der Mitarbeiter nicht folgt, hat er das zu begründen!). Wie kann "Selbständigkeit" von Desinteresse und "Hängenlassen" abgegrenzt werden? Sind nicht manche Mitarbeiter in dieser Hinsicht unersättlich, andere dagegen ängstlich-unsicher?

Hinzukommt - worauf FLEISHMAN (1973, S. 39 f.) aufmerksam macht - daß bei Beantwortung und Auswertung von derartigen Fragebögen eine dreifache "Mittelwertsbildung" erfolgt:
- zum einen (das ist hier weniger wichtig) durch die Zusammenfassung der Einzel-Aussagen zu Dimensionswerten. Damit geht die inhaltliche Differenziertheit verloren (wenn z.B. heterogene Verhaltensweisen durch die global-vereinheitlichende Dimension "Initiating-Structure" zugedeckt werden).
- des weiteren werden die Mitarbeiter nicht festgelegt auf einen bestimmten Zeitraum oder bestimmte Situationen, so daß sich die verschieden Antwortenden höchst unterschiedliche Bezugssituationen in Erinnerung rufen können (Erinnerungen, die vermutlich nicht fotografisch genau Registriertes unverzerrt wiedergeben!).
- zum dritten die schon problematisierte Vorgehensweise, die Aussagen mehrerer Unterstellter in einem Durchschnittswert zu nivellieren.

Alle diese Mittelwerts-Bildungen gehen von der Annahme aus, daß es den objektiven, stabilen und einheitlichen Führungsstil tatsächlich ("an sich") gibt. Die "Social-Perception"-Forschung würde dem entgegensetzen, daß ein Mensch seine (soziale) Umwelt nicht abbildet, sondern "in seinem Sinne" - d.h. auf der Basis seiner Gewohnheiten, Erfahrungen und Erwartungen - interpretiert, so daß eine Beschreibung eine Koproduktion aus objektivem Reiz und subjektiver Verarbeitung ist, wobei letztere überwiegt. Der einzelne bringt in eine chaotische Welt der Eindrücke Ordnung und Struktur, in dem er Aktionen und Zustände als verursacht, gewollt, nachvollziehbar usw. deutet - er begnügt sich nicht mit dem Registrieren von oberflächlichen Indizien wie z.B. Handbewegungen, Lauten, Körperpositionen, Mimikveränderungen ... Er sieht einen Sinn in sie hinein. Diese aktive Leistung muß auch bei der Vorgesetztenbeschreibung angenommen werden. Das (physikalisch) gleiche Verhalten eines Vorgesetzten bedeutet für verschiedene Mitarbeiter eine je andere Wirklichkeit. Wenn etwa ein Vorgesetzter in einer Gruppenbesprechung sagt: "Ich

halte den Vorschlag von X für unausgegoren!", dann kann der Mitarbeiter X dies als Demütigung erleben, der Mitarbeiter Y (Rivale
von X) sieht es triumphierend als eine längst fällige Zurechtwei-
sung, der Mitarbeiter Z mag es als Retourkutsche auf eine kritische Bemerkung von X gegenüber dem Chef wahrnehmen und W schließlich hält das Ganze für Wortgeplänkel und Zeitvergeudung ...

Ich möchte damit in Erinnerung rufen, daß jedes soziale Verhalten
in seiner Einbettung in Zusammenhänge und Erfahrungen, Interessen
und Absichten zu verstehen (!) ist und Führungsakte als soziales
Verhalten derselben Perspektivenvielfalt der Bewertung unterlie-
gen.
Führungsverhalten setzt sich nicht additiv aus diskreten objektiven
Verhaltens-Bestandteilen zusammen, sondern wird von Adressaten und
Beobachtern als Ganzheit erlebt. Es geht also nicht um den isolier-
ten Beitrag von Freundlichkeit, Entscheidungsbeteiligung, Befehls-
häufigkeit, Kontrollintensität, Kontaktdichte (wobei all diese
Merkmale ja schon immer subjektiv gedeutet sind), sondern um die
"Gestalt", die sich nur analytisch (begrifflich) in eine solche
Vielfalt zerlegen läßt. Das hat nichts mit mystischer Übersummati-
vität zu tun, denn von einer Summe diverser Dimensionen zu reden,
ist ohnehin nur eine Sprachschlampigkeit, weil ja nur Gleiches addiert werden könnte. Die Wahrnehmung von Führung als einer sozialen Handlung (oder Beziehung/Struktur) ist in einem Gesamteindruck
verdichtet. Einer bewußt reflektierenden Einstellung gelingt die
Analyse voneinander abhebbarer Bestandteile. Diese sind eindeutig
sekundär und nur in ihrem Sinn-Zusammenhang zu verstehen, der sowohl in Entstehung wie Bedeutung Priorität hat.
Führungsverhalten ist nicht "etwas da draußen" (so daß einem Forscher eine Videokamera genügte, um es "aufzuzeichnen"). Es ist vor
allem "etwas da drinnen", und ein Forscher muß (ähnlich wie der
Anthropologe in einer fremden Kultur erst die Sprache, Sitten, Ri-
ten, Geschichte, Mythologie etc. der Organisation kennen, bevor
für ihn das beobachtete Verhalten Sinn ergibt. Aber bis zuletzt
bleibt seine Analyse eine Deutungsleistung, die ihm durch Übersetzung
zung in seine Welt die Orientierung in einer fremden erlaubt.

Da wir ganzheitlich erleben, aber kaum ganzheitlich über unsere Er-
lebnisse sprechen können, ist es unausweichlich, spezifische Ver-
haltens-Dimensionen zu differenzieren, wenn man sich miteinander
verständigen möchte. Diese Merkmale bleiben aber so lange Bruch-
Stücke, solange der Bauplan nicht bekannt oder der im Ort im Gesamt-
gebäude nicht ausgemacht ist. Bauplan, Gestalt, Ganzheit sind Ausdrücke, die das Besondere von Führungsstil im Unterschied zu Führungsverhalten kennzeichnen sollen. Aufzählungen oder Aneinander-
reihungen von Merkmalen und ihren Ausprägungen (s. etwa die Tab. 5
bis 7,S.99f mit den Führungsstilcharakteristika von BLEICHER & MEYER,
BAUMGARTEN und LATTMANN) erlauben für analytische Zwecke die Gegenüberstellung von Profillinien, aber Muster, Figur, Gestalt eines
Führungs-Stils werden daraus nicht erkennbar. Vielleicht hat damit
die Popularität und Attraktivität der eingängigen Polarisierung
zwischen "autoritärer" und "demokratischer bzw. kooperativer" Führung zu tun. Sie bringt einen zentralen Sachverhalt zur Geltung:
Alleinherrschaft vs. Mitbeteiligung.
Schlüsselt man die simple Zweiteilung in 8 bis 14 einzelne Dimensionen auf, dann gibt es zwei Möglichkeiten:

1. In diesen verschiedenen Merkmalsfeldern manifestiert sich jeweils
neu derselbe Grundzug; es wird keine zusätzliche Information hinzugefügt, sondern das bereits Gesagte wird nur mit weiteren Anwendungen oder Auswirkungen illustriert, weil die verschiedenen
Merkmale nur je andere Ansichten des immer Gleichen sind. Legt
man z.B. ein Problemlöse-Modell zugrunde, das die Phasen : Problem-
formulierung - Zielbestimmung - Situationsanalyse - Lösungs-
generation und -bewertung - Entscheidung - Durchführung - Kontrolle und Feedback enthält, dann kann man in jeder dieser Phasen
die gleiche Unterscheidung durchführen: Wer in einer der Phasen
autoritär ist, muß es zwangsläufig auch in allen anderen sein.

2. Man betrachtet die einzelnen Merkmalsdimensionen als voneinander
unabhängig. Das hieße z.B., daß eine autoritäre Problemformulie-
rung   nicht vorhersagen ließe, daß die Zielbestimmung autoritär oder kooperativ durchgeführt wird und diese wiederum könnte
sowohl mit einer autoritären oder kooperativen Situationsanalyse
zusammengehen...
Unterstellt man Unabhängigkeit zwischen allen Einzelmerkmalen,
dann würden bei zwei Führungsstilvarianten (autoritär - kooperativ) in den Systemen von BLEICHER & MEYER sowie LATTMANN, die
beide 11 Aspekte differenzieren, 2^{11} = 2048 mögliche Erscheinungs-
bilder für Führung resultieren (bei BAUMGARTENs 14 Einzelmerkmalen wären es gar 2^{14} = 16 384 theoretisch denkbare Kombinationen).

Ganz offensichtlich ist eine solche Artenvielfalt geistig nicht
mehr zu bewältigen; sie wird auf eine überschaubare Zahl reduziert. Meist ergibt das 2 bis 5 Unterscheidungen.

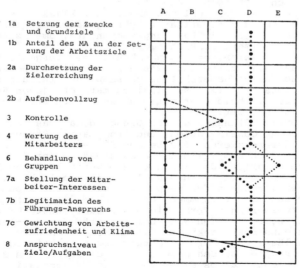

• ● "despotischer" Führungs-Stil

• • • • • • "partnerschaft-licher" Führungs-Stil

Abb. 10:Grafische Darstellung von 2 Führungsstilen
        (nach LATTMANN 1975, S. 18, 19 und 21) (die
        Merkmalsausprägungen A u.D sind in der Tab.
        S.101 erläutert)

4.6. Zweidimensionale Konzeptionen (am Beispiel BLAKE & MOUTON)

Eindimensionale polare Gegenüberstellungen (s. z.B. SEIDELs "direktive" und "kooperative" Führung) sind die verbreitetsten Vereinfachungen. Wenn bei zweidimensionalen Ansätzen (z.B. "Aufgaben"- und "Mitarbeiter-Orientierung") je zwei Ausprägungsgrade ("hoch" und "niedrig") unterschieden werden, dann ergeben sich 4 Möglichkeiten:

Mitarbeiter-
orientierung

	hoch	III	IV
	niedrig	I	II
		niedrig	hoch

Aufgabenorientierung

Der Quadrant I entspricht einem Rückzug aus beiden Dimensionen; das kann man als "Laissez-faire" (LEWIN et al. 1939), als "Verfahrensstil" oder als "Delegationsstil" bezeichnen. In allen Fällen werden die Untergebenen sich selbst überlassen.
II repräsentiert den Vorstellungsinhalt, der klassischerweise mit sachbezogener und/oder autoritärer Führung assoziiert wird: der Vorgesetzte betont allein die Leistungskomponente, um das Wohlergehen der Mitarbeiter kümmert er sich nicht.
Bei III ist diese Akzentsetzung umgekehrt: der Vorgesetzte konzentriert sich auf die Pflege der zwischenmenschlichen Beziehungen, wohl in der Hoffnung, dadurch Leistungsimpulse freizusetzen.
Der "Integrationsstil" (IV) schließlich markiert jenen Fall, bei dem der Vorgesetzte die beiden Orientierungen gleich stark und zwar hoch ausgeprägt manifestiert.
BLAKE & MOUTON (1968) haben dieses Grundschema, das auf die beiden Ohio-Dimensionen "Consideration" und "Initiating Structure" zurückgeht, durch Differenzierung der beiden Skalen in je 9 (statt zwei) Abstufungen optisch kompliziert. Es entsteht so ihr "Verhaltensgitter" (Management grid), das ihnen eine numerische Kurz-Charakterisierung der wichtigsten Führungsstilvarianten erlaubt. Die beiden Orientierungen ("concern for people", "concern for production"), die ja immer zusammen vorkommen, ermöglichen die Kennzeichnung durch einen zweiwertigen Term: die erste Zahl steht für den Leistungs-, die zweite für den Mitarbeiter-Wert. Ein 9,1-Vorgesetzter wäre demnach eine Führungskraft, die extrem hohen Wert auf Leistung unter Vernachlässigung oder Mißachtung der Mitarbeiterorientierung legt. Im Unterschied zu den anderen Autoren legen sich BLAKE & MOUTON darauf fest, daß es einen optimalen Führungsstil (9,9) gebe (dazu ausführlicher unten).

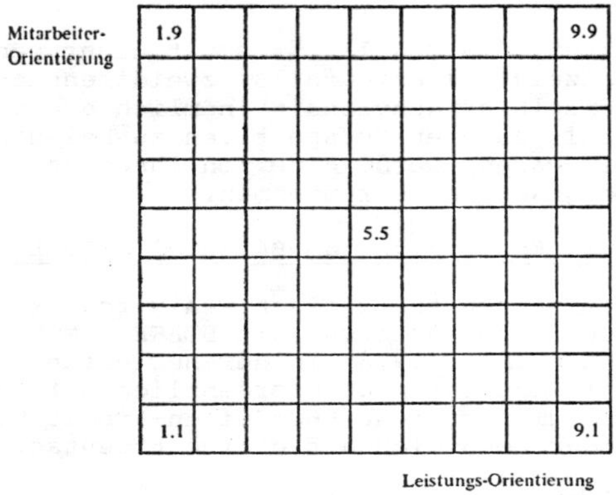

Mitarbeiter-Orientierung	1.9						9.9
		5.5					
	1.1						9.1

Leistungs-Orientierung

Abb. 11: Das Verhaltensgitter von BLAKE & MOUTON (1968)

Kurios mutet die Operationalisierung der beiden Dimensionen an, der
auch bei den ebenfalls stark schulungsorientierten Modellen von
REDDIN und HERSEY & BLANCHARD keine große methodische Sorgfalt gewidmet wird. BLAKE & MOUTON bestimmen die beiden Dimensionswerte
durch sechs einfache Items, mit denen sie die Verhaltensmerkmale
eines Vorgesetzten abbilden; bei jedem Item sind 5 Antwortmöglichkeiten (für jeden der 5 "Schlüssel-Führungsstile") vorgegeben. Das
Führungsverhalten wird bewertet im Hinblick auf
- Entscheidungen
- Überzeugungen
- die Behandlung von Konflikten
- Emotionen (Launen)
- den Humor
- die Anstrengung des Vorgesetzten
Zwei Beispielitems (s. BLAKE & MOUTON 1980):

Element 5:"Humor:
a) Mein Humor wird von anderen als ziemlich verfehlt angesehen.
b) Mein Humor dient dazu, freundliche Beziehungen aufrechtzuerhalten
   oder, wenn Spannungen auftreten, die Aufmerksamkeit von der Bedeutung des Konfliktes abzulenken.
c) Mein Humor trifft hart.
d) Mein Humor dient mir oder meiner Stellung
e) Mein Humor paßt genau auf die Situation und ist richtungsweisend,
   selbst unter Druck behalte ich meinen Sinn für Humor."

Element 6:"Anstrengung:
a) Ich strenge mich nur soweit wie nötig an.
b) Ich führe selten, helfe aber überall.
c) Ich treibe mich und andere.
d) Ich versuche, ein gutes gleichmäßiges Arbeitstempo zu erhalten.
d) Ich strenge mich kräftig an, andere folgen mir."

Ohne eine systematische Begründung wird hier eine Mischung von Variablen versammelt, die offensichtlich als untereinander gleichwer-
tig und gleich wichtig betrachtet werden. Warum nicht andere (s.
die in den obigen Tabellen vorgestellten) oder weniger bzw. mehr
Dimensionen berücksichtigt werden, bleibt undiskutiert. Die Vielfalt ist ohnehin eine scheinbare, denn völlig unterschiedliche Ausprägungen auf jeder der Skalen (also ihre Unabhängigkeit voneinan-

- 112 -

der) werden nicht erwartet. Das Modell ist somit nicht sechs-,
sondern, wie das Gitter zeigt, (bestenfalls) zweidimensional. Die
6 Items dienen dazu, denselben Sachverhalt (nämlich die 5 Schlüssel-
führungsstile) aus jeweils anderen Perspektiven zu beleuchten. Wenn
alle 6 Items zuverlässig wären, würde eines von ihnen genügen, um
die Einstufung eines Vorgesetzten vorzunehmen.

4.7. Eine eindimensionale Konzeption (am Beispiel SEIDEL)

Im diametralen Gegensatz zu den theoretisch wenig reflektierten Ansätzen kommerziell orientierter Autoren (wie BLAKE & MOUTON, REDDIN,
HERSEY & BLANCHARD) geht SEIDEL (1978) in der Herleitung und Begründung seiner Führungsstil-Konzeption außerordentlich differenziert
vor. Ich kann hier seine umfangreiche 660-Seiten-Arbeit nicht angemessen wiedergeben, sondern muß mich auf einige Akzentsetzungen beschränken.
Im Bemühen, die wesentlichen Merkmale einer anwendungsbezogenen
Führungsstil-Definition (SEIDEL spricht von "Führungsform") zu identifizieren, wertet er unter anderem 45 US-amerikanische und 25
deutsche Definitionen aus. Er findet in den 70 Definitionen folgende Aspekte hervorgehoben.
55 mal: Verteilung der Entscheidungsaufgaben zwischen Vorgesetztem
        und Unterstellten
30 mal: Führungsverhalten hinsichtlich der Verteilung von Bestim-
        mungsmacht (herrschaftliche oder partnerschaftliche Kompo-
        nente)
12 mal: fürsorgliches bzw. belohnendes oder nicht-fürsorgliches
        bzw. bestrafendes Verhalten
10 mal: Statusverhalten des Vorgesetzten (Betonung von Statusunter-
        schied oder -gleichheit).
In seinem eigenen Definitionsversuch löst sich SEIDEL von diesen
empirischen Ergebnissen. Er legt sich auf eine eindimensionale Konzeption fest, bei der er polare Extrem-Typen (direktive und kooperative Führung) gegenüberstellt. Die Bestimmung dieser Typen erfolgt
mit Hilfe von 7 Merkmalsdimensionen.
Bevor ich diese beschreibe, sind noch zwei weitere Differenzierungen
einzuführen:
a) SEIDEL unterscheidet zwischen "offerierten", "akzeptierten" und
   "realisierten" Führungsstilen, d.h. ein Führungsstil kann als
   eine Möglichkeit offeriert, eingeräumt oder angeboten werden
   (etwa in "Führungsgrundsätzen"), er kann von Vorgesetzten und
   Mitarbeitern akzeptiert, begrüßt, angenommen, bejaht werden -
   was nicht bedeuten muß, daß er auch in die Tat umgesetzt (realisiert) wird: kooperative Führung kann allgemeines Lippenbe-
   kenntnis sein, das durch die Praxis widerlegt wird.
b) Die zweite Unterscheidung hängt damit zusammen, daß SEIDEL sich
   ausdrücklich für betriebliche Führungsstile interessiert. Als
   dominante Aufgabe definiert er deshalb die "Betriebsaufgabener-
   füllung" ("Interaktionsfeld I"). Für den Fall, daß der Vorgesetzte z.B. durch kooperative Führung Leitungskapazität freiset-
   zen kann, weil er durch Mitarbeiter entlastet wird, kann er sich
   dann einem neuen "Objekt" zuwenden (dem Mitarbeiter) und "Personalentwicklung" (Interaktionsfeld II) betreiben.
   In diesem Zusammenhang von Aufgabenorientierung einerseits und

Mitarbeiterorientierung andererseits zu sprechen, findet SEIDEL
(1978, S. 150) "denkbar unglücklich, weil irreführend". Ein Vorgesetzter kann und darf ex definitione gar keine anderen Aufgaben als Betriebs-
aufgaben wahrnehmen" (S. 150). Es handelt sich bei der Aufgaben-Mit-
arbeiter-Unterscheidung eigentlich um verschiedene <u>Grade</u> der
sachlich-zeitlichen Beziehung zur Gesamtaufgabe: "Die Orientierung
auf die ... unmittelbare Betriebsaufgabe (Sachaufgabenorientierung) soll von
der für die Stelle oder Abteilung mittelbaren Betriebsaufgabe (Mitarbeiter-
orientierung) unterschieden werden. Dabei geht es bei letzterer wesentlich
darum, nach dem Modell der <u>Umwegproduktion</u> die Leistungspotentiale der Mitarbeiter bezüglich der unmittelbaren Sachaufgabenerfüllung in weiterer Zukunft zu entwickeln". Er bekennt sich damit offen zu der Konsequenz,
daß ein Vorgesetzter nur deshalb in Mitarbeiter "investiert",
weil sich das langfristig vorteilhaft für die Aufgabe auswirkt -
und um die allein geht es. Im betrieblichen (Herrschafts-)Kon-
text sieht SEIDEL also keine andere Möglichkeit, als den Mitarbeiter als Instrument der Aufgabenerfüllung zu benutzen. Insofern wird lediglich eine komplexere Führungsbeziehung etabliert:
"Der Vorgesetzte führt den Untergebenen (Mitarbeiterorientierung), der Mitarbeiter 'führt' die Geschäfte" (S. 149).

Als Merkmalsdimensionen des Führungsstils nennt SEIDEL:
1. Entscheidungs-Aufgabenträgerschaft - zwischen den Polen "Alleinentscheidung des Vorgesetzten" und "Entscheidungs-Kooperation"
   (Partizipation oder Delegation) mit den Untergebenen.
2. Durchsetzungs-Aufgabenträgerschaft - zwischen den Polen der "Al-
   leinbestimmung durch den Vorgesetzten" und der "Durchsetzungs-
   Kooperation" mit den Untergebenen.
   SEIDEL differenziert also in diesen beiden ersten Merkmalen zwischen Leitung (Entscheidung, Willensbildung) und Führung (Durch-
   Führung, Willensdurchsetzung)
3. und 4.: Hier wiederholen sich die beiden genannten Merkmale,
   diesmal unter dem Aspekt der Entscheidungs- und Durchset-
   zungs-Aufgabenmenge, die jeweils entweder "ins freie Ermessen
   des Vorgesetzten" gestellt ist oder "unternehmensverfassungsmäßig
   gesichert" ist.
5. Herrschaftliche oder partnerschaftliche Komponente des Führungsverhaltens.
   Im aktuellen Vollzug von Führung (die SEIDEL als Fremdbestimmung
   via Instruktion, Information und Motivation definiert - s.S. 79
   und 81), geht es um das relative Ausmaß an <u>realisierter</u> Bestim-
   mungsmacht.
6. Vorgesetztenaktivität auf dem Gebiet der Aufgabenerfüllung bzw.
   Personalentwicklung (Interaktionsfeld I oder II, s. oben).
7. Betonung von Statusdifferenzen oder Statusgleichheit.

SEIDEL erkennt die außerordentlichen Probleme einer <u>empirischen</u> Um-
setzung seines Entwurfs. In seiner Arbeit beschränkt er sich auf
eine Sekundäranalyse vorliegender (amerikanischer) Führungsstil-
Studien, um eine Reihe von Hypothesen über die Erfolgswirksamkeit
von "direktiver" und "kooperativer" Führung zu prüfen. In den Hypothesen werden weitere Differenzierungen eingeführt:
- zum einen werden Zusatzbedingungen genannt, die die Effekte des
  Führungsstils beeinflussen können (z.B. Ausbildungs- und Fähig-
  keitsunterschiede zwischen Vorgesetzten und Untergebenen, "Feind-
  attitüden" der Untergebenen gegen den Vorgesetzten oder die Organisation, Desinteresse der Untergebenen an kooperativer Führung,
  Streß usf.),

- zum anderen werden unterschiedliche Erfolgsmaße berücksichtigt
  (z.B. Fehlzeiten und Kündigungsrate, repetitive, novative und
  kreative Aufgabenerledigung, Entscheidungsgüte).

Das Ergebnis dieser Literaturauswertung habe ich unten (s.S.117)
dargestellt.
An dieser Stelle will ich auf drei Probleme von SEIDELs Vorgehen
hinweisen:
1. Er verwendet ein eindimensionales Führungsstilkonzept: je weniger direktiv ein Vorgesetzter führt, desto kooperativer führt
   er! Von den sieben Einzelmerkmalen wird angenommen, daß sie hoch
   miteinander korrelieren. Einmal mehr ist nicht ersichtlich , welchen Wert der Unterscheidung zwischen vielen Verhaltensdimensio-
   nen haben soll, wenn im gleichen Atemzug postuliert wird, daß
   sie in der Praxis alle gleichsinnig variieren. Der konkret vor-
   findbare Reichtum an Erscheinungsformen wird damit reduziert auf
   (nur scheinbar) homogene Extremtypen. Alle die in Wirklichkeit
   vorfindbaren Abweichungen, Unschärfen, Störungen und Gegenläu-
   figkeiten werden aus der Betrachtung eliminiert.
2. Trotz aller definitorischer Akribie stößt SEIDEL auf die Grenze
   seiner Möglichkeiten, die er sich selbst beschränkt hat, weil
   er sich in einem begriffslogischen System gefangennimmt. Durch
   die Nichtfestlegung auf eine spezifische Theorie (nur illustrie-
   rend werden ab und zu systemtheoretische und kybernetische Überlegungen angeführt), bleibt ihm nur der Ausweg in "empirische
   Generalisierungen". Solche bloß faktischen Zusammenhangsbehaup-
   tungen haben aber nur ein geringes Transfer- und Kritikpoten-
   tial, weil die "Mechanismen" der Regelmäßigkeiten nicht durchschaut werden.
3. Damit hängt zusammen, daß sich SEIDEL in der Wahl seiner Füh-
   rungsstil-Merkmale für alle möglichen abhängigen Variablen (Erfolgskriterien) offen halten möchte. Man kann aber spezifische
   Größen wie Fehlzeiten oder Aufgabenerledigung mit einem Univer-
   salmodell bestenfalls global-ungefähr vorhersagen. Fruchtbarer
   wäre es, die Zusammenhänge der Effektivitätsmaße (theoretisch)
   zu analysieren, um verstehen zu können, warum bestimmte Füh-
   rungsstil-Interventionen (un-)erwartete Konsequenzen haben.

4.8. Ergebnisse der empirischen Führungsstilforschung

Die empirische Führungsstilforschung kann - seit der berühmten Arbeit von LEWIN, LIPPITT & WHITE 1939 - inzwischen auf eine über
40-jährige Geschichte zurückblicken. Da inzwischen hunderte von
Untersuchungen durchgeführt wurden, müßte man erwarten, daß sich
der Kenntnisstand seit jener Zeit erheblich verbessert habe. Dem
ist leider nicht so und man muß JANDA Recht geben, der sagte, daß
weit mehr Studien als Wissen über Führung angehäuft wurden. Bevor
ich auf Gründe für diese Lage eingehe, möchte ich zuerst in ge-
raffter Form die wichtigsten Ergebnisse referieren. Dabei kann ich
zurückgreifen auf einige Sammelreferate: für Fragebogenstudien (mit
dem LBDQ und seinen Varianten) von KORMAN (1966), ALLERBECK (1977),
FLEISHMAN (1973) und KERR u.a. (1974), für experimentelle Studien
von NEUBERGER (1972) und für beide Ansätze zusammengefaßt z.B.
STOGDILL (1974) und SEIDEL (1978).
Die Quintessenz von KORMANs (1966) Befunden, die trotz zwischen-
zeitlicher methodischer Verbesserungen in der Anlage der Unter-

suchungen auch von KERR u.a. (1974) und ALLERBECK (1977) bestätigt wurden, ist, daß die Zusammenhänge zwischen den sog. "Ohio-Dimensionen" (Consideration und Initiating Structure) und verschiedenen als abhängig betrachteten Kriterienmaßen (wie Einschätzungen der Leistungsgüte oder -höhe, Fehlzeiten, Fluktuation und dergl.) sehr uneinheitlich sind, sowohl von Studie zu Studie, wie auch innerhalb der Studien hinsichtlich verschiedener Erfolgsmaße.
Dies liegt daran, daß
- die methodischen Qualitäten der Ohio-Skalen unzureichend sind (schiefe Antwortverteilung, mangelnde Kontrolle von Antworttendenzen, ungeklärte Konstruktvalidität (s. KERR u.a. 1974 und SCHRIESHEIM und KERR 1977)
- sehr unterschiedliche Stichproben miteinander verglichen wurden
- sehr unterschiedliche Erfolgsmaße benutzt wurden, die noch dazu von Studie zu Studie meist anders gemessen wurden
- fast ausschließlich nur lineare Korrelationen errechnet wurden, obwohl denkbar ist, daß nichtlineare Zusammenhänge existieren können (z.B. kann ein mittleres Maß an "Strukturierender Initiative" des Vorgesetzten leistungsfördernd sein, während überhaupt keine oder "überwältigend" hohe Initiative demoralisierend auf die Untergebenen wirkt).

In ihrer umfangreich dokumentierten Zusammenstellung zeigt ALLER-BECK (1977, s. die tabellarischen Zusammenstellungen auf den S. 71 - 82), daß
- zwischen "Consideration" und Zufriedenheit überwiegend hohe positive Zusammenhänge bestehen. Sie neigt dazu, diesen Befund als Methoden-Kunstprodukt zu interpretieren: Consideration ist nichts anderes als ein Maß der Zufriedenheit des Mitarbeiters (mit seinem Vorgesetzten) und keine Beschreibung seines Führungsverhaltens;
- bei "Initiating Structure" und Zufriedenheit das Bild uneinheitlich ist: "Je nach untersuchter Stichprobe, erfaßtem Teilbereich der Zufriedenheit, Berücksichtigung spezifizierender Drittvariablen variieren die Beziehungen hinsichtlich Größe und Richtung. Nichtsignifikant positive und negative Beziehungen halten sich in etwa die Waage (1977, S. 85).

Was die Beziehung zu "Leistungsmaßen" anbelangt, so sind die Ergebnisse noch inkonsistenter:
YUKL (1971, S. 42) berichtet in seinem Sammelreferat, daß sich bei 14 Studien 5 positive, 7 unsignifikante und 2 negative Korrelationen zwischen "C" und Leistung ergaben, und daß auch bei der Beziehung zwischen "IS" und Leistung kein einheitlicher Trend auszumachen ist: Zwar werden kaum negative Zusammenhänge gefunden, aber den positiven Zusammenhängen steht eine etwa gleich große Anzahl insignifikanter Befunde gegenüber.
STOGDILL hat (1974) Fragebogenstudien und experimentelle Untersuchungen zum Erfolg verschiedener Führungsstile verglichen, wobei er die Benennungen der Autoren beibehalten hat.
In der folgenden Tab. 8 gebe ich einen Ausschnitt aus seinen Ergebnissen wieder:

Tab. 8:

Anzahl der empirischen Untersuchungen, bei denen zwischen verschiedenen Führungsstilen und A (Arbeitszufriedenheit) bzw. B (Produktivität) positive (+), negative (-) und fehlende bzw. insignifikante (O) Zusammenhänge gefunden wurden (STOGDILL 1964):

Mitarbeiter-orientierte Führungsstile	A Arbeits-Zufriedenheit			B Produktivität		
	+	O	-	+	O	-
- demokratisch	7	1	1	3	11	-
- permissiv	8	2	3	7	3	4
- untergebenen-orientiert	13	2	1	19	5	4
- partizipativ	8	3	1	10	4	3
- 'konsiderativ'	12	1	1	8	8	3
Summe	48	9	7	47	32	14

Leistungsorientierte Führungsstile	A			B		
	+	O	-	+	O	-
- autokratisch	-	1	3	3	10	1
- restriktiv	-	-	3	2	3	1
- aufgabenorientiert	2	1	1	3	3	3
- sozial distanziert	-	1	1	16	1	1
- direktiv	2	2	2	10	4	1
- 'strukturierende Initiative	10	3	1	13	5	-
Summe	14	8	11	47	26	7

In dieser Übersicht wird bestätigt, daß "Mitarbeiterorientierung" deutlich häufiger mit Zufriedenheit korreliert als "Aufgabenorientierung". Was allerdings die Leistungseffizienz anbelangt, sind keine derartigen Unterschiede festzustellen: Beide Führungsstil-Varianten haben ähnliche Antwortverteilungen, es besteht nur ein leichter Vorteil für die "leistungsorientierten" Führungsstile, weil sie weniger negative Befunde auf sich versammelten.

Ein ähnliches Ergebnis liefert die Auswertung SEIDELs (1978), der unabhängig von STOGDILL und nach etwas veränderten Gesichtspunkten über 100 empirische Studien (überwiegend aus der Grundmenge, die auch STOGDILL analysierte) hinsichtlich ihrer Erfolgswirksamkeit verglich. Ich habe die Ergebnisse, die er auf den Seiten 548-554 berichtet, in der folgenden Tabelle zusammengefaßt:

Tab. 9:
Anzahl der Untersuchungseinheiten, bei denen sich die "kooperative
Führung" (+) oder die "direktive" Führung (-) als überlegen erwies
bzw. bei denen keine eindeutige Überlegenheit feststellbar (O) oder
die aus methodischen Gründen nicht ausgewertet wurden (n.a.) (SEIDEL
1978, S. 548 - 554):

Abhängige Variablen		Anzahl der Einheiten	+	-	O	n.a.
1.	Fehlzeiten und Ausfälle	24	20	-	1	3
2a	repetitive betriebliche Aufgaben	56	25	7	13	11
2b	novative betriebliche Aufgaben	11	7	-	-	4
2c	kreative betriebliche Aufgaben *)	12	8	1	1	2
2d	alle aufgabenbezogenen zusammengefaßt	78	39	8	14	17
3.	Entscheidungen	16	12	-	3	1

*) Eine Einheit wurde als Repetition nicht berücksichtigt.

Da SEIDEL Arbeitszufriedenheitsmaße nicht berücksichtigte, sind
seine Ergebnisse nur mit den Angaben zu "Produktivität" bei
STOGDILL (s. oben) zu vergleichen. Das Bild ist - wie man sieht -
sehr ähnlich; SEIDEL formuliert das Ergebnis in seiner auf Korrekt-
heit bedachten Art folgendermaßen: "Global darf man einer nicht spezifi-
zierten (Hypo-)These von der Effizienzüberlegenheit kooperativer betrieblicher
Führungsform über direktive betriebliche Führungsform nach Abwägung aller Ge-
sichtspunkte aufgrund des vorgelegten Materials einige Bestätigung zusprechen"
(1978, S. 555).
STOGDILLs und SEIDELs Ergebnisse würden für eine Leistungsgleich-
heit bzw. -überlegenheit kooperativer Führung sprechen. Da in ihren
Sammelreferaten aber jeweils eine große Anzahl von Befragungsstu-
dien berücksichtigt worden war, berichte ich noch eine Auswertung,
die ausschließlich experimentelle Studien berücksichtigte. Ich habe
1972 31 solcher Arbeiten ausgewertet und folgendes summarisches
Resultat gefunden:

Abhängige Variable (Erfolgsmaß)	Überlegenheit des autori- koopera- tären tiven Führungsstils		keine eindeu- tige Überle- genheit
Leistung	9	8	6 -
Einstellungen (v.a. Zufriedenheit)	6	17	5
Verhalten	1	3	-

Im Unterschied zu den beiden vorausgegangenen Zusammenfassungen
ist bei dieser - die sich allerdings auf weit weniger Fälle stützt -
keine höhere Leistungseffizienz der "kooperativen" Führung festzustellen.

Der Unterschied kann an der Untersuchungsmethode liegen: bei experimentellen Studien wird zu einem Zeitpunkt t_o eine Variable neu eingeführt oder verändert (z.B. in einer Untersuchungsgruppe "autoritäre", in der anderen "kooperative" Führung); zu einem späteren Zeitpunkt t_1 wird dann festgestellt, ob sich die beiden Gruppen in einem Kriteriumsmaß unterscheiden.
Bei korrelativen Erhebungen wird meist zum gleichen Zeitpunkt die "unabhängige" Variable (z.B. Führungsstil) und die "abhängige" Variable (ein Erfolgsmaß) bestimmt.
In beiden Vorgehensweisen werden Kausal-Aussagen gemacht (etwa: "Ein kooperativer Führungsstil führt zu höherer Leistung"). Zumindest in der korrelativen Befragungs-Studie ist dieser Schluß jedoch nicht gerechtfertigt. Es wird ja lediglich eine Korrelation festgestellt, die genauso gut in "Gegenrichtung" interpretierbar ist: "Hohe Leistung führt zu kooperativer Führung" (oder anders: "Ein Vorgesetzter, dessen Mitarbeiter hohe Leistungen bringen, kann es sich erlauben, freundlich mit ihnen umzugehen und sie zu Selbständigkeit ermuntern; während ein Vorgesetzter, dessen Leute ungenügende Leistungsresultate bringen, mit Nachdruck und direktivem Eingreifen dafür sorgen muß, daß sich die Situation bessert!").
ALLERBECK (1977, S. 100 f.) kommentiert diese Situation folgendermaßen:
"Schließt man jedoch von der zeitlichen Abfolge der Variablenmessung, die jeweils zu einem willkürlich gewählten Zeitpunkt durchgeführt wird und nur Ausschnitt aus einem prozeßhaft ablaufenden Geschehen sein kann, auf eine bestimmte Kausalrichtung, so ist dies ein fragwürdiges Vorgehen.
Bei den genannten Studien tritt die für die bedingte Variable gehaltene, nämlich Leistung, nicht später auf als die bedingende, Vorgesetztenverhalten, sondern wird nur zu einem späteren Zeitpunkt gemessen als diese; sie war also u.U. schon vor dem Zeitpunkt der Verhaltensmessung wirksam.
Folgende schematische Darstellung soll das Gesagte veranschaulichen:

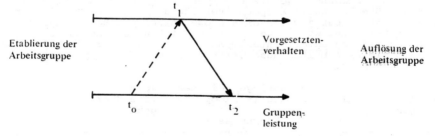

Vom Zeitpunkt der Etablierung einer Arbeitsgruppe bis zu ihrer Auflösung steht der Vorgesetzte mit seinen Mitarbeitern in Interaktion, zeigt ihnen gegenüber ein bestimmtes Verhalten. Während desselben Zeitraums erbringen seine Mitarbeiter eine bestimmte Leistung.
Die zitierten Untersuchungen sind nun so angelegt, daß zu einem Zeitpunkt t_1, über dessen zeitliche Distanz zum Beginn des Gruppenbestehens nichts ausgesagt wird, das Vorgesetztenverhalten erfaßt und zu einem späteren Zeitpunkt t_2 die Leistung gemessen wird. Aus der Korrelation $t_1 t_2$ wird abgeleitet, daß Vorgesetztenverhalten die Ursache für Leistung ist. Da Leistung jedoch auch schon vor den Zeitpunkten t_1 und t_2 erbracht wurde, kann sie ebensogut Ursache des Verhaltens sein. Eine signifikante Korrelation $t_0 t_1$ würde diese alternative Hypothese stützen. Die Anlage der Untersuchungsdesigns begünstigt also von vornherein eine Bestätigung der aufgestellten Hypothese."

Es gibt inzwischen einige experimentelle Studien, in denen gezeigt werden konnte, daß gute Leistungen ihrer Mitarbeiter Vorgesetzte veranlassen können, ihren vorher "autoritären" Stil auf "kooperativ" umzustellen (und umgekehrt; s. dazu die Zusammenfassungen bei ALLERBECK 1977 und McCALL 1976).
Auch bei experimentellen Studien gibt es eine Reihe von methodischen Problemen, die eine unbesehene Übernahme der Schlußfolgerungen nicht erlauben (Künstlichkeit und Kürze der Versuche, ihre Konsequenzenlosigkeit für die Beteiligten, die gesicherte Überlegenheit des Führers - oder zumindest des Versuchsleiters, Verzerrungen in der Versuchspersonenauswahl, fehlende oder unzulängliche Vergleichsgruppen, ungenügende Kontrolle von dritten Einflußgrößen usw.). Das Hauptproblem von experimentellen Studien ist jedoch, daß sie meist so angelegt sind, daß irgendeine Art von Führung auf jeden Fall praktiziert wird und damit sichergestellt ist, daß "Führung Konsequenzen hat", so daß die Alternativhypothese (daß es ohne Führung genauso gut oder noch besser geht) gar keine Chance der Bestätigung hat.

Als Resümee der Sammelreferate ist festzuhalten, daß keine methodisch gesicherten Aussagen zur Überlegenheit eines bestimmten Führungsstils hinsichtlich der Erfolgswirksamkeit gemacht werden können. Zwar gilt inzwischen als unstrittig, daß global generalisierende Behauptungen ("Kooperative Führung ist überlegen!") leer sind und darum weder bestätigt noch verworfen werden können. Infolgedessen hat man sich verstärkt der Forschungsstrategie des "Es-kommt-darauf-an" zugewandt; dabei hat man sich vor allem auf jene Einflußgrößen konzentriert, welche die Beziehung zwischen Führung und Erfolg vermutlich "moderieren". Eine extrem große Zahl solch "intervenierender Variablen" kommt in Frage, z.B. Art der Aufgabe (bekannt? schwierig? strukturiert?), Qualifikation der Mitarbeiter, ihre Einstellung zum Führungsstil, Größe der Arbeitsgruppe bzw. Organisation, affektive Beziehungen zwischen Untergebenen und Vorgesetztem, Abhängigkeit der Untergebenen vom Vorgesetzten usw. (s. MÜLLER & HILL 1977). Aber auch diese "Kontingenz-Ansätze" oder "situativen Relativierungen" konnten bislang das Blatt nicht wenden. Der entscheidende Grund dafür liegt in der ungenügenden theoretischen Vorarbeit. Es reicht nicht aus, wenn ein Untersucher mit guten und einsichtigen Gründen eine oder mehrere Variable(n) als relevant berücksichtigt. Unter Umständen mag er durchaus (in seinem Sinne) positive Resultate erhalten. Er kann z.B. zeigen, daß Wissenschaftler unter kooperativer Führung bessere Leistungen erbringen als unter autoritärer - und er generalisiert diesen spezifischen Befund zu der These: "Je höher die Qualifikation der Mitarbeiter, desto erfolgreicher ist ein kooperativer Führungsstil!" Dabei übersieht er aber die große Bedeutung der Klausel, daß sein Resultat nur "unter sonst gleichen Bedingungen" gilt. Ein Vorgesetzter kann sich unter Umständen durchaus ein höheres Maß an Strukturierung und Druck erlauben, wenn die Hochqualifizierten unerfahren sind, oder wenn zwischen ihnen starke Animositäten herrschen oder wenn er selbst ein anerkannter Experte ist, oder ...
Mit Schrotschüssen wird man immer etwas treffen. Die Übertragbarkeit von Befunden und ihre konstruktive Kombination wird jedoch solange ein Glücksspiel bleiben, solange nicht prüfbare Vermutungen entwickelt werden, die Begründungen für gefundene oder erwartete Zusammenhänge liefern und die an der Realität scheitern können. Statt kurzatmig Fakten auf Fakten zu häufen und mit unzulänglichen Meßinstrumenten auf Verdacht herausgegriffene Variablen in ihrem

Zusammenhang zu ungenügend operationalisierten ad-hoc-Erfolgsmaßen
zu bestimmen, muß der theoretischen Durchdringung der bereits vorliegenden Erfahrungen größere Aufmerksamkeit geschenkt werden. Neben den bereits diskutierten Problemen der begrifflichen Fassung
von Führungsverhalten bzw. Führungsstil verdienen zwei weitere
Themen verstärkte Beachtung:
- die Analyse der Erfolgs-Maße und
- der Einbau von "Makro-Variablen".

4.9. Führungs-Erfolg

In den meisten Führungsdefinitionen wird implizit oder explizit
davon ausgegangen, daß Führen ein Bewirken von Ergebnissen, ein
zielgerichtetes Handeln sei. Umso mehr muß es überraschen, daß das
Endprodukt von Führung, der "Erfolg" vergleichsweise wenig theoretische und empirische Beachtung gefunden hat. Vielleicht ist ein
Modewechsel angezeigt. Es ist an der Zeit, von der Überbetonung
des Führungsstils (als dem Mittel) endlich zum Zweck zu kommen. In
dieser Hinsicht waren die Führungsforscher bislang wenig geschmäck-
lerisch, sie haben genommen, was sich ihnen bot. Am häufigsten waren die Leistungs-Einschätzungen durch nächsthöhere Vorgesetzte.
LENT, AURBACH und LEVIN (1973) fanden, daß bei den 406 im Zeitraum
zwischen 1954 und 1966 in der Fachzeitschrift "Personnel Psychology"
veröffentlichten Validierungsstudien insgesamt 1506 Kriterien verwendet wurden; davon waren 63 % Rating-Daten, 12 % "indirekte" Maße
(Gehaltshöhe, erreiche Position, Fluktuation, Fehlzeiten) und nur
ca. 17 % "direkte" Leistungsmaße (Leistungsdaten, Arbeitsstichpro-
ben, Produktionsziffern) (der Rest wurde unter "Sonstiges" klassi-
fiziert).
FIEDLER - auf dessen Führungstheorie ich unten noch eingehen werde -
kann für diese Quodlibet-"Strategie" als Musterbeispiel dienen. Er
verwendete zur Entwicklung und Prüfung seines Ansatzes unterschied-
los die heterogensten Maße (bei Basketballteams den Tabellenstand,
bei Panzerbesatzungen die Treffergenauigkeit, bei Landvermessern
die Präzision, bei Supermarktmanagern den Umsatz, bei Stahlarbei-
tern die Abstichintervalle usw.). Dahinter steckt kein System -
denn dies würde voraussetzen, daß FIEDLER geklärt hätte, daß die
verwendeten Maße jeweils
- zuverlässig (zeitlich stabil)
- relevant (d.h. nicht nebensächlich)
- nicht defizient (d.h. alle wesentlichen Aspekte erfassend)
- kontaminationsfrei (d.h. nicht "verunreinigt" durch dritte Einflüsse)
- differenzierend (d.h. die "guten" von den "schlechten" tatsächlich unterscheidend)
waren. Es scheint so, als ob er buchstäblich das nächstbeste Maß
genommen hätte - und damit hat er nur getan, was alle anderen auch
machen.
Ein solcher Pragmatismus versteckt sich dann in den Zusammenfassungen der Forschungsberichte und beim Zitieren der Ergebnisse hinter den verallgemeinernden Begriffen Leistung, Effizienz, Produktivität, Erfolg usw. Dies sind magische Wörter, deren Faszination
allzu leicht Denkblockaden auslöst. Anders ist es nicht zu erklären,
daß beliebige einzelne Maße (Umsatz, Wachstum, Kosten, Tempo, Aus-
schuß, Krankenstand, Fluktuation,Ausstoß, Lieferfristen usw.) als
die abhängige Variable und somit als Erfolgsindikator akzeptiert

werden. Jeder Führungskraft ist klar, daß ein ganzes Bündel von Kennziffern nötig ist, um faire Leistungsvergleiche durchzuführen, denn die Konzentration auf ein Maß kann allzuleicht dazu führen, daß andere vernachlässigt werden. In der Praxis wird im Regelfall von einem Zielsystem (s. HEINEN, 1966) und damit einem differenzierten und nicht immer ganz durchschauten Netz von gegenseitigen Abhängigkeiten, Konkurrenzbeziehungen und Substitutionsmöglichkeiten ausgegangen, wobei einzelne Ziele als unverzichtbare "Nebenbedingungen" (constraints) fixiert, andere zur Maximierung freigegeben werden usw.

Dies ist aber nur die eine sozusagen technische oder kognitive Seite des Zielproblems, bei der die inneren Zusammenhänge, Ausprägungsgrade und Terminierungen der Einzelziele so aufeinander abgestimmt werden müssen, daß die Menge der gesamten erfaßten Resultate langfristig bestimmten Standards entspricht.

Die andere Seite ist die Wert- oder Interessenfrage. Die Zielsetzung ist nicht nur ein Problemlöse-, sondern auch ein Konfliktlösungsprozeß, denn das, "worum es geht", ist nicht quasi naturgesetzlich vorgegeben, sondern wird ausgehandelt und ist deshalb auch abhängig von den inner- und außerorganisatorischen Machtverhältnissen und Koalitionen (s. HAUSCHILDT 1980).

Man mag dagegen einwenden, daß diese Fragestellung für die normale Führungskraft (die nicht Vorstand oder Unternehmer ist) müßig sei, denn ihr seien ihre Ziele präzise vorgegeben. Selbst wenn dem so wäre (und es gibt begründete Zweifel an der Lückenlosigkeit der Determination - s. die obige Diskussion des rollentheoretischen Ansatzes), dann müßte sich jeder Vorgesetzte dennoch fragen, ob er sich - wenn er schon loyales Ausführungsorgan ist - nicht Gedanken macht, wofür er führt. Dieses "Wofür" ist ein doppeltes: für wen (Wem nutzt oder schadet es?)und für was (Was bewirkt es - auch an ungewollten Nebenfolgen?).Wenn er sich bereit erklärte, "bedenkenlos" jedes aufgetragene Ziel und nur dieses zu erfüllen, dann fehlte nicht mehr viel zum bewußtlos funktionierenden Roboter. Würde er aber - unterstellen wir den Mut zum Heldentum - jedes übertragene Ziel in Frage stellen, dann würde er unberechenbar und das System als Ganzes wäre, wenn sein Beispiel Schule machte, handlungsunfähig. Es geht deshalb nicht um das Entweder-Oder, sondern um das Sowohl-Als-auch, um das Aushalten und Balancieren von Gegenprinzipien, die allein die Lebens- und Fortschrittsfähigkeit eines sozialen Systems sichern.

4.10. Führung im Kontext organisatorischer Einflüsse: Der Ansatz von TÜRK

Mit den letzten Überlegungen ist der zweite Problemkreis angeschnitten. Lange Zeit haben offenbar Hollywood-Phantasien die Führungsforschung beherrscht: der Führer wurde als der große Einzelne gesehen, der (als alleingelassener Marshal, als unbestechlicher Anwalt oder Kommissar, als furchtloser Soldat) allen Widerständen zum Trotz der guten Sache zum Sieg verhilft und der Masse der Feiglinge, Korrupten und Verzweifelten zeigt, wozu ein echter Mann fähig ist. Dieses Heldenmotiv spiegelt das Wunschdenken derjenigen, die ihrem ereignislosen, unbedeutenden und fremdbestimmten Alltagsleben nur durch die Flucht in Walter-Mitty-Träume entkommen.

Der typische Vorgesetzte ist aber kein "autonomes bürgerliches Subjekt", sondern eingebaut in eine Vielzahl von Zwängen. Er ist vor

allem eingefügt in eine bürokratische Organisation, eine Einrichtung also, die sich durch Formalisierung, Differenzierung und
Hierarchisierung unabhängig zu machen sucht von der Unsicherheit,
Störbarkeit und Instabilität personaler Motivationen und Fähigkeiten. TÜRK (1981; s. die oben schon erörterte Abb. 1 auf S. 4)
hat dieser Thematik seine Habilitationsschrift gewidmet, deren
theoretisches Niveau weit über die schon zum Refrain degenerierte
Floskel hinausführt, daß "natürlich" auch noch die organisatorischen Umfeldbedingungen berücksichtigt werden müßten - wobei dies
meist dadurch geschieht, daß "Kästchen mit Pfeilen" gezeichnet
werden (wie das etwa bei NEUBERGER 1976, S. 221 geschieht).

TÜRK wendet sich engagiert gegen die instrumentalistische Verkürzung und Theorieabstinenz der meisten betriebswirtschaftlichen
und organisationspsychologischen Ansätze. In seinem eigenen Entwurf, den er einmal (S. 181) ein "lücken- oder interventionstheore-
tisches Modell" nennt, begründet er seinen Kerngedanken, daß Personalführung nur ein "Residualfaktor" (S. 65) sei, auf der Basis
a) der soziologischen Systemtheorie und
b) des Äquivalenzfunktionalismus LUHMANNscher Prägung.

zu a) Systemtheorie
Vielen Führungsansätzen attestiert TÜRK, daß sie die Führer-Ge-
führten-Beziehung losgelöst vom organisatorischen und gesellschaftlichen Kontext untersucht hätten: aber: "der Vorgesetzte ist kein
Bandenchef" (S. 57); Personalführung ist immer institutionelle Führung.
Aus systemtheoretischer Perspektive ist eine konkrete Handlung verschiedenen "Systemen" zuzurechnen, sie wird gesteuert oder beeinflußt vom
- Organisations-System,
- Interaktions-System und
- Person-System.
Die Organisation versteht TÜRK nicht als materiell greifbaren Sachverhalt, sondern als ideelle Konstruktion, welche die normativ erwarteten Handlungsmuster bezeichnet: Organisation ist die "Vorab-
Konstitution von sozialen Verhältnissen" (S. 28). Sie erreicht
ihre Rationalität vor allem dadurch, daß sie sich von den Besonderheiten und Einmaligkeiten der Mitglieder unabhängig macht, indem
sie sich verselbständigt, d.h. Verhaltenserwartungen in drei Dimensionen generalisiert, nämlich sachlich (über aufeinander bezogene Mitgliedschafts-Rollen), sozial (über verallgemeinerte Legitimation, die vom Einverständnis je einzelner befreit) und zeitlich (indem die Zustimmung der Mitglieder auf Dauer gestellt und
gegen einzelne Abweichungen und Enttäuschungen gesichert wird).

Mit Interaktions-System ist die Tatsache gemeint, daß der einzelne
nie autonom agiert, sondern in seinen Orientierungen, Wirklichkeits-
Interpretationen, Rollen und Kooperationszusammenhängen immer schon
durch seine unmittelbaren Sozialkontakte geprägt ist. In diesen
konkreten Beziehungen wird das formal-normative Organisationssystem
gedeutet, kompensiert und sozusagen mit Leben erfüllt.

Von der Personseite schließlich sind Handlungen bestimmt durch
Kenntnisse, Fähigkeiten und Motivationen, die jedoch nicht als angeborene, sondern sozial vermittelte und organisational geprägte
anzusehen sind.

Die drei Systeme sind gegeneinander abgegrenzt und partiell unabhängig; eine "Vermenschlichung" der Organisation z.B. würde die
spezifischen Vorteile, die durch formal-unpersönliche Handlungs-
regulierungen erreicht werden, zunichte machen; ein Aufgehen des
Individuums in Gruppenbeziehungen würde seine Identität auslöschen;
die Konstitution der Organisation als Interaktionssystem würde sie
zwar dynamisieren, ihr aber zugleich Stabilität, Planbarkeit und
Kalkulierbarkeit nehmen.
Trotz ihrer teilweisen Selbständigkeit müssen die Systeme einander
kongruent gemacht werden; die Person muß der Organisation "angepaßt" werden (und umgekehrt), damit zielgerichtetes Handeln möglich wird.
Diese "Anpassung" erfolgt über den Mechanismus der sozialen Kontrolle. Damit ist das zweite theoretische Fundament berührt:

zu b) Äquivalenzfunktionalismus
Dieser Ansatz läßt sich in seinen Grundzügen grafisch folgendermaßen skizzieren:

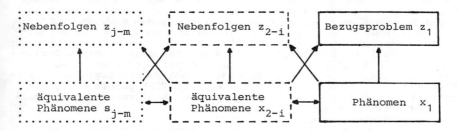

Das "Bezugsproblem" (Z_1) ist der zu erklärende soziale Tatbestand
(z.B. Effizienz, Rollenstruktur, sozialer Wandel). Zur vorliegenden Problemstellung ist das Bezugsproblem die "soziale Kontrolle".
Unter "Phänomen (X_1) ist jene soziale Erscheinung zu verstehen,
die im Hinblick auf ein bestimmtes Bezugsproblem (Z_1) "Leistungen
erbringt", die in einen sinnvollen (keinen kausalen) Zusammenhang
mit den zu erklärenden Inhalten gebracht werden können in dem Sinne, daß eine Beziehung von der Art
$$Z_n = f(x_i)$$
konstituiert wird.
Soziale Kontrolle (Z_1) ist z.B. eine Funktion von Personalführung
(x_1).
Im Hinblick auf das Bezugsproblem gibt es im Regelfall "funktionale
Äquivalente", d.h. andere Phänomene x_{2-i}, die ebenfalls Z_1 herbeiführen können: soziale Kontrolle kann z.B. auch ausgeübt werden
durch verinnerlichte Normen (x_2), Etablierung technischer Sachzwänge (x_3), Auswahl bestimmter geeigneter Personen (x_4) usw. Genauso
wie x_1 können diese "funktionalen Äquivalente" x_{2-i} Beiträge nicht
nur zu Z_1, sondern auch noch zu anderen Bezugsproblemen (s. oben:
Z_2 - Effizienz, Z_3 - Wandel, Z_4 - Entfremdung usf.) liefern und
somit erwünschte oder unerwünschte Folgen haben. Die funktionalen
Äquivalente können nun wiederum ihrerseits andere funktionale
Äquivalente mit weiteren Folgen und Nebenfolgen haben, usw.

Das Bezugsproblem (die zentrale Thematik), die TÜRK untersucht,
ist - wie gesagt - "soziale Kontrolle", unter der er "alle sozialen
Prozesse (versteht), die die Funktion haben, eine Konformität des Handelns mit
bestehenden systembezogenen Handlungsmustern (Erwartungen, Anforderungen, Normen,
Zielen, Werten, Szenen usw.) zu erreichen, zu sichern oder wiederherzustellen"
(S. 45). Gelungene soziale Kontrolle konkretisiert sich in Konformität.
Wie in Abb. 1 (s.S. 4) veranschaulicht, tragen verschiedene Phänomene oder Mechanismen zur Sicherung von Konformität (mit den Anforderungen des Organisations-Systems) bei.
Personalführung ist eines dieser Phänomene, zu dem im gegebenen gesellschaftlichen und organisationalen Zusammenhang zahlreiche funktionale Äquivalente existieren. In Umkehrung der üblichen Betrachtungsweise, die "Führung" zum zentralen Mechanismus stilisiert, geht
TÜRK davon aus, daß Personalführung "gleichsam ein 'Residualfaktor' (ist),
der situationsspezifisch immer dann und in dem Maße eingesetzt wird (einzusetzen
wäre), in dem die übrigen Mechanismen sozialer Kontrolle nicht ausreichen bzw.
nicht zur Wirkung oder zum Einsatz gelangt sind. Dies deutet auf substitutionale
Beziehungen hin. Vorläufig formuliert, hängt in dieser Sichtweise der Bedarf an
Personalführung von dem Ausmaß der 'Kontroll-Lücke' zwischen Handlungs- und
Orientierungszielen einerseits, sowie der zielkonformen Wirkung der übrigen Kon-
trollmechanismen andererseits ab" (S. 65).
Ein großer Teil der Ausführungen TÜRKs ist der detaillierten Darle-
gung der konformitätserzeugenden Wirkungen jener anderen (oben
S. 4) schon beschriebene außerorganisationalen und organisationalen Kontrollen gewidmet. Dabei differenziert TÜRK seinen Konformi-
tätsbegriff, indem er verschiedene Arten von Konformität unterscheidet (S. 39 ff.), nämlich
a) verhaltensorientierte:
   - auf Leistungsansprüche bezogene (Leistungserwartungen oder
     fachliche (Spezial-)Qualifikationen);
   - auf sozial-normative Ansprüche bezogene (wie Fügsamkeit,
     Akzeptanz organisatorischer Handlungsnormen);
b) einstellungsorientierte:
   - Verinnerlichung leistungsorientierter (z.B. professioneller)
     Standards, Leistungsmotivation;
   - unspezifische Loyalität hinsichtlich genereller organisatio-
     naler Ziele, Interessen, Strategien usw.).

Besondere Aufmerksamkeit widmet TÜRK im Hinblick auf die Entstehung
von Personalführungs-Bedarf den durch Sozialisation und Interaktion
vermittelten "inneren Kontrollen" und der durch organisationalen
Prozeduren und Regeln erzeugten "indirekten Kontrolle". Diese Diskussion ist besonders bedeutsam, weil sie sich unmittelbar auf die
Frage des Abbaus personaler Herrschaft bezieht:
Als allgemeine Hypothese formuliert TÜRK: "Mit der Zunahme innerer und
indirekter Kontrollen nimmt der Personalführungsbedarf in Arbeitsorganisationen
hinsichtlich der grundsätzlichen Akzeptanz und Befolgung geltender Arbeitsnormen
ab" (S. 131).
Wie oben schon bei der Diskussion von FROMM und ADORNO dargestellt,
geht auch TÜRK davon aus, daß im historischen Prozeß der Rationalisierung der Lebenswelt externe Kontrollen sukzessive verinnerlicht
wurden. Im Anschluß an BERGER, BERGER & KELLNER (1973) diagnostiziert er (S. 137 f.) als typische "Deutungsmuster" bzw. normative
Orientierungen des "modernen Menschen"
- Rationalität (im Sinne technologischer Rationalität)

- Komponentialität (Zerbrechen einer einheitlichen Lebenswelt und nur bewußtseinsmäßige Synthese)
- Multi-Relationalität (Situationsdefinition unter dem Aspekt der Beziehungsvielfalt)
- Machbarkeit
- Pluralität (Segmentierung, Differenzierung einzelner Lebensbereiche)
- Progressivität (Instabilität erzeugende Wachstums- und Maximierungsideologie)

Mit der zunehmenden Verinnerlichung solcher "Metaqualifikationen" wird eine "Grundfügsamkeit der Person bewirkt, die organisationsspezifische Legitimationsbedarfe für Organisationsstrukturen und normative Anforderungen sinken läßt"(S. 139). Wenn Organisationsmitglieder auf diese Weise "zugerichtet" werden, können spezifische personale Herrschafts- und Unterwerfungsakte ausbleiben: Fremdbestimmung löst sich ab von Personen, ist gleichsam allgegenwärtig und unfaßbar - und damit umso schwieriger zu reflektieren und zu bekämpfen.
In ähnlich unpersönlich-abstrakter Weise wirken "indirekte Kontrollen" durch die Strukturen und Prozesse des Organisationssystems.
"Je mehr sie Anwendung finden und je wirksamer sie sind, desto geringer - ceteris paribus - der Personalführungsbedarf" (S. 146). "Die Zunahme indirekter Kontrollen in Arbeitsorganisationen ist als Ausdruck und Ergebnis des schon mehrfach angesprochenen Prozesses der 'verobjektivierenden Versystemlichung'[1] innerhalb der modernen Zivilisation. Es handelt sich dabei nur oberflächlich um einen Prozeß 'von der Herrschaft über Personen zur Verwaltung der Dinge', sondern vielmehr um einen Wandel von der Herrschaft von Personen vermittelst Befehlsgewalt zur Herrschaft von Personen vermittelst Organisation und System" (S. 147).

Tendenziell bewirken "innere" und "indirekte" Kontrollen eine Aushöhlung des Bedarfs an Personalführung, soweit sie sich auf die instrumentelle und sachliche Ausrichtung des Personals bezieht, denn diese wird zunehmend versachlicht. Umso mehr rückt die Bedeutung der "emotionalen Autorität" (S. 151) des Vorgesetzten in den Mittelpunkt. Für die Emotionalität der Menschen ist in der instrumentelltechnisierten Welt keine Vorsorge getroffen, sie muß durch "Zusatzinstitutionen aufgefangen werden" (S. 151). In der Schließung von "Motivationslücken" sieht TÜRK deshalb eine bedeutsame Funktion der Personalführung (die nach seiner Meinung allerdings von Experten übernommen werden wird und in eine "Betriebspsychiatrie" mündet, welche die "Neuadjustierung der Person" zu besorgen hat). Angesichts zunehmender Steuerung durch innere und indirekte Kontrollen verkümmert eine sog. "kooperative Führung" zur bloßen Ideologie, weil sie sich letztlich auf Beziehungspflege beschränken muß. Aus dieser Perspektive gibt TÜRK zu bedenken, daß es "a priori auch überhaupt nicht ausgemacht (ist), daß eine Verminderung des Anteils personaler Herrschaftsausübungen in Organisationen durch vermehrten Einsatz indirekter Kontrollformen wünschenswert wäre. Mit zunehmender Substitution von Personalführung durch andere Steuerungsformen ... schwinden nämlich Möglichkeiten der interaktionellen Einflußnahme und Gegensteuerung durch das zu führende Personal. So könnte man gerade den vermehrten Einsatz von indirekten Kontrollinstrumenten vor diesem Hintergrund versuchen zu begreifen als Ausdruck des Mißtrauens gegenüber der Loyalität und Durchsetzungsfähigkeit der Vorgesetzten, die in Interaktionssituationen dem Gegendruck ausgesetzt sind. Man sollte aber lernen ..., daß schein-objektive Ver-

---

1) TÜRK entschuldigt sich selbst für diesen sperrigen Ausdruck.

fahren, nur dadurch, daß sie als rational gedeutet werden, nicht notwendigerweise 'humaner' sind als die Anweisung eines Vorgesetzten. Die Frage nach der
optimalen Handhabung von Fremdsteuerungsbedarfen ist damit nicht nur eine ökonomische, sondern auch eine moralische ... eine Arbeitsorganisation, in der
viel über Personalführung gesteuert wird, ist nicht notwendigerweise 'herrschaftlicher' als eine, in der Personalführung kaum auszumachen ist" (S. 193).

In diesen Bemerkungen wird ein Problem sichtbar, das in der TÜRK-
schen Konzeption von Personalführung als Restkategorie sozialer
Kontrolle liegt. TÜRK geht davon aus (s. S. 45, S. 61, S. 66, S. 79),
daß das Bezugsproblem die Herstellung von Konformität mit "bestehenden","vorformulierten", "feststehenden" Organisations-Normen sei.
Er steht damit in der Tradition jener Autoren, die die eine "über-
wältigende Objektivität" der "verwalteten Welt" (s. oben, S. 41)
unterstellen. Die Kontrolle durch "das System" ist allgegenwärtig,
umfassend und unentrinnbar. Wenn man dieses Bild entwirft, bleibt
für (personale) Führung tatsächlich nur noch die Lückenbüßer-Rolle.
Geht man aber davon aus, daß die organisationalen Normen und Kontrollen grundsätzlich unvollständig, dehnbar, widersprüchlich, ent-
wicklungsbedürftig und unscharf sind, dann gewinnt personale Führung eine andere Qualität. Sie ist dann nicht nur eine Variante sozialer Kontrolle (Normenwächter und Büttel der Organisation), sondern auch ein Instrument der inhaltlichen Gestaltung und Veränderung eben dieser Normen, die ja gesellschaftlich vermittelte sind.
In vielen Fällen mag der "Zwang der Verhältnisse" übergroß sein,
so daß dem Vorgesetzten (und seinen Untergebenen) tatsächlich nur
ein kleiner Handlungs-Spielraum bleibt. Aber dieser Spielraum ist
nicht (nur) vorgegeben, er kann (auch) hergestellt werden durch
aktive Nutzung jener Normenunschärfe und -widersprüchlichkeit.

In seiner Analyse bürokratischer Herrschaft geht SCHLUCHTER (1972)
auf diese Dialektik ein. Ausgehend von der oben schon erwähnten
These ENGELS'"An die Stelle der Regierung über Personen tritt die
Verwaltung von Sachen und die Leitung von Produktionsprozessen.
Der Staat wird nicht 'abgeschafft', er stirbt ab" untersuchte
SCHLUCHTER u.a. die Konsequenzen von Demokratisierung und Professionalisierung in bürokratischen Organisationen. Er weist nach,
daß hier in mehrfacher Hinsicht unauflösliche Spannungszustände bestehen. Funktionale Autorität (Sachautorität, Expertentum) steht
in einem Widerspruch sowohl zur "Amtsautorität" wie auch zur Demokratisierung, weil sie tendenziell dazu führt, daß Nicht-Fachleute
nicht mehr mitzuentscheiden haben, wodurch es zu einer "Laisierung
Dritter" (HARTMANN) und damit zu ihrem Ausschluß aus demokratischer
Kontrolle kommt. Funktionale Autorität ist tendenziell wegen ihrer
"strukturellen Labilität" "debürokratisierend" (weil ja unvorhersehbar nach "Lage der Dinge" und wechselnder Sachkompetenz entschieden wird), aber damit für komplexe Probleme und veränderliche Umwelten überlegen. Sachautorität kann zwar durch Professionalisierung
sekundär stabilisiert werden (indem sich die Experten zu Vereini-
gungen zusammenschließen, spezifische Ausbildungsgänge einrichten,
sich bestimmten Verhaltens- und Wertkodices unterwerfen usw.), aber
sie ist inhaltlich nicht mehr kontrollierbar und mündet durch die
Professionalisierung in eine neue Bürokratisierung (Berufsverbände,
ethische Richtlinien, Repräsentanten usw.) und "Segregation" (Abgrenzung, Absonderung systeminterner von -externen Rollen); durch
diese Exklusivität wird wiederum demokratische Kontrolle erschwert.

Eine solche Perspektive "behandelt Bürokratisierung, Professionalisierung und Demokratisierung, Amtsautorität, Sachautorität und demokratische Kontrolle weder in erster Linie als historische Stadien noch als Aporien, sondern als konkurrierende Strategien und institutionalisierbare Gegenprinzipien, deren Zusammenspiel erst die bei zunehmender Rationalisierung auch für Organisationen notwendige Komplexität erzeugt ... Organisationen, in denen ein Strukturprinzip und eine Strategie dominieren, sind deshalb entweder auf einem Stand relativer Undifferenziertheit verblieben oder befinden sich in einem Prozeß der Regression" (Schluchter, 1972, S. 174).

Dieses Plädoyer SCHLUCHTERs, antagonistische Prinzipien und Strategien gleichzeitig zu institutionalisieren, ist kein Aufruf zur Anarchie, sondern eine "politische" Antwort auf die Herausforderungen wachsender Komplexität von Organisationen und Umwelten. Sie richtet sich auch gegen die zwar gutwilligen, aber unkritischen Forderungen nach radikaler Demokratisierung, Machtausgleich, Gruppenentscheidung, Arbeiterselbstkontrolle usw., weil diese die Erfahrungen, die in Kleingruppen gemacht und bestätigt werden können, auf Großorganisationen extrapolieren und dabei übersehen, daß mit der quantitativen Veränderung ein qualitativer Wandel einhergeht, der eine völlig neue Organisation von Information, Zielsetzung, Entscheidung, Koordination und Kontrolle erfordert.

GIRSCHNER (1978) hat z.B. mit - wie er sagt - "durch Informationen angereicherter soziologischer Phantasie" (S. 11) ein idealtypisches Modell der "partizipatorischen Steuerung" von Unternehmen entworfen (GIRSCHNER bevorzugt statt der Begriffe Führung oder Leitung den der Steuerung). Aus der Kritik der Dysfunktionen gegenwärtiger hierarchischer Steuerung (die er sehr differenziert durchführt, s.S. 11-21) und aus existierenden Mitbestimmungsmodellen und erkennbaren Trends der Enthierarchisierung folgert er eine Reihe von Postulaten für eine Unternehmenssteuerung, die Selbstverwirklichung erlaubt, u.a.:

- "die Umverteilung der Steuerungsmacht soll weiter vorangetrieben und in Form der Funktionalisierung der Herrschaft strukturell abgesichert werden",
- "Teamentscheidungen sollen auf allen Ebenen des Steuerungsprozesses zur Regel werden" (S. 85)
- "Die im Teilsteuerungssystem verorteten eingeschränkten Entscheidungsbereiche und Rechte sollen ausgedehnt und erweitert werden, d.h. die Repräsentanten der Gesamtmitgliedschaft sollen unbeschränkte Kompetenz erhalten ..." (S. 94)
- "Alle Informationsmonopole müssen aufgehoben und Transparenz auf allen Ebenen und in allen Phasen des Steuerungsprozesses gesichert werden. Kontrolle von unten soll so u.a. durch Diskussionsprozesse gesichert werden" (S. 95).

Neben den Prinzipien der Enthierarchisierung ("Horizontalisierung der Einflußchancen") und der Funktionalisierung der Herrschaft (S. 109 f.) führt GIRSCHNER als "wesentliches und neues Prinzip das der strukturellen Ausdifferenzierung der Steuerungssysteme" ein (S. 110):

"Der Mechaniker, Programmierer oder Fließbandarbeiter soll beispielsweise sowohl in einer Entwicklungsgruppe zur Arbeitsvorbereitung wie auch in verschiedenen Konferenzen und Teams an zentralen Steuerungsentscheidungen über das Dienstleistungs- oder Produktionsprogramm teilnehmen können wie auch zwischendurch 'bloß Ausführender' der von ihm mitgetroffenen Entscheidungen sein" (S. 110).

Durch diese "strukturelle im Gegensatz zur personellen Ausdifferenzierung des Steuerungssystems" (S. 110) wird die Möglichkeit geschaffen, daß die Unternehmensmitglieder "von Rollen der Aufgabendurchführung in solche der Machtkontrolle oder der Machtausübung

u.U. von einer Stunde auf die andere im Laufe des Arbeitstages
wechseln" können (S. 110).
GIRSCHNERs utopischer Entwurf erinnert an MARX' Arbeiter in der
kommunistischen Gesellschaft, der morgens Jäger, mittags Fischer
und abends Viehzüchter ist (MARX, MEW I, 3, S. 83). Es soll hier
keineswegs bestritten werden, daß es möglich ist, Arbeit so zu organisieren, wie GIRSCHNER das projektiert. Allerdings setzte das
eine radikale Umbewertung des Zielsystems gesellschaftlicher Arbeit voraus:
a) Abwertung von materiellem Lebensstandard und materiellem Wachstum
Hoher materieller Lebensstandard für breite Massen wurde bislang
immer erkauft durch rücksichtslose Ausbeutung der natürlichen Umwelt und Fremdbestimmung der Produzenten. Er setzt Vereinseitigung
der Produzenten und der Produktion voraus, gleichzeitig aber para-
doxerweise Vereinheitlichung der Bedürfnisse der Konsumenten, denn
nur durch Massennachfrage und ihre Stabilisierung können die Vorteile von Großorganisationen realisiert werden (durch rentable
Produktion Schaffung von Mehrwert, der für Forschung und Entwicklung, verstärkte Technisierung, weitere Vergrößerung, Transfer-
zahlungen an den Staat usw. verwendet werden kann). Damit ist ma-
terielles Wachstum auf das Programm "Mehr von demselben" verpflichtet, während mit dem (unglücklichen) Begriff des "qualitativen
Wachstums" wohl eine Umorientierung auf verstärkte Berücksichtigung
immaterieller Werte gemeint ist.

b) Verzicht auf die gesellschaftlichen Vorteile der Spezialisierung

In partizipativen Führungsmodellen wird nicht selten das Bild eines
zur Spezialisierung nicht verurteilten, allseitig gebildeten und
umfassend interessierten und mit seiner Arbeit und Organisation
identifizierten Mit-Arbeiters entworfen. Vielleicht ist das nur
die eine Seite der Medaille, deren andere der dilettantische Uni-
versalist ist, der seine Zeit und Energie darin erschöpft, überall
mitreden zu wollen. Sich selbst bewahrt er Offenheit, Wissensreich-
tum und Interessenvielfalt, für die Gesellschaft insgesamt aber resultiert nivelliertes Mittelmaß. Die Impulse und Konflikte, für
die herausragende einzelne gut sind, bleiben aus.

c) Betonung der Reflexion und Diskussion auf Kosten der Aktion

Die Aufforderung, Ziele und Handlungen gemeinsam vorzubereiten, zu
entscheiden und zu planen, setzt permanentes Engagement, Diskussions-
fähigkeit und -freudigkeit voraus. Andauernder Begründungszwang im-
pliziert die Gefahr der Handlungsunfähigkeit, weil Aktivität immer
die vorläufige Suspendierung weiterer Problematisierung bedeutet.
Darüber hinaus ist der entlastende Rückzug in partielles Desinteresse versperrt; wer sich für alle(s) interessieren muß, hat es schwer,
eigene Interessen zu verfolgen - vielleicht auch gegen das "group-
think" (JANIS) der anderen. Allzu leicht gerät Konsenssuche zur
Konsenssucht.

d) Entpolitisierung des Handelns

Eine konstante Argumentationsfigur beim Reden über kooperative Führung ist die Funktionalisierung der Autorität, d.h. die Forderung,
daß derjenige zu entscheiden habe, der von einer Sache am meisten
verstehe. Es können jedoch nie "rein sachliche" Entscheidungen getroffen werden. Entscheidungen sind immer "politisch", jedenfalls

solange wie irgendjemand an einer Sache Interesse hat. Da eine
der Entscheidungsalternativen wohl selten für alle Beteiligten und
in allen Aspekten die eindeutig beste ist, produzieren Entscheidungen Verlierer. Wer fordert, daß nur das sachlich Gebotene zu tun
sei, der verschleiert, daß hinter Sachen Personen stehen und ermuntert zur Abgabe der Verantwortung an Experten und deren eindimensionale Interessen. Durch Sachautorität werden u.U. Wertposi-
tionen hinter "objektiven Zwängen" versteckt und damit unangreif-
bar gemacht: ein probates Rezept der Manipulation. Die Gegenstra-
tegie wäre, Folgen und Nebenfolgen einer systematischen politischen
Bewertung zu unterziehen und damit der schon erwähnten Laisierung
Dritter zu begegnen.

Ich verstehe diese nur exemplarisch herausgegriffenen Überlegungen
nicht als Argumente gegen "soziologische Phantasie"; sie ist wichtig, weil sie Perspektiven zeigen kann, die über das Gegebene und
Selbstverständliche hinausführen. Phantasie kann nicht "ausgewogen"
sein, aber sie verliert ihre stimulierende Kraft, wenn sie statt
Visionen Halluzinationen produziert. Auf den Boden der Tatsachen
wird sie ohnedies schnell zurückgeholt. Hier ist eine Anregung
GIRSCHNERs hilfreich: Anstatt in gesellschaftlicher Arbeitsteilung
das Phantasieren zu monopolisieren und das Realisieren den anderen
zu überlassen, könnte es zur Selbstverwirklichung beitragen, Phantasieren und Kritisieren "von einer Stunde auf die andere" in einer
Person zu versuchen. Aber vielleicht würde das dem Pegasus die
Flügel stutzen, er wäre dann nur noch ein gewöhnlicher Ackergaul.

4.11. "Kooperative Führung": Ein illustratives Beispiel
(WUNDERER & GRUNWALD)

In einem weiteren Beispiel möchte ich die "Voreingenommenheit" von
Autoren illustrieren, die sich mit kooperativer Führung identifizieren. Ich greife dazu eine Passage aus dem zweibändigen enzyklopädi-
schen Werk von WUNDERER & GRUNWALD (1980) heraus, in der sie neun
"interdependente Merkmalsdimensionen" von kooperativer Führung nennen (Bd. II, S. 99 ff.):
1) Gemeinsame Einflußausübung
2) Funktionale Rollendifferenzierung und Sachautorität
3) Multilaterale Informations- und Kommunikationsbeziehungen
4) Konfliktregelung durch Aushandeln und Verhandeln
5) Gruppenorientierung
6) Vertrauen als Grundlage der Zusammenarbeit
7) Bedürfnisbefriedigung der Mitarbeiter und Vorgesetzten
8) Ziel- und Leistungsorientierung
9) Bedürfnisorientierte Personal- und Organisationsentwicklung

In den Merkmalen (1) und (2) werden die üblichen Bemerkungen zu
Machtausgleich und Sachautorität gemacht, in (3) und (4) werden umfassende Kommunikation und die Nutzbarmachung (?) der konfliktären
Interessen der Mitglieder gefordert, in (5) geht es um die Bedeutung von Strukturen und Prozessen in Arbeitsgruppen für Arbeitszufriedenheit und -leistung, in (6) wird Vertrauen zwischen den Organisationsmitgliedern als Grundlage (nicht: Folge) partnerschaft-
licher Zusammenarbeit postuliert und in (9) wird betont, daß die
kooperative Führung ein stetiger Entwicklungsprozeß ist, "durch den
ein bestimmter, jedoch immer nur selten erreichbarer Sollzustand angestrebt wird,
da die Realisierung konsensfähiger Arbeits- und Sozialbeziehungen durch mannig-

faltige technologische, sachstrukturelle, politisch-rechtliche, sozial- und
individualpsychologische Hemmnisse behindert oder verhindert wird" (Bd. II,
S. 102).

Die Erläuterungen zu den Merkmalen (7) und (8) zitiere ich im
Wortlaut:
"(7) Bedürfnisbefriedigung der Mitarbeiter und Vorgesetzten
Aus dem Prinzip der Selbstverwirklichung resultiert die Forderung, in den Ar-
beitsbeziehungen auch die Bedürfnisbefriedigung der Organisationsmitglieder zu
berücksichtigen. Während Bedürfnisbefriedigung in der Vergangenheit oftmals auf
jene Motive bezogen wurde, die zur Steigerung der Produktivität beizutragen
schienen, wird Bedürfnisbefriedigung im Rahmen kooperativer Führung auch als
Mittel und Ziel der persönlichen und/oder beruflichen Entwicklung der Organisationsmitglieder gesehen. Durch kooperative Führung wird versucht, die Bedürfnisse der Mitarbeiter und Vorgesetzten weitgehend zu berücksichtigen. Kooperative
Führung gilt auch in dem Maße als erfolgreich, wie sie die Arbeitszufriedenheit der Organisationsmitglieder sichert bzw. erhöht.

(8) Ziel- und Leistungsorientierung
In bürokratisch-autoritären Führungsformen zeigt sich häufig eine relativ un-
reflektierte Orientierung an vorgegebenen Organisationszielen, wobei die Indi-
vidualziele diesen Zielen gleichgesetzt oder untergeordnet werden. Demgegenüber
wird bei der kooperativen Führung auch Antinomie zwischen Organisations- und
Individualzielen akzeptiert, die durch aktive Mit- und Selbstbestimmung aller
Beteiligten bzw. durch Abbau von Fremdbestimmung gemildert werden kann. Kooperative Führung ist in dem Maße erfolgreich, wie sie auch die Arbeitsleistung der
Organisationsmitglieder sichert bzw. erhöht."

Zunächst fällt die häufige Verwendung von "auch" auf:
bei (7): - auch die Bedürfnisbefriedigung der Organisationsmitglieder berücksichtigen
- Führung auch als Mittel und Ziel der Entwicklung der
Mitglieder
- der Erfolg von kooperativer Führung wird auch durch
ihren Beitrag zur Arbeitszufriedenheit gemessen

bei (8): - bei kooperativer Führung wird auch Antinomie zwischen
Organisations- und Individualzielen akzeptiert
- der Erfolg kooperativer Führung wird auch in der Förderung der Leistung gemessen.

Das Wort "auch" wird meist im Sinne der Zusätzlichkeit eines Inhalts
gebraucht, der einen anderen nicht ersetzt, sondern ergänzt, also
als "sowohl - als auch". Kooperative Führung ist überlegen, weil
sie je beide Aspekte beinhaltet (besonders auffällig in den jeweiligen Schlußsätzen). Wenn nur ein solcher Führungsstil kooperativ
genannt werden darf, der dieses Ziel erreicht, dann allerdings gäbe
es (definitionsgemäß) nichts besseres! Wenn er aber dieses Ziel nur
anstreben soll, dann gewinnt das "auch" strategische Bedeutung, weil
es die Formulierung unter einen Vorbehalt stellt und damit kaum ein-
klagbar macht. Im Zusammenhang damit stehen relativierende Prädika-
te: die Bedürfnisse sind "weitgehend berücksichtigt", die "Antinomie" wird akzeptiert; über das Ausmaß von Berücksichtigung und Akzeptanz wird nichts gesagt (bloße "Kenntnisnahme" wäre wohl nicht
weitgehend genug!). Außerdem: Was sind die Bedürfnisse von Mitarbeitern und Vorgesetzten? An anderer Stelle ihres eindrucksvoll
umfangreichen Werks kritisieren die Autoren das Bedürfniskonzept am
Beispiel der MASLOWschen Einteilung (Bd. I, S. 178 ff.), hier setzen sie es unkritisch wieder in Stand und Ehre. Sie gehen zwar da-

von aus, daß die Antinomie nicht beseitigt, wohl aber "gemildert" werden kann "durch aktive (!) Mit- und (!) Selbstbestimmung aller (!) Beteiligten bzw. (!) durch Abbau von Fremdbestimmung". In grö- ßeren Organisationen werden die Organisationsziele prinzipiell nie mit den Individualzielen harmonisierbar sein; im Falle von Selbst- bestimmung allerdings wäre definitorisch Gleichheit hergestellt, aber es ist nicht ohne weiteres einzusehen, wie die Selbstbestim- mung vieler zu einem einheitlichen Ziel führen kann. Bei Mitbestim- mung dagegen muß jedes Mitglied die Chance einkalkulieren, daß es mit seinen Vorstellungen an denen anderer scheitert. Wie kann das "gemildert" werden durch aktive Beteiligung (gemeint ist damit wohl: nicht über Repräsentanten) in einer größeren Organisation, in der hunderte und tausende von Mitgliedern ihre jeweiligen In- dividualziele einbringen möchten?
Vor allem aber wird durch die gesonderte Aufführung von (7) und (8) wie selbstverständlich davon ausgegangen, daß Bedürfnisbefrie- digung der Mitglieder etwas sei, das nicht durch, sondern neben (anstelle von, zusätzlich zur) Ziel-(?) und Leistungsorientierung der Organisation erreicht werden könnte. Müßte nicht bei koopera- tiver Führung diese Diskrepanz aufgehoben sein?

Ich akzeptiere, daß die Autoren von einer expliziten Wertüberzeu- gung ausgehen und finde es erfreulich, daß sie offen ihre humani- stische, existenzialistische und personalistische Grundüberzeugung bekennen (II, S. 73-77) und als Grundwerte kooperativer Führung Arbeit und Leistung, Wechselseitigkeit und Selbstverwirklichung be- zeichnen (II, S. 77-95). Eine andere Frage ist es aber, ob nicht eine in unbestimmten Formulierungen vorgetragene Glorifizie- rung der kooperativen Führung die Aufmerksamkeit ablenkt von den konkreten Problemen, die struktureller Art sind. Allzu leicht kann dann nämlich ein Scheitern des Versuchs, kooperativ zu führen, personalisiert werden (Vorgesetzte oder Mitarbeiter waren unfähig, unwillig, unoffen, unentwickelt ...). Daß Organisationen - wie die Autoren selbst an anderer Stelle ausführlich darlegen (s. I,S. 312 - 390, II, S. 278-329) - u.a. zur Oligarchisierung neigen, daß die notwendige Formalisierung entlastende, aber zugleich entfremdende Wirkung hat, daß strukturelle Beschränkungen zu beachten sind usw. bedeutet nichts anderes, als daß es eine Fülle personunabhängiger Widerstände und Erschwernisse für kooperative Führung gibt. Ich hätte es hilfreich gefunden, wenn die Autoren ihr starkes persön- liches Engagement kontrolliert hätten und mit demselben nüchtern referierenden Sachverstand, der ihre Veröffentlichung auszeichnet, auch die Kontra- und nicht nur die Pro-Seite der kooperativen Führung analysiert hätten. Einige Seiten vor ihrer Merkmalsdefini- tion führen die Autoren aus: "Zusammenfassend kann festgestellt werden, daß die im Alltag anzutreffenden Vorstellungen über kooperative Führung an der Maxime der sozialen Erwünschtheit ausgerichtet sind. Was jeweils als sozial er- wünscht gilt, zeigt sich in ideal-typischen 'Wunschlisten'" (S. 21). Haben die Autoren eine "Alltags-Theorie" entwickeln oder bestätigen wollen?

5. Zur Beobachtung von Führungsverhalten

In den meisten Untersuchungen des Führer-Verhaltens dominieren
Schreibtisch-Analysen oder Befragungen von Unterstellten. Beide Vorgehensweisen sind wertvoll, aber sie unterliegen auch der Gefahr, daß
Sollvorstellungen, Wunschdenken und persönliche Bezugssysteme eine
große Rolle spielen. Aus diesem Grund kann die Methode der (Selbst-)
Beobachtung Aufschlüsse erbringen, die durch die beiden anderen Ansätze nicht gewonnen werden können.
Es gibt verschiedene Varianten der Beobachtungsmethode; in der Führungsforschung sind vor allem zwei Hauptgruppen von Ansätzen genutzt
worden:
a) die Beobachtung durch einen Externen
   1. als fortlaufende unmittelbare Beobachtung. Hier begleitet z.B.
   ein registrierender Beobachter einen Vorgesetzten während des gesamten Arbeitstags oder - im Labor - eine in sich abgeschlossene
   Aufgabe (z.B. eine Gruppendiskussion) wird in Gänze aufgezeichnet
   und/oder ausgewertet;
   2. als stichprobenartige unmittelbare Beobachtung. Nach einem
   genau festgelegten Stichprobenplan werden zu den vorherbestimm-
   ten Zeiten Beobachtungsprotokolle durch einen Externen angefer-
   tigt;
   3. als fortlaufende oder stichprobenartige Registrierung des Verhaltens durch technische Medien. Denkbar wäre z.B. die Aufzeich-
   nung durch Video oder Funk. BEISHON & PALMER haben z.B. über
   6 Vorgesetzte, die sie mit einem Funkmikrofon ausgestattet haben,
   lückenlose Tonbandprotokolle aller Aktivitäten über mehrere Arbeitstage hinweg erstellt·
b) Selbstbeobachtung ("Tagebuch-Methode")
   Bei dieser Vorgehensweise werden die Führungskräfte angehalten,
   alle (oder eine bestimmte Zahl von) täglichen Vorkommnisse mithilfe von vorgegebenen Protokollbögen möglichst unmittelbar nach
   dem Ereignis zu kodieren (für jede Episode ist ein derartiges
   Blatt auszufüllen).
Die verschiedenen Methoden haben ihre spezifischen Schwächen. Bei
der Fremdbeobachtung z.B. kann der Beobachter, der dem Vorgesetzten
wie ein "Schatten" folgt, störend wirken oder künstliches Verhalten
provozieren und als Uneingeweihter oft Bedeutung und Zusammenhang
der Ereignisse nicht zutreffend einschätzen, so daß seine Eintragungen verzerrt sind. Bei der Tagebuch-Methode gehen die selbstproto-
kollierenden Führungskräfte erfahrungsgemäß sehr selektiv vor (berichten z.B. nur 2-10 Vorkommnisse pro Tag) mit Fortdauer der Studie
sinkt meist die Häufigkeit der Eintragungen, die zudem subjektiv verzerrt sein können.
Für beide Methoden gleichermaßen gilt, daß Selbstselektionseffekte
eine große Rolle spielen, d.h. daß sich nur bestimmte Führungskräfte
dazu bereitfinden, sich über Tage hinweg genau beobachten zu lassen
oder selbst zu protokollieren.
Ich werde im folgenden auf die methodischen Besonderheiten der Vorgehensweisen nicht mehr eingehen, sondern - weil es mir um einen Überblick geht - die Ergebnisse zusammengefaßt berichten. Dabei werde ich
nicht jeweils einzelne Studien zusammenhängend referieren, sondern
die Ergebnisse verschiedener Untersuchungen unter insgesamt 7 Haupt-
punkten zusammenstellen.

5.1. Empirische Ergebnisse

1. Der Arbeitstag des typischen Vorgesetzten ist aus sehr vielen kurzen Episoden zusammengesetzt.

Eine Episode wird abgeschlossen, wenn durch den Wechsel des Orts, des Gesprächspartners, des Kommunikationsmediums usw. eine neue Situation eintritt. SKEAFF (1967), der 21 "foremen" an 21 Arbeitstagen zu 3295 verschiedenen Zeitpunkten beobachtete, fand für den durchschnittlichen Arbeitstag 307 Episoden pro Vorgesetzten, deren mittlere Dauer unter einer halben Minute lag.
GUEST (1956) beobachtete 56 "foremen" je einen vollen 8-Stunden-Tag lang und registrierte dabei 32 652 einzelne Ereignisse. Deren Häufigkeiten pro Tag schwankten für die verschiedenen Vorgesetzten zwischen 273 bis 1073; Mittelwert waren 583 Vorfälle, d.h. daß ein Vorgesetzter im Durchschnitt alle 48 Sekunden vor eine neue Situation gestellt wurde.
BEISHON & PALMER (1979) berichten von zwei Vorgesetzten, die sie 10 bzw. 7 Tage lang mit dem Funkmikrofon "überwacht" hatten, daß die "meisten Aktivitäten der Manager 3 Minuten oder kürzer dauerten. Im Schnitt sind es 7,59 bzw. 6,22 Minuten. In beiden Fällen zeigte sich, daß nur sehr wenige Ereignisse sehr lang dauern - bis zu 200 Minuten" (a.a.O., S. 198).
PONDER (zitiert in McCALL 1976) fand bei "foremen" im Mittel 200-270 Arbeitsakte pro 8-Stunden-Tag und CARLSON (1951), der als Pionier der Manager-Beobachtungsstudien gilt, berichtet über seine schwedischen Direktoren, daß sie während eines 35-Tage-Berichtszeitraums nur 12 mal für 23 Minuten oder länger ungestört waren. MINTZBERG (1975) der 5 Geschäftsführer beobachtete, fand, daß die Hälfte der Episoden weniger als 9 Minuten dauerten und daß nur 10% länger als eine Stunde waren (s. Tab. 11 auf S. 134).
Die 160 Manager, deren Selbstberichte R. STEWART (1967) auswertete, gaben an, daß sie nur etwa einmal an zwei Tagen länger als eine halbe Stunde ununterbrochen arbeiten konnten.
STÄRK & WALLAT (1975) berichten von 7 Vorgesetzten in der DDR, daß "Störungen" durch"unangemeldete Besuche" zwischen 29 und 248 Minuten je Leiter ausmachten (S. 449).

2. Vorgesetzte kommunizieren hauptsächlich mündlich.

In der schon erwähnten Studie von GUEST (1956) zeigte sich, daß der Hauptanteil der täglichen Arbeitszeit durch "Reden" beansprucht war (46,6%).
In MINTZBERGs Geschäftsführer-Studie wendeten die Unternehmensleiter 78% ihrer Arbeitszeit in Gesprächen auf. STEWART (1967) berichtet, daß die Manager im Schnitt 43% ihrer Zeit mit Diskussionen, 7% in Konferenzen und 6% mit Telefonieren verbrachten.
HORNE & LUPTON (1965, S. 26), die von 66 englischen Führungskräften aus dem Mittelmanagement Selbstberichte über eine einwöchige Arbeitsperiode auswerteten, teilen mit, daß 63% der Arbeitszeit auf Zweier- und Gruppengespräche, Telefonate und Konferenzen entfielen.
In einer dreiwöchigen Beobachtungsstudie, in der insgesamt 578 Episoden analysiert wurden, fand CARROLL (1960), daß 4 Personalabteilungsleiter 65% ihrer Zeit mit mündlicher Kommunikation verbrachten.
BURNS, der von 4 leitenden Angestellten in einer britischen metallverarbeitenden Fabrik über einen Zeitraum von 25 Arbeitstagen Selbstbericht-Daten erhielt, stellt fest: "die einfachste Antwort auf die

Kategorie	Summenwert	Manager A	Manager B	Manager C	Manager D	Manager E	Seitenangabe (aus MINTZBERG, 197:
Gesamtarbeitsstunden	202 Stunden	28 [1]	36	45	53	40	S. 242
Gesamtzeit verbale Kontakte	158 Stunden	17	28	37	42	34	S. 250
Gesamtzahl verbale Kontakte	368	65	55	71	106	71	
Medien: % Kontakte / % Zeit							
Telefonate	36%/8% [1]	42/14	49/12	42/8	21/5	38/7	S. 250
Geplante Treffen	29%/76%	25/60	25/75	38/79	17/69	42/88	
Ungeplante Treffen	27%/13%	15/10	25/13	14/11	52/23	17/4	
Reisen	8%/3%	18/16	-/-	6/1	11/4	3/1	
Beteiligte: % Kontakte / % Zeit							
Unterstellte	64%/48%	66/60	59/34	54/50	77/39	65/61	S. 250
Direktor	6%/7%	6/2	4/5	14/10	-/-	11/17	
Kodirektor	5%/5%	9/19	14/12	3/3	1/0.2	1/0.3	
Kollege und Verbandsorgan	3%/11%	-/-	-/-	10/28	2/16	3/1	
Kunde	2%/3%	8/9	-/-	-/-	-/-	6/10	
Lieferant	9%/17%	8/6	20/48	1/0.3	9/24	10/9	
Unabhängige und andere	9%/8%	3/3	4/1	18/8	12/21	4/2	
Einleitung des Kontakts (in % der Gesamtkontakte)							
Manager	32%	52	25	27	27	30	S. 250
Andere Seite	57%	43	66	58	64	52	
Gemeinsam	5%	2	5	-	6	10	
Uhr. Termin	7%	3	4	15	3	8	
Ort: % Kontakte / % Zeit							
Manager-Büro	75%/39%	87/39	86/38	66/41	75/38	85/47	S. 250
Büro des Unterstellten	10%/8%	22/18	11/11	8/6	10/9	1/0.3	
Werk	3%/1%	3/3	2/1	7/1	4/1	-/-	
Konferenzraum	3%/14%	3/19	5/28	8/16	4/10	1/4	
Außerhalb der Organisation	8%/38%	5/21	7/23	10/36	8/43	13/48	
%-Satz der Aktivitäten mit einer Dauer unter 9 Minuten	49%	44%	40%	45%	56%	51%	S. 243
%-Satz der Aktivitäten mit einer Dauer länger als 60 Minuten	10%	5%	12%	13%	9%	12%	
eingehende Post Anzahl erhaltener Einheiten	659	112	142	164	172	69	S. 244
ausgehende Post Anzahl der Reaktionen auf eingehende Post	206	34	20	65	49	38	S. 245
Anzahl selbstinitiierter Reaktionen	25	15	3	1	1	5	
Gesamtzahl ausgehende Post	231	49	23	66	50	43	

[1] Eine siebenstündige Reise des Managers A zu einem Kongreß-Hearing nach Washington blieb unberücksichtigt

Tab. 11: Die Aktivitäten von 5 Geschäftsführern während einer
Arbeitswoche (aus MINTZBERG 1973, S. 242 - 250)

Frage: 'Wie verbrachten die vier Berichterstatter ihre Zeit?' ist:
in Gesprächen. Im Durchschnitt verbrachten die vier 80% der gesamten
Berichtszeit (890 Std.) in Gesprächen, einschließlich Telefonge-
sprächen" (1954, S. 78). DUBIN u. SPRAY (1964) teilen die Daten von
8 leitenden US-Führungskräften mit. Sie fanden, daß der Anteil verbaler Kommunikation an der Gesamtarbeitszeit im Durchschnitt 54% betrug (mit einer Spannweite zwischen 26 und 91%!).
BRINKMANN et al. (1982) sammelten von 459 Führungskräften aus "kleineren" Unternehmen (zwischen 50 und 499 Mitarbeitern) Protokolle, in
denen pro Tag etwa 2 "Arbeitsakte" detailliert beschrieben wurden.
Bei der Auswertung der insgesamt berichteten 8708 Arbeitsvorkommnisse
fanden sie in 79,1% mündliche und in 35,1% schriftliche Kommunikation
(die Angaben ergänzen sich nicht zu 100%, weil in 24% aller Arbeitsakte beide Medien zum Einsatz kamen).
GRAVES (1979) stellt die Auswertung von "Kontakt-Tagebüchern" dar,
die Manager aus drei Ländern 11 Tage lang führten. Er fand für mündliche Kommunikation (unmittelbar und telefonisch), daß Manager einer
schottischen Fabrik 85,7%, Führungskräfte einer französischen Fabrik
78,3% und englische Manager 72,2% der Gesamtzahl der Kontakte darauf
verwandten.
BEISHON & PALMER (1979) berichten die Auswertung der durch Funk über-
mittelten Daten von 4 Managern, die 3 bis 11 Tage lang ununterbrochen
beobachtet wurden. Manager D (7 Tage) verwendete 64,3% seiner Zeit in
unmittelbaren oder telefonischen Gesprächen, E (11 Tage) 70,8%,
B (6 Tage) 49,6% und A (3 Tage) 97,1%.

3. Kontakte mit Untergebenen spielen zwar eine wichtige, aber bei
   weitem nicht die alleinige Rolle.

Die Zeit, in der ein Vorgesetzter "für sich allein" ist, beträgt
meist weniger als ein Fünftel der Arbeitszeit. Die verschiedenen vor-
liegenden Studien stimmen darin überein, daß neben den Kontakten mit
Unterstellten, vor allem die Beziehungen zu Gleichrangigen, Externen
und höheren Vorgesetzten (in dieser Reihenfolge) wichtig sind.
Ich gebe einige Befunde im Telegrammstil wieder:
KELLY (1969):Vorgesetzte: 13%, Kollegen: 20%; Unterstellte: 28%
DUBIN & SPRAY (1962): Unterstellte: 42%, Gleichrangige: 36%
BRINKMANN u.a. (1982): Vorgesetzte: 16,5%, Untergebene 53,1%;
   Gleichgestellte: 23%; "diagonale Kontakte": 16,1%; Betriebsrat:
   5,2% (über 100% wegen der Möglichkeit mehrerer Adressaten in ei-
   nem "Arbeitsakt")
STEWART (1967): 26% mit Untergebenen, 8% mit Vorgesetzten.
MINTZBERG (1975): mit Vorgesetzten: 7%; mit Gleichgestellten: 16%,
   mit externen Stellen: 28%, mit Untergebenen: 48%.
GUEST (1956): mit Vorgesetzten: 10%, mit Unterstellten: 46%,
   mit Kollegen: 12%, mit anderen: 32%
PIERSOL (zit. in DUBIN 1962, S. 21): mit Vorgesetzten: 30%,
   mit Unterstellten: 60%, mit Kollegen: 10%
COPEMAN (1963): mit Vorgesetzten: 14,5%, mit Kollegen: 10,5%,
   mit Unterstellten: 30% (Rest mit Kunden, Lieferanten, Stäben etc.).

4. Führungskräfte haben keinen "festen" Arbeitsplatz.

Einige Beobachtungsstudien, die den "Ort des Geschehens" erfaßten,
zeigen den Vorgesetzten als eine sehr mobile Person: meist ist er
in seinem eigenen Büro zu finden, häufig aber auch bei Vorgesetzten,
Kollegen, Untergebenen, Externen (z.B. Kunden, Lieferanten etc.), in

Konferenzen, Firmenveranstaltungen usw.
KELLYs Abteilungsleiter etwa verbrachten innerhalb ihrer eigenen Abteilung 54% ihrer Arbeitszeit, in einer anderen Abteilung 12%, in übergeordneten Stabsabteilungen 24% und 10% außerhalb des Werks. HORNE u. LUPTON (1965, S. 27) stellten fest, daß die von ihnen untersuchten Vorgesetzten 52% ihrer Zeit im eigenen Büro waren und 15% in firmenexternen Kontakten verbrachten.
Bei STEWART (1967) waren die Zahlenverhältnisse ähnlich: 75% der Zeit in der eigenen Firma, 51% im eigenen Büro.
Der Manager A, über den BEISHON & PALMER (1979) lückenlose Daten über drei Arbeitstage erhoben haben, war 67,7% im eigenen Büro, 6,2 % im Büro des Vorgesetzten, 21,1% im Büro des "Verwalters", 3,8% im Werk und 1,2% auf dem Firmengelände. Wie sehr sich die Verhältnisse jedoch an verschiedenen Arbeitstagen ändern können, wird im Protokoll des Managers B sichtbar, der 6 Tage lang ununterbrochen "verfolgt" wurde:

| Aufenthaltsort | Tag 1 | 2 | 3 | 4 | 5 | 6 |
	%	%	%	%	%	%
Büro d.Vorgesetzten	0,0	0,0	19,7	18,2	6,7	1,4
Eigenes Büro	38,0	49,2	32,3	26,5	25,7	32,9
Büro d. Verwalters	0,0	5,1	0,0	0,3	7,8	1,9
Außenbüro	9,9	6,6	22,3	11,1	10,7	0,6
Kontrollräume	25,6	22,7	2,5	21,7	21,6	33,6
anderer Ort	26,5	16,4	23,2	22,2	27,5	29,6

Tab. 12: Die Aufenthaltsorte des Managers B an 6 Arbeitstagen
(aus: BEISHON & PALMER 1979, S. 196)

5. Der Arbeitstag eines Vorgesetzten ist voll unvorhergesehener bzw. ungeplanter Kontakte oder Ereignisse.

MINTZBERG (1975) berichtet, daß 93% der verbalen Kontakte seiner 5 Geschäftsführer auf einer ad hoc-Basis arrangiert wurden (siehe Tab.11 auf S.134). Bei allen Gesprächskontakten des Managers D (insgesamt 1121 während der 11-tägigen "Überwachungszeit", die BEISHON u. PALMER (1979) ausgewertet haben, waren 53% "zufällig" zustandegekommen!

6. In Selbstberichten von Vorgesetzten über ihren Arbeitstag ist die Kodierung oft unzuverlässig.

Es ist naturgemäß schwierig, bei Tagebuch-Protokollen eine Überprüfung der Richtigkeit der Eintragungen vorzunehmen, weil meist unabhängige Kontrollinformationen fehlen (s. MARPLES (1967). Wenn jedoch innerhalb einer Organisation Führungskräfte untersucht werden, bietet sich die Möglichkeit, alle Berichte über gemeinsame Kontakte, die ja von jedem einzelnen protokolliert werden, auf inhaltliche Übereinstimmung zu prüfen.
Vereinzelt ist dies geschehen; dabei konnte gezeigt werden, daß dasselbe Vorkommnis z.T. sehr unterschiedlich interpretiert wurde:

Obwohl in BURNS' Studie (1954) die vier untersuchten Manager inten-
siven Kontakt miteinander hatten, kodierten sie in über 30% der Fälle den Inhalt zweiseitiger Interaktionen verschieden. Der Abteilungsleiter vermerkte z.b. insgesamt 165 Verhaltensepisoden, in denen er
"Anweisungen gegeben oder Entscheidungen getroffen hätte; seine drei
betroffenen Untergebenen berichteten in nur 84 Fällen, Anweisungen
oder Entscheidungen entgegengenommen zu haben; sie kodierten den
Rest unter "Information oder Beratung erhalten".
WEINSHALL (1966) berichtet von 34 Managern, die morgens und abends
die erinnerten Episoden notierten. Von 436 parallelen Vorgängen (an
denen je zwei Berichtende beteiligt waren) stimmten nur 47% hinsicht-
lich des Inhalts überein.
R.STEWART (1965) machte bei Vorstudien zu ihrer oben erwähnten Stu-
die die Beobachtung, daß Führungskräfte nicht in der Lage waren,
übereinstimmend zu unterscheiden zwischen
- Routine- und Nichtroutine-Tätigkeiten
- Spezialistenaufgaben und eigentlichen Führungsaufgaben
- Selbstinitiierten und fremdinitiierten Kontakten.
WEBBER (1970) zeigte bei der Untersuchung von 34 Vorgesetzten-Unter-
gebenen-Paaren, daß Berichte über Ausmaß und Einleitung verbaler
Kommunikation systematisch verzerrt waren.
HARPER & ARGENT (1975) fanden bei 1548 Episoden, bei denen zwei Per-
sonen beteiligt waren, daß nicht einmal 40% von beiden Partnern über-
einstimmend berichtet wurden.

7. Es besteht eine hohe Schwankungsbreite.

Nicht zuletzt ist darauf hinzuweisen, daß Mittelwertsangaben nicht
darüber hinwegtäuschen dürfen, daß sowohl von Vorgesetzten zu Vorgesetzten, wie auch bei jedem einzelnen Vorgesetzten von Tag zu Tag
sehr unterschiedliche Verhältnisse bestehen können.
Darauf wurde oben schon hingewiesen, als die hohe Streubreite der
pro Tag berichteten Episoden erwähnt wurde. Auch aus dem oben abgedruckten Tabellenauszug von BEISHON & PALMER (1979) geht hervor, daß
der Manager B an sechs aufeinanderfolgenden Tagen z.T. sehr unterschiedliche Prozentzahlen der Aufenthaltszeit an verschiedenen Orten
hatte. Aus derselben Studie ist auch angeführt worden, daß die 4
untersuchten Manager A,B,D und E, was die Anteile mündlicher Kommunikation pro Arbeitstag angeht, zwischen 49,6 und 97,1% aufzuweisen
hatten. Siehe auch die von DUBIN & SPRAY (1964) berichtete Spannweite der Prozentanteile verbaler Kommunikation, die von 26 bis 91%
reichten (ähnlich COPEMAN 1963, S. 8).
In einer Kommunikationsstudie, in der BAUMÜLLER (1968) über einen
Zeitraum von 2 mal 4 Wochen alle organisationsinternen schriftlichen
("organisierten") Kommunikationen von insgesamt 24 hohen Führungskräften eines Industriebetriebs auswertete, zeigt, daß je nach Funktion und hierarchischer Position erhebliche Unterschiede bestehen,
die ich in der Abb. 12 grafisch veranschaulicht habe.
MAHONEY, JERDEE & CARROLL (1965) holten von 452 Führungskräften aus
13 Firmen aus unterschiedlichen Hierarchiestufen mithilfe eines Fragebogens Einschätzungen über die für bestimmte Funktionen (s.u.) ein-
gesetzte Arbeitszeit ein. Die relativen Zeitanteile habe ich in der
Tabelle 13 unter den Überschriften angegeben. Interessant ist jedoch
auch die große Streubreite zwischen den Managern, die ich in der zweiten Zahlenreihe unter den jeweiligen Funktionen wiedergegeben habe.
Darin zeigt sich das hohe Maß an funktioneller Spezialisierung in

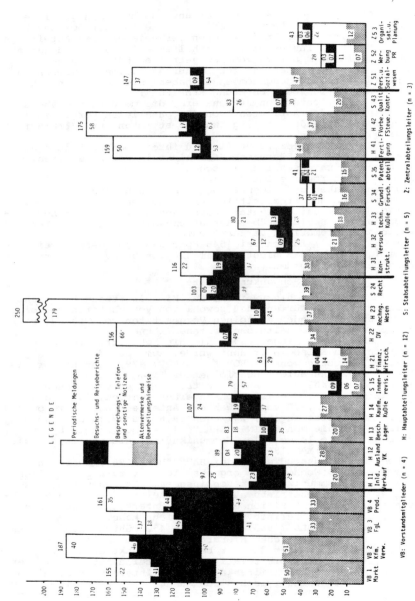

Abb. 12: Verteilung der schriftlichen Kontakte in der Führungsspitze eines Industrieunternehmens.
(nach den Angaben der Tab. 48, S. 149 in BAUMÜLLER 1968)

PLANUNG: Bestimmung von Zielen, Grundsätzen und Handlungspro-
(19,5%)[1] grammen. Arbeitseinteilung, Budgetierung, Verfahrens-
(12-39)[2] regeln erlassen, Ziele oder Standards setzen, Tages-
ordnungen vorbereiten, programmieren.

INFORMATION: Sammeln und Aufbereiten von Information, gewöhn-
lich in Form von Mitteilungen, Berichten, Belegen.
(12,6%) Inventarisieren, Ausstoßmessung, Finanzaufstellungen
(8-44) vorbereiten, Berichtswesen, Forschungsarbeit, Arbeits-
analyse.

KOORDINATION: Informationsaustausch mit Personen innerhalb der
Organisation (aber nicht Unterstellten), um Programme
(15,0%) aufeinander zu beziehen und abzustimmen. Beratung anderer Abteilungen, Auslieferungen, Verbindungen mit
(9-39) anderen Managern, Arrangieren von Sitzungen, Information von Vorgesetzten, die Zusammenarbeit mit anderen
Abteilungen suchen.

BEURTEILUNG: Beurteilen und Bewerten von Vorschlägen oder von
berichteter oder beobachteter Leistung. Personalbeur-
(12,7%) teilung, Ergebnisberichte beurteilen, Finanzberichte
(8-35) beurteilen, Produktkontrolle, Anfragen zustimmen,
Vorschläge oder Hinweise beurteilen.

FÜHRUNG: Anleiten, führen und entwickeln von Unterstellten.
(28,4%) Unterstellte beraten und trainieren, Arbeitsregeln
erklären, Arbeit zuweisen, Disziplinarmaßnahmen,
(12-50) Beschwerderegulierung.

PERSONALAUSSTATTUNG: Die P.-Ausstattung einer oder mehrerer Ein-
(4,1%) heiten sicherstellen. Anwerbung, Einstellungsgesprä-
che, Personalauswahl, -plazierung, -beförderung und
(2-7) versetzung.

VERHANDLUNG: Einkaufen, verkaufen oder Verträge für Güter oder
Dienstleistungen abschließen. Steuerverhandlungen,
(6,0%) Lieferantenkontakte, Umgang mit Vertretern, Produkt-
werbung, Verhandlungen mit Gewerkschaften, Verkauf
(3-45) an Händler oder Kunden.

REPRÄSENTATION: Allgemeine Interessen der Organisation durch
Reden, Beratungen und Kontakte mit Individuen oder
(1,8%) Gruppen außerhalb der Organisation fördern. Öffentliche Ansprachen, Aktivitäten in der Gemeinde, Presse-
(1-4) mitteilungen, Besuch von Tagungen, Treffen in geschäft-
lichen Clubs.

---

1) Durchschnitt aller 452 Manager

2) Schwankungsbreite

Tab. 13 : Managementfunktionen (MAHONEY et al. 1965, S. 100 u. 105)
(Erläuterungen im Text, S. 137 f)

Managementpositionen, die es im Grunde unmöglich macht, von der Führungsposition zu sprechen: "Relativ wenige der individuellen Profile ähneln dem Durchschnittsprofil" (S. 103). Der typische Manager scheint kein Allround-Experte zu sein, sondern "einen relativ hohen Anteil seiner Zeit auf eine einzige Funktion zu konzentrieren" (S.103) Unter ihren 452 Führungskräften konnten die Autoren nur 56 "Generalisten" ausmachen, die etwa gleiche Zeitanteile in allen Funktionen zeigten und nirgendwo mehr als 30% ihrer Zeit investierten und 29 "Multispezialisten", die in zwei Gebieten jeweils mehr als 30% ihrer Arbeitszeit einbrachten. In Abb. 13 , die eine Aufgliederung der Funktionen nach hierarchischen Ebenen vornimmt (wegen geringer Besetzung sind die Funktionen "Personalausstattung" und "Repräsentation" unberücksichtigt), wird deutlich, daß unmittelbare Führungsaufgaben mit steigendem hierarchischen Niveau zurückgehen, während "Planer" und "Generalisten" an Bedeutung gewinnen.

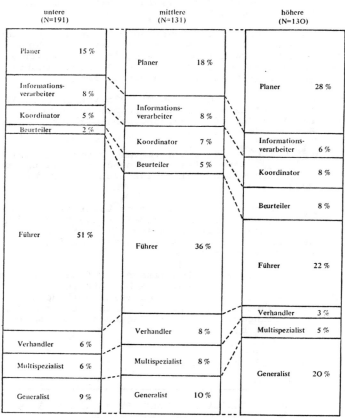

MANAGEMENT - EBENE

untere (N=191) | mittlere (N=131) | höhere (N=130)

Planer 15 %
Informationsverarbeiter 8 %
Koordinator 5 %
Beurteiler 2 %
Führer 51 %
Verhandler 6 %
Multispezialist 6 %
Generalist 9 %

Planer 18 %
Informationsverarbeiter 8 %
Koordinator 7 %
Beurteiler 5 %
Führer 36 %
Verhandler 8 %
Multispezialist 8 %
Generalist 10 %

Planer 28 %
Informationsverarbeiter 6 %
Koordinator 8 %
Beurteiler 8 %
Führer 22 %
Verhandler 3 %
Multispezialist 5 %
Generalist 20 %

Wegen Aufrundungen ergibt die Gesamtsumme nicht immer 100%

Abb. 13: Verteilung von Management-Typen auf verschiedenen hierarchischen Ebenen (MAHONEY, JERDEE & CARROLL, 1965, S. 109)

Ergebnisse dieser Art lassen es geraten erscheinen, bei Aussagen über "die" Manager außerordentlich vorsichtig zu sein. Dennoch werde ich aus den berichteten Trends einige zusammenfassende Schlußfolgerungen ziehen: Dies ist aus mehreren Gründen nützlich: Es trägt dazu bei, die einseitige und verengende Betrachtungsweise von Führung, wie sie in Schreibtisch-Analysen und Fragebogen-Erhebungen inzüchtig weitergegeben wird, zu korrigieren. Ein Vorgesetzter ist einiges mehr als "nur" Führer von Unterstellten. Auch das Gewicht, das bei der Führungskräfte-Auslese auf einzelne Merkmale gelegt wird (z.B. Planungsfähigkeit, Erledigung von "Papierarbeit", gründliche Problemanalyse) wird relativiert, zusätzliche Anforderungen werden sichtbar. Nicht zuletzt haben die Befunde der Führer-Verhaltens-Beobachtung auch Konsequenzen für die Führungstheorie.

5.2. Diskussion

Im folgenden werde ich die referierten Ergebnisse aus diesen Perspektiven interpretieren:
1. Vorgesetzte bevorzugen mündliche Kommunikation. Sie sind viel eher "Reder" (nicht Redner!) als Schreiber. Mündlicher Informationsaustausch läßt den Vorgesetzten "live" am Geschehen teilnehmen und verlangt von ihm, daß er ständig "auf Sendung ist". Papierarbeit als Produktion und Analyse von "Konserven" wird von den meisten Vorgesetzten - s. dazu MINTZBERGs (1973) Ausführungen und Belege - wenig geschätzt.
Dies hat zwei wichtige Konsequenzen: Zum einen ist sehr viel wichtige Information nur in den Köpfen der Vorgesetzten gespeichert und ist nicht mehr greifbar, wenn die Führungskraft ausfällt oder ausscheidet. Dies stellt eine bedeutende Machtquelle dar, die der Vorgesetzte gegenüber der Organisation nutzen kann. Zum anderen erklärt diese Situation das "Delegations-Dilemma" (MINTZBERG 1973): Um sich zu entlasten, sollten Vorgesetzte Aufgaben an Mitarbeiter abgeben; weil die dazu nötigen Informationen aber nicht portioniert und weitergebbar gespeichert sind, sondern als "Erfahrung", "Gespür", "Hintergrundwissen" usw. jeweils neu aktiviert und integriert werden müssen, ersparen sich viele Vorgesetzte langwierige Erläuterungen, machen die Sache selbst - und überlasten sich noch mehr.

2. Vorgesetzte leben von sozialen Kontakten. Sie arbeiten wenig allein in ihrem Büro. Es scheint für sie wichtig zu sein, zu möglichst vielen Informanten Beziehungen zu haben. Dabei spielt die hierarchische Verortung eine wichtige Rolle; aber neben dem Verbindung halten nach unten und oben sind auch die Kontakte zu Kollegen, Vorgesetzten und Unterstellten in anderen Abteilungen, zu Stäben, zum Betriebsrat und nicht zuletzt auch zu organisationsexternen Kontaktpartnern sehr wichtig. Dabei zeigt sich (was die Rolle mündlicher Kommunikation unterstreicht), daß den Vorgesetzten nicht nur "harte Fakten" und "gesicherte Informationen" interessieren, sondern daß er - wie insbesondere Fallstudien sehr eindringlich demonstrieren - in hohem Maße auf Gerüchte, Klatsch, Spekulationen, Andeutungen, Hörensagen usw. reagiert. Es ist wichtig, zu den Insidern zu gehören und Frühwarnsignale zu empfangen, denn was heute noch Gerücht ist, kann morgen schon Faktum sein - und dann ist es vielleicht für Anpassungsreaktionen zu spät. Das Kontaktnetz des Vorgesetzten hat die Funktion, ihn auf dem Laufenden zu halten; er muß zur Stelle sein, wenn die Fäden zu vibrieren beginnen.

- 142 -

3. Der Arbeitstag des Vorgesetzten ist äußerst zerstückelt. Der Vielzahl der Störungen und Unterbrechungen kann er sich nicht durch "splendid isolation" entziehen, denn - wie gerade gesagt - er lebt ja von der aktuellen Information. Dieser "labor interruptus" verlangt von ihm die Fähigkeit, trotz aller Fragmentierung den "roten Faden" nicht aus den Augen zu verlieren:
"Bei einem andauernd läutenden Telefon, einer endlosen Serie von Sitzungen und Konferenzen und einem Schauer von Notizen und Papierkram kann der betriebsame Manager leicht Tag für Tag in fieberhafter Eile arbeiten und ein befriedigendes Gefühl der Leistung haben. Aber nicht wenige Manager arbeiten monatelang und machen doch keine Fortschritte angesichts sich abzeichnender oder existierender Probleme. Stattdessen verschlechtert sich manchmal die Situation, für die sie verantwortlich sind" (SKINNER & SASSER 1977, S. 141).
Der Vorgesetzte muß deshalb die Kunst des Durchwurstelns beherrschen, hellwach und reaktionsschnell sein. Eine Führungskraft, die einen gründlich erarbeiteten Plan unbeirrbar exekutiert, dürfte eher dem Ordnungsdenken von Organisationsfetischisten entsprungen sein,als daß sie in Wirklichkeit vorzufinden wäre.

4. Der Arbeitstag ist uneinheitlich und enthält viele ungeplante Elemente. In diesem Zusammenhang zitiert MINTZBERG (1975, S. 57) SAYLES, der das Bild vom Manager als "Dirigenten" persifliert und schreibt, daß der Vorgesetzte
"wie der Dirigent eines Symphonieorchesters ist, der sich um eine wohlklingende Aufführung bemüht, bei der die Beiträge der verschiedenen Instrumente koordiniert und in Abfolge, Zusammenklang und Tempo abgestimmt sind, während gleichzeitig die Orchestermitglieder verschiedene persönliche Schwierigkeiten haben, Bühnenarbeiter ständig die Notenständer umstellen, exzessive Hitze und Kälte Probleme mit den Zuhörern und den Instrumenten erzeugen und der Konzertveranstalter auf irrationalen Änderungen im Programm besteht".
Viel seltener als es der Mythos von der souveränen Führergestalt wahrhaben will, ist der Vorgesetzte Initiator und Impulsgeber; er ist mindestens genauso oft gezwungen,auf die Vorgaben anderer oder unvorhergesehene Entwicklungen zu reagieren. Er muß deshalb in hohem Maße umstellungsfähig sein, gewissermaßen ein "Sponti-Tuwas", der sich nicht sklavisch an ein Schema F bindet, sondern sich durch konsequente Inkonsistenz auszeichnet und ausgeprägt oberflächlich sein kann. Auf das Basis ihrer Analyse von 31 Fallstudien formulieren SKINNER & SASSER (1977, S. 140) das Fazit: "Manager, die beständig viel erreichen,sind bemerkenswert unbeständig in der Art wie sie Probleme anpacken."
Für schwache Manager gilt: "Ihr Untergang ist Beständigkeit, nicht nur eine allgemeine Beständigkeit des Stils, sondern auch eine Tendenz, auf einer begrenzten Anzahl von Instrumenten und Techniken zu beharren, die auf einer kleinen Auswahl von Führungsgrundsätzen beruhen, die sie immer und immer wieder benutzen" (S. 143).

5. Vorgesetzte sind mit vielen kurzen Arbeitsakten ausgelastet. Wegen der häufigen Unterbrechungen kann sich der Vorgesetzte meist nicht auf ein Problem konzentrieren und es endgültig lösen: er ist wie ein Rastelli, der gleichzeitig immer mehrere Bälle in der Luft hat und dafür sorgen muß, daß keiner von ihnen herunterfällt. Diese Kurzatmigkeit hält ihn ab von gründlicher Reflexion und erklärt auch, warum "action" einen so hohen Stellenwert für den Vorgesetzten als "Macher" hat. Er steht damit ständig unter Zeitdruck; nicht von ungefähr haben Management-Seminare, die "rationelle Arbeitstechniken"

versprechen (s. RÜHLE 1982), einen starken Zulauf.
Weil es für Vorgesetzte darauf ankommt, den "kritischen Punkt" möglichst schnell zu erfassen, können sie sich mit differenzierender
Problematisierung nicht aufhalten: ihr Job ist Reduktion von Komplexität - oftmals auf das Niveau von Daumenregeln. Bei dieser Nö-
tigung zu oft holzschnittartiger Vereinfachung laufen sie aber
immer Gefahr, wichtige Details zu übersehen - und dies ist ihr Dilemma: sie denken in groben Grundzügen und müssen gleichzeitig sensibel auf kleinste Unterschiede und Anzeichen von Veränderungen achten.

6. Der Vorgesetzte ist mehr als Führer. Wie oben (Punkt 2) schon erwähnt, muß sich ein Vorgesetzter ein umspannendes Kontaktnetz schaffen. Er ist nicht nur Führer von Untergebenen, er handelt zu einem
großen Teil auch auf eigene Rechnung, etwa als Fachmann, der mit
Kunden oder Lieferanten Gespräche führt, als erfahrener Spezialist,
der schwierige Aufgaben selbst erledigt, als Repräsentant der Organisation in öffentlichen Veranstaltungen, als empfindliche Antenne,
die alle Signale registriert, die das eigene Fortkommen betreffen
usw. Führungsstil-Analysen und Führerverhaltens-Fragebogen engen
das Blickfeld unzulässig ein auf die Vorgesetzten-Untergebenen-Be-
ziehung; sie übersehen dabei, daß der Vorgesetzte auch noch Experte,
Verbindungsoffizier, Feuerwehrmann, Galionsfigur, Spionagesatellit
usw. ist (s. a. die zehn Rollen, die MINTZBERG 1973, nennt).

7. Der Vorgesetzte muß mobil sein. Nicht in dem Sinne, daß er bereit
zu Aufstieg und Versetzung ist, sondern im Hinblick auf seinen Arbeitsplatz, denn dieser ist nicht nur sein Büro, sondern auch die
Zimmer von Vorgesetzten, Kollegen, Stabsleuten, Unterstellten, Kunden usw. Wegen der Bedeutung aktueller mündlicher Information und
der großen Zahl seiner Gesprächspartner ist der Vorgesetzte oft gezwungen, "vor Ort" tätig zu sein und Information als Holschuld zu
betrachten. Die regelmäßig angelieferte schriftliche Information
(Post, Berichte, Statistiken, Rundschreiben, Geschäftsmitteilungen
usw.) werden - MINTZBERG (1973) zufolge - häufig als Belastung und
Papierflut betrachtet. Ihre Bearbeitung erfolgt kursorisch, sie
werden beiseitegelegt, oft "in einem Aufwasch" weggearbeitet, und
in hohem Maße selektiv gelesen, weil meist nur ein kleiner Bruch-
teil für relevant gehalten wird.
Weil der Vorgesetzte damit zeitweilig nicht erreichbar ist, häufen
sich die Kontaktwünsche dann in seiner Anwesenheitszeit und manche
Vorgänge werden aufs geduldigere schriftliche Medium verlegt, das
den Adressaten sicher erreicht - aber eben meist nur verzögert zur
Reaktion veranlaßt.

Aus diesen Überlegungen zu den Befunden der Verhaltensbeobachtung
läßt sich Mißtrauen gegenüber häufigen, aber häufig auch simplen
Ratschlägen begründen. Solche Standard-Ingredienzien von Führungs-
brevieren sind z.B.:
- Delegiere alle Arbeiten, die Deine Mitarbeiter ausführen können.
- Analysiere Probleme gründlich, bevor Du Maßnahmen triffst.
- Denke in großen Zusammenhängen und verliere Dich nicht ins Detail.
- Konzentriere Dich auf objektive Information und gib nichts auf
  Klatsch und Hörensagen.
- Konzentriere Dich aufs Führen, das Ausführen sollen Deine Mitar-
  beiter besorgen.
- Setze Dir selbst Handlungsschwerpunkte und verfolge sie konsequent.

- Plane Deine Arbeit im voraus.
- Halte Dir immer genügend Zeit für's Nachdenken frei.
- Sei berechenbar in Arbeitsstil und Vorgehensweise.

An der Richtigkeit solcher Kalenderweisheiten zweifle ich nicht. Es ist in der Praxis aber offensichtlich aus strukturellen Gründen (und nicht wegen persönlicher Unfähigkeit eines Vorgesetzten) äußerst schwierig, wenn nicht unmöglich,diese Regeln tatsächlich einzuhalten. Sie vermitteln ein zu reines und zu logisches Soll-Modell des Arbeitens; suggerieren aber gleichzeitig, daß es möglich sei, diese Anweisungen in die Tat umzusetzen. Weil dies aber nicht der Fall ist, besorgen sie jedem Vorgesetzten ein schlechtes Gewissen, weil er glaubt, nur bei ihm ginge es so chaotisch, hektisch und zerstückelt zu.

6. Führungsverhalten als Mikropolitik in Organisationen

Das Lehrbuch-Verhalten des erfolgreichen Vorgesetzten ist sozial erwünscht, transparent, folgerichtig auf die Organisationsziele bezogen und versammelt alle guten Namen der Organisationstheorie auf sich: Zielsetzung, Problemlösung, Entscheidung, Organisation, Information, Kontrolle...
Neben diesem "offiziellen" Verhalten gibt es jedoch ein Schattenreich, in dem sich tabuisierte Vorgänge abspielen: Intrigen, Günstlingswirtschaft, Machtkämpfe, materielle oder psychische Korruption usw. In Lehrtexten über effizientes Führen findet man darüber normalerweise nichts. Diese Phänomene werden behandelt wie Krankheiten, denen nur durch die reine Lehre und eine integre Moral beizukommen ist. All die mikropolitischen, affektiven und irrationalen Vorgänge werden abgetan als Verfallssymptome, Fehlentwicklungen, schädliche persönliche Abirrungen - in einer gesunden Organisation jedenfalls gebe es so etwas nicht. Ich vertrete einen gegenteiligen Standpunkt: Es ist Zeichen einer vitalen und potenten Organisation, wenn sich die genannten Anzeichen finden; eine Organisation, die nach den Plänen der Organisationsgestalter funktionierte, wäre starr, blutleer und dem Untergang geweiht.
Wie schon wiederholt betont, ist Führung in Organisationen nur dann und in dem Umfang nötig, wie es Handlungsfreiräume der Organisationsmitglieder gibt, die auch durch Ideologisierung, organisatorische Strukturierung und Technisierung nicht beseitigt werden konnten oder sollten. Weil in Organisationen Menschen ihre Ziele und Interessen verfolgen und dabei untereinander und mit der Umwelt um knappe Güter konkurrieren, ist es unverzichtbar, politisch zu handeln, d.h. den eigenen Einfluß zu sichern oder auszuweiten. Dabei ist der Widerstand der anderen zu gewärtigen, nicht nur ihr Widerstand als Individuen (Egoismus, Trägheit, Aggressivität usw.), sondern als Repräsentanten ihres "Klassenstandpunkts", z.B. als Arbeitnehmer, Kapitalgeber oder als dessen Beauftragter: als Vorgesetzter, der ja meist zugleich Arbeitnehmer ist. Wer für die Verwertung des eingesetzten Kapitals verantwortlich ist, muß zumindest partiell andere Interessen haben als derjenige, der für seine Arbeitskraft möglichst viel herausholen möchte. Die Folge ist, daß durch (Tausch-)Handel, Kampf oder Überzeugung versucht wird, den eigenen Vorteil äußerstenfalls bis zu der Grenze wahrzunehmen, an der die Bereitschaft des anderen zur Aufrechterhaltung der Beziehung endet (Abwanderung, Vernichtung) bzw. die Kosten des Fortbestandes unökonomisch hoch werden (Obstruktion, Sabotage). Das setzt taktisches und strategisches

Handeln voraus, nämlich unter Ausnutzung der Lage Chancen zu erkennen bzw. herbeizuführen und so zu nutzen, daß unter Vermeidung der genannten Randbedingung der eigene Nutzen möglichst gefördert (nicht unbedingt maximiert) wird.
Immer unter der Voraussetzung, daß die Verhältnisse nicht zu sehr stabilisiert, objektiviert und kontrolliert sind, daß diese Vorteilsausschöpfung sozusagen technisch gesichert ist, kommt es darauf an, Menschen (einzelne, Gruppen, Klassen) zu kalkulieren und zu steuern. Anders als bei natürlichen Objekten muß bei Menschen mit der Möglichkeit subjektiver Reflexion und Reaktion gerechnet werden: sie entfalten ein unprogrammiertes "Eigenleben", das sich der Berechenbarkeit entzieht. Tut - wie bei TÜRK gezeigt - gesellschaftliche Formierung und Ideologisierung ein erstes, Menschen konform zu machen, so wird durch Organisation und Technik nachgeholfen und schließlich durch unmittelbaren sozialen Einfluß in Gruppen bzw. durch Individuen das Ziel sozialer Kontrolle angestrebt. Dynamik und Entwicklungsfähigkeit liegen vor allem in der letzten Möglichkeit, dem Arbeitsfeld des Vorgesetzten, denn die anderen Prozeduren sind weit stärker auf Dauer angelegt, sachlich definiert und sozial kollektiv abgesichert. Die Situation des Vorgesetzten ist geschaffen für diese Mittler-, Schlichter-, Beweger- und Manipulator-Rolle: er steht in einem Zentrum, in dem finanzielle, sachliche, soziale, persönliche, technische, organisatorische Probleme aufeinanderprallen. Wenn er dazwischen nicht zerrieben werden will, muß der Vorgesetzte seine hauptsächlichen Ressourcen (legitime Autorität, Information, Expertentum, Vorbildwirkung und - im Laufe der letzten Jahrzehnte zunehmend reduziert - Belohnungs- und Bestrafungsmöglichkeiten) taktisch klug einsetzen. Das tut er, indem er Verpflichtungen erreicht, Loyalität sichert, Bündnisse schließt oder erhält, Beziehungen pflegt, Tauschgeschäfte macht - kurz: mikropolitisch aktiv ist. Das ist jedoch nur die instrumentelle Sichtweise der Situation; der Vorgesetzte handelt dann im klassischen Sinn (technisch) rational, wenn er ein angestrebtes Ziel effizient erreicht. Das Thema ist altehrwürdig; schon MACHIAVELLI hat dazu Grundlegendes und Allgemeingültiges gesagt. Seit dem Ausgang des letzten Jahrhunderts gibt es eine unerschöpfliche (How-to-do-it-)Praktiker-Literatur, in der (ehemalige) Führungskräfte und Unternehmens-Berater ihre Erfahrungen und Ratschläge ausbreiten, wie man "Gewinner" wird bzw. welche Strategien der 'Gegner' den eigenen Sieg gefährden. Diese Literatur, die der akademischen Lehre anrüchig ist, stellt wegen der sehr anschaulichen und detailreichen Fallschilderungen eine Fundgrube dar. Es wird darin ausführlich über Verhalten und Methoden berichtet, die es der reinen Lehre zufolge gar nicht geben dürfte, gegen die mit aller Macht eingeschritten werden müßte. Ich habe Literatur, in der Praxisbeispiele berichtet oder praktische Anregungen angeboten werden, ausgewertet (BOSETZKY 1974; BROWN 1977; BURNS 1962; CAMPANIS 1970; COATES & PELLEGRIN 1957; COMMER & RINDERMANN 1977; GEMMILL & DESALVIA 1977; GOODMAN 1963; IZRAELI 1975; KIPNIS, SCHMIDT & WINLINSON 1980; KLEIN 1980; KORDA 1975; LUHMANN 1973; FALBO 1977; DALTON 1951; MERELL 1979; MICHENER & SUCHNER 1972; PFEFFER 1978; SCHEIN 1977; SCHOOMAKER 1971; STRAUSS 1962; TAYLOR & WALTON 1963; WEBSTER 1967; WEISS 1969; ZALEZNIK 1970; LUNDBERG 1978).
Die wichtigsten und häufigsten Anregungen für "taktisches" Verhalten stelle ich im folgenden vor. Es handelt sich dabei um einen Überblick, der die Bandbreite der Methoden zeigen soll, mit denen man versuchen

kann oder soll, eigenen Forderungen Nachdruck zu verleihen, andere Personen für sich zu nutzen oder fremde Ansprüche abzublocken. Ich kann hier nur eine Aufzählung vorlegen, die ohne theoretische Interpretation und Ordnung bleiben muß; sie soll dazu beitragen, das geglättete Bild der Führungswirklichkeit, wie es in vielen vorliegenden Textbüchern gezeichnet wird, etwas aufzurauhen.

Unter diesen Empfehlungen finden sich nicht nur solche, die für das Streben nach materieller Sicherheit oder ökonomischer Vorteile einzusetzen sind. Ein "ureigenes" Interesse der Person ist es auch,

- sich gegen uneinsichtige und nicht eingesehene Fremdbestimmung zu wehren und die persönliche Identität auszudrücken, zu verteidigen und zu entwickeln und
- die Ziele, für welche die persönliche Arbeitskraft genutzt wird, auf dem Hintergrund moralischer Prinzipien zu bewerten und sich die Möglichkeit offenzuhalten, sich begründet auch gegen "allgemein akzeptierte" Normen zu entscheiden.

TAKTISCHES UND EXPRESSIVES HANDELN IN ORGANISATIONEN

Beziehungen herstellen und pflegen

Jasagerei
Loyalitätsadressen
Radfahren, Kriechen
Höflinge um sich scharen
dem Chef persönliche Wünsche
- von den Lippen ablesen
- erfüllen
"die Chemie des Vorgesetzten erspüren"

Koalitionen bilden, solidarisieren
(mit Kollegen oder nächsthöheren Vorgesetzten, Stäben, Assistenten, Sekretärinnen ...)
Allianzen, Kampfbündnisse

Don Corleone-Prinzip (Gefälligkeiten erweisen und später zurückfordern/einklagen); sich den Verlierern verpflichten
Netzwerk-Entwicklung
Promotionsbündnisse, Seilschaften

Gönner-Günstlings-Beziehung etablieren oder suchen

Erotische Beziehungen anbahnen und nutzen

Mauscheln
Absprechen
Im Vorfeld klären

Fremdsystem-Einfluß einsetzen/nutzen
z.B. Beziehungen zu Parteien, Kirchen, Verbänden etc. aktivieren
Ressourcen akquirieren können; "organisieren" (auf verschlungenen Wegen Ressourcen verschaffen)

Chancen suchen/nutzen
Auffallen   sich einen Namen machen
Sich bewähren   sich profilieren

Sich unentbehrlich machen
z.B. durch Fachkenntnisse, Beziehungen, Arbeitseinsatz, Aufopferung, Loyalität
(dem Vorgesetzten Rücken freihalten)
strategische Ressource kontrollieren (bzw. den Zugang zu ihr)

Anpassung an Organisations-Normen
z.B. Kleidungs-, Gruß-, Hobby-,
    Eß-, Trink-Sitten
Sprachregelungen beachten
Pünktlichkeitsnormen kennen
(Beginn, Ende, Pausen)

Subkulturen respektieren
("die Werbeleute", "die Techniker",
"die Juristen" etc.)

Tabu-Themen beachten:
Alkoholismus, Mismanagement, Sozialfälle,
von Problemen nichts nach außen dringen lassen
Rituale pflegen
z.B. bei der Einsetzung von Führungskräften oder der Verabschiedung von Mitarbeitern oder der Aufnahme in den Kollegenkreis
Feiern, Jubiläen, Kollegengeschenke

Sich selbst (positiv) darstellen

Ergebnisse "frisieren"; Fehler vertuschen oder anderen in die Schuhe schieben;
Schönfärberei; Türken bauen; Potemkinsche Dörfer bauen
Heldenstories verbreiten; sich mit Statussymbolen ausstatten; Eitelkeit; Narzißmus, Selbstinszenierung; Personenkult, impression management; Masken; Fassaden;
sich "gut verkaufen"
die eigene Sichtbarkeit erhöhen; persönliches Ausschmücken des Arbeitsplatzes

Andere negativ darstellen

Verleumden, "hinhängen"; Gerüchte verbreiten; gezielte Diffamierung; (Presse-)
Mitteilungen lancieren, lügen, ableugnen
Aktennotizen/Dossiers anlegen

Informationsfluß kontrollieren

Gewährmänner haben	Protokolle färben (z.B. durch Auslassun-
"in sein"	gen, Hervorheben, Namensnennungen)
Informationsbörsen kennen	Kommitees, Ausschüsse, Gremien bilden
Kollegen-Tratsch nutzen	(verzögern und Verantwortung verteilen)
Informationen monopolisieren	

Andere kontrollieren, deren Handlungsspielraum begrenzen

Blockieren	schneiden	auf ein Abstellgleis schieben
Desinformieren	totschweigen	ins Abseits drängen
Arbeiten erschweren	isolieren	ausmanövrieren
	neutralisieren	Intrige, Rufmord
bespitzeln		
überwachen	gemeinsame Leiche	tyrannisieren, erpressen
	im Keller	

Ansprüche anderer zurückweisen oder umgehen; anderen Grenzen setzen oder sie
ausschalten; Abhängigkeit spüren lassen

Dienst nach Vorschrift	verzögern
Schema F, sich dumm stellen	aufschieben
Schweijkismus	sich auf Termine oder Vorschriften
Sabotage	hinausreden
Stören, Lahmlegen	Ausschuß produzieren
	Desinteresse
jemand "aussitzen"	Achtlosigkeit
(in Konferenzen)	Gedankenlosigkeit
Hilfe verweigern	
auflaufen lassen	frotzeln, veräppeln, Machtkämpfe,
hängen lassen	Kleinkriege
absichtl. fahrlässig	den Verlierer vernichten
falsch informieren	

Eigene Freiräume sichern, Zwängen entgehen

Kontrolleure austricksen;	Eigenarbeit
täuschen	(private Angelegenheiten erledigen)
arbeitssparende Erfindungen	
u. Verfahren verheimlichen	"Zeit schinden"
	Zeitunglesen
Clownerie	lange (private) Telefonate
Blödeln, Witzeln	häufig austreten
Ironisieren	Kantinenbesuche
	zum Arzt gehen
Bummelei	zur Abtl. xyz gehen
Scheinarbeit	
Drückebergerei	
Leerlauf	
Wurstigkeitshaltung	

7. Führungstheorien

7.1. Schematischer Überblick

Bevor ich im folgenden einige sozialwissenschaftliche Führungstheorien detaillierter darstellen werde, möchte ich einen Überblick geben über das zentrale Prinzip (den "Strukturkern") der verschiedenen
Ansätze. Ich orientiere mich dabei an der methodischen Differenzierung zwischen "unabhängigen", "intervenierenden" und "abhängigen"
Variablen:

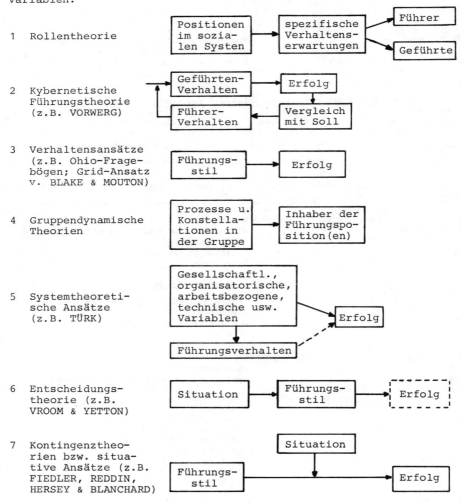

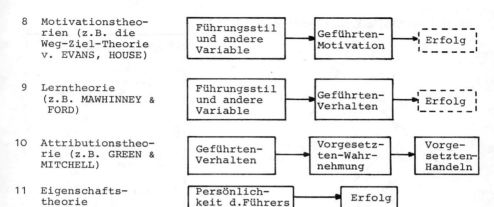

Da ich die Ansätze 1 - 5 oben schon dargestellt habe, werde ich sie im folgenden übergehen.

7.2. Pragmatische Ansätze

VROOM & YETTON: Die Wahl der Entscheidungsmethode

Wie im Schema auf S.148 dargestellt, handelt es sich bei diesem Ansatz um ein Modell aus der Gruppe der "Situationstheorien". Dies geht auch aus der grafischen Veranschaulichung des Modells (siehe Abb.14 auf S.150) hervor:
Ausgangspunkt ist die Annahme, daß ein Vorgesetzter, der mit einer Problemsituation konfrontiert ist, vor der Frage steht, auf welche Weise er eine Lösung herbeiführen soll. Ihm stehen 5 mögliche Vorgehensweisen zur Verfügung, die sich voneinander durch den Grad der Mitbeteiligung der Unterstellten unterscheiden: von der autoritären Alleinentscheidung (A I) bis zur Übertragung der Problemlösung auf die Gruppe, deren Entscheidung der Vorgesetzte akzeptiert (G II) (s. die letzten Zeilen der Abb. 14). VROOM & YETTON gehen - anders als etwa BLAKE & MOUTON - davon aus, daß es den einen optimalen Führungsstil nicht gibt, der unter allen Bedingungen Erfolg verspricht. Es hängt vielmehr von der spezifischen Konstellation situativer Voraussetzungen ab, welche der fünf Möglichkeiten am effizientesten ist. Die 7 Situationsaspekte, die VROOM & YETTON für relevant halten, sind unter den Buchstaben A - G in der rechten Spalte der Abb.14 aufgeführt.
Aus diesen Situationsbedingungen geht hervor, daß die Autoren organisatorische, technische und aufgabenbezogene Bedingungen sozusagen "übersetzt" in die Sicht des Vorgesetzten bzw. seiner Untergebenen berücksichtigen. Zu der Auswahl der Entscheidungs-Bedingungen sind VROOM & YETTON durch die Auswertung der vorliegenden empirischen Literatur gekommen, wobei sie vor allem sozialpsychologische Studien herangezogen haben. Bei 7 Situationsaspekten, die jeweils "vorhanden" oder "nicht vorhanden" sein können, gibt es theoretisch

Abb. 14:

DAS ENTSCHEIDUNGSMODELL VON VROOM und YETTON (1973)

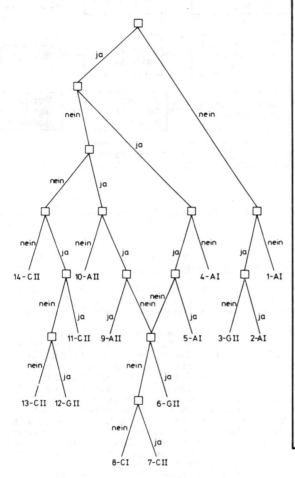

ENTSCHEIDUNGSBEDINGUNGEN:

A Qualität wichtig?
SPIELT DIE QUALITÄT DER LÖSUNG EINE WICHTIGE ROLLE?

B Genügend Informationen vorhanden?
HAT DER VORGESETZTE SELBST ALLE INFORMATIONEN FÜR EINE RICHTIGE ENTSCHEIDUNG?

C Problem strukturiert?
ES IST BEKANNT, WELCHE INFORMATIONEN FEHLEN, WIE DAS PROBLEM ZU LÖSEN IST UND WO DIE FEHLENDEN INFORMATIONEN GEFUNDEN WERDEN KÖNNEN.

D Akzeptierung wichtig?
MÜSSEN DIE UNTERGEBENEN DIE ENTSCHEIDUNG AKZEPTIEREN, WEIL SIE SIE AUSFÜHREN MÜSSEN (ODER WIRD SIE VON ANDEREN AUSGEFÜHRT?)

E Akzeptierung bei Alleinentsch.?
WENN DER VORGESETZTE DIE ENTSCHEIDUNG ALLEIN TRIFFT – WIRD SIE DANN VON SEINEN UNTERSTELLTEN AKZEPTIERT?

F Organisationsziele akzeptiert?
VERFOLGEN DIE MITARBEITER IHRE EIGENEN INTERESSEN ODER AKZEPTIEREN SIE DIE ORGANISATIONSZIELE?

G Konflikte wahrscheinlich?
WIRD DIE BEVORZUGTE LÖSUNG VERMUTLICH ZU KONFLIKTEN UNTER DEN MITARBEITERN FÜHREN?

Beim Problemtyp

1,2,4,5	9,10	8	7,11,13,14	3,6,12

ist folgender Entscheidungsstil optimal (A - MODELL)

A I	A II	C I	C II	G II
„Autoritäre" Alleinentsch.	„Autoritäre" Entscheidung nach Information durch Untergebene	„Consultative" Entscheidung nach Einzelberatung mit Untergebenen	„Consultative" Entscheidung nach Gruppenbesprechung	Problemlösung u. Entscheidung durch die „Gruppe"

2^7 (= 128) Konstellationen. Die Autoren halten davon 14 für praktisch bedeutsam (s. die durchnummerierten Endungen des Entscheidungsbaums). Das zentrale Problem bestand für die Verfasser darin, für die 14 Problemtypen die beste Vorgehensweise zu finden, d.h. festzulegen, unter welchen Bedingungen welcher Stil optimal ist.

Sie haben es gelöst durch 7 Entscheidungsregeln, die auf Plausibilitätsüberlegungen gründen:

1. "Informationsregel": Wenn die Entscheidungsqualität wichtig ist, der Vorgesetzte selbst aber nicht alle Informationen hat, ist A I auszuscheiden.
2. "Zielübereinstimmungs-Regel": Wenn die Entscheidungsqualität wichtig ist, die Mitarbeiter aber die Organisationsziele nicht teilen, ist G II auszuschließen.
3. "Regel für unstrukturierte Probleme": Wenn bei notwendiger Entscheidungsqualität dem Vorgesetzten wichtige Informationen fehlen, dann muß er sie auf eine ökonomische Weise von seinen Unterstellten einholen; deshalb entfallen neben A I auch die uneffizienten (weil an Einzel-Gespräche gebundenen) Stile A II und C I.
4. "Akzeptanzregel": Wenn die Akzeptanz der Entscheidung durch die Mitarbeiter wichtig ist und diese eine autokratische Entscheidung vermutlich nicht akzeptieren werden, fallen logischerweise A I und A II aus.
5. "Konfliktregel": Wenn Akzeptanz der Entscheidung wichtig ist und die Untergebenen eine Alleinentscheidung nicht akzeptieren werden, gleichzeitig aber über die beste Lösung uneins sind (Situationsbedingung G), muß ihnen die Möglichkeit gegeben werden, gemeinsam über das beste Vorgehen zu diskutieren, so daß A I, A II und C I nicht in Frage kommen.
6. "Fairness-Regel": Wenn Entscheidungsqualität unwichtig, aber gleichzeitig die Akzeptanz wichtig ist und Alleinentscheidungen abgelehnt würden, sollen die Unterstellten, damit eine möglichst hohe Zustimmung erzielt wird, die Sache selbst in die Hand nehmen: G II.
7. Die "Akzeptanz-Vorrang-Regel": Wenn Mitarbeiter die Organisationsziele teilen und die Akzeptanz wichtig, aber bei einer Alleinentscheidung nicht wahrscheinlich ist, dann müssen A I, A II, C I und C II außer Betracht bleiben.

Wenn man die 14 Problemtypen anhand der eben skizzierten Entscheidungsregeln analysiert, dann ergibt sich - s. die zweite Spalte der folgenden Tabelle 14 -, daß für 9 der 14 Problemtypen mehr als eine Entscheidungsmethode zulässig ist. Um in diesen "mehrdeutigen" Situationen zu einer Entscheidung zu kommen, schlagen VROOM & YETTON ein "Modell A" und ein "Modell P" vor. Bei Modell A wird immer die Methode mit dem geringsten Zeitaufwand, also die am wenigsten partizipative Methode empfohlen, während bei Modell P immer die partizipativste angeraten wird. Die Ergebnisse sind in den Spalten 3 und 4 der Tab. 14 festgehalten.

Daraus geht hervor, daß im Entscheidungsbaum der Abb. 14 neben den Problemtypen immer die Strategie des A-Modells aufgeführt ist.

Problem-Typ	zulässige Entscheidungsmethoden	Modell A	Modell P
1	AI, AII, CI, CII, GII	AI	GII
2	AI, AII, CI, CII, GII	AI	GII
3	GII	GII	GII
4	AI, AII, CI, CII, GII$^+$	AI	GII$^+$/CII
5	AI, AII, CI, CII, GII$^+$	AI	GII$^+$/CII
6	GII	GII	GII
7	CII	CII	CII
8	CI, CII	CI	CII
9	AII, CI, CII, GII$^+$	AII	GII$^+$/CII
10	AII, CI, CII, GII$^+$	AII	GII$^+$/CII
11	CII, GII$^+$	CII	GII$^+$/CII
12	GII	GII	GII
13	CII	CII	CII
14	CII, GII$^+$	CII	GII$^+$/CII

[+] Nur dann zulässig, wenn Frage F mit "Ja" zu entscheiden ist.

Tab. 14 : Problemtypen und zulässige Entscheidungsmethode im Modell von VROOM & YETTON

An einem Fallbeispiel der Autoren illustriere ich das Vorgehen (VROOM & YETTON 1973):

"Fall II
Sie sind Vorgesetzter einer Gruppe von 12 Technikern. Deren Ausbildung und Arbeitserfahrung sind sehr ähnlich, so daß Sie sie bei Projekten untereinander austauschen können. Gestern hat Sie Ihr Vorgesetzter darüber informiert, daß von einer überseeischen Tochter eine Personalanforderung für 4 Techniker gestellt wurde, die für eine Periode von 6 - 8 Monaten benötigt würden. Aus einer Reihe von Gründen meinte er, und Sie stimmten zu, daß diese Anforderung von Ihrer Gruppe erfüllt werden sollte.
Alle Ihre Techniker sind in der Lage, die Aufgabe zu erfüllen und angesichts bestehender und künftiger Vorhaben gibt es keinen besonderen Grund, warum irgend einer von ihnen nicht abgestellt werden sollte. Das Problem wird dadurch etwas kompliziert, daß der überseeische Standort in der Firma als wenig attraktiv gilt.

Analyse:
Fragen: A (Qualität): nein
D (Akzeptanz): ja
E (Akzeptierung bei Alleinentscheidung): nein
Problemtyp: 3
Zulässige Entscheidungsmethoden: G II
Methode mit dem geringsten Zeitaufwand: G II
Regelverletzungen: A I und A II verletzen Regeln 4,5 und 6
C I verletzt Regeln 5 und 6
C II verletzt Regel 6."

Mit 30 derartigen Kurzfällen werden Führungskräfte in der Modell-
handhabung trainiert. Sie bekommen unmittelbar während des Trainings-
seminars eine computergeschriebene individuelle Rückmeldung darüber,
ob sie einen bestimmten Entscheidungsstil bevorzugen, wie oft sie
einen nicht-zulässigen Stil gewählt haben, wie sie sich in ihren
Antworten vom Durchschnitt der Seminargruppe und von einer bundes-
weiten Stichprobe unterscheiden...
Stellungnahme:
Das Modell von VROOM & YETTON ist normativ, d.h. es schreibt vor,
wie zu verfahren ist, wenn man ein bestimmtes Ziel (nämlich das Ziel
der Organisation) am schnellsten oder reibungslosesten erreichen
will. Das Erfolgskriterium selbst wird inhaltlich nicht näher differenziert, eigene Ziele des Vorgesetzten oder Mitarbeiterziele werden jedenfalls nicht in Rechnung gestellt. Es werden lediglich zwei
formale Aspekte genannt: Qualität und Akzeptanz.
Die meisten vorliegenden Untersuchungen sind retrospektiv, d.h. Führungskräfte wurden gebeten, zurückliegende Entscheidungssituationen
in den Kategorien des Modells einzustufen und anzugeben, welche Strategie sie gewählt hätten und ob sie Erfolg gehabt hätten. Die subjektive Situations- und Erfolgsdiagnose unterliegt der Gefahr von Verzerrungen (in einem Klima, das partizipative Strategien sozial erwünscht sein läßt, nehmen Führungskräfte diese unter Umständen häufiger für sich in Anspruch. FIELD (1979) berichtet, daß z.B. die Kodierung von freien Fall-Schilderungen durch Manager ohne VROOM-YETTON-
Training mit der Expertenkodierung nur zu 30-45% übereinstimmte und
auch nach Training nur Werte zwischen 63-78% erreichte.

Betrachtet man die Tab.14 , so zeigt sich, daß in allen Problemtypen
entweder GII oder CII in der zulässigen Menge sind. Die Wahrscheinlichkeit für Erfolg ist bei partizipativen Strategien deshalb a priori größer als bei autoritären. FIELD (1979, S. 256) schlägt deshalb
die vereinfachte Strategie vor: "Wähle entweder GII oder CII, wenn
bei E 'nein' zu antworten ist!"
Angesichts der Unbestimmtheit des Erfolgskriteriums ist kaum zu entscheiden, ob die von den Autoren berücksichtigten Situationsdimen-
sionen hinreichen (oder evtl. Entbehrliches enthalten). Die Variable
"Zeitverbrauch" z.B. wird nicht als situative Anforderung, sondern
als Kriteriumsaspekt behandelt (s. Modell A).
Das Modell beschränkt sich auf Empfehlungen für Entscheidungsverfah-
ren; weitere Aspekte des Führungsgeschehens (s.z.B. die tabellarischen Übersichten zu BAUMGARTEN, BLEICHER & MEYER oder LATTMANN,
oben S.99f) bleiben außer Betracht. Insofern ist der Ansatz bestenfalls als eine "Mikrotheorie" der Führung zu bezeichnen, weil er
sich auf Vorschriften zur Entscheidungsmethode beschränkt. Für prak-   KRITIK
tische Zwecke ist zu bedenken, daß ein Vorgesetzter, der weiß, welcher Stil richtig wäre, nicht unbedingt dazu fähig ist, diesen Stil
auch zu praktizieren!
VROOM & YETTON haben ein logisch aufgebautes und transparentes Modell entwickelt, das, wenn man es zu Ende denkt, für die meisten
Führungskräfte eine Horrorvision bedeuten dürfte: Ihr Entscheidungs-
Handeln wird durch die Erfordernisse der Situation bestimmt, ist
somit zur Gänze programmierbar; Führungskräfte könnten in dieser
Hinsicht (Wahl der Entscheidungsmethode) durch einen Automaten ersetzt werden. Die technizistische Fassade wird als Trugbild entlarvt,
wenn man sich vergegenwärtigt, daß zur Entscheidung zwischen den
"zulässigen" Methoden (plötzlich) ein Modell A oder P eingeführt

werden muß, womit sich die komplexe Modellstruktur weitgehend reduziert auf die Frage: "Immer partizipativ führen oder nur manchmal?"
Da für das nichtpartizipative Führen (und nur für dieses) Gründe
gebraucht werden, muß die letztlich alles entscheidende Variable
"Zeitaufwand" eingeführt werden: mit ihr allein kann autoritäres
Führen gerechtfertigt werden. Darin zeigt sich, daß das VROOM-YETTON-
Modell trotz seiner scheinbaren Offenheit für verschiedene Vorgehensweisen von dem Glauben getragen wird, daß alle Konflikte im Betrieb
durch vernünftiges Miteinanderreden ausgeräumt werden können. Nur
kostenminimierendes Zeitsparen als Grund für Alleinentscheidungen?
Die rationale Konstruktion des Modells lenkt von der zugrundeliegen-
den normativen Irrationalität ab, die darin begründet liegt, daß
die Ziele des Führungshandelns unanalysiert und unbewertet bleiben.

**F.E. FIEDLER: Die Kontingenztheorie der Führungseffektivität und
das "Leader-Match-Concept"**

In der Entwicklung der Theorie FIEDLERs sind 2 Phasen zu unterscheiden: Die erste, die in der "Kontingenztheorie" ihren Abschluß fand,
ist gekennzeichnet durch zahlreiche empirische Untersuchungen und
den Versuch ihrer Integration in ein theoretisches Modell; die darauf folgende zweite Phase, die der anwendungsorientierten Vereinfachung des Modells gewidmet war, mündete in das "Leader-Match-
Concept".
FIEDLER geht es um die Determinanten von "Effektivität", worunter
er allein die erfolgreiche Bewältigung der einer Gruppe übertragenen Hauptaufgabe versteht. Zufriedenheit oder Moral klammert er als
mögliche Erfolgsmaßstäbe aus. Ob ein Führer effektiv ist, hängt von
zwei Bedingungen ab:
- von seinem Führungsstil und
- von der Günstigkeit der Situation
Der Führungsstil, so wie er in FIEDLERs Theorie verstanden wird, ist
kein typisches Verhaltensmuster, sondern eine dauerhafte Persönlichkeitseigenschaft, die als "motivationale Orientierung" wie eine Le-
bensleitlinie bestimmt, durch welche Erfahrungen ein Führer Befriedigung erfährt: durch die erfolgreiche Bewältigung von Aufgaben oder
durch positive Gestaltung zwischenmenschlicher Beziehungen. Dieses
Persönlichkeitsmerkmal ist eindimensional und bipolar, d.h. je nach
Nähe zu einem der beiden Extrempole wird der Führungsstil durch einen (einzigen) Merkmalswert ausgedrückt.
FIEDLER bestimmt den Führungsstil durch den sog. LPC-Wert (Least
Preferred Coworker - Score, so genannt, weil der Vorgesetzte mit
Hilfe eines Polaritätenprofils jenen Mitarbeiter charakterisieren
muß, mit dem er am schlechtesten zusammenarbeiten konnte oder kann).
Ein Ausschnitt aus der ursprünglich 16 Polaritäten umfassenden
LPC-Skala:

angenehm	....	unangenehm
	8 7 6 5 4 3 2 1	
freundlich	....	unfreundlich
	8 7 6 5 4 3 2 1	
abweisend	....	entgegenkommend
	1 2 3 4 5 6 7 8	
nüchtern	....	enthusiastisch
	1 2 3 4 5 6 7 8	

Die Ankreuzungen werden addiert; ihr Mittelwert ist der LPC-Wert.
Ein niedriger Wert (z.B. unter 3,9) steht für "Aufgabenorientierung",
ein hoher Wert (über 3,9) für "Beziehungsorientierung".
Die Situation wird unter dem Gesichtspunkt analysiert, wie sehr sie
es dem Vorgesetzten leicht oder schwer macht, Einfluß auszuüben.
Drei Bedingungen hält FIEDLER für besonders wichtig:
1. Die sozio-emotionalen Beziehungen zwischen dem Führer und den
   Geführten. Je angenehmer das Gruppenklima ist, desto eher werden Einflußversuche des Führers gelingen. Die Führer-Mitglie-
   der-Beziehungen werden durch die sog. "Gruppen-Atmosphäre Skala",
   in der der Vorgesetzte die Gruppe beschreibt, gemessen. Es handelt sich ebenfalls um ein Polaritätenprofil. Einige der 10 Items
   zur Beschreibung der Atmosphäre in der Gruppe sind:

freundlich	....	unfreundlich
	8 7 6 5 4 3 2 1	
produktiv	....	unproduktiv
	8 7 6 5 4 3 2 1	
interessant	....	langweilig
	8 7 6 5 4 3 2 1	

Auch hier werden die Einzelwerte addiert und ein einziger Summen-
oder Mittelwert ermittelt.

2. Die Aufgabenstruktur bezieht sich auf das Ausmaß, in dem die
   Haupttätigkeiten einer Gruppe charakterisiert sind durch
   - "Verifizierbarkeit" (eindeutige nachprüfbare Ergebnisse)
   - "Zielklarheit" (allen Beteiligten bekannte Ziele)
   - "Vielzahl der Wege zum Ziel" (Sind mehrere Vorgehenswei-
     sen möglich, oder ist eine einzige verbindlich festgelegt?)
   - "Lösungseindeutigkeit" (Gibt es mehr als eine "richtige"
     Lösung?).
   Für jede Skala wird durch Experten, die sich an vorgegebenen
   Richtbeispielen orientieren, eine Einstufung von 1-11 vorgege-
   ben. Die 4 Einzelwerte werden zu einem Wert addiert.

3. Die Positionsmacht wird durch eine 13-Item-Prüfliste ermittelt,
   in der Entscheidungs- und Sanktionsbefugnisse sowie Statussymbole erfragt werden. Der Vorgesetzte (oder ein Experte) hat jeweils anzugeben, ob eine Feststellung für seine Situation zu-
   trifft oder nicht. Auch hier wird ein zusammenfassender Summenwert gebildet.
   2 Beispielsfragen:

"Kann die Führungskraft ihren Vorgesetzten vor- schlagen, welche Untergebenen belohnt oder be- straft werden sollen?"	ja / nein
"Kann die Führungskraft Untergebene selbst be- lohnen oder bestrafen?"	ja / nein

Die Summen- oder Mittelwerte der drei Situationsaspekte werden jeweils in "hoch" oder "niedrig" ausgeprägt unterteilt (eine "Aufgabenstruktur" wird als "hoch" eingestuft, wenn der Durchschnittswert
aus den 4 Untermerkmalen über 5.0 liegt, die Positionsmacht ist
"hoch", wenn sie 7.0 übersteigt).
Dies ergibt dann insgesamt 8 Kombinationen: ("Oktanten"):

Beziehungen:	+	+	+	+	-	-	-	-
Aufgabenstruktur:	+	+	-	-	+	+	-	-
Positionsmacht:	+	-	+	-	+	-	+	-
	I	II	III	IV	V	VI	VII	VIII

Von I bis VIII nimmt die Günstigkeit der Situation immer mehr ab, die
Einflußchancen des Führers sinken.
Nachdem FIEDLER und seine Mitarbeiter mit diesen (oder von ihnen als
äquivalent angesehenen Instrumenten) über 800 Gruppen in 15 Einzelstudien (s. SARGES 1976, S. 111) untersucht hatten (Basketballteams,
Panzerbesatzungen, Supermärkte, Stahlarbeiter, Landvermesser, Pro-
blemlösegruppen usw.) gruppierte FIEDLER die Ergebnisse so, daß der
Kurvenzug, der in Abb.15a auf S.157dargestellt ist, resultierte. Jeder Punkt in dieser Grafik markiert ein Untersuchungsergebnis (es
sind pro "Oktant" nicht 15, weil nicht in allen Studien alle Situa-
tionsabstufungen erfaßt werden konnten. Wichtig ist, daß die Ordi-
nate dieser Darstellung die Korrelation zwischen LPC-Wert ("Führungsstil") und Gruppenleistung ist (und nicht etwa das Ausmaß der Gruppenleistung!). FIEDLER verband die Mediane der Korrelationskoeffizienten pro Oktant mit einem Kurvenzug, der die "spezielle Kontingenzhypothese" ausdrückt (weil für jeden Oktanten spezifische Zah-
lenwerte angegeben werden. Eine andere spezielle Kontingenzbezie-
hung ist in Abb.15b veranschaulicht, die ich aus Angaben bei FIEDLER,
CHEMERS u. MAHAR (1979, S. 146), zusammengestellt habe und die dem
"Leader-Match-Concept" zugrundeliegt (s. unten). Die "allgemeine
Kontingenzhypothese" lautet: "Aufgabenorientierte Führer sind effektiver in sehr günstigen und sehr ungünstigen Situationen, während
beziehungsorientierte Führer effektiver in Situationen mäßiger Günstigkeit sind"(FIEDLER 1971, S. 128). Um dies an einem Beispiel zu
erläutern: In der Abb.15a entspricht der Medianwert der Untersuchungs-
ergebnisse im Oktant II einem Korrelationskoeffizient von -.58. Dies
bedeutet: In einer recht günstigen Situation (Oktant II), ist die
Korrelation zwischen LPC und Leistung negativ, d.h. je niedriger der
LPC-Wert, desto höher die Leistung. Ein niedriger LPC-Wert wird von
FIEDLER als Aufgabenorientierung interpretiert. Also: In einer günstigen Situation hat ein aufgabenorientierter Führer bessere Leistungen!
Da FIEDLER davon ausgeht, daß sich der Führungsstil (den er - s.o. -
als konstantes Persönlichkeitsmerkmal betrachtet), durch Trainings-
maßnahmen nicht verändern läßt, empfiehlt er "organizational engineering": Jeder Vorgesetzte soll auf der Grundlage seines LPC-Wertes
in jene Situation versetzt werden, in der er gemäß der Kontingenzhypothese die besten Leistungen erwarten läßt, bzw. er soll die
Situation so verändern, daß sie zu ihm "paßt".
Diesen Grundgedanken des "Zueinanderpassens" von Situation und Person
hat FIEDLER (FIEDLER, CHEMERS, MAHAR 1976, dt. 1979) in einem Trai-
ningshandbuch mit dem sog. "Leader-Match-Concept" popularisiert. Vom

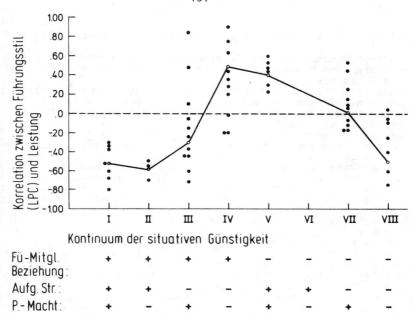

Abb. 15a: Die spezielle Kontingenzhypothese von FIEDLER (1967)

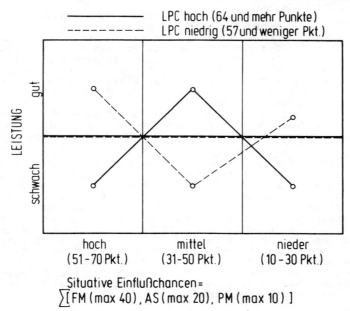

Abb. 15b: Die Kontingenzhypothese im Leader-Match-Concept nach
FIEDLER, GHEMERS & MAHAR (1979)

ursprünglichen Kontingenzmodell unterscheidet sich dieser Ansatz
durch
- neue Meßinstrumente (LPC und GA sind nur leicht verändert, Aufgabenstruktur und Positionsmacht werden mit völlig neuen Verfahren ermittelt);
- die schon 1974 (FIEDLER & CHEMERS) vorgeschlagene exakte 4:2:1-Ge-
  wichtung von Beziehungen: Aufgabenstruktur: Positionsmacht;
- die Verringerung der Situationsklassen von 8 auf 3 (es gibt nur
  noch "große", "mittlere" und "geringe" Einflußchancen) und
- differenzierte Ratschläge, wie die Situation zu verändern ist,
  damit ein Vorgesetzter mit seinem (stabilen) LPC-Wert (=Führungs-
  stil) seine Erfolgswahrscheinlichkeit erhöhen kann.
Da das Leader-Match-Concept lediglich eine Vereinfachung der ursprünglichen Theorie ist, die zu Kommerzialisierungszwecken entwickelt wurde, werde ich sie in der folgenden Würdigung nicht näher
berücksichtigen (s. die detaillierte Analyse durch WUNDERER 1980).
Stellungnahme:
FIEDLERs Kontingenztheorie ist - auf ihren Kern reduziert - eigentlich ein eigenschaftstheoretischer Ansatz: von einer einzigen Persönlichkeitseigenschaft, die FIEDLER verwirrenderweise Führungsstil
nennt, hängen Erfolg oder Mißerfolg einer Gruppe ab. Durch die mo-
derierende Wirkung von Situationsvariablen wird nur verschleiert,
daß es der Führer ist, dessen Eignung (Fit, Match) für eine bestimmte Situation das Gruppenergebnis determiniert.
1. Wegen der strategischen Rolle des LPC-Konzepts (und wohl auch deshalb, weil es so einfach zu untersuchen ist) hat dieses Maß der
   "motivationalen Orientierung" erhebliches Forschungsinteresse gefunden. Vor allem drei Fragen standen im Mittelpunkt:
a) Ist der LPC-Wert stabil?
   Wenn wegen der Unveränderlichkeit des (sog.) Führungsstils statt
   Schulung Plazierung empfohlen wird ("organizational engineering"),
   dann hat dies nur einen Sinn, wenn sich der LPC-Wert im Zeitablauf nicht ändert. Dies ist durch Retest-Studien relativ einfach
   zu untersuchen. In einer erfrischenden Symposiums-Kontroverse
   setzten sich SCHRIESHEIM & KERR (1977, S. 26), FIEDLER (1977,
   S. 47 f) und wiederum SCHRIESHEIM & KERR (1977, S. 52 f) - diesmal unter der bezeichnenden Überschrift "R.I.P. LPC" - mit den
   vorliegenden Befunden auseinander. Ergebnis ist, daß Koeffizienten zwischen .01 und .92 gefunden wurden und daß der Median um
   etwa .60 liegt. Diese Werte sind unakzeptabel angesichts der
   zentralen Bedeutung des LPC-Werts für die Engineering-Empfehlung.

b) Ist der LPC-Wert eindimensional?
   Jeder Vorgesetzte wird mit einem einzigen Zahlenwert charakterisiert, der zwischen (minimal) 1 und (maximal) 8 liegen kann (s.
   das abgedruckte Skalenbeispiel). POSTHUMA (zit. bei SCHRIESHEIM &
   KERR 1977, S. 24) berichten, daß bei 2.014 Personen in 26 Stichproben der Mittelwert bei 3.71 lag. Normalverteilung der LPC-Wer-
   te vorausgesetzt ist somit ein großer Teil der Untersuchten weder
   "hoch in LPC", noch "niedrig" - und bei einem eindimensionalen
   Maß ist die unspezifische Mitte immer schwierig zu interpretieren. Die Eindimensionalitäts-Annahme ist durch mehrere faktoren-
   analytische Untersuchungen (s. SHIFLETT 1974; SARGES 1974;
   AMBROSCH u.a. 1978) widerlegt worden: die LPC-Skala ist vermutlich mehrdimensional, d.h. sie enthält mindestens zwei Gruppen
   von Items, aufgaben- und personbezogene.

c) Was mißt der LPC-Wert eigentlich?

Diese entscheidendste Frage hat FIEDLER selbst im Verlaufe seiner
Theorieentwicklung unterschiedlich beantwortet und 4 verschiedene
Interpretationen angeboten. Noch 1974 stellt er fest:
"Den LPC zu verstehen hat sich als eine Odyssee erwiesen, die einen verrückt
machen und frustrieren kann. Fast 20 Jahre lang haben wir versucht, ihn mit
jeder denkbaren Persönlichkeitseigenschaft und jedem denkbaren Verhaltens-
beobachtungswert zu korrelieren. Im Großen und Ganzen blieben diese Analysen
fruchtlos" (FIEDLER & CHEMERS 1974, S. 74).
Der LPC ist "ein Maß auf der Suche nach Bedeutung" (SCHRIESHEIM &
KERR 1977, S. 23); FIEDLER scheint der Faszination eines Meßin-
struments erlegen zu sein, das er nicht entwickelte, um ein theoretisch gefordertes Konstrukt zu operationalisieren, sondern bei
dem "vielmehr die Konstrukte wenig gelungene Spekulationen über
ein Instrument sind" (SARGES 1976, S. 10).
Eine mögliche Interpretation, die von FIEDLERs derzeitiger Kon-
zeptualisierung abweicht, ist den LPC-Wert als Maß der "kognitiven Komplexität" zu sehen: Vorgesetzte mit "hohem" LPC-Wert, die
den denkbar schlechtesten Mitarbeiter ausgewogen beschreiben und
ihn nicht wie Personen mit niedrigem LPC-Wert in Grund und Boden
verdammen, sind keine engen Schwarz-Weiß-Maler, sondern zu rela-
tivierender Sicht- und Handlungsweise in der Lage.

2. Die Günstigkeit der Situation bestimmt sich nach FIEDLER durch
die drei unterschiedlich gewichteten Merkmale. Für diese spezielle Art der Gewichtung kann er keine überzeugenden Argumente
beibringen (s. SCHRIESHEIM & KERR 1977, S. 51 f). MELEGHY (1980,
S. 94 f) weist z.B. darauf hin, daß Situationen denkbar sind,
in denen die Positionsmacht des Führers weit wichtiger ist als
die sozio-emotionalen Beziehungen zu seinen Unterstellten; das
aber würde eine ganz andere Einteilung der Oktanten und somit
auch eine veränderte spezifische Kontingenzhypothese bedeuten.
FIEDLERs Akzentsetzung auf die "Beziehungen" scheint ein Erbe
seiner psychotherapeutischen Vergangenheit zu sein; jedenfalls
werden die Bedeutung von Struktur und Macht außerordentlich
heruntergespielt: zusammen erreichen sie nicht einmal das Gewicht, das den Beziehungen zuerkannt wird!
Daß noch zusätzliche Situationsaspekte eine wichtige Rolle spielen können (z.B. Fähigkeiten der Geführten) sei nur am Rande an-
gemerkt; es ist das gute Recht eines Theoretikers, nicht die
"ganze" Wirklichkeit abzubilden, sondern nur die seiner Meinung
nach wichtigsten Aspekte zu berücksichtigen.
Außerdem ist zu Bedenken zu geben, daß die Situationsparameter
nach erfolgter Gruppenleistung erhoben werden. Es könnte sein,
daß Vorgesetzte in Kenntnis einer schlechten Gruppeneffektivität,
die Beziehungen negativ(er), ihre Macht gering(er), die Aufgabe
unstrukturiert(er) beschreiben - kurz: ihre situativen Einflußchancen in systematischer Weise verzerren.

3. FIEDLER setzt sich nicht theoretisch mit seinem Effektivitäts-
kriterium auseinander; wie oben schon erwähnt, akzeptiert er alle
Leistungsmaße als Indikatoren von Führungserfolg. Wenn man aber
bedenkt, daß der Erfolg einer Gruppe im Regelfall mehrdimensional
ist und daß die einzelnen Dimensionen häufig kaum miteinander
korrelieren (s. NEUBERGER 1976, S. 198 ff), dann ist es theoretisch unbefriedigend (weil von geringem Erkenntniswert) buchstäb-

irgendeine abhängige Variable herauszugreifen und als "das" Ziel zu bezeichnen. Die Vernachlässigung von sozialen Erfolgskriterien (Arbeitszufriedenheit, Zusammenhalt etc.) ist FIEDLER nicht anzulasten, weil er natürlich frei ist, den Erstreckungsgrad seiner theoretischen Aussagen selbst festzulegen. Wenn er sie nicht auf diesen wesentlichen Bereich ausdehnen möchte, kann ihm daraus ein praktischer oder moralischer Vorwurf, aber kein theoretischer gemacht werden.

4. FIEDLER hat sich gegenüber Falsifikationsversuchen seiner Theorie äußerst uneinsichtig gezeigt. Nach der Vorlage der Kontingenztheorie (1967) gab es eine große Zahl von Überprüfungsversuchen, die vielfach die spezielle Kontingenzhypothese nicht bestätigen konnten (s. die zusammenfassenden Darstellungen bei GRAEN, ALVA-RES, ORRIS u. MARTELLA 1970; ASHOUR 1973; SARGES 1976; SCHRIESHEIM & KERR 1977).
Aufschlußreich ist die Gegenüberstellung von GRAEN et al. und die Reaktion FIEDLERs auf diese Befunde. GRAEN et al. haben 6 Untersuchungen (mit insgesamt 84 Korrelationswerten), die nach 1967 veröffentlicht wurden, verglichen mit den 15 Studien (und ihren 63 Korrelationswerten), die FIEDLER zur Theorie-Entwicklung herangezogen hatte. FIEDLER hat darauf geantwortet, indem er eine der GRAEN-Studien ausschloß und 4 weitere berücksichtigte. Die Ergebnisse dieser Vergleiche zwischen den Ergebnissen, die der Theorieentwicklung zugrundelagen und denen der Theorie-Prüfung zeigt die Abb.16 auf S.161. Während die Ergebnisse von GRAEN u.a. einen völlig anderen Verlauf der Kontingenzkurve als den in der Theorie geforderten aufweisen (s. die gestrichelte Linie in Abb.16), zeigen FIEDLERs Prüf-Daten bis auf den Oktanten II eine recht gute Annäherung.
Diese frappierende Diskrepanz kommt im wesentlichen dadurch zustande, daß FIEDLER 41 Korrelationen des GRAEN-Materials nicht berücksichtigte (weil er die Erhebungsweise als unzulänglich ansah) oder andere Oktantenzuordnungen vornahm (durch Neuklassifikation der Daten). Außerdem gab sich FIEDLER mit der Richtung der Korrelationskoeffizienten zufrieden, während GRAEN et al. die Signifikanz berücksichtigten (s. hatten gefunden, daß keiner der 84 Koeffizienten signifikant von Null verschieden war).
Wissenschaftssoziologisch ist dieses Vorgehen FIEDLERs sehr interessant: Er zieht bei seiner Argumentation vorwiegend solche Studien heran, die ihn bestätigen; bezeichnet für ihn ungünstige Ergebnisse als unkorrekt erhoben; wählt selektiv einzelne Werte aus; reklassifiziert Studien, so daß sie seinem Modell nicht widersprechen; behauptet Bestätigungen durch Studien, bei denen nach näherer Lektüre eher das Gegenteil zu finden ist (s. dazu SARGES 1976 und SCHRIESHEIM & KERR 1977). Anstatt die Chancen für eine Weiterentwicklung zu nutzen, die in einer Kritik und Falsifikation der Theorie liegen, beharren FIEDLER und seine Schüler geradezu rechthaberisch auf ihrer Grundkonzeption, die seit 1967 unverändert blieb (und allenfalls "stromlinienförmig" gemacht wurde im Leader-Match-Konzept).
Daran knüpft auch ein gewichtiges Argument von ASHOUR (1973) an, der FIEDLERs "Theorie" als eine bloße empirische Generalisierung bezeichnet, die instabil bleiben und durch neue Daten erschüttert werden muß, weil kein theoretischer Gedanke dahintersteht (etwa von der Art einer Handlungs-, Einfluß-, Motivationstheorie).

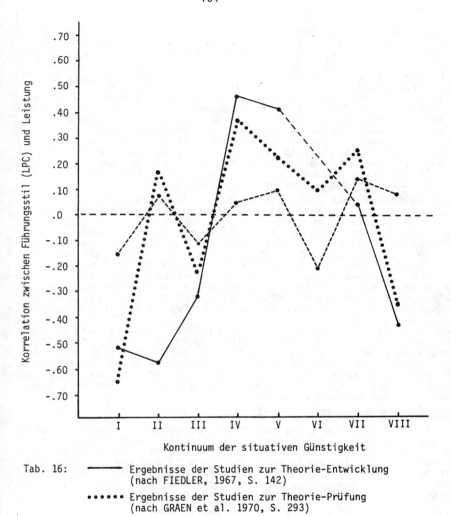

Kontinuum der situativen Günstigkeit

Tab. 16: ——— Ergebnisse der Studien zur Theorie-Entwicklung
(nach FIEDLER, 1967, S. 142)

•••••• Ergebnisse der Studien zur Theorie-Prüfung
(nach GRAEN et al. 1970, S. 293)

------ Ergebnisse der Studien zur Theorie-Prüfung
(nach FIEDLER, 1972, S. 455)

FIEDLER hat 1967 gezeigt, daß ein Maß (das er selbst inhaltlich nicht
durchschaut hat), mit anderen Maßen (Effektivität) korrelierte, wenn
man eine bestimmte Ordnung der Daten (Situationsklassifikation) vornahm. Diesen Zufallsfund hat er zur "Theorie" gemacht - und mit Zäh-
nen und Klauen verteidigt.

5. Abgesehen von den Fragwürdigkeiten der Theorie ist auch am praktischen Nutzen der Theorie zu zweifeln. Geht man von FIEDLERs
eigenen Daten aus, ergeben sich für die Theorie-Prüfungs-Studien
(1971, S. 140) folgende Korrelationskoeffizienten den Oktanten
nach geordnet (in Klammern die Daten der Theorieentwicklung 1967,
S. 142): -.64 (-.52), .17 (-.58), -.22 (-.33), .38 (.47), .22
(.42), .10 (-), .26 (.05), -.35 (-.43). Nur im ersten Oktanten
erreicht der quadrierte Korrelationskoeffizient (als Maß für die
erklärte Varianz) einen Wert von ca. 40%, ansonsten aber beschränkt sich die Erklärungskraft auf 1-15% der Varianz. Angesichts dieser Zahlen ist es zumindest vollmundig, wenn FIEDLER
weitreichende Schlußfolgerungen zieht (etwa die, daß beim "organizational engineering" ein Vorgesetzter bei (für ihn!) unan-
gemessen guten Beziehungen zu seinen Mitarbeitern, für eine Ver-
schlechterung der Situation sorgen sollte!).

FIEDLERs Theorie ist ein wertvolles Anschauungsbeispiel für Tendenzen, die auch in anderen Ansätzen der technologisch und instrumentell orientierten Führungsforschung zu finden sind. Ein sehr dürf-
tiges Grundkonzept (eine Führer-Eigenschaft bringt je nach Situation Erfolg) wird durch einfache Instrumente, die eine leichte Anwendung zulassen, operationalisiert. Die verwirrende Datenmenge wird
durch eine vorläufige Hypothese geordnet, die aber plötzlich als
"Theorie" ausgegeben und uneinsichtig gegenüber jeder Kritik verteidigt wird. Statt den Ansatz aufzugeben oder weiterzuentwickeln, erschöpft sich die Energie FIEDLERs in hartnäckiger Verteidigung eines
Phantoms, so daß er langsam zum Least Preferred Coworker vieler seiner Kollegen wird.
Nach dem Ansatz FIEDLERs stelle ich kurz noch zwei weitere Kontin-
genz-Theorien dar: die "3-D-Theorie" von REDDIN und die "Situative
Führungstheorie" von HERSEY & BLANCHARD. Es handelt sich dabei um
Entwürfe, die die Vernachlässigung wissenschaftlicher Standards mit
umso höherem Anwendbarkeitsanspruch kompensieren und der freien Aus-
deutung großen Spielraum lassen, in der Schulungspraxis aber (deswegen?) großen Anklang gefunden haben.

Die 3-D-Theorie von REDDIN (1970, dt. 1977)

Er hat die 3 Faktoren (Führungsstil ⟶ Situation ⟶ Erfolg) ganz
wörtlich genommen zu einer dreidimensionalen "Theorie" vereinigt.
Der Grundgedanke basiert auf der Zweiteilung der Führer-Verhaltens-
Dimensionen, die in den Fragebogenerhebungen der sog. Ohio-Schule
gefunden worden sind (s.o.: Consideration und Initiating Structure).
REDDIN hälftet jede Dimension in einen "hohen" und einen "niedrigen"
Abschnitt und kommt so zu vier "Grundstilen":

Abb. 17:

Die vier Grundstile bei REDDIN

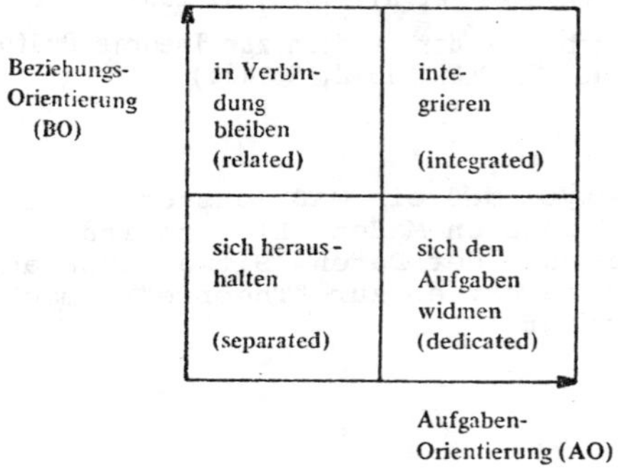

Beziehungs-Orientierung (BO)	in Verbindung bleiben (related)	integrieren (integrated)
	sich heraus-halten (separated)	sich den Aufgaben widmen (dedicated)

Aufgaben-Orientierung (AO)

Anders als BLAKE & MOUTON (s. o. S.111) gibt es für REDDIN keinen einzelnen "optimalen" Führungsstil; er hält jeden der 4 Grundstile unter bestimmten Bedingungen für effizient und unter anderen Bedingungen für ineffizient. Diese (situativen) Bedingungen sind:

1. Arbeitsanforderungen (ähnlich wie die Aufgabenstruktur bei FIEDLER, Ausmaß der notwendigen Kenntnisse, Selbständigkeit, Ausführungsgenauigkeit usw.).
2. Führungsstil des nächsthöheren Vorgesetzten.
3. Kollegen (insbesondere bei Abhängigkeit und häufigen Arbeitskontakten).
4. Unterstellte (insbesondere bei intensiver Zusammenarbeit).
5. Organisation (formelle und informelle Normen und Regeln).

Wenn z.B. die Aufgabenstruktur eindeutig, die Unabhängigkeit von Vorgesetzten und Kollegen groß, die Fähigkeiten der Mitarbeiter u. ihr Arbeitsengagement ausgeprägt sind und klare Organisationsprozeduren bestehen, kann sich der Vorgesetzte zurückziehen: der Grundstil "Sich heraushalten" (Verfahrensstil) ist dann effizient, der Vorgesetzte kann sich als "Bürokrat" auf die Überwachung der gesetzten Regeln beschränken. Hätte er es aber mit wenig kooperationsbereiten und unfähigen Mitarbeitern, unklaren und schwierigen Aufgaben, unberechenbaren Vorgesetzten usw. zu tun, dann wäre der Stil des "Sich heraushaltens" ineffizient, der Vorgesetzte würde zum "Deserteur", der sich den Forderungen entzieht.

Damit ist die dritte Dimension des Modells eingeführt: Effektivität. Sie ist Ausdruck und Folge der Anpassung des Führungsstils an die Erfordernisse der Situation:

Abb. 18: Das 3-D-Modell von REDDIN

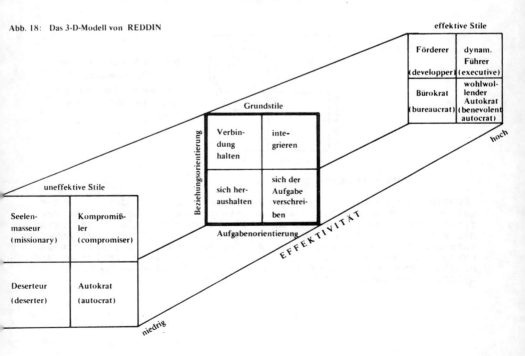

Ein weiteres, didaktisch geschickt veranschaulichtes Konzept ist die "Stil-Flexibilität". Gemeint ist damit die Bandbreite der Führungs-stile, die ein Vorgesetzter beherrscht. Der eine Vorgesetzte kann z.b. fixiert sein auf den "Verbindungs-Stil", während ein anderer in der Lage ist, sowohl diesen, als auch noch den integrierten und den aufgabenbezogenen zu praktizieren. Andererseits ist auch die konkre-te Situation unter Umständen weder einfach, noch stabil, sondern for-dert möglicherweise ihrerseits "Flexibilität". Das Zueinanderpassen oder Auseinanderfallen dieser beiden Flexibilitäten veranschaulicht REDDIN in sog. "Flex-Karten", die einen großen Teil seines Buchs ausmachen. Zwei Beispiele geben Abb. 19 a und 19 b wieder:

Abb. 19a:

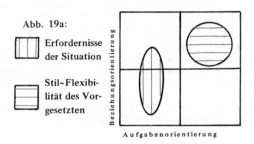

Erfordernisse der Situation

Stil-Flexibi-lität des Vor-gesetzten

Beziehungsorientierung

Aufgabenorientierung

Hier klaffen der Führungsstil des Vorgesetzten und die Er-fordernisse der Situation aus-einander: Während der Vor-gesetzte einen "integrieren-den" Stil praktiziert, fordert die Situation, daß er "sich heraushalte".

Abb. 19b:

Beziehungsorientierung

Aufgabenorientierung

Die situativen Erfordernisse und die Bandbreite des Füh-rungsstils sind fast deckungs-gleich: der Erfolg ist garan-tiert!

Abb. 19a/b: Flex-Karten (nach REDDIN)

REDDINs Theorie ist ein anregender Entwurf, bei dem der Verfasser keine große Mühe auf systematisch entwickelte und geprüfte Meßver-fahren, empirische Untersuchungen oder eine theoretische Reflexion des Erfolgskriteriums verschwendet hat. Das Modell gibt dem Anwender extremen Interpretationsspielraum; das Schicksal, falsifiziert zu werden, hat es nicht zu befürchten. Es suggeriert Orientierung und Handlungsanweisung, wo es letztlich nur recht allgemeine und unver-bindliche Weisheiten zum Besten (!?) gibt.

HERSEY & BLANCHARD: Die "Situative Führungstheorie"

Einen geradezu exemplarisch eklektischen Text haben HERSEY & BLAN-
CHARD vorgelegt. Es ist ihnen gelungen, in ihrem Text nahezu alle
bekannten US-amerikanischen Autoren zu integrieren, die sich mit
Fragen der Führung, Motivation und Organisation beschäftigt haben.
Ihre Theorie ähnelt stark dem Ansatz von REDDIN. Auch sie unterscheiden vier Führungsstile und halten keinen für den allzeit überlegenen. Sie nennen diese 4 Stile anders als REDDIN (1 = "telling",
2 = "participating", 3 = "selling" und 4 = "delegating", siehe dazu auch Abb. 20). Eine dritte Dimension kennen sie ebenfalls, die
sie abwechselnd (1977, S. 105 f) Effektivität oder Umwelt nennen
- weil ein Manager, der sich situationsgerecht verhält,automatisch
effektiv ist. Wie REDDIN und BLAKE & MOUTON legen sie sich auf keine
inhaltliche Erfolgsdefinition fest; welche Ziele auch immer verfolgt
werden: wer sie gut (schnell, günstig etc.) erreicht, ist effektiv.
Unter den Bedingungen der "Umwelt" werden - wie bei REDDIN - erörtert: Vorgesetzter, Kollegen, Organisation, Geführte, Arbeitsanforderungen, Zeit usw.). Das Schwergewicht wird aber auf die "Reife"
der Mitarbeiter gelegt. Der Grad an Reife ist durch verschiedene
Merkmale charakterisiert, z.B.:
- sich hohe, aber erreichbare Ziele setzen
- Leistungswille und -fähigkeit
- Ausbildung und Erfahrung
- arbeitsrelevante Kenntnisse
- psychologische Reife (z.B. Selbstsicherheit und -achtung)
Es gibt eine "Reife-Skala", die zu all diesen Bereichen Fragen enthält und die Gesamt-Reife in einem einzigen Summenwert zusammenfaßt.
Wenn der Vorgesetzte den Reifegrad der Mitarbeiter ermittelt hat,
zieht er - wie in Abb. 20 demonstriert - eine senkrechte Linie nach

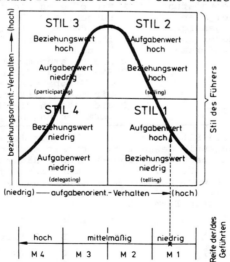

Abb. 20: Das Grundmodell der situativen Führungstheorie von HERSEY & BLANCHARD (1977)

oben; ihr Schnittpunkt mit der eingezeichneten Normalverteilung markiert den Führungsstil, der in dieser Situation (Reife) am erfolgversprechendsten ist. Bei seiner Entwicklung zur reifen Persönlichkeit muß der Mitarbeiter die Normalverteilung von rechts nach links durchlaufen: ein reifer Mitarbeiter ist einer, der von sich aus (gern und kompetent) tut, was er soll! Unmittelbare Führung ist in einer solchen Situation entbehrlich: der Vorgesetzte hat delegiert.
Die Autoren haben ein Diagnose-Instrument entwickelt, das sie LEAD nennen (Leader Effectiveness and Adaptability Description). Es besteht aus 12 Items, in denen jeweils zunächst eine bestimmte Situation skizziert wird und dann 4 Antwortmöglichkeiten (für jeden der Stile eine) vorgegeben werden: Der Befragte hat jeweils die Möglichkeit, die er in einer solchen Situation wählen würde, anzukreuzen.
Ich gebe zwei Beispielitems wieder:

Situation	Verschiedene Handlungs-möglichkeiten
1. Ihre Untergebenen reagieren in der letzten Zeit nicht auf Ihre freundlichen Gespräche und Ihr offensichtliches Bemühen um Ihr Wohlergehen. Ihre Leistungen sind sehr unregelmäßig.	A Sie betonen die Anwendung einheitlicher Vorgehensweisen und die Notwendigkeit der Aufgabenerfüllung. B Sie halten sich für die Gespräche zur Verfügung, aber Sie drängen nicht darauf. C Sie sprechen mit Ihren Untergebenen und setzen dann Ziele. D Sie mischen sich absichtlich nicht ein.
2. Die beobachtbare Leistung Ihrer Gruppe steigt an. Sie haben dafür gesorgt, daß alle Mitglieder ihre Rolle und ihre Anforderungen kennen.	A Sie pflegen freundliche Beziehungen, aber Sie sorgen weiterhin dafür, daß alle Mitglieder ihre Rolle und ihre Anforderungen kennen. B Sie unternehmen nichts Bestimmtes. C Sie tun was Sie nur können, um der Gruppe das Gefühl zu geben, wichtig u. mitbeteiligt zu sein. D Sie betonen die Wichtigkeit von Terminen und Aufgaben.

Wenn der Befragte die Situation richtig diagnostizierte und den dazu passenden Führungsstil gewählt hat, erhält er für diese Lösung +2 Punkte. Hat er die nach Situations-Diagnose nächstbeste Lösung gewählt, bekommt er +1 Punkt, ist er in der Richtung der Normalverteilung noch weiter weg, bekommt er -1 Punkt und bei der völlig falschen Reaktion -2.
Für die beiden zitierten Items gilt:

Item 1: A +2 (Stil 1)   Item 2: A +2 (Stil 2)

       B -1 (Stil 3)   B -2 (Stil 4)

       C +1 (Stil 2)   C +1 (Stil 3)

       D -2 (Stil 4)   D -1 (Stil 1)

Mit diesem "Meßinstrument" stellen HERSEY & BLANCHARD sowohl die
Vielfalt der verschiedenen Führungsstile fest, die jemand anwendet
(analog·der "Flexibilität" bei REDDIN): wenn ein Vorgesetzter bei
allen Problemsituationen den gleichen Stil (z.B. "delegating") ein-
setzte, hätte er einen niedrigen "Adaptability"-Wert. Der "Effectiveness"-Wert gibt an, wie sehr der Vorgesetzte richtig, d.h. situations-
entsprechend geantwortet hat und wird durch die Summe der erreichten
Punkte ausgedrückt (die bei 12 Items natürlich zwischen -24 und +24
schwanken können). HERSEY & BLANCHARD behaupten - ohne dies näher zu
belegen - daß "mehr als zehntausend Vorgesetzte" den LEAD-Test absol-
viert hätten und 84% im Bereich zwischen +/- 6 lägen: Für die Theorie ein sehr günstiges Ergebnis, weil dann die größte Zahl der Führungskräfte nicht so schlecht ist, daß sie das Modell als ungünstig
ablehnen müßte, aber andererseits auch nicht so gut, daß sie nichts
mehr dazulernen könnte!
Abgesehen vom Hinweis auf methodische Probleme der "Meß"-Instrumente
und der völlig unzulänglichen Dokumentation vorgeblicher Forschungs-
resultate sind aus ideologischer Perspektive Anmerkungen zu machen:
- Im wesentlichen werden die Situationsbedingungen auf den Mitarbeiter "verengt": auf ihn kommt es an (wie er es schafft, die Bedingungen von Organisation, Technologie, Aufgabenstruktur etc. zu bewältigen).
- Je reifer der Mitarbeiter, desto mehr kann er ohne Führung bleiben:
  dem liegt eine Harmonie-These zugrunde, derzufolge ein wirklich
  reifer Mensch gar nicht anders kann, als die Ziele der Organisation
  zu seinen zu machen.
- Diese Ziele bleiben inhaltlich unanalysiert. Effektivität wird rein
  formal definiert als Zueinanderpassen von "Situationsforderungen"
  und "Führungsstil". Daß die Situationserfordernisse äußerst hete-
  rogen sein und Mitarbeiter-, Vorgesetzten-, Organisations- und
  "Umwelt"-Ziele praktisch nie gleichgeschaltet werden können, wird
  nicht problematisiert. Die unbekümmerte Oberflächlichkeit, mit der
  Pseudoerkenntnisse zu rezeptartigen Empfehlungen verarbeitet werden, läßt leicht übersehen, daß hinter diesen naiv-technizistischen
  Modellen eine personalistische Machbarkeits-Ideologie steht, die
  im wahrsten Sinne des Wortes nicht verraten, sondern verkauft wird.

7.3. Allgemeinpsychologisch fundierte Ansätze

Im Unterschied zu diesen verkürzenden, nur scheinbar pragmatischen Ansätzen, werde ich im folgenden Versuche darstellen, das Führungsgeschehen in den Zusammenhang grundlagentheoretischer Aussagen einzuordnen. Es sollen damit ad hoc-Generalisierung á la FIEDLER oder unspezifische und damit unprüfbare Globalaussagen (wie die von BLAKE &
MOUTON, REDDIN, HERSEY & BLANCHARD) ersetzt werden durch den Rückgriff auf allgemeine Theorien, um unverbundene und divergente Erkenntnisse der empirischen Führungsforschung in einen Zusammenhang zu bringen. Neben dieser Integrationsleistung wird angestrebt, punktuelle
"Erklärungen" dadurch zu überwinden, daß nach Bedingungen der Verall-
gemeinerungsfähigkeit und Übertragbarkeit gesucht wird. Daß dabei
eine gewisse Entfernung von der Praxis nötig wird, weil unmittelbare
technologische Verwertbarkeit nicht möglich ist und weil Fachtermino-
logien benutzt werden, ist der Preis, der für den Vorteil der Überwin-
dung kurzatmiger Rezeptologien zu bezahlen ist.
Ich werde im folgenden drei allgemeinpsychologische Theorienansätze

(aus den Gebieten der Motivation, der sozialen Wahrnehmung und des Lernens) in ihrer Anwendung auf Führungsfragen darstellen - und in einem Exkurs auf die 'Eigenschaftstheorie' eingehen. Die Beschränkung auf psychologische Theorien bedeutet, daß Führung nur unter einer von vielen möglichen Perspektiven analysiert wird. Ähnliche Strukturierungsversuche könnten auch aus soziologischer, politologischer, organisationstheoretischer Perspektive unternommen werden. Wenn Führung als unmittelbare zielorientierte Beeinflussung von Menschen (zur gemeinschaftlichen Erledigung von Arbeitsaufgaben in einem sozio-technischen System) verstanden wird, dann ist es eine psychologisch relevante Frage, wie ein solcher Einfluß auf Menschen verstanden und erklärt werden kann.

Motivationstheorie: Der Weg-Ziel-Ansatz

Als ersten allgemeinen Ansatz stelle ich einen Entwurf aus der Motivationstheorie dar. Die Frage nach der Motivation ist ganz allgemein die Frage nach dem "Warum" menschlichen Verhaltens, genauer gesagt geht es darum, "einen sinnvollen Ausschnitt aus dem Aktivitätskontinuum des Menschen hinsichtlich seiner Qualität, Intensität und Richtung" zu untersuchen (s. THOMAE 1965).
Es läge hier nahe, eine der vielen bedürfnistheoretischen Konzeptionen heranzuziehen und zu fragen, welche Bedürfnisse, dem Drang zu führen und der Bereitschaft zu folgen, zugrundeliegen. MÜLLER (1980, S. 52-60) hat in komprimierter Form dem Bedürfniskonzept jeden wissenschaftlichen Erklärungswert abgesprochen (s.a. NEUBERGER 1974; HECKHAUSEN 1980), weil es lediglich "eine Kodifizierung von vorwissenschaftlichem Alltagsdenken" sei (S. 52)und mit seinen oftmals paradoxen Grundannahmen "Erklärungen, Begründungen und Rechtfertigungen für alle Gelegenheiten" biete (S. 59).
Im folgenden werde ich keine inhaltliche, sondern eine formale Motivationstheorie (die natürlich ideologisch keineswegs inhaltsarm ist!) vorstellen: die sog. "Weg-Ziel-Theorie der Führung" (EVANS 1970; HOUSE 1971; NEUBERGER 1976). Ich werde mich dabei, weil es nur um einen Überblick über die Grundzüge geht, auf die Synthese beschränken, die ich in meiner Veröffentlichung 1976 versucht habe.
Die Weg-Ziel-Theorie ist ein Ansatz aus der Gruppe der "Erwartungs-Valenz-Theorien", die ihre Herkunft aus der ökonomischen Entscheidungstheorie nicht verleugnen können. Um die Rationalität einer Entscheidung bewerten zu können, müssen Informationen über folgende Aspekte vorliegen:
a) verfügbare Handlungsalternativen,
b) mögliche Konsequenzen (Ergebnisse) dieser Alternativen,
c) Bedingungen, an die das Auftreten der Ergebnisse geknüpft sind,
d) bedingte (Wahrscheinlichkeits-)Zusammenhänge zwischen a, b und c,
e) Bewertung der Ergebnisse,
f) eine Entscheidungsregel, die festlegt, nach welchen Gesichtspunkten eine der Alternativen auszuwählen ist.
Um dies an einem Beispiel zu veranschaulichen:
Ein Mitarbeiter steht vor der Alternative (a), zur Arbeit zu gehen oder zu Hause zu bleiben. Wenn er nicht zur Arbeit geht, kann das eine Reihe möglicher Konsequenzen (b) haben (z.B. Verärgerung der Kollegen und/oder des Vorgesetzten, Liegenbleiben der Arbeit, Versäumen von Fristen, Vorladen in die Personalabteilung usw.; andererseits gibt ihm das Zuhausebleiben auch die Möglichkeit auszuspannen, Zeit für den Partner oder notwendige Hausarbeiten zu haben usw.). Das Auftreten von Konsequenzen ist an Bedingungen (c) geknüpft (z.B. lücken-

lose Überwachung der Anwesenheitszeiten, vorliegende Sanktionssyste-
me, aktueller Arbeitsanfall, Ungestörtheit zu Hause usw.). Zwischen
(a), (b) und (c) bestehen Zusammenhänge (d): Wenn z.B. der Mitarbeiter schon mehrfach fehlte, Abwesenheit registriert wird, abgestufte
Druckmaßnahmen existieren, der Vorgesetzte nicht wohlgesonnen ist
usw., dann kann mit einer bestimmten Wahrscheinlichkeit z.B. die
Gefahr einer Kündigung drohen. Die möglichen Handlungsresultate werden aber vom Entscheider nicht nur registriert, sondern auch bewertet (e): für einen älteren Ungelernten kann eine Kündigung eine
Katastrophe sein, die er um jeden Preis verhindern muß, während für
einen jungen Facharbeiter eine Entlassung vielleicht kein großes
Unglück wäre. Es gibt nun sehr viele Entscheidungsregeln (f), wie
angesichts einer solchen Situation vorgegangen werden könnte. Es
kann z.B. versucht werden, den denkbar größten Schaden auf jeden
Fall zu vermeiden, oder den wahrscheinlichen Durchschnittsschaden
möglichst klein oder den Durchschnittsnutzen möglichst groß zu halten, oder eine Alternative zu wählen, die ein bestimmtes Mindester-
gebnis mit sehr hoher Wahrscheinlichkeit verspricht...
In der Weg-Ziel-Theorie wird als Entscheidungsregel die Maximierungs-
strategie gewählt: der Handelnde soll sich für jene Alternative entscheiden, die ihm den größen Durchschnittsnutzen verheißt. Die Grund-
form der Gleichung lautet:

$$\text{SEN} = \sum_{1}^{i} p_i \cdot n_i \quad \text{max!}$$

Der subjektiv erwartete Nutzen (SEN) soll maximiert werden; er ist
das Summenprodukt aus den Wahrscheinlichkeiten p_i und den Nutzens-
werten n_i, die jede Handlungsalternative (von 1 bis i) zu erwarten
hat. In der oben eingeführten Terminologie sind n_i die "bewerteten
Ergebnisse" und p_i die (subjektiven) Wahrscheinlichkeiten, daß diese Nutzen auch realisiert werden (wenn bestimmte Alternativen (a)
und bestimmte Bedingungen (b) gewählt werden).
In der Weg-Ziel-Theorie wird die Grundgleichung ausgebaut. Sie hat
dann z.B. folgende Form:

$$\text{Motivation}_k = f \left[\left(\sum_o^j V_{T_{ik_j}} + \sum_o^j V_{T_{ek_j}} \cdot P_{T_{ek_j}} \right) + \left(\sum_o^j V_{E_{ik_j}} + \sum_o^j V_{E_{ek_j}} \cdot P_{E_{ek_j}} \right) \cdot P_{T_{kj}} \cdot E_{kj} \right]$$

Die Termini und Indices der Gleichung bedeuten folgendes:

k   irgendeine Handlungsalternative (z.B. einen Verbesserungsvor-
    schlag entwickeln)
k_j der Laufindex j, der allen Gliedern angehängt ist, bezeichnet
    die Tatsache, daß für eine einzelne Alternative k viele ver-
    schiedene Ausprägungen (von o bis j) der folgenden Variablen
    vorliegen können
i   dieser Index steht für "intrinsisch"
e   "extrinsisch"
    Die Indices e und i tauchen nur bei Gliedern auf, in denen V
    enthalten ist. Eine "intrinsische Valenz" bezeichnet eine Be-
    wertung, die ohne das Dazutun Dritter realisiert werden kann,
    während "extrinsisch" meint, daß ein anderer das Verhalten bzw.
    Ergebnis sowohl registrieren wie auch belohnen muß.
V   Valenz, Bedeutung, Bewertung

P   Wahrscheinlichkeit, Erwartung
T   dieser Index bezieht sich auf Tätigkeit, Verhalten
E   dieser Index steht für Ergebnis, Resultat.

Der Reihe nach gelesen bedeuten somit die Glieder der Gleichung folgendes (wobei der gleichbleibende Laufindex k_j unberücksichtigt bleibt):

V_{T_i} Der unmittelbare (intrinsische) Belohnungswert der Tätigkeit (es macht z.B. einem Arbeiter Spaß, an einer Verbesserung herumzutüfteln, z.b. aus Zeitvertreib oder weil er sich selbst beweisen möchte).

$V_{Te} \cdot P_{Te}$ Dieses Produkt enthält zwei Glieder: V_{Te} steht für die "extrinsische Valenz der Tätigkeit" (wenn z.B. Ausdauer und Geschicklichkeit von Kollegen oder Vorgesetzten bewundert werden) und P_{Te} die Wahrscheinlichkeit, daß auf die Tätigkeit eine solche externe Reaktion erfolgt (wenn der Arbeiter heimlich herumexperimentiert, kann er natürlich dafür nicht Bewunderung erwarten). Da eine Tätigkeit (Verbesserungsvorschlag erarbeiten) viele externe Bewertungen erfahren kann (von Vorgesetzten, Kollegen, Ehefrau usw.) sind die $V_{Te} \cdot P_{Te}$-Kombinationen über alle j Möglichkeiten zu summieren.

V_{Ei} Bezieht sich auf die intrinsische Bewertung der Ergebnisse des Handelns (ein Verbesserungsvorschlag kann erfolgreich sein und den Arbeiter in seinem Selbstwertgefühl steigern oder bei einem Scheitern Selbstzweifel auslösen).

$V_{Ee} \cdot P_{Ee}$ Analog zu dem bereits erläuterten Produkt geht es hierbei um die Bewertung und Wahrscheinlichkeit von Ergebnissen (der Arbeiter bekommt z.B. Prämien und Anerkennung oder muß beim Mißlingen verbrauchtes Material bezahlen, wird verletzt usw.).

P_{TE} schließlich relativiert den Klammer-Ausdruck, in dem die Ergebnis-Bewertungen enthalten sind: Wenn nämlich eine bestimmte Tätigkeit k zu keinem Ergebnis führt, wird dieser ganze Ausdruck O; ist die Wahrscheinlichkeit, daß eine Tätigkeit zu Ergebnissen führt, sehr gering, so wird dies den insgesamt erwarteten "Gewinn" oder "Verlust" entspechend relativieren.

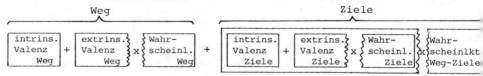

Da ein Geführter nicht nur die eine Handlungsmöglichkeit k, sondern im Regelfall verschiedene Alternativen k - t hat, lautet die Entscheidungsaufforderung: Wähle aus all diesen Möglichkeiten jene, deren Motivationswert maximal ist!
Es ist nun zu untersuchen, inwieweit diese auf den Geführten bezogenen Überlegungen Bedeutung für die Führung haben.
Zunächst ist festzuhalten, daß der Geführte als "autonom Handelnder" betrachtet wird: er entscheidet darüber, was er tut, er ist nicht desinteressiertes Ausführungsorgan des Vorgesetztenwillens. Der Vorgesetzte kann die Mitarbeiterentscheidungen nur dadurch beeinflussen,

daß er auf die Größen einwirkt, von denen die Entscheidung abhängt:

1. "Intrinsische Valenz der Tätigkeit" (V_{Ti})

   Der Inhalt der Tätigkeiten eines Mitarbeiters kann durch Einflußnahme des Vorgesetzten verändert werden z.B. in Richtung auf größere Autonomie, höheren Abwechslungsreichtum, höhere Schwierigkeit, größere Sinnhaftigkeit etc. Der Vorgesetzte interveniert dabei nicht direkt in das Verhalten des Mitarbeiters, er kann aber die Tätigkeiten so definieren, daß diese dann in sich motivierend sind.

2. "Extrinsische Valenz der Tätigkeit" (V_{Te})

   Hierunter ist die Bewertung der Bedingungen gemeint, unter denen der Mitarbeiter tätig ist sowie die Bewertung der Reaktionen, die unmittelbar auf das Verhalten der Geführten folgen.
   Es unterliegt keinem Zweifel, daß der Vorgesetzte in der Lage ist, die Arbeitsbedingungen seiner Mitarbeiter zu beeinflussen: er kann die soziale Atmosphäre freundlich und warm gestalten, er kann Sorge tragen für konfliktfreies oder tolerantes Zusammenarbeiten, er kann die physischen Arbeitsbedingungen verbessern helfen...

3. "Instrumentalität der Tätigkeit" (P_{Te})

   Das Verhalten des Mitarbeiters kann in unterschiedlichem Ausmaß mit dem Erreichen bestimmter extrinsisch valenter Konsequenzen zusammenhängen.
   Der Vorgesetzte kann durch klare Aufgabendefinition, durch strukturierende Eingriffe, durch fürsorgliche Hilfestellung, durch schützende Abwehr von Außeneinflüssen etc. dazu beitragen, daß das Verhalten des Mitarbeiters unter Bedingungen abläuft, die von ihm positiv bewertet werden.
   Wenn es zu den Prinzipien der Organisation gehört, daß nicht nur die Leistungsergebnisse, sondern auch das Verhalten der Mitarbeiter bewertet (und belohnt oder bestraft) werden, so ist der Vorgesetzte im allgemeinen die zentrale Figur bei der Beurteilung des Verhaltens und der Vermittlung der Konsequenzen.

4. "Intrinsische Valenz der Ergebnisse" (V_{Ei})

   Nicht nur der Ablauf der Tätigkeiten selbst (V_{Ti}), sondern auch die durch sie verwirklichten Ziele können für den Handelnden Anlaß unmittelbarer Befriedigung, intrinsischer Valenz (V_{Ei}),sein. Solche Ergebnisse können nicht nur Leistungsresultate, sondern auch "enger Zusammenhalt der Gruppe" oder "hohe Zufriedenheit des einzelnen" sein. Der Vorgesetzte kann durch Überzeugung und Vorbildwirkung darauf hinarbeiten, daß bestimmte Ziele als in sich - unabhängig von jeder 'äußeren' Belohnung - erstrebenswert betrachtet werden. Zwischen verschiedenen Vorgesetzten bestehen große Unterschiede hinsichtlich der Fähigkeit, solche Normen oder Standards in den Mitarbeitern zu verankern.

5. "Extrinsische Valenz der Ergebnisse" (V_{Ee})

   Damit ist die Würdigung der Konsequenzen des Mitarbeiterverhaltens gemeint, die von dritter Seite vorgenommen wird. Der Einfluß des Vorgesetzten auf die Belohnung oder Bestrafung der Mitarbeiterleistung hängt ab von seinem Machtpotential: entsprechend kann der Vorgesetzte den Verstärkungsbereich ausdehnen oder einengen.

6. "Instrumentalität der Ergebnisse" (P_{Ee})

Die vom Mitarbeiter erreichten Ergebnisse sind verschieden eng
mit erhofften Belohnungen verknüpft.
Die Enge dieser Koppelung wird nicht zuletzt durch den Vorgesetzten bestimmt: er kann Leistungen "übersehen" oder übermäßig belohn-
nen, er kann sich bei anderen Stellen für den Mitarbeiter einsetzen, er kann negative Konsequenzen fernhalten, er kann großzügig
oder engstirnig beurteilen, er kann die Leistungen des Mitarbeiters auf das eigene Konto verbuchen oder sich selbst zugute halten...

7. "Zusammenhang zwischen Tätigkeit und Ergebnissen" (P_{TE})

Hiermit ist die Enge der Beziehungen zwischen dem Verhalten des
Mitarbeiters und den Verhaltensresultaten gemeint.
Unter diesem Aspekt lassen sich all jene Führungsfunktionen einordnen, die das Verhalten des Mitarbeiters auf Ziele hin strukturie-
ren: planen, koordinieren, organisieren, Ziele setzen, entscheiden, unterstützen... Der Vorgesetzte stellt damit sicher, daß die
Anstrengungen des Mitarbeiters ergebnisorientiert sind und eine
hohe Erfolgschance haben.

Diese Anmerkungen zeigen, daß das strukturierende, planende, infor-
mierende, kontrollierende Verhalten des Vorgesetzten, das in der Be-
schreibungsdimension "Initiating Structure" bezeichnet wird, deshalb
so bedeutend ist, weil es die Handlungs- und Zielerreichungsmöglich-
keiten des Unterstellten fördert oder behindert. Hohe Strukturierung
ist darum nicht als solche "gut" oder "schlecht", sondern nur dann
ergebnisrelevant, wenn sie das Kalkül des Unterstellten beeinflußt,
der gleichzeitig noch eine große Menge weiterer Einflüsse berücksichtigt (Druck von Kollegen, Vorgaben durch die Technologie, persönliche Absichten usw.). Analoges gilt für den Faktor "Freundlichkeit,
Mitbeteiligung" (Consideration).
Bei diesem motivationstheoretischen Ansatz wird vom Vorgesetzten verlangt, daß er "Wege" und "Ziele" des Mitarbeiters kennt. Führungseinfluß besteht darin, "Wege" zu eröffnen, zu erleichtern oder zu
blockieren (wodurch die P-Faktoren in der o.a. Motivationsgleichung
berührt werden) oder "Ziele" aufzuzeigen und/oder (un-)attraktiv zu
machen (was die V-Faktoren verändert). Gezielter Führungseinfluß ist
jedenfalls nur möglich nach einer differenzierten Analyse jener Bedingungen, von denen die Handlungsentscheidungen des Untergebenen
abhängen. Es gibt zweifellos auch globale Breitband-Maßnahmen (Be-
förderungsversprechen, Einkommenssteigerung, Kündigungsandrohung,
Freundlichkeit, Information usw.), aber diese durchschnittlich erfolgreichen Mittel können im Einzelfall wirkungslos bleiben.

Stellungnahme
1. Es handelt sich um einen "individualistischen" Ansatz: der einzelne Geführte und seine Handlungsplanung stehen im Mittelpunkt. Für
den Vorgesetzen, der es im Regelfall mit mehreren Mitarbeitern zu tun
hat, entstehen dadurch erhebliche Probleme.
2. Diese werden noch gesteigert durch die Annahme des Modells, daß
die subjektiven Wahrnehmungen und Ziele jedes Mitarbeiters zu betrachten sind. Der Zugang zur Binnenwelt eines anderen (seine Wirklich-
keitssicht, seine Ziele, Ängste, Wünsche etc.) ist schon grundsätzlich schwierig, umso mehr aber in formalen Organisationen, die sich
- s.o. - auf die "Partialinklusion" ihrer Mitglieder gründen.

<u>3.</u> Das Motivationsmodell ist
   a) rationalistisch und
   b) hedonistisch
Es setzt einen konsequent handelnden lust- oder nutzensmaximieren-
den Menschen voraus. Darin liegt der Vorwurf der "Verwissenschaftlichung" des Menschen und seiner szientistisch-technologischen Vereinnahmung begründet, den einige Autoren erheben:
"Die wissenschaftliche Kodifizierung der beiden Alltagsfragen 'Will ich? Kann
ich?' mündet in den modernen 'Erwartungs-Valenz-Ansatz' resp. in den 'Weg-Ziel-
Ansatz' der Führungstheorie. Er prägte aber auch bereits das Menschenbild des
Scientific Management, nur daß heute die konkrete Bezeichnung dessen, wonach der
Mensch strebt... weggelassen wird" (MÜLLER 1980, S. 51).
"Das motivationale hypothetische Erklärungskonstrukt wird also instrumentalistisch-
technologisch gewendet, gleichsam als Schaltplan für psychische Handlungswahlpro-
zesse betrachtet... Der Unterschied des entscheidungspsychologisch-motivations-
theoretischen Konzepts zu älteren führungsstiltheoretischen Ansätzen liegt somit
weniger in der Intention, die nach wie vor in der Entwicklung von Handlungsempfeh-
lungen für Vorgesetzte zur effizienten Beeinflussung von Unterstellten liegt, sondern vielmehr darin, daß versucht wird, die 'black box': 'Geführte' zu öffnen,
um zu einem differenzierteren Instrumentarium zu gelangen als es beispielsweise
mit Hilfe der Dichotomie: autoritärer-kooperativer Führungsstil, der Bedürfnis-
pyramide MASLOWs oder der Theorie X/Y von McGREGOR möglich gewesen war"
(TÜRK 1981, S. 7).
Das Modell übersieht auch, daß viele Handlungsmotive oder -ziele
dem Handelnden selbst unzugänglich sind (unbewußtes, irrationales,
triebhaftes, unreflektiert-gewohnheitsmäßiges Verhalten).
Wie die normativen entscheidungslogischen Modelle der Betriebswirtschaftslehre bildet es deshalb die Wirklichkeit nicht ab, sondern
liefert ein Bezugssystem, das in differenzierter und exakter Weise
offenlegt, welche Variablen zu berücksichtigen <u>wären</u>, <u>wenn</u> Unterstellte rational handelten.
<u>4.</u> Im Unterschied zu anderen Führungsmodellen ist die abhängige
Variable hier nicht "Erfolg", sondern das hypothetische Konstrukt
"Motivation des Mitarbeiters". Ob seine Handlungsbereitschaft in or-
ganisationszielbezogene Aktivität mündet und ob diese erfolgreich
ist, hängt von weiteren Determinanten ab, die der Unterstellte möglicherweise in seinem Kalkül nicht berücksichtigt hat (oder berücksichtigen konnte).
<u>5.</u> Die Unterscheidung zwischen Mittel und Zweck (Weg und Ziel) ist
ebenso problematisch wie die zwischen "intrinsischer" und "extrin-
sischer" Valenz. In vielen praktischen Situationen dürfte es große
Mühe bereiten, diese Differenzierungen aufrecht zu erhalten.
<u>6.</u> Die <u>empirische Überprüfung</u> des Ansatzes stellt vor erhebliche
bislang ungelöste Probleme:
- Jeder Unterstellte ist "für sich" zu untersuchen; die Anwendung
  genereller strukturierender Frageverfahren verfehlt die Intention des Modells.
- Da nicht jede einzelne Handlungsalternative untersucht werden kann,
  müssen sinnvolle Klassenbildungen gefunden werden, die aber andererseits nicht zu abstrakt sein dürfen.
- Die methodischen Voraussetzungen, die die "Motivationsgleichung"
  stellt, sind höchstwahrscheinlich unerfüllbar: Die Multiplika-
  tion setzte voraus, daß die Daten rationalskaliert sowie P und V
  (Wahrscheinlichkeit und Valenz) voneinander unabhängig sind (s.
  Befunde und Diskussion bei CAMPBELL & PRITCHARD, 1976). Zu der

Konzeption der E-V-Theorie bei VROOM erklären z.b. O'BRIEN &
DICKINSON (1982, S. 12):
"Die augenscheinliche Präzision der Formel ist irreführend. Die Variablen
in einer algebraischen Gleichung oder einer chemischen Formel sind quan-
tifizierbar. Die Variablen in (der (VIE-)Formel können nicht beobachtet,
gemessen oder quantifiziert werden. VROOM hat ein Präzisionsinstrument
genommen - Mathematik - und es auf Unpräzises angewandt... Da diese Konstrukte auf Verhaltensbeobachtungen gegründet werden, besteht kein Bedürfnis, im Abstrakten herumzudreschen... Genauer gesagt: der beste Prä-
diktor künftigen Verhaltens ist vergangenes Verhalten".
7. Selbst wenn der Vorgesetzte die Motivationsstruktur seiner Geführten durchschauen könnte, hieße das noch nicht, daß er sie optimal
beeinflussen kann: Es können ihm sowohl das Geschick wie die Möglichkeit fehlen, seine Einsichten in die Tat umzusetzen. (Auch wenn er
es möchte und wenn es wirkte, kann er z.b. den Wunsch des Mitarbeiters nach Gehaltserhöhung nicht erfüllen, weil er selbst Restrik-
tionen unterliegt, die von dritter Seite gesetzt sind).

Der Weg-Ziel-Ansatz ist zusammenfassend als ein Programm zu bezeich-
nen, das von der Anwendungsreife weit entfernt ist. Seine größten
Vorteile sehe ich darin, daß er die reale Komplexität des Führungs-
Einflusses aufzeigt (statt sie wie bisher skizzierte Modelle durch
Anrufung von 4 Führungsstilen wegzuzaubern) und daß er anstelle des
Vorgesetzten den Geführten in das Zentrum der Führungsbetrachtung
rückt.

Attributionstheorie

Die Attributionstheorie ist ein Teilgebiet der sog. kognitiven Sozialpsychologie (s. MEYER & SCHMALT 1978). Die zentrale Fragestellung ist die Untersuchung der Prozesse sozialer Wahrnehmung unter
dem Gesichtspunkt der Ursachenzuschreibung (Kausalattribution). Jeder Mensch ist darauf angewiesen, sich in seiner Umwelt zurechtzu-
finden; zu diesem Zweck sucht und sieht er Ordnung, Struktur, Regelmäßigkeit - als eine Voraussetzung für die eigene Handlungsplanung
und die Beherrschung der Umwelt. Besondere Bedeutung kommt dabei der
nicht-dinglichen sozialen Umwelt zu, insbesondere zum Verständnis
und zur Kontrolle der Handlungen anderer Personen. Aus diesem Grund
ist die Attributionstheorie auch von besonderem Interesse für die
Führungsforschung. Die Fragestellung, die ich hier untersuchen möchte ist: Wie kommt ein Vorgesetzter zu Urteilen über das Verhalten
seiner Unterstellten - und wie reagiert er infolgedessen?
Nach Auffassung von KELLEY (1973) verhält sich jeder Laie wie ein Sozialwissenschaftler, wenn er aus der Beobachtung von Handlungen auf
deren Verursachung schließt. In einer unsicheren und dynamischen
Welt sucht er nach Hinweisen, die ihm zutreffende Erklärungen über
das Zustandekommen von Handlungen ermöglichen. Dabei werden drei
hauptsächliche Quellen von Verhaltensunterschieden angenommen: die
Person des Beobachteten, die Inhalte (Aufgaben), mit denen sie sich
beschäftigt und schließlich äußere Umstände. Wie bei einer Varianzanalyse interpretiert der Beobachter Unterschiede zum üblichen oder
durchschnittlichen Verhalten hinsichtlich drei Dimensionen:
- Besonderheit, Unterschiedlichkeit (hinsichtlich der Aufgabenlösun-
gen bzw. Arbeitsergebnisse),
- Unbeständigkeit (bezogen v.a. auf die zeitlichen und situativen
Umstände),
- Dissens, fehlende Übereinstimmung mit anderen Personen.

Es ist in diesem Zusammenhang auf eine interessante Parallele zu den oben erwähnten systemtheoretischen Überlegungen LUHMANNs (1964) hinzuweisen: Er geht davon aus, daß formale Organisationen eine sachliche, zeitliche und soziale Generalisierung von Verhaltenserwartungen sicherstellen müssen. Hier wird in Umkehrung dazu behauptet, daß das Verständnis einer individuellen Handlung nur durch Rückgängigmachung dieser Generalisierung gelingt: indem Abweichungen von der Norm als auffällig interpretiert werden!

In der folgenden Abb.21 sind die Überlegungen grafisch veranschaulicht. Die drei Kanten der Würfel stehen für die o.a. drei Dimensionen Person, Aufgabe, Kontext (Umstände). Wenn ein Vorgesetzter Mitarbeiterverhalten beobachtet, wird er darauf achten, ob sich in einer dieser Dimensionen Unterschiede zum sonstigen Verhalten feststellen lassen:

Nehmen wir folgende Situation an: Einem Vorgesetzten sind drei Mitarbeiter unterstellt (P_{1-3}); diese Mitarbeiter haben verschiedene Aufgaben auszuführen (A_1: Schreibmaschine schreiben, A_2: Archivieren, Ablage, A_3: Terminplanung, Organisation). Die Beobachtungen werden zu drei Zeitpunkten gemacht (U_1: Wochenanfang, U_2: Wochenmitte, U_3: Wochenende).

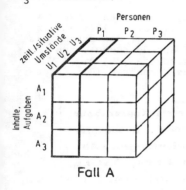

Fall A

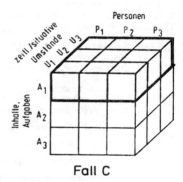

Fall C

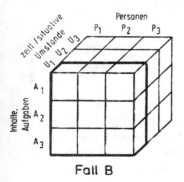

Fall B

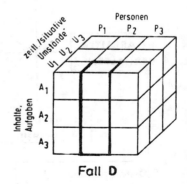

Fall D

Abb. 21: Das varianzanalytische Modell für Kausalschlüsse (nach KELLY 1973, S. 110 - 111)

Fall A: Hier stellt der Vorgesetzte fest, daß P_1 sich zu <u>allen</u> Zeitpunkten und bei <u>allen</u> Aufgaben von den anderen Personen unterscheidet: Er <u>wird</u> die Ursache in der Person suchen.

Fall B: Alle 3 Personen sind bei allen drei Aufgabentypen am Wochenanfang anders als sonst: Der Vorgesetzte wird die Ursache dafür in den zeitlichen Umständen sehen; "blauer Montag")

Fall C: Zu allen Zeitpunkten lehnen alle drei Personen einen Aufga-
bentyp (z.B. A_1: Maschineschreiben) ab. Der Beobachter wird
den Inhalt dieser Aufgabe für die Auffälligkeit verantwortlich machen.

Fall D: In dieser Situation ist die Ursachenzuschreibung nicht mehr
so einfach wie in den vorangegangenen Fällen, weil auf 2
Dimensionen Abweichungen vom Üblichen festzustellen sind:
<u>Eine</u> Person verhält sich zu <u>einem</u> Zeitpunkt bei <u>allen</u> Auf-
gaben anders als die anderen und anders als sonst. Die Ur-
sache kann sowohl/als auch bzw. entweder/oder in P oder U
liegen.

Mit diesen simplen Fällen sollte das sog. Kovariationsprinzip veranschaulicht werden: Wenn Abweichungen in auffälliger Weise mit bestimmten Gegebenheiten einhergehen (kovariieren), werden diese als
Gründe interpretiert.
Darauf nimmt auch die folgende Abb.22 Bezug, die ich nach GREEN &
MITCHELL (1979, S. 450) und MITCHELL & WOOD (1980, S. 124) entworfen habe. Die mittlere Zeile dieser Abbildung zeigt das Erkenntnis-
objekt der Attributionstheorie der Führung: aus der Beobachtung
von Mitarbeiterverhalten (1) zieht der Vorgesetzte Schlüsse ("Vor-
gesetztenattribution") (2), die sein eigenes Verhalten (3) lenken
werden.

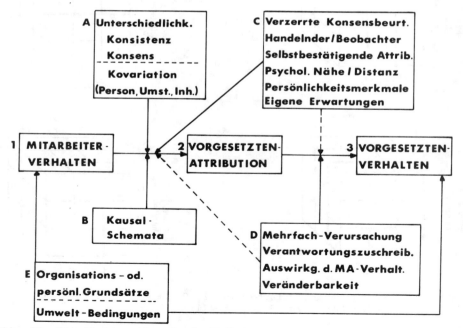

Abb. 22: Attributionstheorie der Führung nach GREEN & MITCHELL (1979)

Im Kasten A ist die eben erläuterte Kovariationsanalyse angeführt.
Bei ausreichenden Informationen wird der Vorgesetzte zu sehr differenzierten Diagnosen kommen. Bei Zeitdruck, ungenügender oder wider-
sprüchlicher Information und aus eingeschliffenen Verhaltensgewohn-
heiten kann der Vorgesetzte jedoch auch "abgekürzte" Beweisverfah-
ren einsetzen oder Routineschlüsse ziehen. Solche "Kausalschemata"
(Kasten B) sind einfach abrufbare "Standarddeutungen" bei denen sehr
wenige Informationen genügen, um weitreichende Deutungen subjektiv
zu rechtfertigen: "Allgemein gesprochen ist ein Kausalschema eine
Vorstellung von der Art, in der zwei oder mehr kausale Faktoren in
Beziehung auf einen Effekt interagieren" (KELLEY 1972,S. 14).
Am bekanntesten ist das Kausalschema, das WEINER et al. (1972) zur
Analyse von Leistungsverhalten identifiziert haben. Sie gehen da-
von aus, daß eine Person, die ein Leistungsresultat zu würdigen hat,
zwei Urteilsdimensionen mit je zwei Ausprägungen zugrundelegt:

Zeitliche Stabilität	Ort der Verursachung (locus of control)	
	in der Person ("internal")	in den Umständen ("external")
stabil	z.B. Fähigkeit	z.B. Aufgaben-schwierigkeit
variabel	z.B. Anstrengung	z.B. Zufall

Wenn ein Vorgesetzter schlechte Leistungen feststellen muß, dann
wird seine Reaktion darauf wesentlich durch seine Kausalattribution determiniert. Glaubt er, daß es an mangelnden Fähigkeiten liegt,
dann wird er den Mitarbeiter schulen oder ihm leichtere Aufgaben zuweisen; hält er dagegen mangelnden Einsatz für die Ursache, wird er
den Unterstellten unter Druck setzen, enger überwachen oder durch
Belohnungen locken; war die Aufgabe zu anspruchsvoll, wird er nicht
den Mitarbeiter tadeln oder trainieren, sondern ihm leichtere Aufgaben übertragen; betrachtet er die schlechten Leistungen als Zufallsergebnis und vermutlich gar nichts unternehmen. Externe unsta-
bile Attributionen stellen für Vorgesetzte das größte Problem dar;
sie werden im Regelfall vermieden zugunsten einer der drei anderen
Möglichkeiten.

Bei der Urteilsbildung des Vorgesetzten spielen eine Reihe weiterer
Eigenheiten sozialer Wahrnehmung eine Rolle, die im Kasten C der
Abb. 22 aufgeführt sind (GREEN & MITCHELL 1979, S. 437 ff; s.a.
MÜLLER 1980, S. 100 ff):

a) <u>Verzerrte Konsens-Beurteilung</u>
Wenn ein Vorgesetzter ein Verhalten als üblich oder normal betrachten soll, dann muß er es auf eine repräsentative Stichprobe von Personen beziehen, die allesamt dieses Verhalten zeigen. Selten haben Vorgesetzte jedoch genügend Vergleichsdaten, so daß sie dazu neigen, ihren eigenen sehr begrenzten Erfahrungsschatz unberechtigt zu generalisieren (dieses Problem spielt z.b. in der Personalbeurteilung eine Rolle, wenn Mitarbeiterleistungen oder -eigenschaften als "gut", "unterdurchschnittlich", "sehr gut" etc. eingestuft werden sollen).

b) <u>Ein Beobachter neigt zu personalen, ein Handelnder zu situativen Attributionen.</u>
Diese Tendenz ist von ausschlaggebender Bedeutung im Führungsprozeß (ROSS (1977) bezeichnet sie als den "fundamentalen Attributionsfehler"): als "außenstehender" Beobachter neigt ein Vorgesetzter (im Zweifelsfall) eher zu "internalen Attributionen", d.h. er wird gute oder schlechte Leistungen häufiger dem Mitarbeiter anrechnen als situativen Begleitumständen. Bittet man dagegen einen Handelnden selbst um eine Ursachenerklärung für Erfolg und vor allem Mißerfolg, dann wird er seltener eigene Fähigkeiten, sondern häufiger günstige Bedingungen als Grund nennen.

Insbesondere für den Fall des Versagens kann diese Tendenz zur Personattribuierung für den Mitarbeiter unangenehme Konsequenzen haben, weil ihm allein die Last der Verantwortung aufgebürdet wird.

c) <u>Selbstschützende Attributionen</u>
Für Erfolge wird viel bereitwilliger die Verantwortung übernommen als für Mißerfolge. Ein positives Selbstbild läßt sich eher aufrechterhalten, wenn sich eine Person von Schuld freisprechen kann und diese externen Bedingungen anlasten kann. Auch Vorgesetzte scheinen dazu zu neigen, schlechte Leistungen der Mitarbeiter nicht als Folge ihrer eigenen Führungsunfähigkeit, sondern als mangelnde Fähigkeit oder Motivation der Mitarbeiter zu deuten. Gute Mitarbeiterleistungen werden aber umso eher auf's eigene Konto verbucht (oder zumindest als Koproduktion vereinnahmt).

d) <u>Psychologische Nähe</u>
Je enger und positiver die Beziehung zwischen Vorgesetztem und Mitarbeiter, desto mehr nähert sich die Perspektive des "Beobachters" der des "Handelnden" und der Vorgesetzte macht Ursachenzuschreibungen, die denen des Mitarbeiters selbst gleichen.

e) <u>Persönlichkeitsmerkmale des Mitarbeiters</u>
Bestimmte Persönlichkeitsmerkmale scheinen "Auslöser" für eine gerichtete Ursachenzuschreibung zu sein - ein Mechanismus, der aus der Stereotypen-Forschung bekannt ist. Es genügt manchen Leuten, von einem anderen zu wissen, daß er Jude, Pazifist, Gastarbeiter, Bayer usw. ist, um ihn auch in seinem Arbeits- und Kooperationsverhalten einschätzen zu können. In einigen Untersuchungen wurde gezeigt, daß männliche Vorgesetzte bei Frauen dazu neigen, mehr als bei Männern in vergleichbaren Situationen, Erfolge externen und Mißerfolge internen Ursachen zuzuschreiben!

f) <u>Erwartungsbestätigung</u>
Aus Befunden zur Selbstattribution folgern GREEN & MITCHELL (1977, S. 442), daß die Ursachen für ein erwartungskonformes Verhalten <u>in</u> den Mitarbeiter verlegt werden; zeigen sich dagegen "überraschende" Ergebnisse, neigen Vorgesetzte dazu, dafür veränderte Bedingungen verantwortlich zu machen.

Wenn ein Vorgesetzter auf der Basis der bisher skizzierten Überlegungen zu einer Ursachendiagnose gekommen ist, dann wird sein eigenes Antwort-Verhalten von einigen Überlegungen bestimmt werden, die in Kasten D der Abb. 22 genannt sind:

a) Mehrfach-Verursachung
   Dies ist sowohl simultan wie sukzessiv gemeint. Wenn für ein beob-achtetes Verhalten gleichzeitig mehrere Gründe aus verschiedenen Dimensionen (personelle, situative, stabile, variable) verantwort-lich sein können, werden einzelne Gründe in ihrer Bedeutung abge-wertet ("Discount-Prinzip"). Ähnliches gilt für "Kausalketten" (ein Vorgesetzter wird eine schlechte Leistung z.B. internal attri-buieren, bis er erfährt, daß zur Zeit die Ehefrau des Unterstell-ten schwer erkrankt ist und er deshalb bei der Arbeit völlig un-konzentriert ist). Ganz allgemein dürfte die Mehrfach-Verursachung sich auf das Vorgesetztenverhalten folgendermaßen auswirken:
   - wegen seiner Unsicherheit wird der Vorgesetzte zu weniger extre-men Reaktionen neigen
   - er wird versuchen, dadurch mehr Sicherheit zu erlangen, daß er den Mitarbeiter testet (Bewährungs- und Entscheidungssituationen herbeiführt).

b) Verantwortungszuschreibung
   Bei einer externalen Attribution wird der Mitarbeiter selbstredend von Verantwortung freigesprochen; aber auch bei einer internalen Zuschreibung kann dies der Fall sein (wenn der Mitarbeiter einen Arbeitsunfall aus Leichtsinn herbeiführt, wird er zur Rechenschaft gezogen werden, nicht aber, wenn der Unfall durch eine Herzattacke verursacht war). Die höchste Stufe von Verantwortlichkeit wird zu-geschrieben, wenn ein Ergebnis vom Mitarbeiter initiiert, inten-diert und absehbar war (s. SHAVER, 1975). Je mehr ein Mitarbeiter für verantwortlich gehalten wird, desto mehr werden sich Vorge-setztenreaktionen auf ihn konzentrieren und desto extremer werden sie sein.

c) Auswirkungen des Mitarbeiter-Verhaltens
   Ein und dasselbe Verhalten (eine Krankenschwester z.B. gibt einem Patienten ein falsches Medikament) kann je nach den Konsequenzen sehr verschieden geahndet werden. Je gravierender die Auswirkun-gen des Untergebenen-Verhaltens, desto extremer werden die Vorge-setztenmaßnahmen sein (wenn der Patient nur unruhig schläft wird der Chef andere Konsequenzen ziehen als wenn er stirbt).

d) Leichtigkeit der verändernden Einwirkung
   Es scheint - obwohl dafür wenig gesicherte Belege vorliegen - , daß Vorgesetzte eher davon ausgehen, daß Einwirkungen auf die Mit-arbeiter leichter zu realisieren sind als Veränderungen der Situa-tion, vor allem auch deshalb, weil in einer (großen) Organisation viele der Einflußgrößen dem Zugriff des Vorgesetzten entzogen sind. (Außerdem geht die Verantwortung dann an den Mitarbeiter über, während der Vorgesetzte selbst für Situationsveränderungen verant-wortlich zeichnen würde). Auch ist es leichter einen Mitarbeiter aufzufordern, sich mehr anzustrengen, als Aufgabe oder Situation zu verändern.

Abschließend weisen GREEN & MITCHELL darauf hin, daß organisatorische Rahmenbedingungen (s. Kasten E in Abb. 22) den Vorgesetzten auf ein bestimmtes Verhalten festlegen können, selbst wenn er persönlich auf-grund seiner Ursachenanalyse eine andere Vorgehensweise bevorzugen würde (Er kann z.B. Verständnis für das Zuspätkommen einer Mitarbei-

terin haben, deren Kind erkrankt ist; dennoch schreiben die Organisationsregeln zwingend vor, daß er den Fall an die Personalabteilung melden muß, die dann Sanktionen verhängt).
GREEN & MITCHELL (1979) und MITCHELL & WOOD (1980) beschreiben einige interessante Experimente, in denen sie im wesentlichen ihre
hier dargestellten Vermutungen bestätigen konnten. Wichtig scheint
es mir, noch auf eine weitere Konsequenz hinzuweisen, die quasi mit
der Umkehrung des Attributionsprozesses verbunden ist, wenn nämlich
Unterstellte das Führungsverhalten ihres Vorgesetzten beschreiben
(wie das in den besprochenen Fragebogen etwa der Ohio-Schule der
Fall ist). Es konnte in einigen Untersuchungen gezeigt werden (zusammenfassend: MITCHELL u.a. 1979), daß Befragte imstande sind, mit
nur wenigen Informationen über einen Vorgesetzten vollständige Beschreibungen abzugeben. Den Versuchspersonen wurde z.B. über einen
fiktiven oder fremden Vorgesetzten nur mitgeteilt, daß seine Arbeitsgruppe hohe Leistungen hat. Nachfolgende Beschreibungen mit
dem LBDQ XII (s.o.) erbrachten die gleiche Faktorenstruktur und
vergleichbare Mittelwerte wie sie beim Durchschnitt der Eichpopu-
lationen gefunden worden waren! Es gibt also vermutlich "implizite"
Theorien über den Vorgesetzten und wenn sich jemand als (erfolgreicher) Vorgesetzter qualifiziert hat, wird erwartet, daß er diesem
Stereotyp entspricht. Es wird bei Führer-Verhaltensbeschreibungen
somit nicht aktuelles Vorgesetztenverhalten (nur) beschrieben, son-
dern(zugleich) überlagert durch die Reaktivierung eines sozial vermittelten Vorgesetztenstereotyps. Auf den Prozeß der Zuschreibung
von Führungsqualitäten ist CALDER (1977) in seiner "Attributionstheorie der Führung" eingegangen. Ich werde im folgenden seine Überlegungen kurz nachzeichnen:
CALDER schließt an die "naive Psychologie" HEIDERs an, der davon
ausgegangen war, daß Personen ihre Welt dadurch ordnen und vorhersagbar machen, daß sie Ereignisse und Ergebnisse ungern einer un-
überschaubar großen Anzahl situativer Einflüsse zurechnen, sondern
lieber einzelne Handelnde dafür verantwortlich machen. Führung aber
ist ein besonders markanter Fall dieser Tendenz, personale Ursachen
für Verhalten(swirkungen) zu suchen. Ob jemand "Führer" genannt
wird, ist durch persönliche Qualifikationen aber nicht festgelegt:
ein Führer kann selbstlos, machthungrig, neurotisch, sensibel,
rücksichtslos usw. sein. Als Führer gilt einer immer nur für eine
bestimmte Gruppe, deren Erwartungen über einen Führer er erfüllt (für
eine Straßenbande gelten andere Führerkriterien als in einem Industriebetrieb); dazu gehört auch, daß er sich anders als die anderen in der Bezugsgruppe verhält - sonst wäre er ja von ihnen nicht
abgehoben. Sein Verhalten darf außerdem nicht situativ erzwungen
sein; er muß Wahlmöglichkeiten gehabt haben. Eine internale, d.h.
auf Führungs-Qualitäten bezogene Attribution ist dann - KELLEY zufolge - wahrscheinlicher, wenn
- die Effekte der gewählten und der nicht-gewählten Alternativen
  sich deutlich unterscheiden (wenn sein Verhalten im wahrsten
  Sinn des Wortes "einen Unterschied macht") und
- wenn sein Verhalten keine hohe soziale Erwünschtheit hatte (wenn
  es ihm nicht nur breite Zustimmung einbringt, also ein gewisser
  sozialer Widerstand zu überwinden war).
Bei der Beschreibung des Attributionsprozesses geht CALDER von der
Grundthese aus, daß Führung nicht "an sich", sondern nur als Wahrnehmungsphänomen existiert. Er hält Führung für einen Begriff der
Alltagssprache, der wissenschaftlich "nicht lebensfähig" (S. 202)

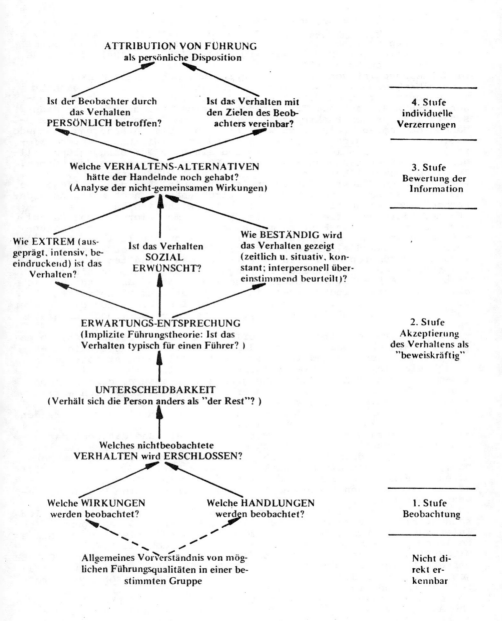

ATTRIBUTION VON FÜHRUNG
als persönliche Disposition

Ist der Beobachter durch
das Verhalten
PERSÖNLICH betroffen?

Ist das Verhalten mit
den Zielen des Beob-
achters vereinbar?

4. Stufe
individuelle
Verzerrungen

Welche VERHALTENS-ALTERNATIVEN
hätte der Handelnde noch gehabt?
(Analyse der nicht-gemeinsamen Wirkungen)

3. Stufe
Bewertung der
Information

Wie EXTREM (aus-
geprägt, intensiv, be-
eindruckend) ist das
Verhalten?

Ist das Verhalten
SOZIAL
ERWÜNSCHT?

Wie BESTÄNDIG wird
das Verhalten gezeigt
(zeitlich u. situativ, kon-
stant; interpersonell übereinstimmend beurteilt)?

ERWARTUNGS-ENTSPRECHUNG
(Implizite Führungstheorie: Ist das
Verhalten typisch für einen Führer?)

2. Stufe
Akzeptierung
des Verhaltens als
"beweiskräftig"

UNTERSCHEIDBARKEIT
(Verhält sich die Person anders als "der Rest"?)

Welches nichtbeobachtete
VERHALTEN wird ERSCHLOSSEN?

Welche WIRKUNGEN
werden beobachtet?

Welche HANDLUNGEN
werden beobachtet?

1. Stufe
Beobachtung

Allgemeines Vorverständnis von möglichen Führungsqualitäten in einer bestimmten Gruppe

Nicht di-
rekt er-
kennbar

FLUSSDIAGRAMM DES ATTRIBUTIONSMODELLS
(nach B. J. CALDER, 1977, S. 196)

ist, weil er so unklar, vielgestaltig und widersprüchlich ist. Deshalb will er wissenschaftlich untersuchen, wie Laien dazu kommen, jemandem Führungsqualitäten zuzuschreiben. In der Abb.23 auf S.181 habe ich sein Prozeßmodell wiedergegeben (1977, S. 196); ich werde es im folgenden kurz erläutern:
Die Abbildung ist von unten nach oben zu lesen. Damit Führung attestiert werden kann, müssen Handlungen einer Person beobachtet werden oder Wirkungen mit einer Person in Verbindung gebracht werden (wenn z.B. nach dem Trainerwechsel eine bislang sieglose Mannschaft ihre ersten Punkte macht, braucht "man" nichts über die Maßnahmen des neuen Trainers zu wissen: er hat die Veränderung zustande gebracht). Aber nicht irgendwelche Handlungen/Wirkungen interessieren, sondern nur solche, die aufgrund eines in der Bezugsgruppe allgemeinen Vorverständnisses von einem Führer erwartet werden können. In einem "Beweisführungsprozess" (2. Stufe) wird untersucht, ob Verhalten und Effekte "führungsrelevant" sein. Aus den vorliegenden Indizien (Beobachtungen, Berichte) wird zunächst noch weiteres nichtbeobachtetes Verhalten erschlossen (offensichtlich hat der neue Trainer "durchgegriffen" oder die Spieler "motiviert"). Das Verhalten des prospektiven Führers muß sich - s. oben - von den Handlungen des Restes der Gruppe unterscheiden (wenn ein Trainer genau dasselbe macht wie die Spieler, kann er nicht als Führer ausgemacht werden). Darüber hinaus wird geprüft, ob das Verhalten in Übereinstimmung mit der "impliziten Führungstheorie" steht, ob sich ein "typischer Führer"so verhalten würde (in einer Straßengang muß sich bei Meinungsverschiedenheiten ein "richtiger Führer" notfalls mit Gewalt durchsetzen, in einem Industriebetrieb würde sich ein Manager auf diese Weise unmöglich machen). Des weiteren wird noch untersucht, ob
- das gezeigte Verhalten charakteristisch für die Person ist, ob es also - wie oben bei den Würfeldarstellungen schon diskutiert - zeitlich, sachlich und interpersonell konsistent ist oder lediglich ein einmaliges Zufallsergebnis bzw. ein Verhalten ist, bei dem die Meinungen in der Bezugsgruppe weit auseinandergehen; ob das Verhalten z.B. dynamisch oder normal oder abträglich war;
- ob es sozial erwünscht war (s.o.) und
- ob es ausgeprägt genug war, daß es tatsächlich einen gravierenden Unterschied zum üblichen Verhalten machte.
Sind diese Hürden überwunden, wird der Führer-Kandidat noch daraufhin "begutachtet" (3. Stufe), ob er überhaupt in dieser Situation anders hätte handeln können, ob nicht alles, was er hätte tun können, letztlich die gleiche Wirkung gezeigt hätte. Je mehr sich die Effekte seines Handelns von den Wirkungen unterscheiden, die andere Verhaltensweisen gehabt hätte, desto eher kann ihm Führertum zugesprochen werden.
In der 4. Stufe schließlich kommt zum Ausdruck, daß die Attribution kein sachlich-neutraler Prüfprozeß ist, sondern daß ganz persönliche Interessen und Voreingenommenheiten des Beobachtenden eine wichtige Rolle spielen können (hier könnten übrigens auch die bei GREEN & MITCHELL besprochenen "Attributionsfehler" angeführt werden). CALDER berücksichtigt zwei Überlegungen des Beobachters; er wird sich fragen, ob er durch die Handlungen des Vorgesetzten persönlich betroffen ist und ob diese Handlungen ihm einen Vorteil bringen oder mit den eigenen Zielen unvereinbar sind. Er wird als "Führung" eher solche Akte klassifizieren, die ihm selbst nützen (anderenfalls wird er das Verhalten als parteiisch, kriminell, schikanös etc. abtun).

CALDERs Entwurf ist eine Systematisierung längst bekannter Aspekte; er ist aber auch der Vollzug einer operationalen Definition von Führung - so wie sie von den Geführten vorgenommen wird. Führung ist kein dauerhafter Besitz, der an eine hierarchische Position un- auflöslich gekoppelt ist, sondern wird zu- und aberkannt. CALDER leistet mit seiner Analyse, was die Konstrukteure von Führerverhal- tens-Fragebogen voraussetzen: er liefert die Ermittlungsprozedur die feststellen läßt, was als Führung angesehen wird. Dabei geht es nicht um außeralltägliche charismatische Führergestalten. Es stellt sich z.b. die Frage, ob das wichtige Verhaltensmerkmal "Considera- tion" (das in der Faktorenstruktur bei Fragebogenstudien meist den größten Varianzanteil erklärt) ein Führungs-Merkmal ist. Ist die- ser Zug so typisch, so distinkt, so konsistent, so wenig sozial er- wünscht und so extrem, daß er besondere ("nicht-gemeinsame") Wirkun- gen hervorzurufen vermag? Oder ist "Freundlichkeit" eine bloße Hin- tergrundvariable, die die emotionale Tönung der sozialen Beziehung zwischen Führer und Geführten charakterisiert? Consideration hätte dann inhaltlich nicht viel mit Führung zu tun, es würde nur den Vor- gesetzten als den Verwalter eines Führungs-Amtes beschreiben, das ihn zum austauschbaren Vollstrecker eines organisatorisch fixierten Programms macht.
PFEFFER (1977, S. 110) formuliert eine Hypothese, die in diesem Zu- sammenhang relevant ist: "Je mehr der Kontext die organisatorischen Ergebnisse tatsächlich bewirkt, desto größere Anstrengungen werden gemacht, um ihre Attribution auf Führung zu sichern. Ähnlich wie der Kulturanthropologe MALINOWSKI vermutete, daß die "Erfindung" von Göttern durch die Tobriand-Insulaner als Versuch zu werten ist, ansonsten unkontrollierbare Mächte (Sonne, Regen, Insektenbefall, Gezeiten, Stürme etc.) zu beeinflussen, weil man Götter anrufen kann, die ihnen gebieten (s. LIEBERSON & O'CONNOR 1972, S. 118), kann man auch die "Erfindung" von Führung in (großen) Organisatio- nen sehen: Es wird damit eine personale Instanz geschaffen, die für Erfolg oder Mißerfolg zuständig ist - denn diese hängen von so vielen einzelnen Faktoren ab, daß es ein hoffnungsloses Unterfangen wäre, dieses Geflecht durchschauen oder gar beeinflussen zu wollen. Diese Aufwertung von Führung wird auch besorgt durch organisatori- sche Zeremonien (etwa bei der Einführung neuer Vorgesetzter, bei der Führungsauslese, bei der Ausstattung mit Statussymbolen), bzw. Mythen und Erfolgslegenden (s.a. PFEFFER 1977, S. 110).
PFEFFER wie CALDER definieren Führung als Wahrnehmungsphänomen; erst müssen die Eigenheiten dieses Prozesses entschlüsselt werden, bevor man Führung zum Gegenstand deklarieren kann, der mit spezifi- schen objektiven Merkmalen ausgestattet ist und nach verallgemeine- rungsfähigen Gesetzen funktioniert.
Für Vertreter der sog. Great-Man-Theory, denen es als ausgemacht gilt, daß es auf den Mann an der Spitze ankommt, mögen solche Über- legungen ein Sakrileg sein. Eine Untersuchung von LIEBERSON & O'CONNOR (1972) gibt aber zumindest zum Nachdenken Anlaß. Sie wer- teten für den Zeitraum von 1946 - 1965 die Geschäftsberichte von 167 großen amerikanischen Aktiengesellschaften aus und stellten für jedes Jahr als Erfolgsmaße die Werte von Umsatz, Gewinn und Umsatz- rendite fest. Durch eine Varianzanalyse suchten sie zu klären, in welchem Umfang diese abhängigen Variablen
- vom Geschäftsjahr
- von der Branche
- von der Unternehmung

- von der Unternehmensleitung (definiert durch einen personellen
  Wechsel in der Unternehmensspitze)
abhingen. Daß z.B. Branche und Geschäftsjahr (allgemeine Konjunktur)
einen Einfluß haben können, legt das unten abgebildete Schaubild
nahe, das sie für die 8 größten amerikanischen Stahlproduzenten veröffentlicht haben. Es geht daraus hervor, daß die verschiedenen
Firmen in dieser 20-Jahres-Periode einen fast identischen Verlauf
hatten.

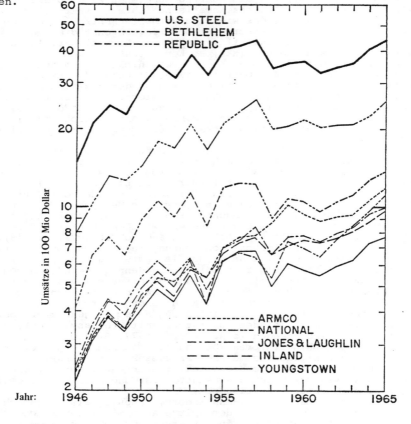

Abb. 24: Die Veränderung der Umsätze der 8 größten US-Stahlfirmen in der Zeit zwischen
1946 bis 1965 (LIEBERSON & O'CONNOR 1972, S. 120)

Für alle drei Kriterienmaße fanden sie, daß die "Branche" und die
"Unternehmung" die größten Varianzzuwächse brachten, während das
Geschäftsjahr (es handelt sich um eine Periode steten Wirtschafts-
wachstums) und die Leitung weit weniger bedeutsam waren. Die Autoren stellen fest, "daß wir bei der Betonung der Wirkung von Führung
weit mächtigere Umwelteinflüsse übersehen können" (S. 129).

Stellungnahme
1. Die Attributionstheorie konzentriert sich auf die Wirklichkeits-
Konstruktionen der Beteiligten; Führung gilt nicht als objektiver
Sachverhalt, sondern als phänomenales Konstrukt, das geeignet ist,
eine komplexe und instabile Realität zu ordnen. Insofern machen
diese Ansätze wahr mit der These, daß wirklich ist, was als wirklich erkannt oder gedeutet wird. Führer und Geführte wirken nicht
wie unabhängige Massen aufeinander ein und bewegen sich gegenseitig
zu einem Ziel hin; es interessierten vielmehr die Besonderheiten
der Zuschreibung von Kausalität bei der Verursachung von Verhaltensweisen und Ergebnissen. Die soziale Urteilsbildung folgt gewissen
Gesetzmäßigkeiten, die zentraler Untersuchungsgegenstand sind.

2. Das Führer- und das Geführtenverhalten wird nicht auf Durch-
schnittswerte reduziert (etwa: "Reifegrad" oder "Initiating-Struc-
ture-Wert"). Solche zeit- und situationsabhängigen Werte suggerieren,
daß es etwas "an sich" zu messendes gäbe, wo es doch "nur" (?) um
subjektive Bilder der Wirklichkeit geht.
3. Es werden somit auch keine systematischen Zusammenhänge zu "abhängigen Variablen" (wie etwa Führungserfolg) aufgezeigt und untersucht; es wird vielmehr analysiert, wie und warum ein Ergebnis bestimmten Personen zugerechnet wird.
4.Diese subjektive Akzentsetzung bringt es mit sich, daß die Über-
gänge zur objektiven und objektivierten Welt vernachlässigt werden.
Die Attributionstheorie konzentriert sich auf die Binnenwelt der
Handelnden bzw. die Interpretation ihrer Handlungen und Ergebnisse
durch Dritte.
5. Attributionstheoretische Ansätze verweigern sich einer unmittelbaren technologischen Indienstnahme zur Fremdsteuerung anderer (obwohl sie dazu auch genutzt werden können); sie sind ein geeigneter
theoretischer Bezugsrahmen für verständigungsorientierte Koopera-
tionsformen.

Exkurs: Von der Eigenschaftstheorie zum Assessment Center:
        Von der Traufe in den Regen.

Im Anschluß an die Darstellung des attributionstheoretischen Ansatzes werde ich auf die sog. Eigenschafts-Theorie der Führung eingehen, um zu zeigen, daß einige ihrer Ergebnisse in einem attributionstheoretischen Bezugsrahmen besser erklärt werden können.
"Eigenschaftstheorie" ist die Sammelbezeichnung für alle Ansätze,
die der Persönlichkeit des Führers ausschlaggebende Bedeutung bei-
messen. Zuweilen geht die Konzentration auf Führungseigenschaften
so weit, daß alle anderen Einflußgrößen vernachlässigt werden und
eine unmittelbare Beziehung zwischen Führerpersönlichkeit und Er-
folgsindikatoren hergestellt wird.

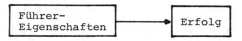

Meist ist mitgedacht - wenngleich in den seltensten Fällen ausfor-
muliert -, daß bestimmte Eigenschaften den Führer in Stand setzen,
so auf seine soziale Umwelt einzuwirken, daß seine Vorstellungen

Wirklichkeit werden:

Es bleibt unanalysiert, auf welchem Weg diese Einwirkung erfolgt,
wie also Eigenschaften in (welche) Verhaltensweisen, "übersetzt"
werden und unter welchen Bedingungen auf welche Art unter Einsatz
welcher (Macht-)Mittel Einfluß auf andere ausgeübt wird. Somit fehlt
der für eine Theorie unabdingbare systematische Aufweis der Vermitt-
lungsprozesse, durch die ein Zustand A (z.B.: niedrige Leistung) in
einen Zustand B (z.B.: hohe Leistung) überführt wird.
Was dem Eigenschaftsansatz an analytischer Klarheit fehlt, macht er
durch die Gallerie bekannter Namen wett, die er unter seine Vertreter einreihen kann. Seit alters her wird Geschichte so geschrieben,
daß sie als die Geschichte einzelner ·Herausragender erscheint; ganze Epochen werden nach Leitgestalten benannt. Unter der Hand ver-
kehrt sich dabei der abkürzende Sprachgebrauch, geschichtliche Ab-
läufe einprägsam zu machen, indem sie an prominente Namen geknüpft
werden, zu der Unterstellung, Geschichte sei von einzelnen gemacht
worden. Es ist durchaus einzuräumen, daß einzelne Personen in Macht-
positionen Entscheidungen von großer ("historischer") Tragweite tra-
fen - aber sie haben nicht in souveräner Autonomie entschieden; als
Inhaber sozialer Positionen, die zwar mit oft ungewöhnlicher Macht-
fülle ausgestattet, mußten sie dennoch zahlreichen, Außenstehenden
und der Nachwelt oft unbekannten Zwängen entsprechen. Der verwirrte
und verwirrende Knäuel von Ursachen wird auf gordische Weise ent-
flochten - indem einfach (!) die heroische Tat des einzelnen gegen
das Chaos der Abhängigkeiten gesetzt wird.
An Versuchen hat es beileibe nicht gefehlt, jene Eigenschaften zu
identifizieren, die "Größe" ausmachen; die Listen sind unterschiedlich lang, aber doch frappierend ähnlich: sie beten in stereotyper
Wiederholung das Wörterbuch der sozial erwünschten Eigenschaftsbe-
griffe herunter, geleitet durch das Stichwort "Männlichkeit": Energie, Selbstbeherrschung, Durchsetzungsfähigkeit, Ausdauer, Willens-
stärke, Charakterfestigkeit, Dynamik, Sicherheit, Verantwortungs-
gefühl gehören ebenso zum Standardrepertoire wie Entscheidungsfähig-
keit, Risikobereitschaft, Intelligenz, Initiative, Kontaktfähigkeit,
Zuverlässigkeit, Urteilsvermögen, Gespür, Mut, Fairness, Aufrich-
tigkeit...
Kritiker blieben ungehört, wenn sie zu bedenken gegeben haben, daß
kein lebender Mensch solchen Ansprüchen genügen könne. Ganz offensichtlich gibt es eine unstillbare Sehnsucht, die eigenen Unzuläng-
lichkeiten durch ihre Verkehrung ins Gegenteil zu überwinden. Ein
anderer wird mit übermenschlichen Eigenschaften ausgestattet, er
wird "vergöttert", bleibt aber dennoch so viel Mensch, daß man sich
mit ihm identifizieren kann (s. S. 93f u. Abb. 8).
Es gibt inzwischen genügend Sammelreferate, die Ergebnisse und Aus-
sagekraft eigenschaftstheoretischer Untersuchungen im Überblick dargestellt haben (STOGDILL 1948; MANN 1959; KORMAN 1968; GHISELLI 1966;
STOGDILL 1974). Sie stimmen weitgehend in folgenden Punkten überein:
1. Es gibt Zusammenhänge zwischen Führer-Eigenschaften und Erfolg.
2. Im Mittel sind diese Zusammenhänge niedrig (selten werden durch
   einzelne Eigenschaften mehr als 10% der Erfolgsvarianz erklärt).

3. Vielfach finden sich zwischen den Studien erhebliche Streuungen
   (in Einzelstudien und bei einzelnen Eigenschaften werden bis
   40%, zuweilen sogar 80% der Varianz erklärt).
Zu diesen Ergebnissen ist folgendes zu sagen:
zu 1.: Wenn man in sehr vielen Studien sehr viele Eigenschaften
   untersucht, da ist selbst bei zufälliger Beziehung zwischen Ei-
   genschaft und Erfolg zu erwarten, daß einige Befunde mit signifikanten Ergebnissen vorkommen. Möglicherweise besteht zusätzlich eine Verzerrung in der Richtung, daß Studien mit negativen
   Ergebnissen erst gar nicht veröffentlicht werden.
   In STOGDILLs Überblick der Befunde bis zum Jahr 1970 (1974, S.74)
   werden in einer Liste von 43 Merkmalen folgende Eigenschaften
   besonders oft als erfolgsträchtig ausgewiesen (sind in empiri-
   schen Untersuchungen am häufigsten bestätigt worden):
   - Aktivität, Energie
   - Erziehung, sozialer Status
   - Intelligenz
   - Aufstiegswille, Dominanz
   - Selbstvertrauen
   - Leistungsmotiv; Drang andere zu übertreffen
   - Kontaktfähigkeit, soziale Fertigkeiten
   Aus zwei Gründen ist das - im Nachhinein! - durchaus plausibel:
   a) Als Kriterium für Führungserfolg wurde in den allermeisten
      Fällen "Karriereerfolg" gewählt (Erreichen oder Innehaben ei-
      nes bestimmten hierarchischen Niveaus; Einkommenshöhe; Beför-
      derungsgeschwindigkeit; Gehaltsentwicklung; Funktionsauswei-
      tung o.ä.). In all diesen Indikatoren drückt sich die Wert-
      schätzung derjenigen (höheren Vorgesetzten) aus, die in Orga-
      nisationen über das Weiterkommen zu befinden haben. Diese ha-
      ben vermutlich - wie in CALDERs Prozeßanalyse ausführlich dar-
      gestellt - ein bestimmtes Erfolgsstereotyp und wählen danach
      aus.
   b) Nur selten wurden Längsschnittuntersuchungen durchgeführt.
      Vergleicht man aber diejenigen, die Führungspositionen ein-
      nehmen mit Unterstellten, dann wird nicht beachtet, daß u.U.
      bestimmte Eigenschaften durch das Vorgesetzter-Sein erst ent-
      wickelt oder gesteigert werden (z.B. Dominanz, Selbstvertrauen,
      soziale Fertigkeiten).
zu 2.: Die im Durchschnitt wenig eindrucksvollen Korrelationen überraschen nicht, wenn - wie meist üblich - Vorgesetzte mit Untergebenen verglichen wurden:
   - Unter den Vorgesetzten selbst dürfte es eine erhebliche Streu-
     ung in den einzelnen Eigenschaften geben;
   - dasselbe gilt für die Untergebenen (unter denen sich im übri-
     gen auch künftige Führungskräfte befinden können).
   Vergleicht man "erfolgreiche" Vorgesetzte mit "weniger erfolgreichen" Vorgesetzten im Hinblick auf einzelne Eigenschaften,
   dann ist zu beachten, daß "Erfolg" meist aus einer komplexen
   Mischung von Voraussetzungen resultiert und daß einzelne Schwach-
   stellen durchaus durch besondere Überlegenheit in anderen Bereichen kompensiert werden können, wodurch dann aber im allgemeinen
   die Bedeutung isolierter Einzelmerkmale reduziert wird.
zu 3.: Die erheblichen Unterschiede zwischen den einzelnen Untersuchungen haben immer wieder zu der Anregung Anlaß gegeben, auch
   die besonderen situativen Verhältnisse zu berücksichtigen (z.B.
   die Fähigkeiten der Geführten, die Aufgabenschwierigkeit, orga-

nisatorische Prinzipien usw.).). Das bedeutet eine Absage zumindest an die dogmatische Form der Eigenschaftstheorie, die dem Besitzer von Führungseigenschaften unter allen Umständen Erfolg versprach. Geht man davon aus, daß die Anforderungen an "die" Führungskräfte nicht homogen sind, sondern abhängig z.b. von der hierarchischen Position (Meister - Vorstand), von der Funktion (Produktion - Vertrieb), von der Branche (Industrie - Dienstleistung), von der Unternehmensgröße, Technologie etc. stark schwanken, dann muß nicht überraschen, wenn Studien, die verschiedene Populationen untersucht haben, zu unterschiedlichen Ergebnissen kommen. Wegen ihrer theoretischen Unfruchtbarkeit und der für Verwertungsinteressen enttäuschenden empirischen Befunde wurde die "Great Man Theory" zu den Akten gelegt - bis BRAY & GRANT mit den Ergebnissen ihres "Assessment Centers" Aufsehen erregten.

BRAY & GRANT (1966) haben bei AT & T, dem personalstärksten Privatunternehmen der USA eine Prozedur aufgegriffen, die bei der Auswahl von US-Geheimdienstagenten im 2. Weltkrieg entwickelt worden war (s. die ausführliche Schilderung bei McKINNON 1977). Im Unterschied zu der früher üblichen Vorgehensweise, Kandidaten einer Serie von psychometrischen Tests zu unterziehen, wurde in der "Management Progress Study der AT & T (ähnlich wie in der fast zeitgleichen "Early Idenfification of Management Potential-Studie"der Esso, s. LAURENT (1961)) ein breites Spektrum von Verfahren eingesetzt: Neben Tests und Fragebögen waren dies:
- ein zweistündiges Interview;
- die dreistündige Bearbeitung eines "Postkorbs" (der Kandidat hat sich als Nachfolger durch den Posteingangs-Korb seines Vorgängers hindurchzuarbeiten; er findet Briefe, Notizen, Organigramme, Berichte usw. vor, auf die er ohne Hilfe schriftlich reagieren muß);
- eine Fabrikationsaufgabe, bei der die Teilnehmer in kleinen Gruppen eine Firma simulieren, die Weihnachtsspielzeug herstellt;
- eine führerlose Gruppendiskussion
- ein biografischer Fragebogen, in dem nach Beruf, Einkommen und Ausbildung der Eltern, früheren und jetzigen sozialen Aktivitäten (z.B. Pfadfinderführer, Klassensprecher, Vereinsmitgliedschaften, Ehrenämter, Freundeskreis), Berufslaufbahn, Freizeitaktivitäten usw. gefragt wird
- ein kurzer Lebenslauf
- eine Selbstbeschreibung
Während der verschiedenen Übungen wurden die Teilnehmer (insgesamt 422 Angestellte) von Beobachtern (darunter auch Linienvorgesetzte) eingeschätzt. Diese Beurteiler gaben in Kenntnis aller Einzelresultate am Ende der 3 1/2 -tägigen Prüfung ihre zusammenfassende Einstufung in 25 Dimensionen an (z.B. Entscheiden, Kreativität, Stress-Resistenz, Sicherheitsbedürfnis, Zielflexibilität, Interessenbreite usw.) und machten eine Prognose über das Management-Niveau, in dem sich die Kandidaten nach Ablauf von 10 Jahren befinden würden. Die Beurteilungen der Kandidaten wurden deren Vorgesetzten nicht zugänglich gemacht. Nach 8 Jahren wurden die Vorhersagen überprüft; es ergaben sich Korrelationskoeffizienten in Höhe von .44 (für die College-Absolventen) und .71 für die Nichtabsolventen. Ähnlich positive Ergebnisse wurden aus der Esso-Studie berichtet. In der Folgezeit führten viele große amerikanische Unternehmen Assessment-Center ein (s. dazu die Überblicksdarstellungen von HUCK 1973; FINKLE

1976; HINRICHS 1978; HUCK 1977; KLIMOSKI & STRICKLAND 1977), auch
in der Bundesrepublik fand die Vorgehensweise Anhänger (s. das durch
zahlreiche Übungsbeispiele praxisnah gestaltete Handbuch von JESE-
RICH (1981), in dem auch weitere situative Übungen, z.B. Fallstudien, Rollenspiele, Vorträge usw. dargestellt werden). Das Grund-
programm der Beurteilungs-Zentren blieb immer gleich: Es werden
- mehrere Kandidaten
- mit mehreren Verfahren untersucht und dabei
- von mehreren Beurteilern (Linienvorgesetzten) eingeschätzt,
- die ihr Urteil auf mehreren erfolgsrelevanten Dimensionen abgeben.
Die anfängliche Begeisterung hat inzwischen einer nüchternen Be-   AC
trachtung Platz gemacht; nicht alle Assessment Centers, über die
in der Literatur berichtet wird, haben die hohen Erwartungen erfüllt.
Dennoch liegen die berichteten Validitätskoeffizienten meist im Bereich zwischen .30 und .60, so daß also 10-35% der Varianz erklärt
werden - ein Ergebnis, das angesichts der üblichen Erfolge der Eig-
nungsdiagnostik durchaus bemerkenswert ist, wenngleich es andererseits auch deutlich vor Augen führt, daß der weitaus größere Teil
der Varianz (im Durchschnitt 85%!) unerklärt bleibt! Solche Ergebnisse machen jedoch die Kritik am Eigenschafts-Ansatz nicht gegen-
standslos, denn die Varianz, die da erklärt wird,ist nicht die Varianz des "Organisationserfolgs", sondern die des "Karriereerfolgs".
Praktisch ohne Ausnahme (s.a. JESERICH 1981, S. 321) wurde in den
Assessment-Studien zu einem frühen Zeitpunkt vorhergesagt, wie Ge-
halts- und Beförderungsentscheidungen später ausfallen würden. Kon-
kretes Arbeitsverhalten bzw. spezifische Arbeitsergebnisse, die als
Beitrag zur Erreichung von Organisationszielen zu werten sind, wurden weitgehend vernachlässigt. An diesem Punkt setzt eine attributionstheoretische Erklärung des Vorhersage-Erfolgs an:
Die firmeninternen Beurteiler wissen, nach welchen Gesichtspunkten
in ihrem Haus normalerweise Führungspositionen besetzt werden, insbesondere welcher "Typ" in welchen Bereichen und bei welchen Vorgesetzten besondere Chancen hat. Wie bei CALDER dargestellt, werden
sie deshalb im Verlauf des Assessment-Centers herauszufinden suchen,   AC
ob sich der Kandidat von anderen abhebt, ob er dem "typischen" Vorgesetztenbild der impliziten Führungstheorie der Unternehmung entspricht, ob sein Verhalten ausgeprägt genug, sozial erwünscht und
zeitlich (über 3 Tage), sachlich (über die verschiedenen Aufgaben)
und sozial (über die verschiedenen Beurteiler hinweg) konsistent
ist und ob gegebenenfalls durch die Prüfprozedur selbst systematische Verzerrungen herbeigeführt wurden. Wer all diese Tests über-
steht, hat die Führungsqualifikationen, die in einer bestimmten Organisation erwartet werden - womit nicht unbedingt etwas ausgesagt
ist darüber, daß er seine Führungs-Aufgaben auch besser erledigt
als seine Konkurrenten dies tun. Ob Assessment-Centers Führungser-   Kritik
folg vorhersagen, kann aus den vorliegenden empirischen Ergebnissen nicht gefolgert werden. Sie sind dem Eigenschaftsansatz verpflichtet und stützen sich explizit auf nur eine Varianzquelle
zur Erklärung der Ergebnisse organisierter Arbeit: die Person des
Führers. Gegenüber der klassischen "Trait Theory" haben sie aber
den Vorzug, daß sowohl über die situativen Übungen als auch durch
die beurteilenden Linienvorgesetzten eine implizite Berücksichtigung weiterer Erfolgsdeterminanten einfließt; vermutlich geben die
Übungen als Arbeitsproben den Praktikern (Linienvorgesetzten) Auf-

Zurück
zu
Arbeits-
proben?

schluß über eine mögliche Bewährung der Kandidaten in der nächsten
Karrierestufe, wobei auch eine unausgesprochene Gewichtung der Übungen hinsichtlich ihrer Ähnlichkeit zur künftigen Arbeitssituation
erfolgen kann. Dennoch muß an der grundsätzlichen Kritik festgehalten werden: Assessment Centers sind lediglich systematische Verfahren der Selbstrekrutierung des Managements.
Sie haben aber noch zusätzliche Wirkungen, die bei einer Gesamtbi-
lanz berücksichtigt werden müssen:

1. Sie erwecken den Eindruck, Beförderungsentscheidungen würden nach
   firmenweit gleichen und transparenten Kriterien vollzogen. Jeder
   habe eine Chance, sich unmittelbar mit seinen Konkurrenten zu
   messen, seinen "Marktwert" zu prüfen und sich aus der Abhängigkeit von den Beurteilungen seines unmittelbaren Vorgesetzten zu
   lösen. Damit spielen sie die große Bedeutung, die soziale Beziehungen und politisches Verhalten haben, herab.

2. Sie geben den Kandidaten Rückmeldungen darüber, in welchen Aspekten sie gegebenenfalls den Erwartungen von einem "guten Vorgesetzten" (noch) nicht entsprechen; sie können dann selbst geeignete Konsequenzen ziehen (z.B. systematisches Training oder Veränderung der Karrierepläne).

3. Sie stimulieren durch die unmittelbar erfahrene Konkurrenzsitua-
   tion in den Prüfungen das Bewußtsein, daß es darauf ankomme,
   sich durch Leistung vor anderen auszuzeichnen und haben darum
   eine motivierende Wirkung.
   Es muß aber auch die gegenteile Wirkung bedacht werden: Assessment-Centers können leicht zu "Assassination Centers" werden,
   wenn sie nämlich bei den Kandidaten, die schlecht(er) bewertet wurden, Resignation und Selbstzweifel auslösen, weil sie
   entweder an die Objektivität des Urteils glauben oder sich nicht
   in der Lage sehen, die karriereentscheidenden Merkmale wirkungsvoll zu präsentieren.

4. Assessment-Centers können "rationale" Kriterien in solchen Situationen bereitstellen, in denen Beförderungsentscheidungen nach
   außen hin legitimiert werden müssen. Dies ist auch deshalb möglich, weil in keiner Firma ein Automatismus eingeführt wird,
   der das Abschneiden im AC mit einem fixen Gewicht zu berücksichtigen vorschreibt.

5. Nicht zuletzt können AC auch als Schulungsinstrumente benutzt
   werden. Einmal für die Kandidaten, denen nachdrücklich klargemacht wird, daß sie Schulungsbedarf haben und sich auf spezifischen Gebieten Fertigkeiten aneignen müssen. Die Übungen der
   ACs bieten dazu Gelegenheit. Zum anderen müssen die Vorgesetzten
   als Beurteiler auf ihre Aufgaben vorbereitet werden; sie werden
   deshalb entweder in den einzelnen Verfahren geschult (und lernen
   dabei automatisch selbst, worauf es bei einer Gruppendiskussion,
   bei einer Kooperationsaufgabe, bei der Bewältigung des Postkorbs
   etc. ankommt) oder sie haben die seltene Gelegenheit, sich mit
   Kollegen unmittelbar zu unterhalten und dabei eigene und fremde
   "blinde Flecken", Urteilstendenzen, Anforderungsnormen usw.
   kennenzulernen und evtl. zu revidieren.

Lerntheorie: Verhaltensmodifikation in Organisationen

Mit einem Überblick über einen lerntheoretischen Ansatz schließe ich
die Darstellung der theoretischen Modelle ab. Unter dem Stichwort
"Verhaltensmodifikation in Organisationen" (Slang—Ausdruck: O.B.Mod.,
d.h.-Organizational Behavior Modification) hat vor allem im Anschluß
an verhaltenstherapeutische Erfolge seit etwa 1972 die durch SKINNER
geprägte Theorie des "operanten Lernens"[1] in der Organisationspsychologie zunehmende Beachtung gefunden.
Ich werde zuerst die wichtigsten Grundzüge der Theorie darstellen
und dann auf ihre Anwendung in der Führungsforschung eingehen.
Die funktionale lerntheoretische Analyse erklärt gerade das, was
der attributionstheoretische Ansatz ins Zentrum rückt, zum größten
Hindernis für wirkliche wissenschaftliche Fortschritte in den Führungstheorien.
"Ein Hauptproblem ist, daß Führung selten direkt beobachtet wird, sondern bloß
wahrgenommen und erschlossen wird... die Begriffe Führung und Einfluß sind Adjek-
tive, die nachträglich Verhalten reflektieren... Viele Diskussionen in der Literatur sprechen von Begriffen wie Führung oder Delegation als ob sie beobachtbar
wären, behandeln die Metaphern als empirische Realität... Wie ARGYRIS feststellt,
sind nicht nur viele der Items in Führungsfragebogen unbeobachtbar, sie basieren
auch auf Schlüssen. Zum Beispiel gibt es keine Hinweise auf das tatsächliche Verhalten, das mit "drückt Anerkennung aus", "ist leicht zu verstehen", "sorgt für
ein entspanntes Verhältnis zu seinen Unterstellten" gemeint ist... Günstigsten-
falls haben wir eher was CAMPBELL eine Wissenschaft des Fragebogen-Verhaltens
nennt als eine des Führungsverhaltens" (DAVIS & LUTHANS 1979, S. 238 f).
Eine funktionale Analyse konzentriert sich auf beobachtbares Verhal-
ten (und die Anhänger der reinen Lehre beschränken sich darauf, s.u.).
Dabei wird jeder Verhaltensakt als eine dreiwertige Einheit beschrie-
ben, d.h. es müssen Aussagen gemacht werden über
- A (Antecedents): Ausgangs- oder Auslösebedingungen
- B (Behavior) : Verhalten, Response
- C (Consequence): Konsequenz, die auf das Verhalten folgt.
Diese eingängige A-B-C-Analyse (LUTHANS & KREITNER 1975) wird in der
Terminologie von MAWHINNEY & MAWHINNEY (1982) differenzierter und im
Einklang mit der in der Lerntheorie üblichen Form beschrieben:
A und C sind Umweltzustände (Reize, Stimuli, Situationen); sie wer-
den deshalb mit S gekennzeichnet. Das Verhalten (B) wird als "Res-
ponse" durch R symbolisiert.
Um mit den Konsequenzen zu beginnen, die der "Verstärkungstheorie"
- wie die Theorie des operanten Lernens auch genannt wird - ihren
Namen gegeben haben: Mit Verstärkung ist der Sachverhalt gemeint,
daß S_C (Konsequenzen), die auf das Verhalten folgen, die Wiederauf-
tretensrate eben dieses Verhalten beeinflussen. Folgende Möglichkeiten sind denkbar:
a) Den bestehenden S_C werden S hinzugefügt oder welche entfernt.
b) Die S_C-Veränderung führt zu Steigerung oder Senkung der Ver-
   haltensrate oder läßt sie unverändert.

Schematisch lassen sich diese Konsequenz-Manipulationen und ihre Folgen nachstehend darstellen:

---

1) "Operant" wird es deshalb genannt, weil es sich auf "spontan" ge-
   zeigtes Verhalten konzentriert, im Unterschied zu "respondentem"
   d.h. re-agierenden Verhalten.

Folge	Hinzufügen eines S zu S_C	Entfernen eines S von S_C
Steigerung (+) der Verhaltens- rate	"positiver Verstärker" $s^+(1)$	"negativer Verstärker" $-s^+(2)$
Senkung (-) der Verhaltens- rate	"positive Bestrafung" $s^-(3)$	"negative Bestraftung" $-s^-(4)$
kurzfristig keine Veränderung	"neutraler Reiz" $s^o(5)$	"neutraler Reiz" $s^o(5)$

In einer "mentalistischen" Interpretation kann man die Verhältnisse folgendermaßen illustrieren:

zu (1): "Belohnen" : Ein Mitarbeiter kommt pünktlich, der Vorge- setzte lobt ihn.

zu (2): "Ent-Strafen": Ein Mitarbeiter kommt pünktlich, der Vorge- setzte hört auf, wegen Zuspätkommens dauernd an ihm herumzunörgeln.

zu (3): "Bestrafen" : Ein Mitarbeiter kommt unpünktlich, der Vor- gesetzte verlangt Nacharbeit nach Dienst- schluß.

zu (4): "Ent-Lohnen" : Ein Mitarbeiter kommt unpünktlich, der Vor- gesetzte streicht mit sofortiger Wirkung die übliche Kaffeepause.

zu (5): "neutrale Handlung" : Ein Mitarbieter kommt (un-)pünktlich, der Vorgesetzte telefoniert mit Kunden.

MAWHINNEY & FORD (1977, S.401) formulieren das sog. "Entsprechungs- Gesetz" (Matching Law):

$$\frac{V_1}{V_2} = \frac{r_1}{r_2}$$

V_1 und V_2 sind alternative Verhaltensweisen und r_1 und r_2 sind die Verstärkungen, die auf die je- weiligen Verhalten folgen: Das Auftretens- Verhältnis der Verhaltensweisen entspricht dem Verstärkungsverhältnis.

Die verwendeten Begriffe sind z.t. etwas ungewöhnlich (negative Ver- stärkung, negative Bestrafung); das System ist aber in sich konsi- stent: Verstärkung führt - egal ob der folgende Reiz s^+ oder $-s^+$ ist zur Steigerung (+), Bestrafung in jedem Fall zur Senkung (-) der Ver- haltensrate. Es ist anzumerken, daß der Verstärkerbegriff rein tauto- logisch ist: Verstärker ist, was Verhalten verstärkt. Es ist also un- zulässig, irgendwelche Gefühlsqualitäten mit der Definition von Ver- stärkern oder "aversiven Reizen" zu vermengen. (Der offizielle Aus- druck für "Bestrafung" ist: 'reaktions-kontingente aversive Stimula-

tion', RCAS, s. KAROLY 1977, S. 247).
Der Zusammenhang zwischen der Response R und (-) S^{+-o} wird "Kontingenz" genannt. Das sog. "Kontingenz-Management" ist für die Verhaltenssteuerung von großer Bedeutung. Dabei werden verschiedene Verstärkungspläne ("schedules of reinforcement") unterschieden:

A) kontinuierliche Verstärkung: Jedes R wird regelmäßig von einem (-)S^{+-} gefolgt.

B) intermittierende Verstärkung: hier werden zwei unabhängige Dimensionen unterschieden:
a) Quoten- oder Intervallverstärkung. Bei ersterer wird bezogen auf die Auftretensrate verstärkt, bei letzterer spielt das Zeitintervall zwischen R und (-)S^+ eine Rolle;
b) fixierte oder variable Verstärkung. Bei fixierter Verstärkung wird jedesmal nach dem gleichen Schema vorgegangen (z.B. jede 5. Response oder immer 3 Minuten nach der Response wird verstärkt). Bei variablen Plänen folgt die Verstärkung unsystematisch.

Dies läßt sich in folgender Vierfeldertafel darstellen:

	Quotenverstärkung	Intervallverstärkung
fixiert	für 10 verkaufte Einheiten bekommt der Mitarbeiter einen Bonus	am Ende jeder Woche wird der Lohn ausbezahlt
variabel	am Werksausgang werden unregelmäßig Taschen kontrolliert	ab und zu macht der Vorgesetzte Portobuchkontrolle

Quotenverstärkungen produzieren hohe Responseraten, die bei variabler Verstärkung auch noch sehr löschungsresistent sind. Fixe Intervallverstärkung bewirkt ein unstabiles Responsemuster.
Mit "stretching" (Dehnung) wird der Sachverhalt bezeichnet, daß nach dem Errichten einer Verbindung (z.B. durch sehr häufige Verstärkung) mit einer Verringerung der Verstärkungsquoten oder einer Vergrößerung der Verstärkungs-Intervalle die Verstärkungshäufigkeit insgesamt reduziert wird, ohne daß dies die Auftretensrate senkt.

C) Als eine weitere, allerdings nicht von allen Behavioristen akzeptierte Form ist "Selbstverstärkung" zu nennen. Sie entspricht dem, was oben mit "intrinsischer Motivation" bezeichnet wurde und bezieht sich auf Verhalten, das aufrechterhalten wird, obwohl keine externen S^+ auszumachen sind (s. LUTHANS & KREITNER 1975, S. 70).

Mit Verstärkung wird kein "neues" Verhalten erzeugt, sondern lediglich solches, das bereits im Repertoire vorhanden ist, (häufiger) hervorgerufen. Da es aber natürliche Schwankungen in der Intensität, Qualität, Dauer etc. der Rs gibt, können aus der Verteilung dieser Response-Charakteristika bestimmte Ausprägungen gezielt verstärkt bzw. eliminiert werden ("shaping"; ein Vorgesetzter "belohnt" z.B. nur noch besonders schnelles, sorgfältiges, freundliches...

Verhalten; dies führt dazu, daß die nichtbelohnten Varianten langsam gelöscht werden).
Bislang war nur vom Kontingenz-Management bzw. den Verstärkungsplänen die Rede, es ist also nur die rechte Hälfte des Verhaltensschemas behandelt worden:

$$A \rightarrow B \rightarrow C$$

bzw. $\quad S_A \rightarrow R \rightarrow S_C$

Nun ist noch auf das Glied $S_A \rightarrow R$, die sog. "Stimuluskontrolle" einzugehen.
Verhalten findet immer unter situativen Bedingungen (S_A: Situation-Antezedent) statt. Wenn eine Person erfahren hat, daß bei Anwesenheit einer Situationsbedingung S^D immer auf ein bestimmtes Verhalten die Verstärkung/Bestrafung (-)S^{+-} gefolgt ist, dann wird S^D zum sog. diskriminativen Reiz, weil der Situationsbestandteil S^D sich aus der Gesamtsituation S_A dadurch hervorhebt, daß er regelmäßig mit bestimmten Konsequenzen gekoppelt ist, und - locker formuliert - künftige Folgen anzeigt. S_A-Reize, die keine S^D-Funktion haben ($S^\triangle$) gelten als irrelevant für ein bestimmtes Verhalten. Einige Behavioristen sprechen dem S^D neben dieser informatorischen noch eine motivierende Funktion zu, weil die Anwesenheit von S^D hinreicht, um Responses auszulösen. Man kann also durch Darbietung entsprechender S^D Verhalten beeinflussen (Stimuluskontrolle). Erklärbar ist dies durch die Verstärkungsgeschichte der Person: wenn genügend oft bei S^D auf R S^+ folgte, wird diese Koppelung gelernt ("Wenn der Vorgesetzte ein rotes Gesicht bekommt, wird er auf Widerspruch mit einem Wutanfall reagieren"). Da die S - ebenso wie die R - in einer bestimmten "Streubreite" auftreten, ist es möglich, ähnlich wie beim Response-Shaping durch Betonung oder Verringerung der Unterschiede zwischen S^Ds die Bandbreite der "Auslöser" von Responses zu verengen oder zu erweitern: Diskriminations- oder Generalisations-Lernen. Ein Mitarbeiter lernt z.B. durch Reizgeneralisation, daß er bei seinem Vorgesetzten nicht nur dann auf der Hut sein muß, wenn er ein rotes Gesicht hat, sondern auch wenn er nervös mit den Fingern trommelt, die Krawatte lockert, auf die Uhr schaut usw. Mit Diskrimination und Generalisation wird erklärt, warum Personen auch in völlig neuen Situationen, mit denen sie bislang nicht konfrontiert worden waren, handeln können: sie entdecken auch in solchen Situationen Gegebenheiten, die mit erlernten S^Ds in engerem oder weiterem Zusammenhang stehen. Insofern ist die Verstärkungsgeschichte für funktionale Verhaltensanalysen wichtig, da für sie als Axiom gilt, daß Verhalten nur aus der Vergangenheit erklärbar ist. "Futuristische" Erklärungen (s. MAWHINNEY & MAWHINNEY 1982, S. 122) werden abgelehnt; damit sind alle Erklärungen gemeint, die Absichten und Ziele unterstellen ("um-zu-Erklärungen", z.B. "Er macht Kurse, um Karriere zu machen"). Alle Erwartungen und Absichten werden abgeleitet aus den Erfahrungen, die früher gemacht wurden: Weil eine bestimmte Situation gleich oder ähnlich ist mit einer früheren Situation, bei der ein bestimmtes Verhalten mit gewissen S^{+-} gekoppelt war, wird auch in der Jetzt-Situation die damals verstärkte (oder bestrafte) R (nicht) gezeigt. Mit dieser Konstruktion erklären Behavioristen auch wert- und normorientiertes Verhalten ("regelgeleitetes Verhalten"), das u.U. durch verbale Instruktion gelernt worden sein kann.

Voraussetzung ist, daß in der Vergangenheit erfahren wurde, daß die "verbalen Reize" regelmäßig und verläßlich als S^Ds fungierten, die bestimmte S^{+-} signalisierten. (Wenn ein Vorgesetzter bei jedem Fehler droht: "Das nächste Mal werde ich streng durchgreifen", dies aber nie tut, dann wird der Mitarbeiter dieses Vorgesetztenverhalten nicht als S^D erleben und nicht berücksichtigen).
MAWHINNEY & FORD (1977) erklären mit diesem Begriffsapparat die "mentalistischen" Konstrukte der Erwartungs-Valenz-Theorien. Valenzen sind z.B. nichts anderes als S^{+-} und "Erwartungen" sind S^D-R- und R-S^{+-}-Koppelungen.
In konkreten betrieblichen Situationen ist der Mitarbeiter vielen z.T. unklaren S_As und sehr unterschiedlichen S^{+-} ausgesetzt (Er wird z.B. nicht nur von seinem Vorgesetzten verstärkt/bestraft, sondern auch von seinen Kollegen, von höheren Vorgesetzten, Gewerkschaften...,ganz abgesehen von den je einmaligen Verstärkungsgeschichten der Personen, die sehr unterschiedliche Dinge für sie zum S^D machen können). Eine gezielte Verhaltenskontrolle ist deshalb für den Vorgesetzten sehr erschwert, aber genau das ist seine Hauptaufgabe: durch Stimuluskontrolle und Kontingenzmanagement dafür zu sorgen, daß aufgabenbezogenes produktives Verhalten hervorgerufen und verstärkt und daß unproduktives Verhalten eliminiert wird:
"Wir gehen davon aus, daß es zur Rolle des Führers gehört, komplexe Verhaltensketten der Unterstellten zu organisieren, zu spezifizieren und aufrechtzuerhalten, indem er ihnen Verstärkungskontingenzen mitteilt (S^d→R→$S^{+/-}$,^{o}, also instrumentelle Ketten, die Verstärker produzieren und Bestrafungen vermeiden)..."
"Das Rollenverhalten des Führers ist demnach Regelerzeugung und -durchsetzung. Es ist die Aufgabe des Führers, die Verstärkungskontingenzen in einer Arbeitssituation zu beschreiben und sie in dem Maße herzustellen, wie sein Verhalten S^d, S^Δ, S^+, S^- für verschiedene Mitarbeiterverhaltensweisen ist. Da physische und verbales Führerverhalten sowohl $S^{+/-}$-wie S^d-Eigenschaften haben kann, kann man davon ausgehen, daß Führerverhalten die Verteilung von Mitarbeiter-Verhaltensweisen beeinflußt, da angenommen wird, daß Mitarbeiter-Verhalten gemäß dem Entsprechungsgesetz verteilt ist" (MAWHINNEY, T.C. & FORD, J.D., 1977, S. 405-406; s.a. die Definition von SIMS (1977, S. 134), die auf S. 2 zitiert ist).
Zur Erfüllung dieser Aufgabe sind pragmatische Anwendungshilfen entwickelt worden, die sich eng an Schemata orientieren, wie sie in der klinischen Verhaltenstherapie bei der Behandlung von Verhaltensauffälligkeiten und -störungen entwickelt wurden (s. KANFER & GOLDSTEIN 1977). Ich gebe im folgenden ein solches Schema wieder (Abb.24 auf S.196) und erläutere es am Beispiel einer empirischen Untersuchung von KOMAKI, BLOOD & HOLDER 1980.
Es ist nachdrücklich zu betonen, daß der Vorgesetzte bei der Verhaltensmodifikation beobachtbares Verhalten verändern will. "Wenn man will, daß Arbeiter so reagieren, daß sie der Vorgesetzte mag, dann sollte man ein System von Vorgesetzten-Beurteilungen anwenden. Wenn man jedoch das produktive Arbeitsverhalten der Mitarbeiter steigern will, dann sollte man besser diese Verhaltensweisen messen" (O'BRIEN & DICKINSON 1982, S. 20). In der Studie von KOMAKI u.a. ging es um die Steigerung der Freundlichkeit des Personals gegenüber Kunden in einem Schnellrestaurant. Entsprechend dem Schritt 1 in Abb.24 ist deshalb zunächst jenes Verhalten zu bestimmen, das mit "Freundlichkeit" gemeint ist. Es geht also nicht um die Wirkung der Freundlichkeit auf die Kunden (wie man sie in einer Klimabefragung feststellen könnte) oder um gesteigerte Umsätze (als organisatorische Konsequenzen von Freundlichkeit). Zusammen mit den Managern definier-

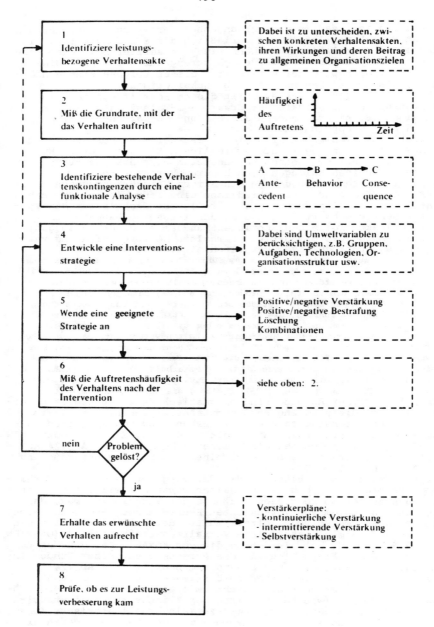

Abb. 24: Ein Ablaufplan für Verhaltensmodifikation in Organisationen
(nach: LUTHANS & KREITNER, 1975, S. 70)

ten KOMAKI u.a. Freundlichkeit als "Lächeln" und "mit den Kunden
sprechen". Sodann wurde die Grundrate der Freundlichkeit während
einer 13-wöchigen Periode festgestellt (Schritt 2), indem 5-7 mal
pro Woche an der Kasse und im Lokal beobachtet und registriert wurde.
Im Schritt 3 wurden 4 verschiedene S^D ermittelt, Gelegenheiten also,
die als "Auslöser" für freundliches Verhalten geeignet waren (z.B.
Wechselgeld herausgeben); das freundliche Verhalten wurde operational definiert und geprobt und drei Arten von Konsequenzen wurden
festgehalten (Selbstüberwachung der Mitarbeiter, Zurücklächeln der
Kunden und Lob durch den Manager).
Mit diesen positiven Verstärkern wurde während der Interventions-
periode an beiden Beobachtungspunkten gearbeitet. Es zeigte sich an
der Kasse ein 26%-iger Anstieg der Freundlichkeit, nicht jedoch im
Eßlokal. Daraufhin wurde der Belohnungswert gesteigert: eine 5-mi-
nütige Kaffeepause wurde gewährt, wenn eine Bedienung mit mindestens
5 Kunden im Lokal geredet hatte; das verdoppelte die Häufigkeit des
Zielverhaltens (erwies sich aber wegen "Durchführungsproblemen" als
ungeeignet).
In einer anderen Untersuchung von PEDALINO & GAMBOA (1974) war das
Ziel, die Fehlzeiten zu verringern (bzw. die Anwesenheit am Arbeitsplatz zu steigern) - eine Thematik, die seit den phänomenalen Erfolgen FEENEYs bei EMERY AIR FREIGHT als bevorzugter Gegenstand von
O.B.-Mod-Interventionen gilt. Ziel war es, die Anwesenheit während
der 5 Arbeitstage zu erhöhen bzw. zu sichern. Zu diesem Zweck wurde
in einer experimentellen Gruppe von 215 Arbeitern ein "Fixierter-In-
tervall-Verstärkungsplan" eingeführt: An jedem Arbeitstag, an dem
der Arbeiter anwesend war, konnte er eine Poker-Karte ziehen. Wer
an allen 5 Tagen anwesend war, konnte dann an der Entscheidung teilnehmen: Wer die besten Karten pro Abteilung hatte, bekam eine Prä-
mie von 20 Dollar. Bevor der Versuch begann, wurde über 32 Wochen
die "Grundrate" der Fehlzeiten bestimmt: 3,01% der vertraglichen Anwesenheitszeit. Als Ziel wurde 2,31% formuliert (wenn jeder Arbeiter
jährlich nur die 6 Tage fehlte, die tarifvertraglich festgelegt waren).
Nach den ersten 6 Versuchswochen, in denen die Fehlzeiten auf 2,38%
gefallen waren, wurde das "Poker-Spiel" nur nach jeder 2. Woche durchgeführt. In den 10 Wochen, in denen dieser Plan eingehalten wurde,
betrug die Fehlzeitenquote 2,51%. Nach Ende des Programms und Rück-
kehr zu den (unbelohnten) Ausgangsbedingungen wurde über 22 Wochen
hinweg eine durchschnittliche Fehlzeitenrate von 3.02% ermittelt!
Es kam übrigens schon in der ersten Woche (bevor überhaupt einer
"verstärkt" worden war) zu einem markanten Abfall in den Fehlzeiten,
der auch anhielt, obwohl pro Abteilung immer nur ein Mitarbeiter
verstärkt wurde. Die Erfolge werden damit erklärt, daß der eigentliche Verstärker nicht der Geldpreis, sondern die Lotterie war, weil
"Spiel-Leidenschaften" (aus der Verstärkungsgeschichte) durch das
Poker-Angebot (S^D) aktiviert wurden (s. MAWHINNEY & MAWHINNEY 1982,
S. 127). Hätten die Arbeiter allein nach dem Erwartungs-Valenz-Mo-
dell rational kalkuliert, dann wären im Durchschnitt pro Mann und
Woche ca. 1,40 Dollar Belohnung zu erwarten gewesen - ein zu geringer Betrag, als daß er die beobachteten Effekte hätte auslösen
können.
(O'BRIEN & DICKINSON schlagen übrigens vor, daß KOMAKI und ihre Mitarbeiter in der Restaurant-Studie mehr Erfolg gehabt hätten, wenn
eine "Lotterie" eingeführt worden wäre: Bei jedem Kundengespräch
hätte die Bedienung ein Los in einen Hut legen sollen, aus dem dann

der Manager zweimal am Tag zog: der Gewinner hätte mit einer langen
(z.B. 1/2-stündigen Pause) belohnt werden können).

Stellungnahme

Die funktionale Analyse der Führung zeichnet sich gegenüber den
pragmatischen Rezeptologien von BLAKE & MOUTON bis FIEDLER dadurch
aus, daß sie
- auf eine allgemeine Verhaltenstheorie zurückgreift und deshalb
  Führung als einen Spezialfall sozialen Handelns in einem umfassenden Kontext analysieren kann;
- sich auf das "objektive" Verhalten von Menschen konzentriert und
  beschränkt; Leistungsergebnisse sind für sie nicht Endresultate,
  sondern "Konsequenzen" (S_C, $S^{+=O}$), die allein für nachfolgendes
  Verhalten relevant sind. Insofern ist das System in sich geschlos-
  sen und macht keine kategorialen Sprünge (wie es etwa der Fall
  bei der Great Man Theory ist, die aus Eigenschaften Erfolg "erklärt");
- die Integration vorliegender Befunde der Führungsforschung erlaubt. MAWHINNEY & FORD (1977) haben z.b. demonstriert, daß die
  Erwartungs-Valenz-Theorien in die operante Theorie überführt
  werden können; SIMS (1977) interpretiert die Verhaltensdimension
  "Initiating Structure" als Stimuluskontrolle und das Belohnungs-
  verhalten des Vorgesetzten (zu dem "Consideration" gehört) als
  Kontingenzmanagement;
- die Relativität des Vorgesetzteneinflusses deutlich machen: Neben dem Vorgesetzten existieren noch zahlreiche weitere "Agenten", die neben und z.T. im Widerspruch zum Vorgesetzten ver-
  stärken; die Mitarbeiter und Vorgesetzten haben überdies eine
  komplexe Verstärkungsgeschichte, in der sich ihre Individualität abbildet; die "antezedenten" Bedingungen sind im Bereich
  menschlichen Handelns extrem komplex und dynamisch. Außerdem
  bestehen beim funktionalen Ansatz keine Schwierigkeiten, die Be-
  trachtungsperspektive umzukehren: Man kann genauso gut den Vorgesetzten als Objekt der Verstärkungen und Stimuluskontrollen
  der Mitarbeiter untersuchen (SCOTT 1977, hat dies in den Mittelpunkt seines Ansatzes gestellt; er definiert Führung als "ope-
  rantes menschliches Verhalten, das durch seine Wirkungen auf
  das Verhalten anderer verstärkt wird" (S. 86).
Die Kritik am O.B.Mod-Ansatz hat zwei Hauptangriffsrichtungen, eine
theoretisch-technische und eine ethische. LOCKE (1977, S. 550) faßt
die Einwendungen zum ersten Bereich in der Formel zusammen: "Die
Schlußfolgerung ist unausweichlich, daß Verhaltensmodifikation in
der Industrie weder neu noch behavioristisch ist". Neu ist sie deswegen nicht, weil alle ihre Vorgehensweisen längst praktiziert worden sind; sie sind von den Behavioristen in einer befremdend-tech-
nizistischen Sprache lediglich neu formuliert worden. TAYLOR hat
als Begründer der "Wissenschaftlichen Betriebsführung" vor mehr als
60 Jahren schon viele der Ratschläge gegeben, die die Verhaltens-
theoretiker als ihre Entdeckung preisen. Ihre Versessenheit auf
beobachtbares Verhalten zwingt die Behavioristen dazu, spezifisch
menschliche mentale Sachverhalte (Gedanken, Ziele, Absichten, Erwartungen usw.) auf eine höchst umständliche Art theoretisch zu
umschreiben, in der konkreten Arbeit letztlich aber doch als Realität eigener Art zu nutzen.

In Vorwürfen dieser Art spiegelt sich die alte Kontroverse zwischen kognitiven und behavioristischen Theorien in der Psychologie, die als Paradigmenstreit letztlich unentscheidbar ist. Es ist zu berücksichtigen, daß sich die Methoden der O.B.Mod. bisher vor allem bei Verhaltensweisen bewährt haben, die isoliert werden können und für die es quantitative Standards gibt ("Was man nicht messen kann, damit kann man nicht arbeiten",O'BRIEN & DICKENSON 1982, S. 20). Wie in den Tier-Labor-Versuchen, in denen die operante Theorie geprüft wurde, müssen auch in den organisatorischen Anwendungssituationen
- die Aufgaben vereinfacht und zerstückelt werden können,
- die Trainierten abhängig und unterlegen sein (s. ARGYRIS 1971) und nur isolierte Ziele verfolgen,
- die Verstärkerpläne konsequent und systematisch durchgehalten werden (was einen hohen Beobachtungs- bzw. Kontrollaufwand erfordert) und
- die Stimuluskontrollen wirksam durchgeführt werden können.
Bezeichnend ist in diesem Zusammenhang die lakonische Feststellung von BABB & KOPP (1978, S. 288): "Außerdem weisen die meisten industriellen Bedingungen hohe Ähnlichkeit zu den Umwelten in Laboratorien auf, obwohl wir das nicht gern hören". Gerade für die letztgenannten Erfordernisse hält der organisatorische Kontext besondere Erschwernisse bereit:
- Es sind zugleich - s.o. - viele verstärkende/bestrafende Instanzen am Werk (unmittelbare und höhere Vorgesetzte, Kollegen, Stabsabteilungen, Technologie etc., s. JABLONSKY & DeVRIES 1972), die auf dasselbe Verhalten höchst unterschiedlich reagieren können;
- die Situation ist wegen der Unvorhersehbarkeit von Umweltentwicklungen (und Management-Entscheidungen) oft nur partiell kontrollierbar;
- die Verstärkungsgeschichte der einzelnen Person kann oft nicht angemessen berücksichtigt werden, weil aus verschiedenen Gründen bestimmte Verstärker für alle Personen gleichermaßen zur Verfügung gestellt werden müssen;
- die Theorie, die (klassisch individualpsychologisch) für einzelne entwickelt wurde, muß oft auf Personengruppen angewandt werden, ohne auf gruppendynamische Effekte vorbereitet zu sein.

Unabhängig davon ist die ethische Kritik an behavioristischen Interventionsstrategien zu sehen, die zunächst hauptsächlich gegen die klinische Verhaltenstherapie gerichtet wurde, aber mit nur wenigen Abstrichen auch gegen die Anwendungen in Arbeits-Organisationen vorgetragen wurde. BERTHOLD (1982) hat die wichtigsten Bedenken gegen O.B.Mod. zusammengestellt und kommentiert. Seine Ausführungen münden in ein Plädoyer für den verantwortungsvollen Einsatz dieser - wie er meint - erstmalig tatsächlich wirksamen Instrumente zur Verhaltensbeeinflussung. Er argumentiert - sehr verkürzt dargestellt - folgendermaßen:

1. Jede Wissenschaft will ihren Gegenstand erklären, vorhersagen und gestalten; dies gilt auch für die Wissenschaft vom menschlichen Verhalten. Sie muß davon ausgehen, daß es erkennbare Gesetzmäßigkeiten dieses Verhaltens gibt. Wäre Verhalten nicht determiniert, könnten weder Gesetzmäßigkeiten entdeckt, noch Einfluß ausgeübt werden.

2. Beeinflussung menschlichen Verhaltens ist allgegenwärtig und unausweichlich: Verhalten ist schon immer "modifiziert" worden.

3. Absichtliche und geplante Verhaltenskontrolle ist ethisch vertretbar, wenn sie systematisch erfolgt, offengelegt und damit kritisierbar wird. Eine wissenschaftliche Kontrolle ist undurchschaubaren "hausgemachten" Methoden vorzuziehen.

4. Die Verhaltensmodifikation in Organisationen nutzt keine aversiven Techniken (wie Zwang, Elektroschock, Chemotherapie etc.) sondern nur positive Stimulation (Lob, Einkommenssteigerung, Freizeit etc.)

5. O.B.Mod. kann Menschen nicht zu Robotern eines fremden Willens machen, weil nie alle relevanten "Antezedenz-Bedingungen" hergestellt oder kontrolliert werden können, die zu einer perfekten Verhaltensmanipulation nötig wäre.

6. O.B.Mod. ist keine Totalkontrolle menschlichen Verhaltens, sondern beschränkt sich auf wichtige ergebnisrelevante Verhaltensweisen. Weil sie gezielt ist, muß sie als weniger problematisch bezeichnet werden als die oft massiven "Breitband-Techniken" von Praktikern, die aus mangelnder Einsicht in die Zusammenhänge unnötig viel kontrollieren und deshalb eher unbeabsichtigte schädliche Nebenwirkungen haben.

7. Mißtrauen gegen wissenschaftliche Verhaltensmodifikation ist unangebracht weil,
   - ineffektive Methoden weit mehr negative Wirkung haben, und damit den Bestand der Firma und der Arbeitsplätze bedrohen,
   - die Beeinflusser selbst beeinflußt werden: O.B.Mod. ist keine Einbahnstraße, auch die Mitarbeiter können ihre Vorgesetzten systematisch verändern!
   - es keine Geheimniskrämerei gibt: das Vorgehen ist völlig transparent und allen Beteiligten und Betroffenen bekannt,
   - keine schädlichen, schmerzhaften, negativen Techniken eingesetzt werden.

BERTHOLD formuliert zusammenfassend 6 "ethische Prinzipien" (1982, S. 415-424):
Verhaltensmodifikation in Organisationen wird dann kaum kontrovers beurteilt werden können, wenn
1. "... sie positive und nicht negative Techniken einsetzt und Verhaltensweisen anwendet, für die nach übereinstimmender Meinung Verhaltensmanagement gerechtfertigt ist";
2. "... die am Programm Beteiligten voll informiert sind über Methoden und Ziele und die Möglichkeit haben, diese Techniken zu akzeptieren oder abzulehnen";
3. "... eine klar belegte Notwendigkeit oder Begründung für ihren Einsatz gegeben ist";
4. "... alle vernünftigen Alternativen aufgeführt wurden und allgemeine Übereinstimmung besteht, daß die gewählte Alternative die beste ist";
5. "... die Personen, die sie ausführen, über die damit verbundenen ethischen Probleme gut informiert sind, diese auf intelligente Weise diskutieren können und bemüht sind, den festgelegten Richtlinien ihrer Profession zu folgen";
6. "... sie die persönlichen und sozialen Ideale der Menschen fördert und stützt".

Diese Thesen BERTHOLDs sind zum Teil so formuliert, daß sie gegen jede denkbare Kritik immunisiert sind (v.a. 1,2 und 4). Außerdem liegen ihnen u.a. folgende Annahmen zugrunde:

1. Wenn gute Techniken vorhanden sind, dann sollen sie auch eingesetzt werden. BERTHOLD diagnostiziert in diesem Zusammenhang eine (wie er meint) eigenartige Ambivalenz und Inkonsequenz der Manager, die auf der einen Seite davon leben, daß sie Menschen beeinflussen, aber andererseits einen Widerstand gegen eine "perfekte" Strategie entwickeln. Könnte es nicht sein, daß technische Perfektion nicht so sehr aus moralischen Erwägungen abgelehnt wird, sondern vor allem deshalb, weil sie dem Manager selbst letzten Endes jeden Handlungsspielraum nimmt, wenn er zum bloßen Programmadministrator degradiert wird?

2. Seinen Vorschlägen legt BERTHOLD eine apolitische Weltsicht zugrunde: Vorgesetzte und Unterstellte können sich sachlich über die Alternativen verständigen und die beste auswählen - als ob der Interessengegensatz zwischen den beiden Parteien aufgehoben werden könnte!

3. Die Möglichkeit, ein Programm abzulehnen, dürfte in der Praxis asymmetrisch verteilt sein; dies ist vermutlich einer der Gründe dafür, daß Unterstellte durch "informelles" Verhalten versuchen, Kontrolle über ihre Arbeit zurückgewinnen oder auszubauen. Wer bestimmt, welches Verhalten effizient oder uneffizient ist (BABB & KOPP 1978)? Leistungsrestriktion kann aus der Perspektive der Arbeiter durchaus 'effizient' sein! Der TAYLORsche Harmoniegedanke, daß Arbeiter und Mangement im Grunde das gleiche - nämlich möglichst viel Geld - wollen, beschreibt eben nur einen kleinen Teil der Interessen und läßt andere völlig unberücksichtigt.

Ethische Einwendungen gegen die Perfektionierung der Verhaltenssteuerung (v.a. gegen mechanistisch-diktatorische bzw. manipulative Dressurakte) werden zurückgewiesen; BERTHOLD rät in diesem Zusammenhang, den anstößigen Namen "Verhaltenskontrolle" zu vermeiden und mit akzeptableren Etiketten zu operieren (zu schwindeln?). Überdies verweist er auf die beiden letzten Prinzipien, in denen er auf die "ethischen Richtlinien" und die "persönlichen und sozialen Ideale" eingeht. Er zeigt damit das Dilemma indirekt auf, indem er einerseits behauptet, daß zwar eine exakte wissenschaftlich fundierte Technik vorhanden sei, ihr Einsatz aber sozialen und ethischen Überlegungen zu unterwerfen sei, die der einzelne Anwender anzustellen und zu vertreten habe - kontrolliert sowohl von einem Berufsverband wie von der Zustimmung der Beteiligten. Diese Kontrolle mögen genügen für offizielle, von einem Berater initiierte Programme, sie verlieren aber an Überzeugungskraft, wenn das Instrumentarium zum Handlungsrepertoire eines Vorgesetzten wird, der in seiner Alltagsarbeit keiner derart organisierten Überwachung unterworfen ist. Hier reduziert (oder erweitert?) sich das Problem zur Frage, ob und wie die systematische Verhaltenskontrolle eines Unterstellten gerechtfertigt wird (und nicht, wie und ob sie am effizientesten zu bewerkstelligen ist). Jeder Ratschlag zur wirksamen Führung ist der Versuch, die Kontroll-Lücken zu schließen, die aus der Unmöglichkeit und Unwirtschaftlichkeit völliger Rationalisierung stammen. Dabei geht es aber nicht nur um technische Rationalität (im Sinne aufwandsminimaler oder ergebnisoptimaler Zielerreichung), sondern auch um "normative" Rationalität (die ethische Rechtfertigung des Handelns) und "personale" Rationalität (Ausdruck und Entwicklung der persönlichen Identität). In diesem "magischen Dreieck" kann ein rein technisches Programm der Führung keine Lösung bringen - wie es überhaupt "die" Lösung nicht geben kann.

8. Literaturverzeichnis

ADORNO, Th.W. 1973. Aufsätze zur Gesellschaftstheorie und Methodologie. Frankfurt: Suhrkamp

ADORNO, Th.W. 1973. Studien zum autoritären Charakter. Frankfurt: Suhrkamp

AEBLI, H. 1980. Denken: das Ordnen des Tuns. Bd. I: Kognitive Aspekte der Handlungstheorie. Stuttgart: Klett-Cotta

ALLERBECK, M. 1977. Ausgewählte Probleme der Führungsforschung. Eine empirische Studie. Dissertation. München

AMBROSCH, R., LIPPERT, E. u. SCHNEIDER, P. 1978. Die LPC-Skala als Meßinstrument. Psychologie und Praxis 22, 34-44

ARAM, J.D. 1976. Dilemmas of administrative behavior. Englewood Cliffs: Prentice Hall

ARGYRIS, Ch. 1971. Beyond Freedom and Dignity by B.F. SKINNER. A Review Essay. Harvard Educational Review 41, 550-567

ASHOUR, A.S. 1973. The contingency model of leadership effectiveness: an evaluation. Organizational Behavior and Human Performance 9, 339-355

ATKINSON, J. 1901. Thought Force in Business. Chicago (zit. in BENDIX 1960, S. 348)

BABB, H.W. & KOPP, D.G. 1978. Applications of behavior modification in organizations: A review and critique. Academy of Management Review 3, 281-292

BAUMGARTEN, R. 1977. Führungsstile und Führungstechniken. Berlin: de Gruyter

BAUMÜLLER, K. 1968. Kommunikation in der Führungsorganisation. Dissertation. München

BAVELAS, A. 1960. Leadership: Man and function. Administrative Science Quarterly 4, 491-498

BECKERATH, G. v. 1976. Führungsgrundsätze - ein Instrument zur Bewältigung von Führungsproblemen im Arbeitsprozeß? Verwaltung und Fortbildung 4, 63-75

BEISHON, R.J. u. PALMER, A.W. 1979. Untersuchung von Managerverhalten. in: ZÜNDORF, L. (Hrsg.): Industrie- und Betriebssoziologie. Darmstadt: Wiss. Buchgesellschaft, 183-209

BENDIX, R. 1960. Herrschaft und Industriearbeit. Frankfurt: Europ. Verlagsanstalt

BERGER, P.L., BERGER, B. & KELLNER, H. 1975. Das Unbehagen in der Modernität. Frankfurt u. New York

BERTHOLD, H.C. Jr. 1982. Behavior Modification in the Industrial/Organizational Environment: Assumptions and Ethics. in: O'BRIEN, R.M., DICKINSON, A.M. & ROSOW, M.P. (Eds.): Industrial Behavior Modification. New York: Pergamon, S. 405-427

BION, W.R. 1971. Erfahrungen in Gruppen. Stuttgart: Klett

BLAKE, R.R. & MOUTON, J.S. 1968. Verhaltenspsychologie im Betrieb. Düsseldorf u. Wien: Econ

BLEICHER, K. & MEYER, E. 1976. Führung in der Unternehmung. Formen und Modelle. Reinbek: Rowohlt

BOSETZKY, H. 1974. "Dunkelfaktoren" bei Beförderungen im Öffentlichen Dienst. Die Verwaltung 7, 429-438

BRAY, D. & GRANT, D.L. 1966. The assessment center in the measurement of potential for business management. Psychol. Monogr. General & Applied 80, 17

BRIEFS, G. 1934. Betriebsführung und Betriebsleben in der Industrie. Stuttgart: Enke

BRINKMANN, G. u.a. 1982. Führungskräfte kleinerer Unternehmen. Berlin: Duncker & Humblot

BROWN, B.R. 1977. "Face-Saving and Face Restoration". in: DRUCKMAN, D. (Ed.): Negotiations. Beverly Hills, Calif.: Sage

BURKE, E. 1795 bzw. 1869. Thoughts and Details on Scarcity. in: derselbe: Works. Boston, Bd. V (zit. in BENDIX 1960, S. 108)

BURNS, T. & STALKER, G.M. 1961. The management of innovation. London: Methuen

BURNS, T. 1962. Micropolitics: Mechanisms of institutional change. Administrative Science Quarterly 6, 257-281

CALDER, B.J. 1977. An attribution theory of leadership. in: STAW, B. & SALANCIK, G. (Eds.): New Directions in Organizational Behavior. Chicago: St. Clair, 179-204

CAMPANIS, P. 1970. Normlessness in management. in: DOUGLAS, J.D. (Ed.): Deviance and respectability. New York: Basic Books

CAMPBELL, J.P. & PRITCHARD, R.D. 1976. Motivation theory in industrial and organizational psychology. in: DUNNETTE, M.A. (Ed.): Handbook of industrial and organizational psychology. Chicago: Rand McNally, 63-130

CARLSON, S. 1951. Executive Behaviour. Stockholm: Strömbergs

CARROLL, S.J. 1960: Measuring the work of a personnel Department. Personnel 37, 49-56

CLARK, A.W. & McCABE, S. 1970. Leadership beliefs of Australian managers. Journal of Applied Psychology 54, 1-6

COATES, C.H. & PELLEGRIN, R.J. 1957. Executives and supervisors: Informal factors in differential bureaucratic promotion. Administrative Science Quarterly 2, 200-215

COHEN, St., TAYLOR, L. 1977. Ausbruchsversuche - Identität und Widerstand in der modernen Lebenswelt. Frankfurt: Suhrkamp

COMMER, H., RINDERMANN, R. 1977. Der Krieg im Betrieb. Spielanweisung für Chefs und Mitarbeiter. München: Langen-Müller/Herbig

COPEMAN, G., LUIJK, H. & HANIKA F.de P. (Eds.) 1963. How the executive spends his time. darin: COPEMAN, G.: How British Exucutives Spend Their Day. London: Business Publications 3-16

CROZIER, M. & FRIEDBERG, E. 1979. Macht und Organisation. Die Zwänge kollektiven Handelns. Königstein i.Ts.: Athenäum

CUMMINGS, L.L. & SCHMIDT, S.M. 1972. Managerial attitudes of Greeks: the roles of culture and industrialization. Administrative Science Quarterly 17, 265-272

DAHMS, K. 1963. Über die Führung. München: Reinhardt

DAHRENDORF, R. 1965. Homo sociologicus. Ein Versuch zur Geschichte, Bedeutung und Kritik der sozialen Rolle. Köln u. Opladen: Westdeutscher Verlag

DALTON, M. 1951. Informal factors in Career Achievement. American Journal of Sociology 56, 407-415

DALTON, M. 1959. Men Who Manage: Fusions of Feeling and Theory in Administration. New York

DANIEL, C. 1981. Theorien der Subjektivität. Einführung in die Soziologie des Individuums. Frankfurt: Campus Studium

DAVIS, T.R.V. u. LUTHANS, F. 1979. Leadership reexamined: A behavioral approach. Academy of Management Review 4, 237-248

DUBIN, R. & SPRAY, L.S. 1964. Executive behavior and interaction. Industrial Relations 3, 99-108

ENGLAND, G.W. 1975. The manager and his values. Cambridge, Mass.: Ballinger

EVANS, M.G. 1970. The effects of supervisory behavior on the path-goal relationsship. Organizational Behavior & Human Performance 5, 277-298

FALBO, T. 1977. Multidimensional scaling of power strategies. Journal of Personality and Social Psychology 35, 537-547

FIEDLER, F.E. 1967. A theory of leadership effectiveness. New York: McGraw Hill

FIEDLER, F.E. & CHEMERS, M.M. 1974. Leadership and effective management. Glenview: Scott, Foresman

FIEDLER, F.E. 1977. A rejoinder to Schriesheim and Kerr's obituary of the Contingengy Model. in: HUNT, J.G. & LARSSON, L.L. (Eds.): Leadership: The Cutting Edge. Carbondale & Edwardsville: South. Illinois University Press, 45-51

FIEDLER, F.E., CHEMERS, M.M. u. MAHAR, L. 1979. Der Weg zum Führungserfolg. Ein Selbsthilfeprogramm für Führungskräfte. Stuttgart: Poeschel (amerik. Originalausgabe 1976: Improving leadership effectiveness. New York: Wiley)

FIEDLER, H. 1976. Führungsgrundsätze. Fortschrittliche Betriebsführung - Industrial Engineering 25, 313-317

FIEDLER, H. 1980. Unternehmensgrundsätze und Führungsleitlinien - Wegweiser in die Zukunft. Fortschrittliche Betriebsführung 29, 122-129

FIELD, R.H.G. 1979. A critique of the Vroom-Yetton contingency model of leadership behavior. Academy of Management Review 4, 249-257

FINKLE, R.B. 1976. Managerial assessment centers. in: DUNNETTE, M.D. (Ed.): Handbook of industrial and organizational psychology. Chicago: Rand McNally, 861-888

FITTKAU, G. u. FITTKAU-GARTHE, H. 1971. Fragebogen zur Vorgesetzten-Verhaltens-Beschreibung (FVVB). Handanweisung. Göttingen: Hogrefe

FITTKAU-GARTHE, H. 1970. Dimensionen des Vorgesetztenverhaltens und ihre Bedeutung für die emotionalen Einstellungsreaktionen der unterstellten Mitarbeiter. Dissertation: Hamburg

FLEISHMAN, E.A. 1973. Twenty Years of Consideration and Structure. in: FLEISHMAN, E.A. & HUNT, J.G. (Eds.) Current developments in the study of leadership. Carbondale & Edwardsville: South. Illinois Univ. Press, 1-37

FREUD, S. 1971 (zuerst 1921). Massenpsychologie und Ich-Analyse. Frankfurt: Fischer, 9-82

FROMM, E. 1954. Psychoanalyse und Ethik. Stuttgart: Deutsche Verlagsanstalt

FROMM, E. 1960. Der moderne Mensch und seine Zukunft. Frankfurt: Europäische Verlagsanstalt

FROMM, E. 1966. Die Furcht vor der Freiheit. Frankfurt: Europäische Verlagsanstalt

FROMM, E. 1974. Anatomie der menschlichen Destruktivität. Stuttgart: Deutsche Verlangsanstalt

GABELE, E. 1982. Werthaltungen von Führungskräften in kleineren und mittleren Unternehmen. Bamberg: Universität Bamberg

GABELE, E. u. KRETSCHMER, H. 1981. Unternehmensgrundsätze in Theorie und Praxis, Bd. 2 der Betriebswirtschaftlichen Beiträge. Bamberg

GABRIEL, L. 1937. Führertum und Gefolgschaft. Sozialphilosophische Zeitschau. Wien - Leipzig: Deutscher Verlag für Jugend und Volk

GALTUNG, J. 1981. Strukturelle Gewalt. Reinbek: Rowohlt

GEMMILL, G. & DESALVIA, D. 1977. The promotion beliefs of managers as a factor in career progress: A exploratory study. Sloan Management Review 18, 75-81

GHISELLI, E.E. 1966. The validity of occupational aptitude tests. New York: Wiley

GIRSCHNER, W. 1978. Unternehmenssteuerung und Selbstverwirklichung. Königstein/Taunus: A.Hain

GOFFMAN, E. 1969. Wir alle spielen Theater. Die Selbstdarstellung im Alltag. München: Piper

GOODMAN, W. 1963. All Honorable Men: Corruption and Compromise in American Life. Boston

GOTTSCHALL, D. 1975. Führungsrichtlinien am Menschen vorbeigeschrieben? Manager-Magazin 2, 76-79

GRAEN, G., ALVARES, K., ORRIS, J.B. & MARTELLA, J. 1970. Contingency model of leadership effectiveness. Antecedent and evidential results. Psychological Bulletin 74, 285-296

GRAVES, D. 1979. Die Auswirkung kultureller Faktoren auf Einstellungen, Ansichten und die Verhaltensweisen von Managern in England und Frankreich. in: ZÜNDORF, L. (Hrsg.): Industrie- und Betriebssoziologie. Darmstadt: Wiss. Buchgesellschaft, 158-182

GREEN, St.G. & MITCHELL, T.R. 1979. Attributional processes of leaders in leader-member interactions. Organizational Behavior and Human Performance 23, 429-458

GROSSMANN, G. 1975. Sich selbst rationalisieren. Methode zur Planung des Lebenserfolgs. München: Ratio

GRUNWALD, W. & LILGE, H.-G. 1980. Partizipative Führung. Betriebswirtschaftliche und psychologische Aspekte. Bern u. Stuttgart: Haupt

GRUNWALD, W. & LILGE, H.-G. 1981. Auf dem Weg zur partizipativen Führung? Eine Analyse von 45 Führungsgrundsätzen deutscher Großunternehmen. Fortschrittliche Betriebsführung und Industrial Engineering 30, 411-417

GUEST, R.H. 1956. Of time and the foreman. Personnel 32, 478-486

HABERMAS, J. 1976. Moralische Entwicklung und Ich-Identität. in: HABERMAS, J.: Zur Rekonstruktion des Historischen Materialismus. Frankfurt: Suhrkamp

HÄSING, H., STUBENRAUCH, H. & ZIEHE, Th. (Hg.) 1979. Narziß - Ein neuer Sozialisationstyp? Bensheim

HAIRE, M., GHISELLI, E.E. & PORTER, L.W. 1966. Managerial thinking. An international study. New York: Wiley

HARPER, D.G. & ARGENT, E.H.M. 1975. An empirical study of power and bargaining relationships in an Industrial organization. in: ABELL, P. Organizations as bargaining and influence systems. New York: Halsted, 72-102

HARTFIEL, G. 1968. Wirtschaftliche und soziale Rationalität. Untersuchungen zum Menschenbild in Ökonomie und Soziologie. Stuttgart: Enke

HARTMANN, H. 1964. Funktionale Autorität. Stuttgart: Enke

HAUSCHILDT, J. 1980. Zielsysteme. in: GROCHLA, E. (Hrsg.): Handwörterbuch der Organisation. Stuttgart: Poeschel, 2419-2430

HECKHAUSEN, H. 1980. Motivation und Handeln. Berlin u.a.: Springer

HEERES-DIENST-VORSCHRIFT, Bonn, o.J. (HDV 100/200)

HEIDER, F. 1958. The psychology of interpersonal relations. New York: Wiley

HEIGL-EVERS, A. 1972. Konzepte der analytischen Gruppenpsychotherapie. Göttingen: Vandenhoek u. Rupprecht

HEMPHILL, J.K. 1967. Administration as problem-solving. in: HALPIN, A.W. (Ed.): Administrative Theory in Education. New York, 89-118

HERSEY, P. &. BLANCHARD, K.H. 1977. Management of organizational behavior: Utilizing human resources. Englewood Cliffs: Prentice Hall

HEYSE, V. 1966. Auswahl diagnostischer Verfahren zur Führungskaderauswahl. Diplomarbeit: Jena (zit. in G.VORWERG)

HITLER, A. 1931. Mein Kampf. München: F.Eher

HOCHSTRASSER, F. 1981. Der alltägliche Widerspruch. Handlungstheorie und gesellschaftliche Wirklichkeit. Weinheim: Beltz

HOFSTÄTTER, P.R. 1963. Einführung in die Sozialpsychologie. Stuttgart: Kröner

HORKHEIMER, M., ADORNO, Th.W. 1972. Dialektik der Aufklärung. Philosophische Fragmente. Frankfurt: Fischer

HOUSE, R.J. 1971. A path goal theory of leader effectiveness. Administrative Science Quarterly 16, 321-338

HOUSE, R.J. 1977. A 1976 theory of charismatic leadership. in: HUNT, J.G. & LARSON, L.L. (Eds.) Leadership: The cutting edge. Southern Ill. University Press, 189-207

HOUSE, R.J. & DESSLER, G. 1974. The path-goal theory of leadership: Some post hoc and a priori tests. in: HUNT, J.G. & LARSON, L.L. (Eds.): Contingency approaches to leadership. Carbondale: South. Ill. Univ. Press, 29-55

HUCK, J. 1977. The research base. in: MOSES, J. & BYHAM, W. (Eds.): Applying the assessment center method. New York: Pergamon Press

IRLE, M. 1971. Macht und Entscheidung in Organisationen. Studie gegen das Linie-Stab-Prinzip. Frankfurt

IZRAELI, D.N. 1975. The middle manager and the tactics of power expansion. Sloan Management Review 16, 57-70

JABLONSKY, S.F. & DeVRIES, D.L. 1972. Operant conditioning principles extrapolated to the theory of management. Organizational Behavior and Human Performance 7, 340-358

JANIS, J.L. 1972. Victims of group think. A psychological study of foreign policy decisions and fiascoes. Boston: Houghton Mifflin

JAY, A. 1971. Corporation Man. New York: Random House

JESERICH, W. 1981. Mitarbeiter auswählen und fördern. Assessment Center Verfahren. München: Hanser

JOHANNES PAUL II. 1981. Der Wert der Arbeit und der Weg zur Gerechtigkeit. Die Enzyklika über die menschliche Arbeit. Freiburg: Herder

KAHN, R.L., WOLFE, D.M., QUINN, R.P., ROSENTHAL, R.A. & SNOEK, J.D. 1964. Organizational Stress: Studies in role conflict and ambiguity. New York: Wiley

KANFER, F.H. & GOLDSTEIN, A.P. (Hrsg.) 1977. Möglichkeiten der Verhaltensänderung. München u.a.: Urban u. Schwarzenberg

KAROLY, P. 1977. Operante Methoden. in: KANFER, F.H. & GOLDSTEIN, A.P. (Hrsg.): Möglichkeiten der Verhaltensänderung. München u.a.: Urban u. Schwarzenberg, 220-260

KELLEY, H.H. 1972. Causal schemata and the attribution process. in: JONES, E., KANOUSE, D., KELLEY, H., NISBETT, R., VALINS, S. & WEINER, B. (Eds.): Attribution: Perceiving causes of behavior. Morristown: General Learning Press

KELLEY, H.H. 1973. The process of causal attribution. American Psychologist 28, 107-128

KELLY, J. 1969. Organizational Behavior. Homewood Illinois

KERR, S. & JERMIER, J.M. 1978. Substitutes for Leadership: Their meaning and measurement. Organizational Behavior and Human Performance 22, 375-403

KERR, St. & SCHRIESHEIM,C.A. 1974. Consideration, initiating structure, and organizational criteria - An update of KORMAN's 1966 review. Personnel Psychology 27, 555-568

KERR, St. & SLOCUM, J.W.Jr. 1981. Controlling the performances of people in organizations. in: NYSTROM, P.C. & STARBUCK, W.H. (Eds.): Handbook of organizational design. Vol. 2. Remodeling organizations and their environments. New York: Oxford Univ. Press, 116-134

KIPNIS, D., SCHMIDT, S., WINLINSON, I. Intraorganizational influence tactics: Explorations in getting one's way. Journal of Applied Psychology 65, (4), 440-452

KIRSCH, W., ROSENKIND, A.H. & SCHOLL, W. 1980. Werte von Führungskräften und Arbeitnehmervertretern im Einflußbereich der Mitbestimmung. Ergebnisbericht. Erste Fassung. Univ. München

KLEIN, P. 1980. Fallstrick Intrige. Intrigen im Betrieb rechtzeitig erkennen und wirkungsvoll abwehren. Kissing: WEKA

KLIMOSKI, R.J. & STRICKLAND, W.J. 1977. Assessment centers: valid or merely prescient. Personnel Psychology 30, 353-361

KOMAKI, J., BLOOD, M.R. & HOLDER, D. 1980. Fostering friendliness in a fast/foods franchise. Journal of Organizational Behavior Management 2, 151-164

KORDA, M. 1976. Power! How to get it, how to use it. New York: Ballantine

KORMAN, A.K. 1966. Consideration, initiating structure and organizational criteria - A review. Personnel Psychology 19, 349-361

KORMAN, A.K. 1968. The prediction of managerial performance: A review. Personnel Psychology 21, 295-322

KRECH, D., CRUTCHFIELD, R. & BALLACHEY, E.L. 1962. Individual in society. New York

KUCZYNSKI, J. 1962. Die Geschichte der Lage der Arbeiter unter dem Kapitalismus. Bd. 2 Berlin (DDR)

KUTTER, P. 1973. Über die Beziehung zwischen Individuum und Institution aus psychoanalytischer Sicht. in: KUTTER, P. (Hrsg.): Individuum und Gesellschaft. Stuttgart, 181-202

LASCH, Ch. 1980. Das Zeitalter des Narzißmus. München: Steinhausen

LATTMANN, Ch. 1975. Führungsstil und Führungsrichtlinien. Bern u. Stuttgart: Haupt

LATTMANN, Ch. 1982. Die verhaltenswissenschaftlichen Grundlagen der Führung des Mitarbeiters. Bern u. Stuttgart: Haupt

LAURENT, H. 1961. Summary report of the early identification of management potential research project in SO (NJ) and affiliated companies. SONJ, Social Science Research Division

LENIN, W.I. 1960. Entwurf des Artikels "Die nächsten Aufgaben der Sowjetmacht" (in: WERKE, Bd. 27, Berlin), zit. in: VORWERG, G. 1971.

LENT, R.H., AURBACH, H.A. & LEVIN, L.S. 1971. Predictors, criterial and significant results. Personnel Psychology 24, 519-533

LEWIN, K., LIPPITT, R. & WHITE, R.K. 1939. Patterns of aggressive behavior in experimentally created "social climates". Journal of Social Psychology 10, 271-299

LIEBERSON, St. & O'CONNOR, J.F. 1972. Leadership and organizational performance: A study of large corporations. American Sociological Review 37, 117-130

LIKERT, R. 1967. The Human Organization. Its Management and Values. New York et al. (dt. Die integrierte Führungs- und Organisationsstruktur. Frankfurt 1975)

LILGE, H.-G. 1981. Menschenbilder als Führungsgrundlage. Zeitschrift für Organisation, 50, 14-22

LOCKE, E.A. 1977. The myths of behavior mod in organizations. Academy of Management Review 1, 543-553

LUHMANN, N. 1968. Die Programmierung von Entscheidungen und das Problem der Flexibilität. in: MAYNTZ, R. (Hrsg.): Bürokratische Organisation. Köln-Berlin, 364-391

LUHMANN, N. 1964. Funktionen und Folgen formaler Organisation. Berlin: Duncker & Humblot

LUHMANN, N. 1973. Zurechnung von Beförderungen im Öffentlichen Dienst. Zeitschrift für Soziologie 2, 326-351

LUNDBERG, C.C. 1978. The unreported leadership research of Dr.G. Hypothetical six variables in need of recognition. in: McCALL, M.W. u. LOMBARDO, M.M. (Eds.): Leadership: Where else can we go? Durham, N.C, 65-83

LUTHANS, F. & KREITNER, R. 1975. Organizational Behavior Modification. Glenview et al.: Scott, Foresman & Co

MACCOBY, M. 1977. Die neuen Chefs. Reinbek: Rowohlt

MACHIAVELLI, N. 1969. Der Fürst. Stuttgart: Reclam

MAHONEY, T.A. JERDEE, Th.H., CARROLL, S.J. 1965. The Job(s) of Management. Industrial Relations 2, 97-110

MANN, R.D. 1959. A review of the relationship between personality and performance in small groups. Psychological Bulletin 56, 241-270

MARCUSE, H. 1968. Der eindimensionale Mensch. Neuwied

MARPLES, D.L. 1967. Studies of managers - a fresh start? Journal of Management Studies 4, 282-299

MARX, K. 1983. Das Kapital. Kritik der politischen Ökonomie. 3. Bd. in: MARX, K. u. ENGELS, F. Werke, Bd. 23-25, Berlin: Dietz

MASLOW, A. 1954. Motivation and personality. New York: Harper & Row

MAWHINNEY, Th.C. & FORD, J.D. 1977. The path-goal Theory of leader effectiveness: An Operant interpretation. Academy of Management Review 2, 398-411

MAWHINNEY, Th.C. & MAHWINNEY, R.R. 1982. Operant Terms and Concepts Applied to Industry. in: O'BRIEN, R.M., DICKINSON, A.M. & ROSOW, M.P. (Eds.): Industrial Behavior Modification. New York: Pergamon, 115-134

McCALL, M.W.Jr. 1976. Leadership research: Choosing gods and devils on the run. Journal of Occupational Psychology 49, 139-153

McCALL, M.W.Jr. & LOMBARDO, M.M. 1983. Manager heute - keine Chance für Karrieristen. Psychologie heute 10, 5, 29-33

McGREGOR, D. 1970. Der Mensch im Unternehmen. Düsseldorf, Wien: Econ

McKINNON, D. 1977. From selecting spies to selecting managers. in: MOSES, J. & BYHAM, W. (Eds.) Applying the assessment center method. New York: Pergamon Press, 13-29

MEAD, G.H. 1968. Geist, Identität und Gesellschaft. Frankfurt: Suhrkamp

MEHLIS, G. 1923. Der Typus des Führers. Der Arbeitgeber, 13. Jhg. Nr. 23, 355-358

MERRELL, D.V. 1979. Huddling. The informal way to management sucess. New York: AMACOM

MEWES, W. 1972. Die kybernetische Managementlehre (EKS). Frankfurt: W. Mewes

MEYER, W.V. & SCHMALT, H.-D. 1978. Die Attributionstheorie. in: FREY, D. (Hrsg.): Kognitive Theorien der Sozialpsychologie. Bern: Huber

MICHENER, H.A. & SUCHNER, R. 1972. The Tactical Use of Social Power. in: TEDESCHI, J.T. (Ed.): Social Influence Processes. Chicago: Aldine-Atherton

MINTZBERG, H. 1973. The nature of managerial work. New York: Harper & Row

MINTZBERG, H. 1975. The manager's job: folklore and fact. Harvard Business Review 53, 49-61

MITCHELL, T.R. & WOOD, R.E. 1980. Supervisor's responses to suoordinate poor performance: A test of an attributional model. Organizational Behavior and Human Performance 25, 123-138

MOREL, J. 1980. Führungsrolle und Wertsystem, ein Beitrag zur Führungsforschung. in: MOREL, J. MELEGHY, T. & PREGLAU, M. (Hrsg.): Führungsforschung. Kritische Beiträge. Göttingen: Hogrefe, 53-73

MORRIS, R.T. & SEEMAN, M. 1950: The problem of leadership: an interdisciplinary approach. American Journal of Sociology 56, 149-155

MÜLLER, W.R. & HILL, W. 1977. Die situative Führung. Die Betriebswirtschaft 37, 353-378

MÜLLER, W.R. 1980, 1981. Führung und Identität. Habilitationsschrift, Basel 1980; unverändert erschienen bei Haupt, Bern u. Stuttgart 1981

NEUBERGER, O. 1972. Experimentelle Untersuchungen von Führungsstilen. Gruppendynamik 3, 192-219

NEUBERGER, O. 1976. Führungsverhalten und Führungserfolg. Berlin: Duncker & Humblot

NEUBERGER, O. 1983. Führen als widersprüchliches Handeln. Psychologie und Praxis. Zeitschrift für Arbeits- und Organisationspsychologie 27, 22-32

O'BRIEN, R.M. & DICKINSON, A.M. 1982. Introduction to Industrial Behavior Modification. in: O'BRIEN, R.M., DICKINSON, A.M. & ROSOW, M.P. (Eds.) Industrial Behavior Modification. New York: Pergamon

PACKARD, V. 1966. Die Pyramidenkletterer. München, Zürich: Droemer-Knaur

PASCHEN, K. 1977. Führungsleitsätze - eine modische Erscheinung oder eine Chance für eine effiziente Unternehmenssteuerung? Der Betriebswirt 6, 168-171

PEDALINO, E. & GAMBOA, V.U. 1974. Behavior modification and absenteeism. Intervention in one industrial setting. Journal of Applied Psychology 59, 694-698

PFEFFER, J. 1977. The Ambiguity of leadership. Academy of Management Review 2, 104-112

PFEFFER, J. 1978. The Micropolitics of Organizations. in: MEYER, M.W. (Ed.) Environments and Organizations. San Francisco: Jossey Bass

PRAWITZ, H. 1969. Psychologisches Anforderungsprofil an sozialistische Führungskräfte auf den verschiedenen Leitungsebenen der Industrie. Diplomarbeit Jena (zit. in VORWERG 1971)

PREGLAU, M. 1980. Organisation, Führung und Identität. in: MOREL, J., MELEGHY, T. & PREGLAU, M. (Hrsg.): Führungsforschung. Kritische Beiträge. Göttingen: Hogrefe, 133-169

RAVEN, B.H. & KRUGLANSKI, A.W. 1970. Conflict and power. in: SWINGLE, P. (Ed.): The structure of conflict. New York: Academic Press

REDDIN, W.J. 1970, 1977. Managerial effectiveness. New York (dt.: Das 3-D-Programm zur Leistungssteigerung des Managements, München 1977)

REDL, F. 1942. Group emotion and leadership. Psychiatry 5, 573-598

RIESMAN, D. 1961. Die einsame Masse. Eine Untersuchung der Wandlungen des amerikanischen Charakters. Reinbek: Rowohlt

REUPKE, H. 1931. Unternehmer und Arbeiter in der faschistischen Wirtschaftsidee. Berlin: Reimar Hobbing

ROSS, M. 1977. The intuitive psychologist and his shortcomings: Distortions in the attribution process. in: BERKOWITZ, L. (Ed.): Advances in Experimental Psychology, New York, 10, 173-22o

RÜHLE, H. 1982. Funktionsneutrale individuelle Qualifikationen für Arbeitstätigkeiten mit Handlungsfreiräumen. Ausbildungsbedarf, Ausbildungsinhalt, Forschungskonzeption. Dissertation. Augsburg

SARGES, W. 1974. Empirische Untersuchungen zum Zusammenhang zwischen Führungsstil und Leistung in Arbeitsgruppen. Ein Beitrag zur Organisationsforschung. Dissertation. Hamburg

SARGES, W. 1976. Führungsstil und Arbeitsleistung. Psychologie und Praxis 20, 110-119

SAYLES, L.R. 1964. Managerial Behavior. New York: McGraw Hill

SCHEIN, E.H. 1965. Organizational psychology. Englewood Cliffs. N.J.: Josey

SCHEIN, E.H. 1974. Das Bild des Menschen aus der Sicht des Management. in: GROCHLA, E. (Hrsg.) Management. Düsseldorf, Wien, 69-91

SCHEIN, V.E. 1977. Individual power and political behavior. Academy of Management Review 2, 64-72

SCHINDLER, R. 1973. Das Verhältnis von Soziometrie und Rangordnungsdynamik. in: HEIGL-EVERS, A. (Hrsg.) : Gruppendynamik. Göttingen: Vandenhoek u. Rupprecht, 30-36

SCHLUCHTER, W. 1972. Aspekte bürokratischer Herrschaft. München: List

SCHNEIDER, E.E. 1974. Behavior modification in management: A review and critique. Academy of Management Journal 17, 528-548

SCHOOMAKER, A.N. 1971. Executive carreer strategies. New York: American Management Association

SCHRIESHEIM, C.A. & KERR, St. 1977. Theories and measures of leadership: A critical appraisal of current and future directions. in: HUNT, J.G. & LARSON, L.L. (Eds.): Leadership: The Cutting Edge. Carbondale & Edwardsville: South. Illinois Univ. Press, 9-45

SCHRIESHEIM, C.A. & KERR, St. 1977. R.I.P. LPC: A Response to Fiedler. in: HUNT, J.G. & LARSON, L.L. (Eds.): Leadership: The Cutting Edge. Carbondale & Edwardsville: South. Illinois Univ. Press, 51-56

SCHUMACHER, A . 1980. Zur Bedeutung der Körperhöhe in der menschlichen Gesellschaft. Dissertation. Hamburg

SCHUMPETER, J.A. 1980. Kapitalismus, Sozialismus und Demokratie. München: Francke UTB

SCOTT, W.E. Jr. 1977. Leadership: A functional analysis. in: HUNT, J.G. & LARSON, L.L. (Eds.): Leadership: The Cutting Edge. Carbondale & Edwardsville: South. Illinois Univ. Press, 84-94

SEIDEL, E. 1978. Betriebliche Führungsformen. Stuttgart: Poeschel

SHAVER, K.G. 1975. An introduction to attribution processes. Cambridge Mass.

SHIFLETT, S.C. 1974. Stereotyping and esteem for one's least preferred coworker. Journal of Social Psychology 93, 55-65

SIMS, H.P. Jr. 1977. The leader as a manager of reinforcement contingencies: An empirical example and a model. in: HUNT, J.G. & LARSON, L.L. (Eds.): Leadership: The Cutting Edge. Carbondale & Edwardsville: South. Illinois Univ. Press, 121-137

SKEAFF, L.J. 1967. What do managers do? Personnel Journal 46, 630-637

SKINNER, W. & SASSER, W. 1977. Managers with impact: versatile and inconsistent. Harvard Business Review 55, 2, Heft 6, 140-148

STADTLER, E. 1924. Der Unternehmer als Führerpersönlichkeit. Hannover: E. Letsch

STAEHLE, W.H. 1980. Menschenbilder in Organisationstheorien. in: GROCHLA, E. (Hrsg.): Handwörterbuch der Organisation (2. völlig neu bearbeitete Auflage). Stuttgart, 1301-1313

STAEHLE, W.H. 1980. Management. Eine verhaltenswissenschaftliche Einführung. München: Vahlen

STÄRK, C. & WALLAT, K. 1975. Zu Arbeitstagaufnahmen der Leiter. Sozialistische Arbeitswissenschaft 19, 441-454

STEINLE, C. 1978. Führung. Grundlagen, Prozesse und Modelle der Führung in der Unternehmung. Stuttgart: Poeschel

STEWART, R. 1965. The use of diaries to study managers' jobs. Journal of Management Studies 2, 228-235

STEWART, R. 1967. Managers and their jobs. London

STÖBER, A.M., BINDING, R. & DERSCHKA, P. 1974. Kritisches Führungswissen. Emanzipation und Technologie in wissenschaftssoziologischer Sicht. Stuttgart

STOGDILL, R.M. 1948. Personal factors associated with leadership: A survey of the literature. Journal of Psychology 25, 35-71

STOGDILL, R.M. 1963. Manual for the LBDQ Form XII. Columbus State University

STOGDILL, R.M. 1974. Handbook of Leadership. New York: Free Press

STRAUSS, G. 1962. Tactics of lateral relationships: the purchasing agent. Administrative Science Quarterly 7, 161-186

TAFERTSHOFER, A. 1980. Führung und Gruppe. in: MOREL, J., MELEGHY, T. u. PREGLAU, M. (Hrsg.): Führungsforschung. Kritische Beiträge. Göttingen: Hogrefe, 11-40

TAYLOR, L. u. WALTON, P. 1963. Industrial sabotage: Motives and meanings. in: COHEN, S. (Ed.): Images of deviance. Harmondsworth: Penguin, 219-245

THOMAE, H. 1965. Die Bedeutungen des Motivationsbegriffs. in: THOMAE, H. (Hrsg.): Handbuch der Psychologie. Bd. II: Motivation. Göttingen: Hogrefe, 3-44

TOWNSEND, J. 1859 bzw. 1786. A Dissertation on the Poor Laws by a well-wisher of mankind. in: McCULLOCH, J.R. (Ed.): A select collection of Scarce and Valuable Economic Tracts. London 1859 (zit. in: BENDIX, 1960, S. 107)

TRAMM, K.A. 1934. Führerschaft. Industrielle Psychotechnik 11, 33-34

TRIMMER, S. 1801. The economy of charity. London (zit. in: BEDNIX, 1960, S. 99)

TSCHEULIN, D. u. RAUSCHE, A. 1970. Beschreibung und Messung des Führungsverhaltens in der Industrie mit der deutschen Version des Ohio-Fragebogens. Psychologie u. Praxis, 14, 49-64

TSCHIRKY, H. 1981. Führungsrichtlinien. Zürich: Industrielle Organisation

TUCKMAN, B.W. 1965. Developmental sequence in small groups. Psychological Bulletin 63, 384-399

TÜRK, K. 1981. Personalführung und soziale Kontrolle. Stuttgart: Enke

UNTERNEHMER u. MANAGER 1975. Führungsschichten in der BRD. Kompetenzen, Einstellungen, Informationsverhalten. Hamburg: Manager Magazin Verlag

VORWERG, G. 1971. Führungsfunktion in sozialpsychologischer Sicht. Berlin: VEB Deutscher Verlag der Wissenschaften

VROOM, V.H. & YETTON, P.W. 1973. Leadership and decision making. Pittsburgh:Univ. of Pittsburgh Press

WALTER-BUSCH, E. 1977. Arbeitszufriedenheit in der Wohlstandsgesellschaft. Beitrag zur Diagnose der Theoriesprachenvielfalt betriebspsychologischer und industriesoziologischer Forschung. Bern: Haupt

WEBBER, R. 1970. Perceptions of interactions between superiors and subordinates. Human Relations 23, 235-248

WEBER, M. 1972. Wirtschaft und Gesellschaft. Grundriss der verstehenden Soziologie. Tübingen: Mohr-Siebeck

WEBSTER, E. 1967. Eine Nasenlänge voraus. Oder wie besteht man im Konkurrenzkampf. Düsseldorf: Econ

WEINER, B., FRIEZE, I., KUKLA, A., REED, L., REST, S. & ROSENBAUM, R. 1972. Perceiving the causes of success and failure. in: JONES, E., KANOUSE, D., KELLEY, H.H., NISBETT, R. VALINS, S. u. WEINER, B. (Eds.): Attribution: Perceiving the causes of behavior. Morristown: General Learning Press

WEINSHALL, T.D. 1966. The communicogram. in: LAWRENCE, J.R. (Ed.): Operational research and the social sciences. London

WEISS, R. 1969. The American Myth of Sucess: From Horatio Alger to Norman Vincent Peals. New York

WERHAHN, P.H. 1980. Menschenbild, Gesellschaftsbild und Wissenschaftsbegriff in der neueren Betriebswirtschaftslehre. Bern u. Stuttgart: Haupt

WHYTE, W.H. 1958. Herr und Opfer der Organisation. Düsseldorf: Econ

WILD, J. 1974. Betriebswirtschaftliche Führungslehre und Führungsmodelle. in: WILD, J. (Hrsg.): Unternehmensführung. Festschrift für E. Kosiol. Berlin, 141-179

WIMMER, P. & NEUBERGER, O. 1981. Das Organisationsklima im Lichte kooperativen und konkurrieren-
den Verhaltens. in: LILGE, H.-G. & GRUNWALD, W. (Hrsg.): Kooperation und Konkurrenz in Organisationen. Bern u. Stuttgart: Haupt, 189-211

WISSINGHAUSEN, J. 1977. Unternehmensgrundsätze - Entstehung, Form und Inhalt. Zeitschrift
für Organisation 46, 61-66

WITTE, E. 1973. Organisation für Innovationsentscheidungen. Göttingen

WUNDERER, R. u. GRUNWALD, W. (unter Mitarbeit von MOLDENHAUER, P.) 1980. Führungslehre. Bd.I:
Grundlagen für Führung. Bd.II: Kooperative Führung. Berlin, New York: de Gruyter

YUKL, G. 1971. Toward a behavioral theory of leadership. Organizational Behavior and Human
Performance 6, 414-440

ZALEZNIK, A. 1970. Power and politics in organizational life. Harvard Business Review 48, 47-60

ZALEZNIK, A. 1976[2]. Das menschliche Dilemma der Führung. Wiesbaden: Gabler

ZANDER, E. 1972. Führungssystem in der betrieblichen Praxis. in: ZANDER, E. u.a.: Führungsmodelle. Leitbilder zur Unternehmensführung. Zürich

ZIEHE, Th. 1975. Pubertät und Narziβmus. Frankfurt

ZIEHE, Th. 1976. Zur gegenwärtigen Motivationskrise Jugendlicher. in: THOMAE, H., WASMUND, K.
u. ZIEHE, Th.: Politische Apathie. Hannover: Niedersächsische Landeszentrale für Politische Bildung, 57-83

9. Personenregister

10. Sachregister